SENDEROS 4

Spanish for a Connected World

Boston, Massachusetts

On the cover: Cityscape of Madrid at night

Publisher: José A. Blanco
Editorial Development: Armando Brito, Jhonny Alexander Calle, Deborah Coffey,
Diego García, Megan Moran, Jaime Patiño, Catalina Pire-Schmidt,
Raquel Rodríguez, Verónica Tejeda, Sharla Zwirek
Project Management: Brady Chin, Sally Giangrande, Faith Ryan
Rights Management: Ashley Dos Santos, Jorgensen Fernandez
Technology Production: Jamie Kostecki, Daniel Ospina, Paola Ríos Schaaf
Design: Radoslav Mateev, Gabriel Noreña, Andrés Vanegas
Production: Manuela Arango, Oscar Díez, Erik Restrepo

© 2018 by Vista Higher Learning, Inc. All rights reserved.

No part of this work may be reproduced or distributed in any form or by any means,
electronic or mechanical, including photocopying and recording, or by any information
storage or retrieval system without prior written permission from Vista Higher Learning,
500 Boylston Street, Suite 620, Boston, MA 02116-3736.

Student Text (Casebound-SIMRA) ISBN: 978-1-68005-196-4

Teacher's Edition ISBN: 978-1-68005-197-1

Library of Congress Control Number: 2016950178

3 4 5 6 7 8 9 TC 22 21 20 19 18

Printed in Canada.

SENDEROS 4

Spanish for a Connected World

Table of Contents

Map of the Spanish-Speaking World viii
Map of Mexico x
Map of Central America and the Caribbean xi
Map of South America xii

Lección preliminar

Leamos

The present progressive 2
The present perfect 2
Reading: El mercado de frutas y verduras 3

Escuchemos

The subjunctive 4
Past participles 4
Listening: Las ciudades del siglo XXI 5

Contextos

La personalidad 14
Los estados emocionales 14
Los sentimientos 14
Las relaciones personales 15

Fotonovela

Comedia: ¡Bienvenida, Mariela! 18
Apuntes culturales 21

Lección 1 Las relaciones personales

La música y el teatro 54
Los lugares de recreo 54
Los deportes 54
Las diversiones 55

Comedia: ¡Tengo los boletos! 58
Apuntes culturales 61

Lección 2 Las diversiones

En casa 94
De compras 94
Expresiones 94
La vida diaria 95

Comedia: ¿Alguien desea ayudar? 98
Apuntes culturales 101

Lección 3 La vida diaria

iv

Map of Spain			xiii
Studying Spanish			xiv
Getting Started			xxi
Author and Illustrators Bios			xxiii

El mundo hispano	Escribamos	Hablemos	Síntesis
Enfoque: Los Estados Unidos ... 6	The future ... 8	**Si** clauses ... 10	La naturaleza ... 12
En detalle: Artistas latinas en Estados Unidos ... 6	The conditional ... 8	The subjunctive with doubt, disbelief, and denial ... 10	
Perfil: Nadín Ospina ... 7	Writing: Un correo electrónico ... 9	Speaking: Un noticiero ... 11	

El mundo hispano	Estructura	En pantalla	Lecturas
Enfoque: Los Estados Unidos ... 22	**1.1** The present tense ... 26	*Di algo* ... 38	**Literatura:** *Poema 20* de Pablo Neruda ... 43
En detalle: Parejas sin fronteras ... 22	**1.2 Ser** and **estar** ... 30		**Cultura:** *Sonia Sotomayor: la niña que soñaba* ... 48
Perfil: Matt y Luciana ... 23	**1.3** Progressive forms ... 34		
Flash Cultura: Las relaciones personales ... 25	**Gramática adicional**		
	1.4 Nouns and articles ... A7		
	1.5 Adjectives ... A9		
Enfoque: México ... 62	**2.1** Object pronouns ... 66	*El tiple* ... 78	**Literatura:** *Idilio* de Mario Benedetti ... 83
En detalle: El nuevo cine mexicano ... 62	**2.2 Gustar** and similar verbs ... 70		**Cultura:** *El toreo: ¿cultura o tortura?* ... 88
Perfil: Gael García Bernal ... 63	**2.3** Reflexive verbs ... 74		
Flash Cultura: El cine mexicano ... 65	**Gramática adicional**		
	2.4 Demonstrative adjectives and pronouns ... A14		
	2.5 Possessive adjectives and pronouns ... A16		
Enfoque: España ... 102	**3.1** The preterite ... 106	*Adiós mamá* ... 118	**Literatura:** *Último brindis* de Nicanor Parra ... 123
En detalle: La Familia Real ... 102	**3.2** The imperfect ... 110		**Cultura:** *El arte de la vida diaria* ... 128
Perfil: Letizia Ortiz ... 103	**3.3** The preterite vs. the imperfect ... 114		
Flash Cultura: De compras en Barcelona ... 105	**Gramática adicional**		
	3.4 Telling time ... A21		

v

Table of Contents

	Contextos	Fotonovela
Lección 4 La salud y el bienestar 	Los síntomas y las enfermedades .... 134 La salud y el bienestar .... 134 Los médicos y el hospital .... 134 Las medicinas y los tratamientos 135	**Comedia:** ¿Dulces? No, gracias .... 138 Apuntes culturales 141
Lección 5 Los viajes 	De viaje .... 176 El alojamiento .... 176 La seguridad y los accidentes .... 176 Las excursiones 177	**Comedia:** ¡Buen viaje! .... 180 Apuntes culturales 183
Lección 6 La naturaleza	La naturaleza .... 216 Los animales .... 216 Los fenómenos naturales .... 216 El medio ambiente 217	**Comedia:** Cuidando a Bambi .... 220 Apuntes culturales 223

Consulta (*Reference*)

Manual de gramática A2
Glossary of grammatical terms A38
Verb conjugation tables A42
Vocabulario
    Spanish–English A52
    English–Spanish A64
Credits A76
Índice A78

El mundo hispano	Estructura	En pantalla	Lecturas

Enfoque: Colombia 142
En detalle: De abuelos y chamanes 142
Perfil: La ciclovía de Bogotá 143
Flash Cultura: Las farmacias 145

4.1 The subjunctive in noun clauses 146
4.2 Commands 152
4.3 Por and **para** 156

Gramática adicional
4.4 The subjunctive with impersonal expressions A26

Ayúdame a recordar 160

Literatura: *Mujeres de ojos grandes* (Último cuento) de Ángeles Mastretta 165
Cultura: *Colombia gana la guerra a una vieja enfermedad* 170

Enfoque: Centroamérica 184
En detalle: La ruta del café 184
Perfil: El canal de Panamá 185
Flash Cultura: ¡Viajar y gozar! 187

5.1 Comparatives and superlatives 188
5.2 Negative, affirmative, and indefinite expressions 192
5.3 The subjunctive in adjective clauses 196

Gramática adicional
5.4 Pero and **sino** A31

La autoridad 200

Literatura: *La luz es como el agua* de Gabriel García Márquez 204
Cultura: *La ruta maya* ... 210

Enfoque: El Caribe 224
En detalle: Los bosques del mar 224
Perfil: Parque Nacional Submarino La Caleta 225
Flash Cultura: Un bosque tropical 227

6.1 The future 228
6.2 The subjunctive in adverbial clauses 232
6.3 Prepositions: **a, hacia,** and **con** 236

Gramática adicional
6.4 Adverbs A36

Playa del Carmen: Tiburón Toro 240

Literatura: *El eclipse* de Augusto Monterroso 245
Cultura: *La conservación de Vieques* 250

Icons

Familiarize yourself with these icons that appear throughout **Senderos**.

◁)) Listening activity/section

ⵠ Pair activity

ⵢ Group activity

vii

The Spanish-Speaking World

Mexico

Central America and the Caribbean

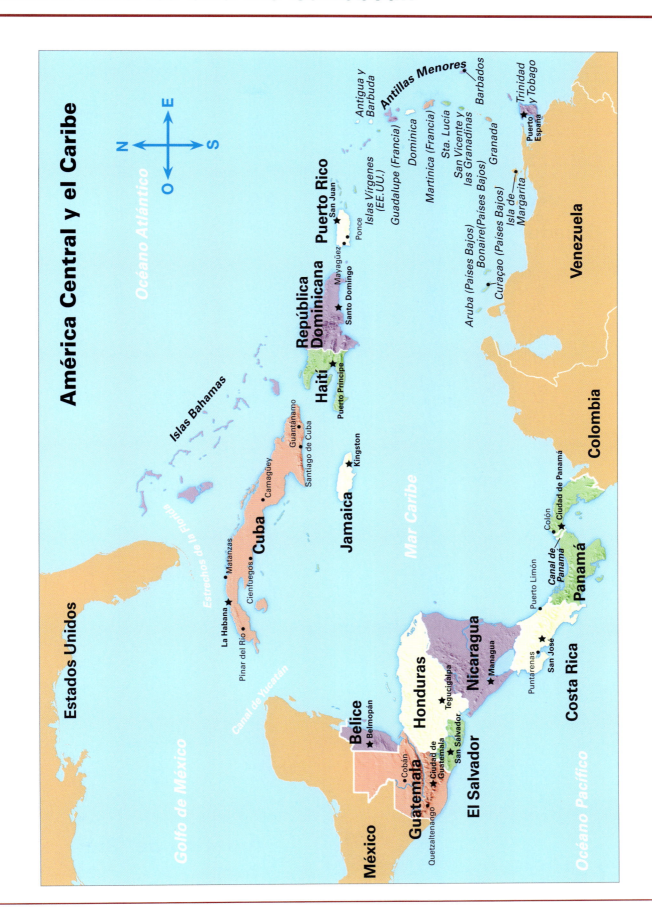

South America

Spain

Studying Spanish

The Spanish-Speaking World

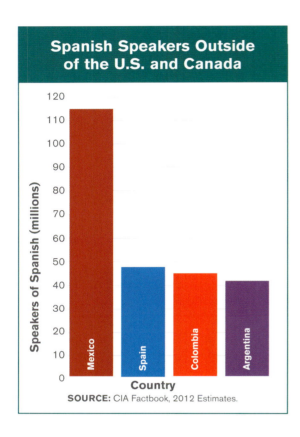

Do you know someone whose first language is Spanish? Chances are you do! More than approximately forty million people living in the U.S. speak Spanish; after English, it is the second most commonly spoken language in this country. It is the official language of twenty-two countries and an official language of the European Union and United Nations.

The Growth of Spanish

Have you ever heard of a language called Castilian? It's Spanish! The Spanish language as we know it today has its origins in a dialect called Castilian (castellano in Spanish). Castilian developed in the 9th century in north-central Spain, in a historic provincial region known as Old Castile. Castilian gradually spread towards the central region of New Castile, where it was adopted as the main language of commerce. By the 16th century, Spanish had become the official language of Spain and eventually, the country's role in exploration, colonization, and overseas trade led to its spread across Central and South America, North America, the Caribbean, parts of North Africa, the Canary Islands, and the Philippines.

Spanish in the United States

1500 — **1600** — **1700**

16th Century
Spanish is the official language of Spain.

1565
The Spanish arrive in Florida and found St. Augustine.

1610
The Spanish found Santa Fe, today's capital of New Mexico, the state with the most Spanish speakers in the U.S.

xiv

Spanish in the United States

Spanish came to North America in the 16th century with the Spanish who settled in St. Augustine, Florida. Spanish-speaking communities flourished in several parts of the continent over the next few centuries. Then, in 1848, in the aftermath of the Mexican-American War, Mexico lost almost half its land to the United States, including portions of modern-day Texas, New Mexico, Arizona, Colorado, California, Wyoming, Nevada, and Utah. Overnight, hundreds of thousands of Mexicans became citizens of the United States, bringing with them their rich history, language, and traditions.

This heritage, combined with that of the other Hispanic populations that have immigrated to the United States over the years, has led to the remarkable growth of Spanish around the country. After English, it is the most commonly spoken language in 43 states. More than 12 million people in California alone claim Spanish as their first or "home" language.

You've made a popular choice by choosing to take Spanish in school. Not only is Spanish found and heard almost everywhere in the United States, but it is the most commonly taught foreign language in classrooms throughout the country! Have you heard people speaking Spanish in your community? Chances are that you've come across an advertisement, menu, or magazine that is in Spanish. If you look around, you'll find that Spanish can be found in some pretty common places. For example, most ATMs respond to users in both English and Spanish. News agencies and television stations such as CNN and Telemundo provide Spanish-language broadcasts. When you listen to the radio or download music from the Internet, some of the most popular choices are Latino artists who perform in Spanish. Federal government agencies such as the Internal Revenue Service and the Department of State provide services in both languages. Even the White House has an official Spanish-language webpage! Learning Spanish can create opportunities within your everyday life.

1800 — 1900 — 2015

1848
Mexicans who choose to stay in the U.S. after the Mexican-American War become U.S. citizens.

1959
After the Cuban Revolution, thousands of Cubans emigrate to the U.S.

2015
Spanish is the 2nd most commonly spoken language in the U.S., with more than approximately 52.5 million speakers.

Studying Spanish

Why Study Spanish?

Learn an International Language
There are many reasons to learn Spanish, a language that has spread to many parts of the world and has along the way embraced words and sounds of languages as diverse as Latin, Arabic, and Nahuatl. Spanish has evolved from a medieval dialect of north-central Spain into the fourth most commonly spoken language in the world. It is the second language of choice among the majority of people in North America.

Understand the World Around You
Knowing Spanish can also open doors to communities within the United States, and it can broaden your understanding of the nation's history and geography. The very names Colorado, Montana, Nevada, and Florida are Spanish in origin. Just knowing their meanings can give you some insight into the landscapes for which the states are renowned. Colorado means "colored red;" Montana means "mountain;" Nevada is derived from "snow-capped mountain;" and Florida means "flowered." You've already been speaking Spanish whenever you talk about some of these states!

State Name	Meaning in Spanish
Colorado	"colored red"
Florida	"flowered"
Montana	"mountain"
Nevada	"snow-capped mountain"

Connect with the World
Learning Spanish can change how you view the world. While you learn Spanish, you will also explore and learn about the origins, customs, art, music, and literature of people in close to two dozen countries. When you travel to a Spanish-speaking country, you'll be able to converse freely with the people you meet. And whether in the U.S., Canada, or abroad, you'll find that speaking to people in their native language is the best way to bridge any culture gap.

Why Study Spanish?

Expand Your Skills
Studying a foreign language can improve your ability to analyze and interpret information and help you succeed in many other subject areas. When you first begin learning Spanish, your studies will focus mainly on reading, writing, grammar, listening, and speaking skills. You'll be amazed at how the skills involved with learning how a language works can help you succeed in other areas of study. Many people who study a foreign language claim that they gained a better understanding of English. Spanish can even help you understand the origins of many English words and expand your own vocabulary in English. Knowing Spanish can also help you pick up other related languages, such as Italian, Portuguese, and French. Spanish can really open doors for learning many other skills in your school career.

Explore Your Future
How many of you are already planning your future careers? Employers in today's global economy look for workers who know different languages and understand other cultures. Your knowledge of Spanish will make you a valuable candidate for careers abroad as well as in the United States or Canada. Doctors, nurses, social workers, hotel managers, journalists, businessmen, pilots, flight attendants, and many other professionals need to know Spanish or another foreign language to do their jobs well.

Studying Spanish

How to Learn Spanish

Start with the Basics!
As with anything you want to learn, start with the basics and remember that learning takes time! The basics are vocabulary, grammar, and culture.

Vocabulary | Every new word you learn in Spanish will expand your vocabulary and ability to communicate. The more words you know, the better you can express yourself. Focus on sounds and think about ways to remember words. Use your knowledge of English and other languages to figure out the meaning of and memorize words like **conversación, teléfono, oficina, clase,** and **música**.

Grammar | Grammar helps you put your new vocabulary together. By learning the rules of grammar, you can use new words correctly and speak in complete sentences. As you learn verbs and tenses, you will be able to speak about the past, present, or future, express yourself with clarity, and be able to persuade others with your opinions. Pay attention to structures and use your knowledge of English grammar to make connections with Spanish grammar.

Culture | Culture provides you with a framework for what you may say or do. As you learn about the culture of Spanish-speaking communities, you'll improve your knowledge of Spanish. Think about a word like **salsa**, and how it connects to both food and music. Think about and explore customs observed on **Nochevieja** (New Year's Eve) or at a **fiesta de quince años** (a girl's fifteenth birthday party). Watch people greet each other or say goodbye. Listen for idioms and sayings that capture the spirit of what you want to communicate!

Teenagers celebrating at a **fiesta de quince años**.

Listen, Speak, Read, and Write

Listening | Listen for sounds and for words you can recognize. Listen for inflections and watch for key words that signal a question such as **cómo** (*how*), **dónde** (*where*), or **qué** (*what*). Get used to the sound of Spanish. Play Spanish pop songs or watch Spanish movies. Borrow audiobooks from your local library, or try to visit places in your community where Spanish is spoken. Don't worry if you don't understand every single word. If you focus on key words and phrases, you'll get the main idea. The more you listen, the more you'll understand!

Speaking | Practice speaking Spanish as often as you can. As you talk, work on your pronunciation, and read aloud texts so that words and sentences flow more easily. Don't worry if you don't sound like a native speaker, or if you make some mistakes. Time and practice will help you get there. Participate actively in Spanish class. Try to speak Spanish with classmates, especially native speakers (if you know any), as often as you can.

Reading | Pick up a Spanish-language newspaper or a pamphlet on your way to school, read the lyrics of a song as you listen to it, or read books you've already read in English translated into Spanish. Use reading strategies that you know to understand the meaning of a text that looks unfamiliar. Look for cognates, or words that are related in English and Spanish, to guess the meaning of some words. Read as often as you can, and remember to read for fun!

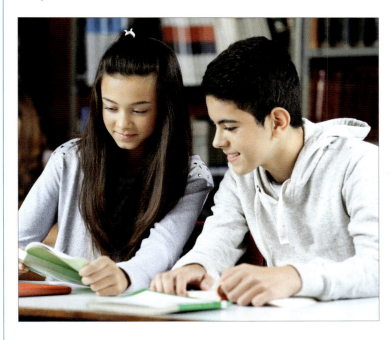

Writing | It's easy to write in Spanish if you put your mind to it. And remember that Spanish spelling is phonetic, which means that once you learn the basic rules of how letters and sounds are related, you can probably become an expert speller in Spanish! Write for fun—make up poems or songs, write e-mails or instant messages to friends, or start a journal or blog in Spanish.

Studying Spanish

Tips for Learning Spanish

Practice, practice, practice!
Seize every opportunity you find to listen, speak, read, or write Spanish. Think of it like a sport or learning a musical instrument—the more you practice, the more you will become comfortable with the language and how it works. You'll marvel at how quickly you can begin speaking Spanish and how the world that it transports you to can change your life forever!

- **Listen** to Spanish radio shows and podcasts. Write down words that you can't recognize or don't know and look up the meaning.
- **Watch** Spanish TV shows, movies, or YouTube clips. Read subtitles to help you grasp the content.
- **Read** Spanish-language newspapers, magazines, or blogs.
- **Listen** to Spanish songs that you like—anything from Shakira to a traditional mariachi melody. Sing along and concentrate on your pronunciation.

- **Seek** out Spanish speakers. Look for neighborhoods, markets, or cultural centers where Spanish might be spoken in your community. Greet people, ask for directions, or order from a menu at a Mexican restaurant in Spanish.
- **Pursue** language exchange opportunities (**intercambio cultural**) in your school or community. Try to join language clubs or cultural societies, and explore opportunities for studying abroad or hosting a student from a Spanish-speaking country in your home or school.
- **Connect** your learning to everyday experiences. Think about naming the ingredients of your favorite dish in Spanish. Think about the origins of Spanish place names in the U.S., like Cape Canaveral and Sacramento, or of common English words like *adobe*, *chocolate*, *mustang*, *tornado*, and *patio*.
- **Use** mnemonics, or a memorizing device, to help you remember words. Make up a saying in English to remember the order of the days of the week in Spanish (L, M, M, J, V, S, D).
- **Visualize** words. Try to associate words with images to help you remember meanings. For example, think of a **paella** as you learn the names of different types of seafood or meat. Imagine a national park and create mental pictures of the landscape as you learn names of animals, plants, and habitats.
- **Enjoy** yourself! Try to have as much fun as you can learning Spanish. Take your knowledge beyond the classroom and make the learning experience your own.

Getting Started

Useful Spanish Expressions

The following expressions will be very useful in getting you started learning Spanish. You can use them in class to check your understanding or to ask and answer questions about the lessons. Read En las **instrucciones** ahead of time to help you understand direction lines in Spanish, as well as your teacher's instructions. Remember to practice your Spanish as often as you can!

Expresiones útiles *Useful expressions*

¿Cómo se dice _____ en español?	How do you say _____ in Spanish?
¿Cómo se escribe _____?	How do you spell _____?
¿Comprende(n)?	Do you understand?
Con permiso.	Excuse me.
De acuerdo.	Okay.
De nada.	You're welcome.
¿De veras?	Really?
¿En qué página estamos?	What page are we on?
Enseguida.	Right away.
Más despacio, por favor.	Slower, please.
Muchas gracias.	Thanks a lot.
No entiendo.	I don't understand.
No sé.	I don't know.
Perdone.	Excuse me.
Pista	Clue
Por favor.	Please.
Por supuesto.	Of course.
¿Qué significa _____?	What does _____ mean?
Repite, por favor.	Please repeat.
Tengo una pregunta.	I have a question.
¿Tiene(n) alguna pregunta?	Do you have questions?
Vaya(n) a la página dos.	Go to page 2.

En las instrucciones *In direction lines*

Cierto o falso	True or false
Completa las oraciones de una manera lógica.	Complete the sentences logically.
Con un(a) compañero/a...	With a classmate...
Contesta las preguntas.	Answer the questions.
Corrige la información falsa.	Correct the false information.
Di/Digan...	Say...
En grupos...	In groups...
En parejas...	In pairs...
Entrevista...	Interview...
Forma oraciones completas.	Create/Make complete sentences.
Háganse preguntas.	Ask each other questions.
Haz el papel de...	Play the role of...
Haz los cambios necesarios.	Make the necessary changes.
Indica/Indiquen si las oraciones...	Indicate if the sentences...
Lee/Lean en voz alta.	Read aloud.
...que mejor completa...	...that best completes...
Toma nota...	Take note...
Tomen apuntes.	Take notes.
Túrnense...	Take turns...

xxi

Getting Started

Common Names

Get started learning Spanish by using a Spanish name in class. You can choose from the lists on these pages, or you can find one yourself. How about learning the Spanish equivalent of your name? The most popular Spanish female names are Lucía, María, Paula, Sofía, and Valentina. The most popular male names in Spanish are Alejandro, Daniel, David, Mateo, and Santiago. Is your name, or that of someone you know, in the Spanish top five?

Más nombres masculinos	Más nombres femeninos
Alfonso	Alicia
Antonio (Toni)	Beatriz (Bea, Beti, Biata)
Carlos	Blanca
César	Carolina (Carol)
Diego	Claudia
Ernesto	Diana
Felipe	Emilia
Francisco (Paco)	Irene
Guillermo	Julia
Ignacio (Nacho)	Laura
Javier (Javi)	Leonor
Leonardo	Liliana
Luis	Lourdes
Manolo	Margarita (Marga)
Marcos	Marta
Oscar (Óscar)	Noelia
Rafael (Rafa)	Patricia
Sergio	Rocío
Vicente	Verónica

Los 5 nombres masculinos más populares	Los 5 nombres femeninos más populares
Alejandro	Lucía
Daniel	María
David	Paula
Mateo	Sofía
Santiago	Valentina

Bios

About the Author

José A. Blanco founded Vista Higher Learning in 1998. A native of Barranquilla, Colombia, Mr. Blanco holds degrees in Literature and Hispanic Studies from Brown University and the University of California, Santa Cruz. He has worked as a writer, editor, and translator for Houghton Mifflin and D.C. Heath and Company, and has taught Spanish at the secondary and university levels. Mr. Blanco is also the co-author of several other Vista Higher Learning programs: **Vistas, Panorama, Aventuras,** and **¡Viva!** at the introductory level; **Ventanas, Facetas, Enfoques, Imagina,** and **Sueña** at the intermediate level; and **Revista** at the advanced conversation level.

About the Illustrators

Yayo, an internationally acclaimed illustrator, was born in Colombia. He has illustrated children's books, newspapers, and magazines, and has been exhibited around the world. He currently lives in Montreal, Canada.

Pere Virgili lives and works in Barcelona, Spain. His illustrations have appeared in textbooks, newspapers, and magazines throughout Spain and Europe.

Born in Caracas, Venezuela, **Hermann Mejía** studied illustration at the Instituto de Diseño de Caracas. Hermann currently lives and works in the United States.

Lección preliminar

Leamos
páginas 2–3
- The present progressive
- The present perfect
- **Reading:** *El mercado de frutas y verduras*

Escuchemos
páginas 4–5
- The subjunctive
- Past participles
- **Listening:** *Las ciudades del siglo XXI*

El mundo hispano
páginas 6–7
- **En detalle:** Artistas latinas en Estados Unidos
- **Perfil:** Nadín Ospina

Escribamos
páginas 8–9
- The future
- The conditional
- **Writing:** *Un correo electrónico*

Hablemos
páginas 10–11
- **Si** clauses
- The subjunctive with doubt, disbelief, and denial
- **Speaking:** *Un noticiero*

Síntesis
página 12
- Talk about plans for the future

Communicative Goals
I will be able to…
- Talk about food and nutrition
- Talk about the city and errands
- Talk about Latin American artists
- Talk about jobs and occupations
- Discuss current events and talk about the news

P LEAMOS: EL BIENESTAR

1.1 The present progressive

The present progressive consists of the present tense of the verb *to be* and the present participle of another verb (the *-ing* form in English).

> Rosa **está comprando** frutas.
> *Rosa is buying fruit.*
>
> **Estamos comiendo** más verduras.
> *We are eating more vegetables.*

● The present participle of regular **-ar, -er,** and **-ir** verbs is formed as follows:

infinitive	stem	ending	present participle
hablar	habl-	-ando	hablando
comer	com-	-iendo	comiendo
escribir	escrib-	-iendo	escribiendo

● When the stem of an **-er** or **-ir** verb ends in a vowel, the present participle ends in **-yendo: leer: leyendo; oír: oyendo; traer: trayendo**.

● Several verbs have irregular present participles. Some examples are **ir: yendo; poder: pudiendo; venir: viniendo**.

1.2 The present perfect

The present perfect is used to talk about what someone *has done*. In Spanish, it is formed with the present tense of the auxiliary verb **haber** and a past participle.

Present indicative of *haber*	
Singular forms	**Plural forms**
yo he	**nosotros/as** hemos
tú has	**vosotros/as** habéis
Ud./él/ella ha	**Uds./ellos/ellas** han

> Tú no **has aumentado** de peso.
> *You haven't gained weight.*
>
> Muchos inmigrantes **han venido** al país.
> *Many immigrants have come to the country.*

● The past participle does not change in form when it is part of the present perfect tense; it changes in form only when it is used as an adjective.

> Clara **ha abierto** las ventanas.
> *Clara has opened the windows.*
>
> Las ventanas están **abiertas**.
> *The windows are open.*

Práctica

1 **La salud** La clase de español de Camila está organizando "La semana de la salud" en su escuela. Completa las oraciones con el presente progresivo de los verbos entre paréntesis.

1. Raúl y Teresa _____ (buscar) información sobre estilos de vida saludables.
2. Yo _____ (leer) un artículo sobre frutas y verduras populares en nuestra región.
3. Luis _____ (escribir) un artículo para el periódico escolar.
4. Todos _____ (hacer) carteles informativos.
5. El equipo de vóleibol _____ (organizar) un torneo para toda la escuela.

2 **Preguntas** Completa las respuestas con el presente progresivo de los verbos de la lista.

arreglar	buscar	descargar	jugar	ver

1. ¿Qué están haciendo las chicas en el estadio? _____ al fútbol.
2. ¿Qué estás haciendo en la biblioteca? _____ un libro de matemáticas.
3. ¿Qué están haciendo tus tías en el centro comercial? _____ una película.
4. ¿Qué está haciendo Rafael en el garaje? _____ su bicicleta.
5. ¿Qué está haciendo Jorge con su teléfono inteligente? _____ una aplicación.

3 **Cambios** Completa el párrafo con el presente perfecto de los verbos de la lista.

llegar	mejorar	traer	ver

En mi ciudad ha habido muchos cambios en las últimas décadas. Por ejemplo, cada vez (1) _____ más inmigrantes de otros países que (2) _____ muchas de sus costumbres y tradiciones. Recientemente, yo (3) _____ frutas y verduras nuevas en el supermercado local, que vienen de otras partes del mundo. Creo que con sus aportes los inmigrantes (4) _____ la oferta de productos naturales en mi región.

Antes de leer

4 **La salud** Las siguientes palabras se encuentran en la lectura. Escribe cada palabra frente a su definición.

> | consumir | economista | población |
> |----------|------------|-----------|
> | crecer | mercado | verdura |

1. _____: espacio para vender y comprar productos
2. _____: planta, usualmente de color verde, que se puede comer
3. _____: especialista en economía
4. _____: tomar un alimento
5. _____: conjunto de personas de una comunidad
6. _____: aumentar de tamaño

Después de leer

5 **¿Cierto o falso?** Indica si lo que afirman las siguientes oraciones es cierto o falso. Corrige las oraciones falsas.

1. El artículo se basa en suposiciones de la señora Cook.
2. Los hispanos y asiáticos tienden a consumir más grasas y carbohidratos.
3. Los inmigrantes hispanos y asiáticos están teniendo una influencia positiva en la alimentación de la población estadounidense.
4. Hace veinte años, los consumidores estadounidenses experimentaban más con la alimentación.
5. La transformación demográfica ha generado cambios en la alimentación de los estadounidenses.

Leamos

Inmigrantes diversifican el mercado de frutas y verduras

Extensión Cooperativa de la Universidad de California

DAVIS (UC) – La fisonomía° de los mercados locales ha cambiado en los últimos veinticinco años. Cada día hay más frutas tropicales, como papaya y mango, así como una gran variedad de verduras poco conocidas pero muy apreciadas° por los [inmigrantes] [...].

Roberta Cook, economista agrícola° de Extensión Cooperativa de la Universidad de California, ha hecho investigaciones sobre las nuevas tendencias alimenticias° de los estadounidenses; estas revelan° que el creciente° número de inmigrantes hispanos y asiáticos, grupos que tienden a° consumir más frutas y verduras, está generando cambios positivos en la población en general, tales como:

- Un sector importante de la población ha aumentado su consumo° de frutas y verduras,
- El mercado de frutas y hortalizas° frescas se ha diversificado°, y
- El consumidor° estadounidense está más dispuesto° que hace veinte años a experimentar con nuevos sabores.

"Algunas frutas tropicales como papaya, piña y mango, que en el pasado tenían un nivel de consumo muy bajo en los Estados Unidos, actualmente mantienen una demanda mucho mayor; esto se debe° en parte a los cambios en la población del país. Ahora tenemos más hispanos y asiáticos y ellos consumen más frutas y verduras, y su influencia se está extendiendo a la población en general", señala la especialista en economía agrícola. [...]

Cook menciona a la manzana y al plátano como dos frutas que consumen bastante los estadounidenses, pero añade° que su consumo no ha crecido en los últimos veinte años. En cambio la demanda de otros alimentos tropicales como el aguacate y la papaya, antes prácticamente desconocidos° en los mercados locales, está creciendo muy rápidamente.

Los cambios en la alimentación son, en parte, producto de la transformación demográfica que se ha visto en el país. Hace dos décadas, los latinos conformaban° el 7 por ciento de la población; ahora son 50 millones, y representan el 16 por ciento de los 310 millones de habitantes en la nación. [...]

> **fisonomía** *characteristics* **apreciadas** *valued*
> **agrícola** *agricultural* **tendencias alimenticias**
> *food trends* **revelan** *reveal* **creciente** *growing*
> **tienden a** *tend to* **consumo** *consumption*
> **hortalizas** *vegetables* **diversificado** *diversified*
> **consumidor** *consumer* **dispuesto** *willing* **se debe**
> *is due* **añade** *she adds* **desconocidos** *unknown*
> **conformaban** *made up*

Leamos: El bienestar

P ESCUCHEMOS: LA CIUDAD

2.1 The subjunctive

The subjunctive can be used in adjective clauses to express uncertainty.

- The subjunctive is used in an adjective clause that refers to a person, place, thing, or idea that either does not exist or whose existence is uncertain.

    Quiero vivir en **esta ciudad** que **está** frente al mar.
    I want to live in this city that is on the ocean.

    Quiero vivir en **una ciudad** que **esté** frente al mar.
    I want to live in a city that is on the ocean.

- When the person, place, thing, or idea is clearly known, certain, or definite, use the indicative.

    Tengo **un amigo** que **vive** cerca de mi casa.
    I have a friend who lives near my house.

- The subjunctive is commonly used in questions when the speaker is trying to find out information. If another person knows the information, the indicative is used.

    —¿Hay un parque que **esté** cerca de aquí?
    Is there a park near here?

    —Sí, hay un parque que **está** muy cerca de aquí.
    Yes, there is a park very near here.

2.2 Past participles

Use past participles in verb tenses like the present perfect or as adjectives.

- In Spanish, regular **-ar** verbs form the past participle with **-ado**. Regular **-er** and **-ir** verbs form the past participle with **-ido** (bailar → bail**ado**; comer → com**ido**; vivir → viv**ido**).

- Some past participles have an irregular form.

abrir	abierto	morir	muerto
decir	dicho	poner	puesto
describir	descrito	resolver	resuelto
descubrir	descubierto	romper	roto
escribir	escrito	ver	visto
hacer	hecho	volver	vuelto

- Past participles can be used as adjectives, often with the verb **estar**. They must agree in gender and number with the nouns they modify.

    La mesa está **puesta**.
    The table is set.

    Hay letreros **escritos** en español.
    There are signs written in Spanish.

Práctica

1 Escoger Completa estas oraciones con la forma correcta del indicativo o del subjuntivo de los verbos entre paréntesis.

1. Se necesita un asistente que (1) _____ (hablar) español.
2. Buscamos a una persona que (2) _____ (tener) experiencia.
3. Conozco a un estudiante que (3) _____ (hablar) tres idiomas.
4. Luis quiere ir al restaurante que (4) _____ (estar) en la esquina.
5. Necesitamos un empleado que (5) _____ (hacer) los informes.
6. Fuimos a la tienda que (6) _____ (vender) ropa importada.

2 Preguntas Contesta estas preguntas con un(a) compañero/a. Respondan afirmativamente con oraciones completas.

> **MODELO** —¿Hay por aquí cerca un restaurante que venda hamburguesas?
> —Sí, el restaurante El Corral vende unas hamburguesas deliciosas.

1. ¿Conoces a alguien que hable francés y alemán?
2. ¿Conoces una librería que venda libros baratos?
3. ¿Conoces algún lugar donde arreglen zapatos?
4. ¿Hay una frutería cerca de tu casa?
5. ¿Hay algún banco que esté cerca de la escuela?

3 Preparativos Túrnense con un(a) compañero/a para hacerse estas preguntas sobre los preparativos (*preparations*) de un viaje. Respondan afirmativamente usando el participio pasado.

> **MODELO** —¿Compraste los pasajes de avión?
> —Sí, los pasajes ya están comprados.

1. ¿Confirmaste las reservaciones para el hotel?
2. ¿Firmaste tu pasaporte?
3. ¿Lavaste la ropa?
4. ¿Pagaste todas las cuentas?
5. ¿Hiciste las maletas?

Vocabulario útil

abordar to address, to tackle
actual current
acuñar / acuñado/a to coin / coined (a word)
alcalde mayor
auspiciada supported; favored
cambio climático climate change
consenso agreement
desarrollo development
invernadero greenhouse
fase phase
juvenil youth (adj.)
mediados half-way through, mid-
retos challenges

Después de escuchar

4 Completar Completa las oraciones utilizando las palabras de la lista de **Vocabulario útil**.

1. En la conferencia se van a (1) _____ los siguientes temas: salud, educación y empleo.
2. Los asistentes a la conferencia no se han puesto de acuerdo. No hay (2) _____ en tres puntos de la agenda.
3. El clima del planeta ha cambiado mucho debido al efecto (3) _____ por acumulación de gases en la atmósfera.
4. Los principales (4) _____ que deben superar las ciudades del siglo XXI son: el empleo, la seguridad y el transporte público.
5. Uno de los problemas que más les preocupa a los alcaldes es la seguridad y el desempleo (5) _____.

5 Nota de radio Con un(a) compañero/a, hagan una lista de los principales retos de su ciudad y otra lista con las posibles soluciones. Luego, graben una nota de radio en la que hablen de los retos y las soluciones. Presenten su grabación a la clase.

MODELO
— En nuestra ciudad hay mucha contaminación.
— Debemos establecer programas de reciclaje y controlar la emisión de los gases de efecto invernadero.

Escuchemos

Las ciudades del siglo XXI

Escucha el informe de Radio ONU sobre los retos para las ciudades del siglo XXI. Luego elige la mejor respuesta para cada pregunta.

1. La locutora (*announcer*) menciona dos grandes retos de los próximos años. ¿Cuáles son?
   a. un nuevo modelo de ciudad y el efecto invernadero
   b. el desempleo y el cambio climático
   c. la urbanización y la industrialización
   d. el desempleo y la industrialización

2. ¿Qué generan los grandes centros urbanos, en relación con el cambio climático actual?
   a. el 70% de los gases de efecto invernadero
   b. el 60% de los gases de efecto invernadero
   c. el 70% del desempleo juvenil
   d. el audio no menciona este dato

3. Según el audio, ¿cuál es el cargo de Joan Clos?
   a. exalcalde de Barcelona
   b. exalcalde de Roma
   c. director ejecutivo de ONU-Hábitat
   d. entrevistador de Radio ONU

4. Según Joan Clos, ¿Qué tipo de urbanización se requiere ahora?
   a. una urbanización que sea como la del siglo XX
   b. una urbanización que cambie el modelo actual
   c. una urbanización que mejore la industrialización
   d. una urbanización que genere desempleo

5. Según el audio, ¿cuál es uno de los problemas que genera la crisis económica?
   a. el desempleo juvenil
   b. el efecto invernadero
   c. la urbanización
   d. todas las anteriores

Escuchemos: La ciudad

EL MUNDO HISPANO

En detalle

ESTADOS UNIDOS

ARTISTAS LATINAS
en Estados Unidos

Con sus raíces° culturales, los artistas plásticos de origen hispano han enriquecido° el arte y la cultura de Estados Unidos.

En el siglo XX, muchos artistas hispanoamericanos vivieron en Estados Unidos durante algún tiempo, o bien pasaron largas temporadas° en ciudades del país, donde exhibieron sus obras y compartieron sus opiniones, sus estéticas y su trabajo con artistas estadounidenses en galerías, escuelas y universidades. Nombres como Diego Rivera y Frida Kahlo de México, Eugenio Granell de España, o Raúl Martínez de Cuba han dejado su huella° en el arte estadounidense.

En el siglo XXI esta influencia continúa, con nuevas generaciones de artistas nacidos por fuera de Estados Unidos, o cuyos padres han emigrado al país. En particular, las mujeres artistas con raíces hispanoamericanas han hecho un aporte° invaluable al arte plástico actual.

Linda Lucía Santana

Entre las artistas latinas que viven en Estados Unidos resaltan° Natalia Anciso, una artista chicana-tejana que explora la historia de los tejanos en la frontera entre México y Estados Unidos; Yelitza Díaz, venezolana radicada° en Carolina del Sur, que explora las diferentes técnicas de la cerámica para crear interesantes figuras humanas, Nanibah Chacón, artista mexicana radicada en Albuquerque, Nuevo México, que recrea la ilustración de los años cuarenta y cincuenta, o Linda Lucía Santana, también mexicana, que ilustra las canciones populares mexicanas, conocidas como corridos, inspirada por el realismo mágico. ∎

Museos de arte latinoamericano en Estados Unidos

- **Museo de Arte Latinoamericano (MOLAA).** Ubicado en Long Beach, California, está dedicado al arte latinoamericano moderno y contemporáneo.
- **Museo Alameda.** Ubicado en el corazón de San Antonio, Texas, atrae alrededor de 400.000 visitantes al año.
- **Colección de Arte Latino del Smithsonian American Art Museum.** Fundado hace casi cuarenta años, expone el arte latinoamericano desde el período colonial hasta el presente.

raíces *roots* **enriquecido** *enriched* **temporadas** *periods (of time)* **huella** *footprint* **aporte** *contribution* **resaltan** *stand out* **radicada (en)** *residing*

PERFIL

NADÍN OSPINA

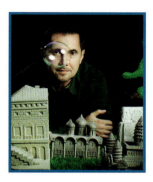

El artista colombiano Nadín Ospina nació en Bogotá en 1960. A inicios de los noventa, los medios de comunicación lo consideraron un artista revelación, y los que afirmaron que su trabajo permanecería en el tiempo no se equivocaron. Lleva 35 años expresándose en las diferentes formas del arte; es escultor, pintor, un poco músico y realizador audiovisual.

Sus obras se nutren° de elementos de la cultura popular y generalmente son críticas; es imposible hablar de él sin recordar a la familia de Homero Simpson y a Mickey Mouse y a sus amigos tallados° en piedra al mejor estilo del arte precolombino. Esa es su manera de hacer referencia a la cultura latinoamericana tan influenciada por la estadounidense.

Las obras de Nadín Ospina son expresión del intercambio de ideas que caracteriza a nuestra época. El carácter híbrido de sus obras pone en evidencia la constante redefinición de las culturas locales como consecuencia del auge° de las redes de comunicación y de los intercambios económicos y culturales mundiales.

" Pienso en la obra como un todo, como una experiencia multimedia. Mi proceso creativo parte de espacios vacíos° que lleno con volúmenes coloridos. " (Nadín Ospina)

Conexión Internet

¿Cuáles son los/las artistas latinos/as más importantes de principios del siglo XXI?

Investiga sobre este tema en Internet.

nutren *feed* **tallados** *carved* **auge** *rise* **vacíos** *empty*

¿Qué aprendiste?

1 Artistas latinas en Estados Unidos Completa las siguientes oraciones con una de las palabras de la selección.

1. El artista Raúl Martínez es originalmente de nacionalidad _____.
2. El aporte de los artistas hispanoamericanos al arte estadounidense ha sido _____.
3. Nanibah Chacón está radicada en Albuquerque, pero tiene _____ mexicanas.
4. La técnica favorita de Yelitza Díaz es la _____.
5. Linda Santana ilustra unas canciones populares llamadas _____.

2 Nadín Ospina Indica si las siguientes afirmaciones son ciertas o falsas. Corrige las oraciones falsas.

1. Nadín Ospina tiene 35 años de vida artística.
2. Uno de los materiales que usa Ospina es la piedra.
3. A Ospina nunca le ha interesado la música.
4. Las figuras de Nadín Ospina imitan el arte precolombino.
5. Las obras de Ospina expresan la influencia del arte precolombino en la cultura estadounidense.

3 Opiniones En parejas, discutan estas preguntas.

1. ¿Cómo fue la influencia de los artistas latinos en Estados Unidos en el siglo XX? ¿Y cómo es esa influencia en el siglo XXI?
2. De los/las artistas mencionados/as aquí, ¿cuál te parece más interesante? ¿Por qué?
3. Si fueras artista, ¿qué tema(s) te gustaría representar en tus obras? ¿Por qué?

P ESCRIBAMOS: EL TRABAJO

3.1 The future

In Spanish, the future is a simple tense that consists of one word.

Future tense

estudiar	estudiaré, estudiarás, estudiará, estudiaremos, estudiaréis, estudiarán
aprender	aprenderé, aprenderás, aprenderá, aprenderemos, aprenderéis, aprenderán
recibir	recibiré, recibirás, recibirá, recibiremos, recibiréis, recibirán

- All verbs have the same endings in the future tense, and all endings have a written accent except **nosotros/as**.

  ¿Cuándo **recibirás** el ascenso?
  When will you receive the promotion?

- For regular verbs, add the endings to the infinitive. For irregular verbs, add the endings to the stem.

decir	dir-	diré
hacer	har-	haré
poner	pondr-	pondré
querer	querr-	querré

saber	sabr-	sabré
salir	saldr-	saldré
tener	tendr-	tendré
venir	vendr-	vendré

- The future may be used in the main clause of sentences in which the present subjunctive follows a conjunction of time.

  Cuando llegues a la oficina, hablaremos.
  When you arrive at the office, we will talk.

3.2 The conditional

The conditional tense expresses what you *would do* or what *would happen* under certain circumstances.

- The conditional tense endings are the same for all verbs, both regular and irregular. For regular verbs, add the appropriate endings to the infinitive (**comer: comería, comerías, comería, comeríamos, comeríais, comerían**).

- For irregular verbs, add the conditional endings to irregular stems.

INFINITIVE	STEM	CONDITIONAL
decir	dir-	diría
hacer	har-	haría
poder	podr-	podría
poner	pondr-	pondría
haber	habr-	habría

Práctica

1 **Completar** Completa las oraciones con la forma apropiada del futuro de los verbos de la lista.

comenzar	hacer	tener
haber	ir	vivir

1. El lunes yo (1) _____ un examen.
2. ¿Cuándo (2) _____ tú y yo las tareas?
3. Si no ahorramos agua, pronto no (3) _____ ni una gota.
4. Pronto yo (4) _____ mis clases de piano.
5. ¿Dónde crees que tú (6) _____ en 20 años?
6. Ricardo (7) _____ al concierto el lunes.

2 **Planes** Andrea quiere encontrar un empleo y le está contando algunos planes a su mejor amiga. Repite lo que dice, usando el tiempo futuro.

MODELO Voy a escribir mi currículum mañana.
Escribiré mi currículum mañana.

1. Voy a consultar los anuncios laborales.
2. Voy a leer los anuncios todos los días.
3. Voy a practicar la entrevista de trabajo con Arturo.
4. Luis va a leer mi currículum y me va a dar recomendaciones.
5. Ana me va a presentar a una tía suya que es gerente de una compañía.

3 **¿Qué harías?** En parejas, pregúntense qué harían en estas situaciones. Utilicen las palabras del recuadro.

aconsejar	decir	llamar
buscar	explicar	preguntar

1. A tu mejor amiga le acaban de ofrecer el trabajo de sus sueños, pero ella lo rechazó.
2. En una entrevista de trabajo te preguntan por qué deberían contratarte a ti.
3. Tienes una cita muy importante a las 8 a.m. al otro lado de la ciudad y te despiertas a las 7:50 a.m.
4. Estás escribiendo tu trabajo final para una clase y tu computador de repente se descompone. No tienes copia de tu trabajo.

Preparación

4 **El trabajo** Completa las oraciones con las palabras.

> ascenso   beneficios   profesión
> aspirantes   currículum   teletrabajo

1. Te sugiero que a la entrevista lleves una copia impresa de tu _____.
2. En la entrevista de trabajo puedes preguntar por el salario y los _____.
3. Alicia recibió un _____. A partir del lunes será la gerente.
4. Ricardo trabaja como profesor, pero es contador de _____.
5. Había otras tres personas en la entrevista. Conmigo, éramos cuatro _____.

5 **Definiciones** Escribe la palabra que se está describiendo.

> aspirante   entrevista   salario
> consejera   entrevistador   teletrabajo

1. hombre que le hace preguntas a un/a aspirante a un empleo: _____
2. cantidad de dinero que recibe un empleado por su trabajo: _____
3. persona que quiere ser elegida para un empleo: _____
4. mujer que escucha los problemas de las personas y les ofrece orientación: _____
5. trabajo que se realiza de manera remota utilizando medios digitales: _____

6 **Los empleos** Enumera la siguiente lista de beneficios laborales de **1** (más importante) a **6** (menos importante). Luego, comparte tus opiniones con dos compañeros/as. Explica tus respuestas.

_____ el salario

_____ el número de días de vacaciones

_____ las posibilidades de ascenso

_____ tener buenos compañeros/as de trabajo

_____ tener un(a) buen(a) jefe/a

_____ tener un teletrabajo

Escribamos

Una carta En un sitio en Internet, acabas de encontrar un anuncio sobre un empleo que te llama la atención. El anuncio dice que los aspirantes que quieran más información deben escribirle una carta a la gerente, la señora Gómez. Escríbele una carta a ella para pedirle información sobre el empleo y solicitarle una entrevista.

Utiliza el condicional en tu carta, con expresiones de cortesía como **me gustaría..., podría usted..., sería posible....** Recuerda que te debes dirigir a la señora Gómez con la forma de **usted**. Estos son algunos temas sobre los que le puedes preguntar:

- las habilidades requeridas
- el salario
- los horarios de trabajo
- los beneficios

> Estimada señora Gómez,
>
> Acabo de enterarme en el sitio _____ que su compañía está ofreciendo el puesto de _____ y me gustaría hacerle algunas preguntas sobre el trabajo. En primer lugar, quisiera saber...

Un mensaje electrónico Después de pasar el proceso de selección en la empresa de la señora Gómez, te acaban de ofrecer el puesto que tanto querías. Le escribes un mensaje electrónico a tu amigo Jorge para contarle todo sobre tu empleo.

Utiliza el tiempo futuro en tu mensaje. Dile a tu amigo cuándo empezarás a trabajar, cuánto ganarás, dónde trabajarás o quién será tu jefe. Termina tu correo haciéndole algunas preguntas sobre lo que harás en los próximos días y si pueden encontrarse para celebrar.

> De: mateo25@tucorreo.com
> A: jorgeavelez@tucorreo.com
> Tema: Sobre la oferta trabajo
>
> Hola, Jorge:
>
> Imagínate que me ofrecieron el puesto del que te hablé la otra vez, ¿recuerdas? ¡¡¡Estoy súper feliz!!! Empezaré a trabajar el próximo lunes. Te cuento que tendré...

Escribamos: El trabajo

nueve **9**

P HABLEMOS: LAS ACTUALIDADES

4.1 *Si* clauses

Si (*If*) clauses describe a condition or event upon which another condition or event depends. Sentences with **si** clauses also have a main (or result) clause.

- **Si** clauses can speculate or hypothesize about what *would happen* if an event or condition *were to occur*.

  Si **vieras** el noticiero, **estarías** mejor informado.
  If you watched the TV news, you would be better informed.

- **Si** clauses can also describe what *would have happened* if an event or condition *had occurred*.

  Si **hubiera sabido** que estabas en casa, te **habría llamado.**
  If I had known that you were home, I would have called you.

- **Si** clauses can also express conditions or events that are possible or likely to occur.

  Si **puedes** venir, **llámame.**
  If you can come, call me.

4.2 The subjunctive with doubt, disbelief, and denial

The subjunctive is required with expressions of doubt, disbelief, and denial.

- The subjunctive is always used in a subordinate clause when there is a change of subject and the expression in the main clause implies negation or uncertainty.

Here is a list of some common expressions of doubt, disbelief, or denial.

Expressions of doubt, disbelief, or denial	
dudar	*to doubt*
negar (e:ie)	*to deny*
no creer	*not to believe*
no estar seguro/a (de)	*not to be sure*
no es cierto	*it's not true/certain*
no es seguro	*it's not certain*
no es verdad	*it's not true*
es imposible	*it's impossible*
es improbable	*it's improbable*

Dudo que el comité **resuelva** el problema.
I doubt that the committee will solve the problem.

No es verdad que ella **estudie** biología.
It's not true that she studies biology.

Práctica

1 **Completar** Completa las oraciones con las frases.

> no sabré qué hacer   dile que me llame
> perderá muchos votos   habrías visto a María
> saldrá del campeonato   ya sería médico

1. Si el candidato no hace una buena campaña, _____.

2. Si hubieras llegado más temprano, _____.

3. Si Ramiro hubiera estudiado medicina, _____.

4. Si nuestro equipo pierde este partido, _____.

5. Si no hablo con Rafael hoy, _____.

6. Si te ves con Jimena esta tarde, _____.

2 **Soluciones** En grupos pequeños, recomienden soluciones para algunos de los siguientes temas sociales, utilizando cláusulas con **si**. Compartan y discutan sus propuestas con toda la clase.

> **MODELO**
> — Si las empresas generaran más fuentes (*sources*) de empleo, habría menos desempleo.
> — Si la semana pasada se hubiera anunciado el desastre con tiempo, se habrían evitado muchas muertes.

> el crimen   las elecciones
> el desempleo   los derechos humanos
> el racismo   los desastres naturales
> el sexismo   los políticos

3 **La actualidad** ¿Qué opinas de la situación social actual? Escribe 5 opiniones usando el subjuntivo y expresiones de duda o negación. Comparte tus opiniones con la clase.

> **MODELO**
> — No creo que las industrias generen más empleo.
> — Es improbable que la desigualdad se reduzca pronto.

10 *diez*   **Lección preliminar**

Preparación

4 Completar Completa las oraciones con las palabras.

> deber   elecciones
> derechos   encuestas
> discurso   impuestos

1. Esperamos que el gobierno reduzca los _____.
2. El día de las _____ los ciudadanos votan.
3. En una democracia, votar se considera un _____ de los ciudadanos.
4. La estación de radio emitió el _____ del candidato presidencial.
5. Los activistas sociales luchan por los _____ de los ciudadanos.
6. Las _____ sirven para conocer las opiniones de los ciudadanos.

5 Definiciones Escribe la palabra que se está describiendo.

> desempleo   elecciones   huelga
> desigualdad   encuestas   prensa
> ejército   guerra   reportaje

1. falta de puestos de trabajo: _____
2. período en que los empleados no trabajan para defender sus derechos: _____
3. confrontación entre los países con el uso de armas: _____
4. grupo de soldados: _____
5. falta de oportunidades iguales para todos los ciudadanos: _____
6. informe de un periodista sobre un tema específico: _____

6 Categorías Escribe dos o tres ejemplos de cada una de estas categorías de palabras.

1. desastres naturales: _____
2. medios de comunicación: _____
3. políticos: _____
4. problemas sociales: _____

Hablemos

Una entrevista Utiliza el siguiente cuestionario para entrevistar a uno/a de tus compañeros/as. Puedes añadir otras preguntas si lo consideras necesario. Toma nota de sus respuestas para compartirlas con toda la clase.

1. ¿Qué medio de comunicación prefieres para mantenerte informado/a?
2. ¿Cuáles son las noticias que más te interesan (política, deportes, sociedad, cultura)?
3. ¿Con qué frecuencia lees el periódico?
4. ¿Con qué frecuencia ves los noticieros / oyes las noticias en la radio?
5. ¿Crees que votar es importante? ¿Por qué?
6. En tu opinión, ¿cuáles de estos problemas son los que más afectan a nuestro país? Explica.
   a. el desempleo
   b. la discriminación
   c. el crimen
   d. la corrupción
   e. otro(s) (¿Cuáles?)

Un noticiero estudiantil En grupos pequeños, sigan estos pasos para hacer un noticiero sobre su escuela.

- Decidan qué secciones tendrá el noticiero.
- Elijan un(a) "experto/a" en cada una de las secciones, que se encargará de redactar una noticia para su sección, incluyendo una imagen.
- Reúnan los artículos de todas las secciones y léanlos en voz alta.
- Presenten el noticiero ante la clase.

En sus noticias, incluyan oraciones con **si** y el subjuntivo estudiado en esta lección.

Una noticia Busca en la prensa una noticia de actualidad en algún país hispanoamericano y preséntala ante la clase. Antes de tu presentación, escribe una lista de vocabulario nuevo y compártela con tus compañeros para que puedan entender mejor.

Hablemos: Las actualidades

P SÍNTESIS: LA NATURALEZA

Descripción

En grupos de tres o cuatro, escriban una conversación de un grupo de compañeros/as que están charlando entre clases sobre sus planes para las próximas vacaciones. Por coincidencia, todos van a hacer viajes de ecoturismo. Presenten sus conversaciones a la clase.

Paso a paso

1 Decidan a qué lugar va a viajar cada integrante del grupo y hagan una investigación preliminar sobre el lugar. Pueden elegir alguno de estos sitios:

- Caño Cristales (Colombia)
- la Isla del Coco (Costa Rica)
- Laguna Colorada (Bolivia)
- las Cataratas del Iguazú (Argentina y Brasil)
- las islas Galápagos (Ecuador)
- el Salto Ángel (Venezuela)

2 Redacten la conversación, incluyendo una descripción del lugar que cada quien va a visitar. Háganse preguntas mutuas sobre sus viajes. Recuerden usar los temas repasados en esta lección.

> **MODELO**
> — **Pasaremos** las vacaciones en una cabaña frente a la montaña.
> — **Si** tenemos suerte, **podremos** ver tortugas gigantes.
> — ¡Mis maletas ya están **hechas**!

3 Lean su conversación para prepararla con antelación. Mientras cada quien lee su parte de la conversación, los demás le hacen comentarios constructivos.

Evaluación

Al presentar la conversación del grupo ante la clase, serás evaluado/a con base en los siguientes criterios. Usa esta lista de chequeo para verificar que estás bien preparado/a para la presentación:

- Usas el vocabulario apropiado.
- Te refieres adecuadamente a cosas que pasarán en el futuro.
- Te expresas con claridad, usando pronunciación y entonación adecuadas.
- Participas activamente haciéndoles preguntas a tus compañeros/as.

Las relaciones personales

1

Contextos
páginas 14–17
- La personalidad
- Los estados emocionales
- Los sentimientos
- Las relaciones personales

Fotonovela
páginas 18–21
- ¡Bienvenida, Mariela!

El mundo hispano
Los Estados Unidos
páginas 22–25
- **En detalle:** Parejas sin fronteras
- **Perfil:** Matt y Luciana
- **Flash Cultura:** Las relaciones personales

Estructura
páginas 26–37
- The present tense
- **Ser** and **estar**
- Progressive forms

Manual de gramática
páginas A4–A10
- Más práctica
- Gramática adicional

En pantalla
páginas 38–41
- **Cortometraje:** *Di algo*

Lecturas
páginas 42–50
- **Literatura:** *Poema 20* de Pablo Neruda
- **Cultura:** *Sonia Sotomayor: la niña que soñaba*

Atando cabos
página 51
- ¡A conversar!
- ¡A escribir!

Communicative Goals

You will expand your ability to…
- describe in the present
- narrate in the present
- express personal relationships

1 CONTEXTOS

Las relaciones personales

La personalidad

autoritario/a strict
cariñoso/a affectionate

celoso/a jealous
cuidadoso/a careful
falso/a insincere
gracioso/a funny

inseguro/a insecure
(in)maduro/a (im)mature
mentiroso/a lying
orgulloso/a proud
permisivo/a permissive
seguro/a sure; confident
sensato/a sensible
sensible sensitive
tacaño/a stingy
tímido/a shy
tradicional traditional

Los estados emocionales

agobiado/a overwhelmed
ansioso/a anxious
deprimido/a depressed
disgustado/a upset

emocionado/a excited
preocupado/a (por) worried (about)
solo/a alone; lonely
tranquilo/a calm

Los sentimientos

Carlos **se está enamorando** de Marisa, pero **tiene vergüenza de** decírselo. Marisa también **sueña con** él y hoy ha decidido decirle cómo **se siente**.

adorar to adore
apreciar to think highly of
enamorarse (de) to fall in love (with)
estar harto/a (de) to be sick (of)
odiar to hate
sentirse (e:ie) to feel
soñar (o:ue) (con) to dream (about)
tener celos (de) to be jealous (of)
tener vergüenza (de) to be ashamed/ embarrassed (about)

Variación léxica

cariñoso/a ↔ **afectuoso/a**
disgustado/a ↔ **enfadado/a**
coquetear ↔ **flirtear**

14 catorce

Lección 1

Las relaciones personales

Llevan más de cincuenta años de casados. Dicen que los secretos de un buen **matrimonio** son **la confianza** y **el cariño**.

el/la amado/a *loved one*
el ánimo *spirit*
el cariño *affection*
la cita (a ciegas) *(blind) date*
el compromiso *commitment*
la confianza *trust; confidence*
el desánimo *the state of being discouraged*
el divorcio *divorce*
la pareja *couple; partner*
el sentimiento *feeling*

atraer *to attract*
coquetear *to flirt*
cuidar *to take care of*
dejar a alguien *to leave someone*
discutir *to argue*
educar *to raise; to bring up*
hacerle caso a alguien *to pay attention to someone*
impresionar *to impress*
llevar… años de (casados) *to be (married) for… years*
llevarse bien/mal/fatal *to get along well/badly/terribly*
mantenerse en contacto *to keep in touch*
pasarlo bien/mal/fatal *to have a good/bad/terrible time*
proponer matrimonio *to propose (marriage)*
romper (con) *to break up (with)*
salir (con) *to go out (with)*
soportar a alguien *to put up with someone*

casado/a *married*
divorciado/a *divorced*
separado/a *separated*
soltero/a *single*
viudo/a *widowed*

Práctica

1 Escuchar

A. Después de una cita con Andrés, Paula le cuenta todo a su mejor amiga, Isabel. Escucha la conversación y decide si las oraciones son **ciertas** o **falsas**. Corrige las falsas.

1. Después de la cita con Andrés, Paula está muy emocionada.
2. Según Paula, los dos se llevan mal.
3. Paula dice que Andrés es feo e inseguro.
4. Paula quiere salir otra vez con Andrés.

B. Ahora escucha la conversación entre Andrés y su mejor amigo, José Luis, y decide si las oraciones son **ciertas** o **falsas**. Corrige las falsas.

1. Según Andrés, Paula y él lo pasaron bien.
2. Andrés piensa que Paula es demasiado tímida.
3. Andrés quiere salir otra vez con Paula.
4. Andrés tiene celos porque José Luis quiere salir con Paula.

C. En parejas, imaginen que José Luis decide llamar a Paula y que Andrés decide llamar a Isabel. Inventen el diálogo de una de estas dos conversaciones telefónicas y compártanlo con la clase.

2 Analogías
Completa cada analogía con la palabra apropiada.

autoritario	cuidadoso	mentiroso
casados	discutir	romper con
cita	gracioso	tranquilo

1. estresado : ansioso :: falso : _____
2. generoso : tacaño :: permisivo : _____
3. divorcio : divorciados :: matrimonio : _____
4. amar : odiar :: salir con : _____
5. cariño : cariñoso :: cuidado : _____
6. disgustado : contento :: emocionado : _____
7. casados : boda :: novios : _____
8. casados : divorciados :: llevarse bien : _____

Práctica

3 Definiciones Indica qué palabras corresponden a cada definición.

___ 1. Compromiso entre dos o más personas sobre el lugar, la fecha y la hora para encontrarse.
___ 2. Que sufre de tristeza o desánimo.
___ 3. Enseñar a una persona a comportarse según ciertas normas.
___ 4. Prestarle atención a alguien.
___ 5. Conjunto formado por dos personas o cosas que se complementan o son semejantes, como, por ejemplo, hombre y mujer.
___ 6. Estimar o reconocer el valor de algo o de alguien.

a. apreciar
b. cita
c. cuidar
d. deprimido/a
e. discutir
f. educar
g. hacerle caso
h. pareja
i. viudo/a

4 Contrarios Mauricio y Lucía son gemelos, pero tienen personalidades muy distintas. Completa las descripciones con los adjetivos adecuados.

MODELO Mauricio siempre es muy seguro, pero Lucía es… insegura.

1. Mauricio es un hombre sincero, pero Lucía es…
2. Mauricio es muy generoso con su dinero, pero Lucía es…
3. No sabes lo sociable que es Mauricio, pero Lucía es muy…
4. Mauricio es permisivo con sus hijos, pero Lucía es…
5. A Mauricio le gusta estar con gente, pero Lucía prefiere estar…
6. Todos piensan que Mauricio es moderno, pero que Lucía es…
7. Mauricio se porta (*behaves*) como adulto, pero Lucía es muy…
8. Mauricio es muy modesto, pero Lucía es muy…
9. Mauricio es muy…, pero Lucía es muy…
10. A Mauricio le gusta…, pero Lucía prefiere…

Comunicación

5 **¿Cómo eres?** Trabaja con un(a) compañero/a.

A. Contesta las preguntas del test.

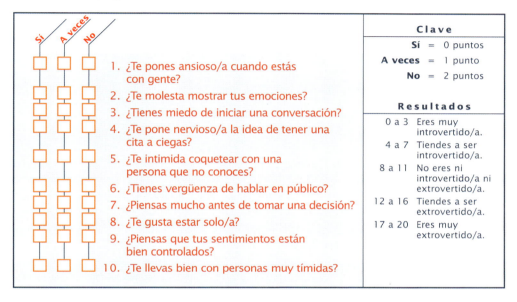

B. Ahora suma (*add up*) los puntos. ¿Cuál es el resultado del test? ¿Estás de acuerdo? Comenta tu resultado y tu opinión con tu compañero/a.

6 **Problemas y consejos**

A. En grupos de cuatro, elijan una de estas situaciones. Inventen más detalles para describir la situación. Básense en estas preguntas.

> ¿Quiénes son los personajes?
> ¿Cuánto tiempo llevan juntos?
> ¿Cuál es su relación?
> ¿Cómo empezó la situación?

1. Se miran a los ojos. Él se pregunta si ella está coqueteando con él.
2. Quiere mucho a su esposo/a, pero él/ella tiene celos de todo el mundo. Él/Ella no soporta que su pareja sea tan celosa.
3. Hacen una buena pareja, pero él nunca le va a proponer matrimonio.
4. Se conocieron en una cita a ciegas y se llevaron fatal.
5. Se quieren, pero discuten por cualquier cosa.

B. Ahora, escriban un breve correo electrónico en el que uno de los personajes describe su problema y le pide consejos a un(a) amigo/a. Lean el mensaje a la clase para que sus compañeros ofrezcan sus consejos. Después, decidan quién tiene los mejores consejos para cada situación.

Las relaciones personales *diecisiete* **17**

1 FOTONOVELA

**Los empleados de *Facetas* hablan de cómo recibir a un cliente.
Mariela, una nueva empleada, llega a la oficina.**

JOHNNY (*al teléfono*) Revista *Facetas*... (*dirigiéndose a Diana*) Es para Aguayo.
FABIOLA Está en el baño.
JOHNNY (*al teléfono*) En estos momentos está en el baño.
DIANA ¡No! Di que está reunido con un cliente.
JOHNNY (*al teléfono*) Disculpe, está en el baño reunido con un cliente.

JOHNNY Jefe, tiene un mensaje de Mariela Burgos.
AGUAYO Gracias... Es la nueva artista gráfica. Viene a reunirse con nosotros.
Aguayo se marcha a su oficina.
FABIOLA No creo que quepamos todos en el baño.

DIANA (*repartiendo libretas*) Éste es el manual de conducta profesional.
FABIOLA Página tres: "Cómo recibir a un cliente".
ÉRIC (*se levanta*) ¿Quieren una demostración? Johnny, tú eres el cliente.
JOHNNY Quizás no soy un cliente. Podría ser un supermodelo o algo así.
FABIOLA Mejor un cliente.

En la oficina central... Entra el muchacho de la pizza.
JOHNNY ¿Alguien ordenó pizza?
MUCHACHO ¿Éste es el 714 de la avenida Juárez...?
MARIELA (*interrumpe*) ¿Oficina uno, revista *Facetas*?... Soy Mariela. No sabía llegar, así que ordené una pizza y seguí al muchacho.
JOHNNY ¡Bienvenida!

En la sala de reuniones...
AGUAYO Mariela, te quiero presentar al equipo de *Facetas*. Él es Éric, nuestro fotógrafo.
ÉRIC ¿Qué tal?
AGUAYO Ella es Fabiola. Se encarga de las secciones de viajes, economía, turismo y farándula.
FABIOLA Mucho gusto.

AGUAYO Él es Johnny. Escribe las secciones de arte, comida, bienestar y política.
JOHNNY Hola.
AGUAYO Y ella es Diana. Está a cargo de las ventas y el mercadeo.

18 *dieciocho* Lección 1

Personajes

AGUAYO　　DIANA　　ÉRIC　　FABIOLA　　JOHNNY　　MARIELA　　MUCHACHO DE LA PIZZA

ÉRIC Ya sé. Eres un millonario que viene a comprar la revista.

JOHNNY Perfecto. Soy el magnate Juan Medina.

ÉRIC Bienvenido a *Facetas*, señor Medina. Bienvenido.

Se abrazan.

Luego, en la cocina...

AGUAYO Hay que ser cuidadoso al contestar el teléfono.

JOHNNY Querrás decir mentiroso.

DIANA Es una formalidad.

ÉRIC Odio ser formal.

FABIOLA Es lindo abrazar a la gente, Éric, pero esto es una oficina, no un partido de fútbol.

DIANA Me han hablado tanto de ti, que estoy ansiosa por conocer tu propia versión.

MARIELA Tengo veintidós años, soy de Monterrey, estudio en la UNAM y vengo de una familia grande.

JOHNNY ¿Muy grande?

MARIELA En cincuenta años de matrimonio mis padres han criado a nueve hijos y veinte nietos.

FABIOLA ¿Qué te pareció?

ÉRIC Está buenísima.

FABIOLA ¿Eso es todo lo que tienes que decir?

ÉRIC ¿Qué más se puede decir de una pizza?

FABIOLA ¡Te estoy hablando de Mariela!

ÉRIC Creo que es bella, talentosa e inteligente. Más allá de eso, no me impresiona para nada.

Expresiones útiles

Talking about responsibilities

Fabiola se encarga de...
Fabiola is in charge of...

Diana está a cargo de...
Diana is in charge of...

Estoy a cargo de...
I'm in charge of...

Soy el/la encargado/a de...
I'm the person in charge of...

Talking about your impressions

¿Qué te pareció Mariela?
What did you think of Mariela?

Me pareció...
I thought...

Creo que es bella, talentosa e inteligente.
I think she's beautiful, talented, and intelligent.

Más allá de eso, no me impresiona para nada.
Beyond that, she doesn't impress me at all.

Additional vocabulary

la ansiedad *anxiety*
el cuidado *care*
cuidadoso/a *careful*
la farándula *entertainment*
han criado *have raised*
la mentira *lie*
mentiroso/a *lying*
el mercadeo *marketing*
quepamos *(form of* **caber***) we fit*
querrás *you will want*
el talento *talent*
talentoso/a *talented*

Comprensión

1 **La trama** Primero, indica con una **X** los acontecimientos que no ocurrieron en este episodio. Después, indica con números el orden en el que ocurrieron los demás.

____ a. Diana llega con el manual de conducta profesional.
____ b. Éric pide una pizza con anchoas.
____ c. Mariela deja un mensaje para Aguayo.
____ d. Un muchacho llega a la oficina con una pizza.
____ e. Aguayo presenta a Mariela al grupo.
____ f. Johnny gana la lotería.
____ g. Fabiola le pregunta a Éric su opinión sobre Mariela.
____ h. Johnny contesta el teléfono.
____ i. Mariela llega a la oficina.
____ j. Aguayo paga la pizza.
____ k. Éric y Johnny practican la forma correcta de recibir a un cliente.
____ l. Los empleados de *Facetas* celebran el cumpleaños de Mariela.

2 **¿Quién lo hace?** ¿Quién estaría a cargo de estas actividades?

1. Sacar fotos para la revista.
2. Escribir un artículo sobre un concierto de música pop.
3. Hablar con las personas que quieren poner anuncios (*ads*) en la revista.
4. Escribir un artículo sobre las pirámides de Egipto.
5. Entrevistar a un ministro del gobierno mexicano para hablar de la inflación.
6. Escribir un artículo sobre la corrupción política.
7. Escribir un artículo sobre un nuevo restaurante.
8. Preparar dibujos para los artículos de la revista.
9. Conseguir más público para la revista.
10. Seleccionar al personal (*staff*).

Ampliación

3 **Preguntas** En parejas, contesten las preguntas.

1. ¿Qué te parecen los empleados de la revista *Facetas*? ¿Cómo son?
2. ¿De qué se encarga cada empleado? En tu opinión, ¿cuál de ellos tiene más responsabilidad? Explica tu respuesta.
3. ¿Crees que a Mariela le va a gustar su nuevo trabajo? ¿Por qué?
4. ¿Te perdiste alguna vez en una ciudad grande? ¿Qué hiciste?
5. ¿Cómo son los empleados donde tú trabajas? ¿Son parecidos (*similar*) a los empleados de *Facetas*?

4 **Apuntes culturales** En parejas, lean los párrafos y contesten las preguntas.

A larga distancia
Mariela, la nueva artista gráfica de *Facetas*, es de Monterrey, pero se ha mudado a México D.F. para trabajar. En Latinoamérica las personas se mudan con menos frecuencia que en los EE.UU. y mantienen el contacto con los amigos de la infancia y con toda la familia. ¡Con todos los sobrinos que tiene, Mariela va a necesitar un buen plan de telefonía celular!

¿Un mapa o una pizza?
Mariela descubre una forma creativa de manejarse en la ciudad más grande del mundo. Sin embargo, algunas ciudades de Latinoamérica presentan sus propios desafíos (*challenges*). Si *Facetas* se publicara en Costa Rica, la dirección de la oficina podría ser: del Parque la Sabana, 100 metros al norte del antiguo (*former*) Banco Nacional, portón (*gate*) rojo, San José.

México D.F.

La Universidad Nacional Autónoma de México
Mariela estudia en la UNAM, una de las universidades más grandes y prestigiosas de Latinoamérica. Establecida en 1551, hoy en día la UNAM cuenta con más de 300.000 estudiantes. El campus más grande está en México D.F., pero tiene otros en el resto del país y también en Texas, Illinois y Canadá.

1. ¿Te has mudado alguna vez? ¿Cuáles son las ventajas (*advantages*) y desventajas de vivir toda la vida en el lugar donde creciste?
2. ¿Cuántos amigos/as o parientes (*relatives*) tuyos se han mudado a otra ciudad? ¿Qué hacen ustedes para mantenerse en contacto?
3. ¿Cómo te orientas en una ciudad grande? ¿Consultas mapas en Internet? ¿Qué haces si te pierdes? ¿Le pides ayuda a alguien o prefieres usar un navegador satelital?
4. ¿Te gustaría asistir a una universidad grande o pequeña? ¿Cuáles son las diferencias entre las universidades grandes y las pequeñas? ¿Qué tipo de ambiente prefieres tú?

Las relaciones personales

1 EL MUNDO HISPANO

En detalle

PAREJAS SIN FRONTERAS

ESTADOS UNIDOS

Es el año 2010. Ana Villegas está frente a su computadora en México jugando *online* un juego de cartas. Del otro lado está Frank Petersen, de Fairhaven, Massachusetts, también aficionado al mismo juego. Este simple juego los lleva a una amistad que luego se convierte en amor. A pesar de los temores y del escepticismo familiar, dos años después, Ana deja México y se muda a los Estados Unidos, donde hoy vive junto a su esposo Frank.

La historia de Ana no es un caso aislado°. El número de parejas interculturales está en marcado aumento°. Entre las causas más importantes están la globalización, la asimilación de los hijos de inmigrantes a la cultura estadounidense y el aumento en la edad promedio° de las parejas al casarse. En 1960, en los Estados Unidos, el promedio de edad al casarse era veintitrés para los hombres y veinte para las mujeres. Actualmente es de treinta y veintisiete respectivamente.

¿Qué tiene que ver° este cambio con el aumento de las parejas interculturales? Antes, los jóvenes solían° casarse con personas de su comunidad. Ahora, muchos tienen la oportunidad de viajar, vivir solos o irse a vivir a otro país. Esta nueva independencia los expone° a otras culturas. Por lo tanto, es más común que formen parejas con personas de culturas diferentes.

Las parejas interculturales se enfrentan a° muchos desafíos° —problemas de comunicación, diferencias en valores y formas de pensar, y falta de aceptación de algunos familiares— pero también tienen una oportunidad única de crecimiento° personal; además, el contacto con otras maneras de pensar nos ayuda a echar una mirada° crítica a nuestra propia cultura. ■

Matrimonios interculturales

De acuerdo con la Oficina del Censo, el número de parejas interraciales aumentó un 28% entre 2000 y 2010.

El 14% de las mujeres latinas casadas en EE.UU. tienen un esposo no latino.

El 13% de los latinos casados en EE.UU. tienen una esposa no latina.

Fuente: Censo estadounidense – Año 2010

Consejos de Ana

- Esfuérzate° por conocer la cultura de tu pareja.
- Evita perpetuar los estereotipos.
- Pon énfasis en lo que los une y no en lo que los separa.
- Educa a tu familia y a tus amigos acerca de la cultura de tu pareja.
- Aprende a no dejarte llevar° por los comentarios y las miradas de las personas que no están a favor de las relaciones interculturales.

aislado *isolated* **marcado aumento** *marked increase* **promedio** *average* **Qué tiene que ver** *What does (this change) have to do* **solían** *used to* **expone** *exposes* **se enfrentan a** *face* **desafíos** *challenges* **crecimiento** *growth* **echar una mirada** *take a look* **Esfuérzate** *Make an effort* **dejarte llevar** *allow yourself to be influenced*

ASÍ LO DECIMOS

Las relaciones

chavo/a (Méx.) enamorado/a (Pe.)	boyfriend/girlfriend
amorcito cariño cielo	dear, honey
estar de novio(s) estar en pareja con (Esp.)	to be dating someone
ponerse de novio/a (con)	to start dating someone
estar bueno/a	to be attractive

PERFIL

MATT Y LUCIANA

Para el actor norteamericano Matt Damon, el éxito° de su matrimonio ha sido una cuestión de suerte°. El productor conoció a la argentina Luciana Barroso en 2003, mientras filmaba la comedia *Stuck on You*, en Miami. Se casaron en 2005 y Damon adoptó a la hija del primer matrimonio de Barroso. Más de 10 años después, la pareja y sus cuatro hijas llevan una vida discreta, hecho envidiable para muchos ricos y famosos. Como parte de lo que él denomina una vida "aburrida", Matt Damon se asegura de no pasar más de dos semanas sin ver a su esposa, sin importar adónde lo lleve el trabajo. La estrella confiesa que, antes de conocer a Barroso, nunca creyó que iba a casarse. Sin embargo, la pareja demuestra que una buena combinación de circunstancias, actitud y suerte puede superar las barreras de la cultura y la fama para crear una unión "veterana" en el ámbito° hollywoodense.

> **" Esta historia de amor no debería haber funcionado. No vivíamos en el mismo país, yo no sabía cómo algo así podía funcionar (...) Y lo hicimos. Y yo me mudé cinco minutos después de decir: '¡No quiero mudarme!' "** (Salma Hayek)

EL MUNDO HISPANOHABLANTE

Las relaciones

Tendencias

Aunque en la mayoría de los países hispanos ya no hay reglas fijas, es costumbre que el hombre invite° en los primeros encuentros.

En los Estados Unidos, cada vez más latinos participan en citas rápidas° para encontrar pareja.

Costumbres

Cada 23 de abril se celebra en Cataluña y en otras regiones de España el Día de San Jorge, en conmemoración a la leyenda del héroe que mató a un dragón para rescatar a una princesa.

En este día el hombre regala una rosa a su persona querida, y ésta le regala un libro.

En algunos pueblos de México, como Zacatecas, es costumbre que las mujeres y los hombres solteros vayan a caminar solos o en grupos alrededor de la plaza los domingos. Las mujeres y los hombres caminan en dirección contraria para poder observarse mutuamente.

Conexión Internet

¿Qué otras parejas interculturales famosas conoces? | Investiga sobre este tema en Internet.

éxito *success* **suerte** *luck* **ámbito** *realm* **invite** *pays* **citas rápidas** *speed dating*

¿Qué aprendiste?

1 **¿Cierto o falso?** Indica si estas afirmaciones son **ciertas** o **falsas**. Corrige las falsas.

1. Al principio, las familias de Ana y Frank no confiaban en el éxito de la relación.
2. El número de parejas interculturales está aumentando poco a poco.
3. Actualmente, la edad promedio al casarse es veintisiete para los hombres y treinta para las mujeres.
4. En el pasado, era común entre los jóvenes casarse con gente de otras culturas.
5. Oportunidades como viajar, vivir solos, estudiar o vivir lejos de casa permiten que los jóvenes expandan su círculo y conozcan a gente de otras culturas.
6. El contacto con otras culturas puede afectar nuestra forma de pensar sobre nuestra propia cultura.
7. El número de parejas interraciales aumentó un 5% entre 2000 y 2010.
8. Ana aconseja prestar mucha atención a las diferencias en la pareja.
9. Según Ana, es importante que tu familia y tus amigos aprendan acerca de la cultura ode tu pareja.
10. Ana recomienda no dejarse llevar por las opiniones de las personas con prejuicios.

2 **Completar** Completa las oraciones.

1. Matt Damon cree que el éxito de su matrimonio se debe a la _____.
   a. fama   b. suerte   c. inteligencia
2. Matt Damon considera que su vida privada es _____ para los medios.
   a. excitante   b. aburrida   c. provocativa
3. En México, también se utiliza la palabra _____ para decir *novia*.
   a. enamorada   b. chiquilla   c. chava
4. Actualmente, es popular para los latinos en los EE.UU. participar en citas _____.
   a. rápidas   b. a ciegas   c. en Internet

3 **Preguntas** Contesta las preguntas.

1. ¿Crees que el Día de San Valentín es importante para celebrar la amistad y el amor o crees que es una excusa para gastar dinero?
2. ¿Es fácil conocer gente *online*? ¿Por qué?
3. ¿Cuáles son otras de las dificultades a las que se enfrentan las parejas interculturales?
4. ¿Cuál es el consejo más importante que da Ana? ¿Por qué?

4 **Opiniones** En parejas, escriban cuatro beneficios y cuatro dificultades de las relaciones interculturales. Traten de no repetir los del artículo.

PROYECTO

Buscar un amigo virtual

Siempre te ha interesado conocer a personas de otra cultura. Imagina que decides buscar un(a) amigo/a virtual para intercambiar mensajes electrónicos por Internet. En tus descripciones, usa el vocabulario de la sección **Contextos** y el vocabulario aprendido en esta sección. Tu perfil debe incluir como mínimo:

- una descripción de cómo eres
- una descripción de lo que buscas en un(a) amigo/a
- una explicación de por qué te interesa conocer a alguien de otra cultura
- otra información que consideres importante

Las relaciones personales

¿No es ideal utilizar el tiempo libre para encontrarse con amigos, familiares, parejas…? Los lugares donde puedes reunirte a hablar o comer se vuelven especiales porque forman parte del placer de compartir el tiempo con tu gente. En este episodio de **Flash Cultura**, te llevamos a visitar los lugares de encuentro de Madrid.

VOCABULARIO ÚTIL

el amor a primera vista love at first sight
el callejón alley
la campanada tolling of the bell
datar de to date from
el pasacalles marching parade
el pendiente earring
el punto de encuentro meeting point
la uva grape

Comprensión Indica si estas afirmaciones son **ciertas** o **falsas**. Después, corrige las falsas.

1. Es tradición tomar doce uvas el 31 de diciembre mientras suena el famoso reloj de la Puerta del Sol en el corazón de Madrid.
2. La Plaza Mayor es la plaza más conocida y se encuentra en el Madrid Moderno.
3. En la confluencia actual de las calles Toledo y Atocha, se celebraban antiguamente partidos de fútbol.
4. El barrio de La Latina se caracteriza por callejones estrechos, plazoletas, cafés y bares de ambiente muy dinámico.
5. Ninguno de los entrevistados cree en el amor a primera vista.
6. En El Rastro puedes comprar ropa, pendientes, cuadros, etc.

Expansión En parejas, contesten estas preguntas.

- Imagina que estás en Madrid. ¿Cuál de los lugares mostrados prefieres para comer algo o pasear? ¿Por qué?
- ¿Estás de acuerdo con las personas que creen en el amor a primera vista? Justifica tu respuesta.
- ¿Te gustan los domingos en Madrid: levantarse tarde, comer en un bar de La Latina con amigos y pasear por El Rastro? ¿Cómo son tus domingos?

¿Y tú? Cuando tienes tiempo libre, ¿te reúnes con tus amigos? ¿Cuáles son los lugares donde te encuentras habitualmente con ellos? ¿En qué momentos del día y la semana pueden verse? ¿Por qué?

Corresponsal: Miguel Ángel Lagasca
País: España

(En la Plaza Mayor) los niños juegan, las madres conversan°, los padres hablan de fútbol y política, los jóvenes se juntan, las parejas se miran a los ojos y los turistas admiran el espectáculo°.

La Latina, así como la Plaza Mayor y Puerta del Sol, pertenecen al llamado Madrid Antiguo.

Siempre los celos son una parte importante de la relación, sobre todo cuando se está empezando.

conversan chat **espectáculo** show

1 ESTRUCTURA

1.1 The present tense

Regular -ar, -er, and -ir verbs

- The present tense (**el presente**) of regular verbs is formed by dropping the infinitive ending (**-ar, -er**, or **-ir**) and adding personal endings.

The present tense of regular verbs			
	hablar *to speak*	**beber** *to drink*	**vivir** *to live*
yo	hablo	bebo	vivo
tú	hablas	bebes	vives
Ud./él/ella	habla	bebe	vive
nosotros/as	hablamos	bebemos	vivimos
vosotros/as	habláis	bebéis	vivís
Uds./ellos/ellas	hablan	beben	viven

- The present tense is used to express actions or situations that are going on at the present time and to express general truths.

¿Por qué **rompes** conmigo?
Why are you breaking up with me?

Porque no te **amo**.
Because I don't love you.

- The present tense is also used to express habitual actions or actions that will take place in the near future.

Mis padres me **escriben** con frecuencia.
My parents write to me often.

Mañana les **mando** una carta larga.
Tomorrow I'm sending them a long letter.

Stem-changing verbs

- Some verbs have stem changes in the present tense. In many **-ar** and **-er** verbs, **e** changes to **ie**, and **o** changes to **ue**. In some **-ir** verbs, **e** changes to **i**. The **nosotros/as** and **vosotros/as** forms never have a stem change in the present tense.

Stem-changing verbs		
e:ie	o:ue	e:i
pensar *to think*	**poder** *to be able to; can*	**pedir** *to ask for*
pienso	puedo	pido
piensas	puedes	pides
piensa	puede	pide
pensamos	podemos	pedimos
pensáis	podéis	pedís
piensan	pueden	piden

TALLER DE CONSULTA

MANUAL DE GRAMÁTICA
Más práctica

1.1 The present tense, p. A4
1.2 **Ser** and **estar**, p. A5
1.3 Progressive forms, p. A6

Gramática adicional

1.4 Nouns and articles, p. A7
1.5 Adjectives, p. A9

¡ATENCIÓN!

Subject pronouns are normally omitted in Spanish. They are used to emphasize or clarify the subject.

¿Viven en California?

Sí, ella vive en Los Ángeles y él vive en San Francisco.

¡ATENCIÓN!

Jugar changes its stem vowel from **u** to **ue**. As with other stem-changing verbs, the **nosotros/as** and **vosotros/as** forms do not change.

Jugar
juego, juegas, juega, jugamos, jugáis, juegan

• • • •

Construir, destruir, incluir, and **influir** have a spelling change and add a **y** before the personal endings (except the **nosotros/as** and **vosotros/as** forms).

incluir
incluyo, incluyes, incluye, incluimos, incluís, incluyen

---

26 *veintiséis*

Lección 1

Irregular *yo* forms

- Many -**er** and -**ir** verbs have irregular **yo** forms in the present tense. Verbs ending in -**cer** or -**cir** change to -**zco** in the **yo** form; those ending in -**ger** or -**gir** change to -**jo**. Several verbs have irregular -**go** endings, and a few have individual irregularities.

Ending in -go		Ending in -zco	
caer *to fall*	yo caigo	conducir *to drive*	yo conduzco
distinguir *to distinguish*	yo distingo	conocer *to know*	yo conozco
hacer *to do; to make*	yo hago	crecer *to grow*	yo crezco
poner *to put; to place*	yo pongo	obedecer *to obey*	yo obedezco
salir *to leave; to go out*	yo salgo	parecer *to seem*	yo parezco
traer *to bring*	yo traigo	producir *to produce*	yo produzco
valer *to be worth*	yo valgo	traducir *to translate*	yo traduzco
Ending in -jo		**Other verbs**	
dirigir *to direct*	yo dirijo	caber *to fit*	yo quepo
escoger *to choose*	yo escojo	saber *to know*	yo sé
exigir *to demand*	yo exijo	ver *to see*	yo veo
proteger *to protect*	yo protejo		

¡ATENCIÓN!

Some verbs with irregular **yo** forms have stem changes as well.

conseguir (e:i) → consigo
to obtain

corregir (e:i) → corrijo
to correct

elegir (e:i) → elijo
to choose

seguir (e:i) → sigo
to follow

torcer (o:ue) → tuerzo
to twist

- Verbs with prefixes follow these same patterns.

aparecer *to appear*	yo aparezco	distraer *to distract*	yo distraigo
atraer *to attract*	yo atraigo	oponer *to oppose*	yo opongo
componer *to make up*	yo compongo	proponer *to propose*	yo propongo
contraer *to contract*	yo contraigo	reconocer *to recognize*	yo reconozco
desaparecer *to disappear*	yo desaparezco	rehacer *to remake; to redo*	yo rehago
deshacer *to undo*	yo deshago	suponer *to suppose*	yo supongo

Irregular verbs

- Other commonly used verbs in Spanish are irregular in the present tense or combine a stem change with an irregular **yo** form or other spelling change.

dar	decir	estar	ir	oír	ser	tener	venir
to give	*to say*	*to be*	*to go*	*to hear*	*to be*	*to have*	*to come*
doy	digo	estoy	voy	oigo	soy	tengo	vengo
das	dices	estás	vas	oyes	eres	tienes	vienes
da	dice	está	va	oye	es	tiene	viene
damos	decimos	estamos	vamos	oímos	somos	tenemos	venimos
dais	decís	estáis	vais	oís	sois	tenéis	venís
dan	dicen	están	van	oyen	son	tienen	vienen

Las relaciones personales

veintisiete 27

Práctica

TALLER DE CONSULTA

MANUAL DE GRAMÁTICA
Más práctica
1.1 The present tense, p. A4

1 **Un apartamento infernal** Miguel tiene quejas (*complaints*) del apartamento donde vive con su familia. Completa la descripción de su apartamento. Puedes usar los verbos más de una vez.

caber	hacer	oír
dar	ir	tener

Nuestro apartamento está en el quinto piso. El edificio no (1) _____ ascensor y para llegar al apartamento, (2) _____ que subir por la escalera. El apartamento es tan pequeño que mis cosas no (3) _____. Las paredes (*walls*) son muy finas (*thin*). A todas horas (4) _____ la radio o la televisión de algún vecino. El apartamento sólo (5) _____ una ventana pequeña y, por eso, siempre está oscuro. ¡(6) _____ a buscar otro apartamento!

2 **¿Qué hacen los amigos?** Escribe cinco oraciones usando los sujetos y los verbos de las columnas.

Sujetos	Verbos	
yo	apreciar	exigir
tú	compartir	hacer
un(a) buen(a) amigo/a	creer	pedir
nosotros/as	defender	prestar
los malos amigos	discutir	recordar

1. _____
2. _____
3. _____
4. _____
5. _____

3 **La verdad** En parejas, túrnense para hacerse las preguntas.

MODELO **Luis: llegar temprano a la oficina / dormir hasta las nueve**
—¿Luis llega temprano a la oficina?
—No, Luis duerme hasta las nueve.

1. Ana: jugar al tenis con Daniel / preferir pasar la tarde charlando con Sergio
2. Felipe: salir a bailar todas las noches / tener clase de química a las ocho de la mañana
3. Jorge y Begoña: ir a la playa / querer viajar a Arizona
4. Dolores y Tony: comer muchas hamburguesas / ser vegetarianos
5. Fermín: estar harto de Julia / pensar proponerle matrimonio

28 *veintiocho*

Lección 1

Comunicación

4 **¿Qué sabes de tus compañeros?** En parejas, háganse preguntas basadas en las opciones y contesten con una explicación.

> **MODELO** soñar con / hacer algo especial este mes
> —¿Sueñas con hacer algo especial este mes?
> —Sí, sueño con ir al concierto de Juanes.

1. pensar / realizar este año algún proyecto
2. decir / mentiras
3. acordarse de / tu primer beso
4. conducir / cuando / estar muy cansado/a
5. reír / mucho con tu familia
6. aconsejar sobre / asuntos que / no conocer bien
7. venir a / clase tarde con frecuencia
8. escoger / el regalo perfecto para el cumpleaños de tu amigo/a
9. corregir / los errores en las composiciones de tus compañeros
10. traer / un diccionario a la clase de español

5 **Discusión matrimonial** Trabajen en parejas para representar una discusión matrimonial. Preparen la discusión con las frases de la lista.

> no acordarse de los cumpleaños
> ya no sentir lo mismo de antes
> preferir estar con los amigos
> querer discutir todos los días
> contar mentiras siempre
> dormir en el sofá

6 **¿Cómo son tus amigos?**

A. Escribe una descripción de un(a) buen(a) amigo/a. ¿Cómo es? ¿Está de acuerdo contigo en todo? ¿Discuten algunas veces? ¿Se divierten juntos/as? ¿Sigue siempre tus consejos? ¿Te miente a veces?

B. Ahora, comparte tu descripción con tres compañeros/as. Juntos/as, escriban una lista de cinco cosas que los buenos amigos hacen con frecuencia y cinco cosas que no hacen casi nunca. ¿Coincidieron los grupos en las acciones que eligieron?

1.2 Ser and estar

Revista Facetas... Es para Aguayo.

En estos momentos está en el baño.

¡ATENCIÓN!

Ser and **estar** both mean *to be*, but they are not interchangeable. **Ser** is used to express the idea of permanence, such as inherent or unchanging qualities and characteristics. **Estar** is used to express temporality, including qualities or conditions that change with time.

Uses of *ser*

Nationality and place of origin	Mis padres **son** argentinos, pero yo **soy** de Florida.
Profession or occupation	El señor López **es** periodista.
Characteristics of people, animals, and things	El clima de Miami **es** caluroso.
Generalizations	Las relaciones personales **son** complejas.
Possession	La guitarra **es** del tío Guillermo.
Material of composition	El suéter **es** de pura lana.
Time, date, or season	**Son** las doce de la mañana.
Where or when an event takes place	La fiesta **es** en el apartamento de Carlos; **es** el sábado a las nueve de la noche.

Uses of *estar*

Location or spatial relationships	La clínica **está** en la próxima calle.
Health	Hoy **estoy** enfermo. ¿Cómo **estás** tú?
Physical states and conditions	Todas las ventanas **están** limpias.
Emotional states	¿Marisa **está** contenta con Javier?
Certain weather expressions	Hoy **está** despejado en San Antonio.
Ongoing actions (progressive tenses)	Paula **está** escribiendo invitaciones para su boda.
Results of actions (past participles)	La tienda **está** cerrada.

Ser and *estar* with adjectives

- **Ser** is used with adjectives to describe inherent, expected qualities. **Estar** is used to describe temporary or variable qualities, or a change in appearance or condition.

  ¿Cómo **son** tus padres?
  What are your parents like?

  ¿Cómo **estás**, Miguel?
  How are you, Miguel?

  La casa **es** muy pequeña.
  The house is very small.

  ¡**Están** tan enojados!
  They're very angry!

- With most descriptive adjectives, either **ser** or **estar** can be used, but the meaning of each statement is different.

  Julio **es alto**.
  Julio is tall. (that is, a tall person)

  ¡Qué **alto está** Miguelito!
  Miguelito is getting so tall!

  Dolores **es alegre**.
  Dolores is cheerful. (that is, a cheerful person)

  El jefe **está alegre** hoy. ¿Qué le pasa?
  The boss is cheerful today. What's up with him?

  Juan Carlos **es** un hombre **guapo**.
  Juan Carlos is a handsome man.

  ¡Manuel, **estás** muy **guapo**!
  Manuel, you look so handsome!

- Some adjectives have two different meanings depending on whether they are used with **ser** or **estar**.

> ### ser + [adjective]
>
> La clase de contabilidad **es aburrida**.
> *Accounting class is boring.*
>
> Ese chico **es listo**.
> *That boy is smart.*
>
> No **soy rico**, pero vivo bien.
> *I'm not rich, but I live well.*
>
> Las manzanas **son buenas**.
> *Apples are healthy.*
>
> Este coche **es seguro**.
> *This car is safe.*
>
> Los aguacates **son verdes**.
> *Avocados are green.*
>
> Javier **es** muy **vivo**.
> *Javier is very bright.*
>
> Pedro **es** un hombre **libre**.
> *Pedro is a free man.*

> ### estar + [adjective]
>
> **Estoy aburrida** de la clase.
> *I am bored with the class.*
>
> **Estoy listo** para todo.
> *I'm ready for anything.*
>
> ¡El pan **está** tan **rico**!
> *The bread is so delicious!*
>
> Estas manzanas **están buenas**.
> *These apples are tasty.*
>
> Juan no **está seguro** de sí mismo.
> *Juan isn't sure of himself.*
>
> Esta banana **está verde**.
> *This banana is not ripe.*
>
> ¿Todavía **está vivo** el autor?
> *Is the author still alive?*
>
> Esta noche no **estoy libre**. ¡Lo siento!
> *Tonight I am not available. Sorry!*

TALLER DE CONSULTA

Remember that adjectives must agree in gender and number with the person(s) or thing(s) that they modify. See the **Manual de gramática, 1.4**, p. A7, and **1.5**, p. A9.

¡ATENCIÓN!

Estar, not **ser**, is used with **muerto/a**.

Bécquer, el autor de las *Rimas*, está muerto.

Bécquer, the author of Rimas, *is dead.*

Las relaciones personales

Práctica

TALLER DE CONSULTA
MANUAL DE GRAMÁTICA
Más práctica
1.2 **Ser** and **estar**, p. A5

1 **La boda de Emilio y Jimena** Completa cada oración de la primera columna con la terminación más lógica de la segunda columna.

____ 1. La boda es
____ 2. La iglesia está
____ 3. El cielo está
____ 4. La madre de Emilio está
____ 5. El padre de Jimena está
____ 6. Todos los invitados están
____ 7. El mariachi que toca en la boda es
____ 8. En mi opinión, las bodas son

a. de San Antonio, Texas.
b. deprimido por los gastos.
c. en la calle Zarzamora.
d. esperando a que entren la novia (*bride*) y su padre.
e. contenta con la novia.
f. a las tres de la tarde.
g. muy divertidas.
h. totalmente despejado.

2 **La luna de miel** Completa el párrafo en el que se describe la luna de miel (*honeymoon*) que van a pasar Jimena y Emilio. Usa formas de **ser** y **estar**.

Emilio y Jimena van a pasar su luna de miel en Miami, Florida. Miami (1) _____ una ciudad preciosa. (2) _____ en la costa este de Florida y tiene playas muy bonitas. El clima (3) _____ tropical. Jimena y Emilio (4) _____ interesados en visitar la Pequeña Habana. Jimena (5) _____ una fanática de la música cubana. Y Emilio (6) _____ muy entusiasmado por conocer el parque Máximo Gómez, donde las personas van a jugar dominó. Los dos (7) _____ aficionados a la comida caribeña. (8) _____ visitando los restaurantes de la Calle Ocho. Cada día van a probar un plato diferente. Algunos de los platos que piensan probar (9) _____ el congrí, los tostones y el bistec palomilla. Después de pasar una semana en Miami, la pareja va a (10) _____ cansada pero muy contenta.

Comunicación

3 **Entrevistas**

A. En parejas, usen la lista como guía para entrevistarse. Usen **ser** o **estar** en las preguntas y respuestas.

> **origen**
> **nacionalidad**
> **personalidad**
> **personalidad de los padres**
> **salud**
>
> **estudios actuales**
> **sentimientos actuales**
> **lugar donde vive/trabaja**
> **actividades actuales**

B. Cambien de pareja y cuéntenle a su compañero/a lo que descubrieron (*found out*) sobre el/la compañero/a entrevistado/a.

4 **¿Dónde estamos?** En grupos de cuatro, elijan una ciudad en la que supuestamente están de viaje. Sus compañeros deberán adivinar de qué ciudad se trata. Pueden elegir una de las ciudades de las fotos u otra ciudad.

Buenos Aires, Argentina

Quito, Ecuador

Madrid, España

Lima, Perú

San José, Costa Rica

México, D.F., México

- Hagan cinco afirmaciones sobre la ciudad elegida usando **ser** o **estar** para dar pistas (*clues*) a sus compañeros.
- Si las pistas no son suficientes, sus compañeros pueden hacer preguntas con **ser** o **estar** cuya respuesta sea **sí** o **no**.
- Algunos temas para las afirmaciones o para las preguntas pueden ser: características generales de la ciudad, ubicación, comidas típicas, actividades que se pueden hacer, historia, arquitectura, etc.

1.3 Progressive forms

The present progressive

- The present progressive (**el presente progresivo**) narrates an action in progress. It is formed with the present tense of **estar** and the present participle (**el gerundio**) of the main verb.

Éric **está cantando**.
Éric is singing.

Aguayo **está bebiendo** café.
Aguayo is drinking coffee.

Fabiola **está escribiendo**.
Fabiola is writing.

¡Te estoy hablando de Mariela! ¿Qué te pareció?

¡ATENCIÓN!

When progressive forms are used with reflexive verbs or object pronouns, the pronouns may either be attached to the present participle (in which case an accent mark is added to maintain the proper stress) or placed before the conjugated verb. See **2.1 Object pronouns**, pp. 66–67, and **2.3 Reflexive verbs**, pp. 74–75, for more information.

Se están enamorando.
Están enamorándose.
They are falling in love.

Te estoy hablando.
Estoy hablándote.
I am talking to you.

• • • • •

Note that the present participle of **ser** is **siendo**.

- The present participle of regular **-ar**, **-er**, and **-ir** verbs is formed as follows:

INFINITIVE	STEM	ENDING	PRESENT PARTICIPLE
bailar	bail-	-ando	bailando
comer	com-	-iendo	comiendo
aplaudir	aplaud-	-iendo	aplaudiendo

- Stem-changing verbs that end in **-ir** also change their stem vowel when they form the present participle.

-ir stem-changing verbs	
Infinitive	**Present participle**
decir	diciendo
dormir	durmiendo
mentir	mintiendo
morir	muriendo
pedir	pidiendo
sentir	sintiendo
sugerir	sugiriendo

- **Ir**, **poder**, **reír**, and **sonreír** have irregular present participles (**yendo**, **pudiendo**, **riendo**, **sonriendo**). **Ir** and **poder** are seldom used in the present progressive.

Marisa siempre está **sonriendo**.
Marisa is always smiling.

Maribel no está **yendo** a clase últimamente.
Maribel isn't going to class lately.

- When the stem of an **-er** or **-ir** verb ends in a vowel, the **-i-** of the present participle ending changes to **-y-**.

- Progressive forms are used less frequently in Spanish than in English, and only when emphasizing that an action is *in progress* at the moment described. To refer to actions that occur over a period of time or in the near future, Spanish uses the present tense instead.

PRESENT TENSE	PRESENT PROGRESSIVE
Lourdes **estudia** economía en la UNAM. *Lourdes is studying economics at UNAM.*	Ahora mismo, Lourdes **está tomando** un examen. *Right now, Lourdes is taking an exam.*
¿**Vienes** con nosotros al Café Pamplona? *Are you coming with us to Café Pamplona?*	No, lo siento. Ya **estoy preparando** la cena. *No, I'm sorry. I'm already making dinner.*

Other verbs with the present participle

- Spanish expresses various shades of progressive action by using verbs such as **seguir, continuar, ir, venir, llevar,** and **andar** with the present participle.

- **Seguir** and **continuar** with the present participle express the idea of *to keep doing something*.

    Emilio **sigue saliendo** con Mercedes. *Emilio is still seeing Mercedes.*
    Mercedes **continúa coqueteando** con Carlos. *Mercedes keeps flirting with Carlos.*

- **Ir** with the present participle indicates a gradual or repeated process. It often conveys the English idea of *more and more*.

    Cada día que pasa **voy disfrutando** más de esta clase. *I'm enjoying this class more and more every day.*
    Ana y Juan **van acostumbrándose** al horario de clase. *Ana and Juan are getting more and more used to the class schedule.*

- **Venir** and **llevar** with the present participle indicates a gradual action that accumulates or increases over time.

    Hace años que **viene diciendo** cuánto le gusta el béisbol. *He's been saying how much he likes baseball for years.*
    Llevo insistiendo en lo mismo desde el principio. *I have been insisting on the same thing from the beginning.*

- **Andar** with the present participle conveys the idea of *going around doing something* or of *always doing something*.

    José siempre **anda quejándose** de todo. *José is always complaining about everything.*
    Román **anda diciendo** mentiras. *Román is going around telling lies.*

¡ATENCIÓN!

Other tenses may have progressive forms as well. These tenses emphasize that an action was/will be in progress.

PAST (pp. 106–117)
Estaba marcando su número justo cuando él me llamó.
I was dialing his number right when he called me.

FUTURE (pp. 228–231)
No vengas a las cuatro; todavía estaremos trabajando.
Don't come at four o'clock; we will still be working.

Práctica

TALLER DE CONSULTA

MANUAL DE GRAMÁTICA
Más práctica

1.3 Progressive forms, p. A6

1 **Una conversación telefónica** Daniel es nuevo en la ciudad y no sabe cómo llegar al estadio de fútbol. Decide llamar a su ex novia Alicia para que le explique cómo encontrarlo. Completa la conversación con la forma correcta del gerundio (*present participle*).

ALICIA ¿Aló?

DANIEL Hola Alicia, soy Daniel; estoy buscando el estadio de fútbol y necesito que me ayudes… Llevo (1) _____ (caminar) más de media hora por el centro y sigo perdido.

ALICIA ¿Dónde estás?

DANIEL No estoy muy seguro, no encuentro el nombre de la calle. Pero estoy (2) _____ (ver) un centro comercial a mi izquierda y más allá parece que están (3) _____ (construir) un estadio de fútbol. (4) _____ (hablar) de fútbol, ¿dónde tengo mis boletos? ¡He perdido mis entradas!

ALICIA Madre mía, ¡sigues (5) _____ (ser) un desastre! Algún día te va a pasar algo serio.

DANIEL ¡Siempre andas (6) _____ (pensar) lo peor!

ALICIA ¡Y tú siempre estás (7) _____ (olvidarse) de todo!

DANIEL ¡Ya estamos (8) _____ (discutir) otra vez!

2 **Organizar un festival** En parejas, pregunten y respondan qué está haciendo cada uno de estos personajes. Túrnense.

MODELO —¿Qué está haciendo Elga Navarro?
—Elga Navarro está descansando en una clínica.

Elga Navarro / descansar

1. Juliana Paredes / bailar

2. Emilio Soto / casarse

3. Aurora Gris / recoger un premio
4. Héctor Rojas / jugar a las cartas

Comunicación

3 **Una cita** En parejas, representen una conversación en la que Alexa y Guille intentan buscar una hora del día para reunirse.

MODELO
ALEXA ¿Nos vemos a las diez de la mañana para estudiar?
GUILLE No puedo, voy a estar durmiendo. ¿Qué te parece a las 12?

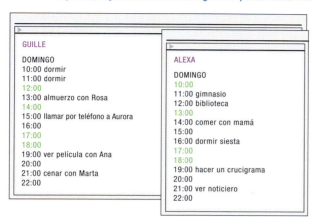

GUILLE	ALEXA
DOMINGO	DOMINGO
10:00 dormir	10:00
11:00 dormir	11:00 gimnasio
12:00	12:00 biblioteca
13:00 almuerzo con Rosa	13:00
14:00	14:00 comer con mamá
15:00 llamar por teléfono a Aurora	15:00
16:00	16:00 dormir siesta
17:00	17:00
18:00	18:00
19:00 ver película con Ana	19:00 hacer un crucigrama
20:00	20:00
21:00 cenar con Marta	21:00 ver noticiero
22:00	22:00

4 **Síntesis** Tu psicólogo utiliza la hipnosis para hacerte recordar los momentos más importantes de tu pasado. En parejas, dramaticen la conversación entre el doctor Felipe y su paciente, utilizando verbos en el presente y el presente progresivo. Elijan una situación de la lista o inventen otro tema. Sean creativos/as.

MODELO
DR. FELIPE Estás volviendo al momento de conocer a tu primer amor. ¿Qué están haciendo?
PACIENTE Estoy caminando por la calle... una mujer preciosa me está saludando...
DR. FELIPE Muy bien, muy bien. ¿Y qué estás pensando? ¿Cómo te sientes?
PACIENTE Estoy pensando que es el amor de mi vida. Me siento...
¡Ay, no! Me estoy cayendo en medio de la calle, ¡enfrente de ella!

| tu primer amor | el nacimiento de un(a) hermano/a |
| un viaje importante | el mejor momento de tu vida |

Las relaciones personales   treinta y siete **37**

1 EN PANTALLA

Antes de ver el corto

DI ALGO

país España
duración 15 minutos

director Luis Deltell
protagonistas Irene, Pablo, bibliotecaria

Vocabulario

a lo mejor *maybe*
alargar *to drag out*
la cinta *tape*
enterarse *to find out*
entretenerse *to be held up*

la luz *light*
pesado/a *annoying*
precioso/a *lovely*
respirar *to breathe*
turbio/a *murky*

---

1 **Vocabulario** Completa las oraciones.

1. Me gusta el libro, pero el autor _____ mucho el final.
2. Ana teme a la oscuridad y no _____ tranquila hasta que enciende la _____.
3. Hoy nos _____ de que las _____ de video estaban borradas.
4. Cerca del bosque había un lago _____, pero ahora el agua está muy _____ porque está contaminada.

2 **Tú y las citas**

A. Completa el test sobre el mundo de las citas.

Tú y las citas

1. **Si acabas de conocer a una persona que te gusta:**
   a. La invitas a salir.
   b. Buscas su nombre en Facebook.
   c. No haces absolutamente nada.

2. **Un amigo te propone presentarte a alguien que conoce:**
   a. Aceptas enseguida.
   b. Haces muchas preguntas sobre la persona antes de decidir.
   c. Dices que no: las citas con extraños te ponen nervioso/a.

3. **Antes de una cita a ciegas:**
   a. Vas a comprar ropa nueva y te arreglas bien para causar una buena impresión.
   b. Le pides a un par de amigos/as que vayan al mismo restaurante, por si acaso.
   c. Te da un ataque de nervios y llamas para cancelar.

4. **Durante la primera conversación:**
   a. Muestras interés por la otra persona, le hablas de ti y actúas tal como eres.
   b. Haces más preguntas de las que tú contestas.
   c. Evitas contar mucho sobre ti. Prefieres guardar información para una segunda cita.

B. En parejas, comparen sus respuestas. ¿Tienen actitudes similares o son muy diferentes? ¿Por qué?

Escenas

ARGUMENTO Una joven ciega se enamora de la voz de un hombre que escucha en grabaciones. Cuando se acaban las cintas, ella busca otra manera de seguir escuchando su voz.

VOZ DE PABLO "Menos tu vientre, todo es confuso, fugaz, pasado, baldío, turbio…"

IRENE Quería información sobre el lector 657… ¿No me podrías conseguir su número de teléfono?
BIBLIOTECARIA No puedo, Irene; eso está prohibido.

GUARDIA ¡Espera! ¿Estás bien?
IRENE Sí, sí, muchas gracias; es que me he entretenido.

PABLO ¿Sí? ¿Quién es? ¿Sí?
IRENE Di algo.

PABLO Todo el día esperando que me llame una chica que no conozco y que no habla… bueno, sí, que solamente dice: "Di algo."

PABLO ¿Hay alguien que esté pidiendo mis cintas?
BIBLIOTECARIA No sé, vamos a ver… Creo que un señor mayor… ¡ah!, y una chica también.

Después de ver el corto

1 **Comprensión** Indica si estas afirmaciones son **ciertas** o **falsas**. Luego, corrige las falsas.

1. Irene no tiene el teléfono de Pablo, pero lo conoce en persona.
2. La bibliotecaria no le da el teléfono de Pablo porque dice que está prohibido.
3. Por la noche, Irene roba de la biblioteca la información sobre Pablo.
4. Irene le dice la verdad al guardia.
5. Pablo cree que la mujer que lo llama por teléfono y no le habla se llama Silvia.
6. Pablo encuentra a Irene por casualidad en la calle.

2 **Interpretación** En parejas, contesten las preguntas.

1. En la primera escena, Pablo marca las palabras "confuso" y "turbio" en el poema que lee. ¿Por qué lo hace?
2. Irene pide el número de teléfono de Pablo después de que la bibliotecaria le dice que no hay más cintas de él. ¿Cuál piensan que es su intención: conocer a Pablo o solamente escuchar su voz?
3. ¿Cómo es Pablo? Presten atención a las cosas que hay en su casa y a su forma de hablar y actuar.
4. ¿Por qué Irene sólo le dice "di algo", y no le explica quién es? Imaginen sus razones y enumérenlas.
5. ¿Por qué Pablo se va cuando Irene se da cuenta de que él está sentado frente a ella? ¿Está esperando que ella haga algo o quiere escaparse?

3 **Diálogo** En el ascensor, Pablo le dice a Irene: "Eres tú la que tiene que decir algo". Imaginen el diálogo que sigue a estas palabras y escríbanlo. Después, represéntenlo frente a la clase.

4 **Escribir** Elige una de las siguientes opciones y escribe un mensaje de correo electrónico.

- Imagina que te cruzas un instante por la calle con alguien y te enamoras a primera vista, pero él/ella desaparece entre la gente y ahora quieres encontrarlo/a. Escribe a un periódico describiéndolo/a; cuenta por qué lo/la buscas y pide ayuda a los lectores.

- Por un error al marcar un número de teléfono, conoces a alguien, empiezan a hablar y se enamoran. Después de un tiempo tienen una cita para conocerse personalmente, pero todo resulta un desastre: él/ella no se parece nada a la idea que te formaste por su voz. Cuenta en un correo electrónico cómo fue esa cita.

Las relaciones personales

1 LECTURAS

Los enamorados, 1923
Pablo Picasso, España

"La única fuerza y la única verdad que hay en esta vida es el amor."

— José Martí

LITERATURA

Antes de leer

Poema 20

Sobre el autor

Ya de muy joven, el chileno Ricardo Eliécer Neftalí Reyes Basoalto —tal fue el nombre que sus padres dieron a **Pablo Neruda** (1904–1973) al nacer— mostraba inclinación por la poesía. En 1924, con tan sólo veinte años, publicó el libro que lo hizo famoso: *Veinte poemas de amor y una canción desesperada*. Treinta años después, en 1954, compone sus *Odas elementales*. Además de poeta, fue diplomático y político. El amor fue sólo uno de los temas de su extensa obra: también escribió poesía surrealista y poesía con fuerte contenido histórico y político. Su *Canto general* lleva a los lectores en un viaje por la historia de América Latina desde los tiempos precolombinos hasta el siglo XX. En 1971, recibió el Premio Nobel de Literatura.

Vocabulario

el alma soul	**el corazón** heart
amar to love	**la mirada** gaze
besar to kiss	**el olvido** oblivion
contentarse con to be satisfied with	**querer (e:ie)** to love; to want

Poema Completa este poema con las opciones correctas.

Quiero (1) _____ (besarte/amarte) porque te (2) _____ (quiero/olvido), pero tú te alejas y desde lejos me miras.

Mi (3) _____ (corazón/olvido) no (4) _____ (quiere/se contenta) con una (5) _____ (alma/mirada) triste.

Entonces me voy y sólo espero el (6) _____ (corazón/olvido).

Conexión personal ¿Has estado enamorado/a alguna vez? ¿Te gusta leer poesía? ¿Has escrito alguna vez una carta o un poema de amor?

Análisis literario: la personificación

La personificación consiste en atribuir cualidades propias de los seres humanos a objetos inanimados (cosas, conceptos abstractos) o a la naturaleza. Observa estos ejemplos de personificación: *me despertó el llanto* (crying) *del violín; tu silencio habla de dolores pasados; las estrellas nos miraban mientras la ciudad sonreía*. En *Poema 20*, Pablo Neruda utiliza este recurso en varias ocasiones. Mientras lees el poema, prepara una lista de las personificaciones. ¿Qué cualidad humana atribuye el poeta al objeto?

Las relaciones personales · cuarenta y tres **43**

POEMA
20

Pablo Neruda

Puedo escribir los versos más tristes esta noche.
Escribir, por ejemplo: "La noche está estrellada°, *starry*
  y tiritan°, azules, los astros°, a lo lejos°". *blink; tremble* *stars/in the distance*
El viento de la noche gira° en el cielo y canta. *turns*

5 Puedo escribir los versos más tristes esta noche.
Yo la quise, y a veces ella también me quiso.

En las noches como ésta la tuve entre mis brazos.
La besé tantas veces bajo el cielo infinito.

Ella me quiso, a veces yo también la quería.
10 Cómo no haber amado sus grandes ojos fijos°. *fixed*

Puedo escribir los versos más tristes esta noche.
Pensar que no la tengo. Sentir que la he perdido.

Oír la noche inmensa, más inmensa sin ella.
Y el verso cae al alma como al pasto el rocío°. *like the dew on the grass*

15 Qué importa que mi amor no pudiera guardarla°. *keep; protect*
La noche está estrellada y ella no está conmigo.

Eso es todo. A lo lejos alguien canta. A lo lejos.
Mi alma no se contenta con haberla perdido.

Como para acercarla° mi mirada la busca. *to bring her closer*
20 Mi corazón la busca, y ella no está conmigo.

La misma noche que hace blanquear° los mismos árboles. *to whiten*
Nosotros, los de entonces, ya no somos los mismos.

Ya no la quiero, es cierto, pero cuánto la quise.
Mi voz° buscaba el viento para tocar su oído. *voice*

25 De otro. Será de otro. Como antes de mis besos.
Su voz, su cuerpo claro. Sus ojos infinitos.

Ya no la quiero, es cierto, pero tal vez la quiero.
Es tan corto el amor, y es tan largo el olvido.

Porque en noches como ésta la tuve entre mis brazos,
30 mi alma no se contenta con haberla perdido.

Aunque éste sea el último dolor que ella me causa,
y éstos sean los últimos versos que yo le escribo. ■

Después de leer

Poema 20
Pablo Neruda

1 **Comprensión** Contesta las preguntas con oraciones completas.

1. ¿Quién habla en este poema?
2. ¿De quién habla el poeta?
3. ¿Cuál es el tema del poema?
4. ¿Qué momento del día es?
5. ¿Sigue enamorado el poeta? Da un ejemplo del poema.

2 **Analizar** Lee el poema otra vez para contestar las preguntas con oraciones completas.

1. ¿Qué personificaciones hay en el poema y qué efecto transmiten? Explica tu respuesta.
2. ¿Tienen importancia las repeticiones en el poema? Explica por qué.
3. La voz poética habla sobre su amada, pero no le habla directamente a ella. ¿A quién crees que le habla la voz poética en este caso?
4. ¿Qué sentimientos provoca el poema en los lectores?

3 **Interpretar** Contesta las preguntas con oraciones completas.

1. ¿Cómo se siente el poeta? Da un ejemplo del poema.
2. ¿Es importante que sea de noche? Razona tu respuesta.
3. Explica con tus propias palabras este verso: "Es tan corto el amor, y es tan largo el olvido".
4. Explica el significado de estos versos y su importancia en el poema. ¿Por qué el poeta escribe una oración "entre comillas"?

> **Puedo escribir los versos más tristes esta noche.**
> **Escribir, por ejemplo: "La noche está estrellada,**
> **y tiritan, azules, los astros, a lo lejos".**

4 **Metaficción** En grupos de tres, lean esta definición y busquen ejemplos de metaficción en el poema de Neruda. ¿Qué efecto tiene este recurso en el poema?

> **❝ La metaficción consiste en reflexionar dentro de una obra de ficción sobre la misma obra. ❞**

5 **Imaginar** En parejas, imaginen la historia de amor entre el poeta y su amada. Preparen una conversación en la que se despiden para siempre. Inspírense en algunos de los versos del poema.

6 **Personificar** Escribe un párrafo en el que atribuyas cualidades humanas a un objeto.

MODELO Tengo en mi cuarto una estrella de mar. Me cuenta historias de piratas…

46 *cuarenta y seis*

Lección 1

CULTURA

Antes de leer

> **Vocabulario**
>
> **el cargo** position
> **la cima** height
> **convertirse (e:ie) en** to become
> **en contra** against
> **propio/a** own
> **rechazar** to reject
> **sabio/a** wise
> **el sueño** dream
> **superar** to overcome
> **tomar en cuenta** to take into consideration

Señora presidenta Completa este párrafo con palabras del vocabulario.

El (1) _____ más importante de cualquier país es la presidencia, un (2) _____ para muchos políticos. Este desafío es más difícil para las mujeres, que tienen (3) _____ muchos prejuicios. La argentina Isabel Perón luchó para (4) _____ esos prejuicios. En 1974 llegó a (5) _____ en la primera presidenta de Latinoamérica. Desde entonces, otras nueve latinoamericanas han llegado a la (6) _____ de la política.

Conexión personal ¿Con qué soñabas cuando eras pequeño/a? ¿Qué querías ser? ¿Tienes todavía las mismas metas que tenías de niño/a o has cambiado? ¿Crees que vas a alcanzar tus metas?

Contexto cultural

Una frase pronunciada por Sonia Sotomayor en 2001 causó gran controversia y despertó posiciones en contra y a favor. Sus provocadoras palabras fueron: "Quiero pensar que una sabia mujer latina, con su riqueza de experiencias, puede tomar mejores decisiones que un sabio hombre blanco que no ha vivido esa vida." Sotomayor después se excusó diciendo que se había expresado mal. Pero esta declaración generó los cuestionamientos más importantes a su nominación a la Corte Suprema y, paralelamente, grupos en Facebook, camisetas y carteles la tomaron como una reafirmación de la identidad de la mujer hispana en EE.UU. ¿Qué opinas tú? ¿Influyen nuestras experiencias, nuestro sexo y nuestro origen en las decisiones que tomamos? Si así lo crees, ¿piensas que este hecho es positivo o negativo? ¿Crees que es posible dejar de lado los sentimientos y el pasado para tomar en cuenta solamente la ley? ¿O crees que la subjetividad puede tener lugar en la justicia?

Sonia Sotomayor:
la niña que soñaba

Sonia Sotomayor era una niña que soñaba. Y, según cuenta, lo que soñaba era convertirse en detective, igual que su heroína favorita, Nancy Drew. Sin embargo, a los ocho años, tras un diagnóstico de diabetes, sus médicos le recomendaron que pensara en una carrera menos agitada. Entonces, sin recortar sus aspiraciones ni resignarse a menos, encontró un nuevo modelo en otro héroe de ficción: Perry Mason, el abogado encarnado° en televisión por Raymond Burr. "Iba a ir a la universidad e iba a convertirme en abogada: y supe esto cuando tenía diez años. Y no es una broma" declaró ella en 1998.

°played by

Robin Kar, secretario de Sonia Sotomayor en 1988–1989, afirma que la jueza no sólo tiene una historia asombrosa°, sino que además es una persona asombrosa. Y cuenta que, en la corte, ella no solamente conocía a sus pares°, como los otros jueces y políticos, sino que también se preocupaba por conocer a todos los porteros, los empleados de la cafetería y los conserjes°, y todos la apreciaban mucho.

En su discurso de aceptación de la nominación a la Corte Suprema, Sonia Sotomayor explicó su propia visión de sí misma: "Soy una persona nada extraordinaria que ha tenido la dicha de tener oportunidades y experiencias extraordinarias." Pero ni siquiera sus sueños más descabellados° podían prepararla para lo que ocurrió en mayo de 2009, cuando Barack Obama la nominó como candidata a la Corte Suprema de Justicia de Estados Unidos. En su discurso, el presidente destacó el "viaje extraordinario" de la jueza, desde sus modestos comienzos hasta la cima del sistema judicial. Para él, los sueños son importantes y Sonia Sotomayor es la encarnación del sueño americano.

Nació en el Bronx, en Nueva York, el 25 de junio de 1954, y creció en un barrio de viviendas subsidiadas°. Sus padres, puertorriqueños, habían llegado a Estados Unidos durante la Segunda Guerra Mundial. Su padre, que había estudiado sólo hasta tercer grado y no hablaba inglés, murió cuando Sonia tenía nueve años, y su madre, Celina, tuvo que trabajar seis días a la semana como enfermera para criarlos° a ella y a su hermano menor. Como la señora Sotomayor consideraba que una buena educación era fundamental, les compró a sus hijos la Enciclopedia Británica y los envió a una escuela católica para que recibieran la mejor instrucción posible. Seguramente los resultados superaron también sus expectativas: Sonia estudió en las universidades de Princeton y Yale, y su hermano Juan estudió en la Universidad de Nueva York, y ahora es médico y profesor en la Universidad de Siracusa.

Sonia Sotomayor trabajó durante cinco años como asistente del fiscal de Manhattan, Robert Morgenthau (quien inspiró el personaje del fiscal del distrito Adam Schiff en la serie de televisión *Law and Order*). Luego se dedicó al derecho corporativo y más tarde fue jueza de primera instancia de la Corte Federal de Distrito antes de ser nombrada jueza de Distrito de la Corte Federal de Apelaciones. En 2009 se convirtió en la primera hispana —y la tercera mujer en toda la historia— en llegar a la Corte Suprema de Justicia de Estados Unidos, donde suelen tratarse cuestiones tan controvertidas como el aborto, la pena de muerte, el derecho a la posesión de armas, etc.

Cuando el presidente Obama nominó a la jueza Sotomayor para su nuevo cargo, Celina Sotomayor escuchaba desde la primera fila° con los ojos llenos de lágrimas. En su discurso de aceptación, Sonia la señaló como "la inspiración de toda mi vida". Tal vez, en el fondo, lo que soñaba realmente la niña del Bronx era ser, como su madre, una "sabia mujer latina". ■

Cómo Sotomayor salvó al béisbol

En 1994, de manera unilateral, los propietarios de los equipos de las Grandes Ligas de béisbol implantaron un tope (*limit*) salarial; esto fue rechazado por los jugadores y su sindicato, que declararon una huelga (*strike*). El caso llegó a Sonia Sotomayor, en ese entonces la jueza más joven del Distrito Sur de Nueva York, en 1995. Ella escuchó los argumentos de las dos partes y anunció su dictamen (*ruling*) a favor de los jugadores. Logró acabar así con la huelga que llevaba ya 232 días y, además, ganarse el título de "salvadora del béisbol".

Después de leer

1   **Comprensión** Indica si las siguientes oraciones son **ciertas** o **falsas**. Luego, corrige las falsas.

1. Sonia Sotomayor se considera una persona extraordinaria.
2. Ella conocía a todos los empleados de la corte, desde los jueces hasta los conserjes.
3. De pequeña, Sonia quería ser detective como Nancy Drew.
4. Sus padres eran neoyorquinos.
5. Celina Sotomayor trabajaba como vendedora de enciclopedias para mantener a sus hijos.
6. Sonia fue la inspiración de un personaje de la serie de televisión *Law and Order*.

2   **Interpretación** En parejas, contesten las preguntas con oraciones completas y justifiquen sus respuestas.

1. ¿Les parece que la historia de Sonia Sotomayor es extraordinaria? ¿Por qué?
2. ¿En qué sentido piensan que su madre es "la inspiración de su vida"?
3. ¿Creen que su carrera es una prueba de que el sueño americano existe?
4. ¿Piensas que ella, como mujer y como hispana, y con la historia de su vida, puede asegurar un mejor debate en la Corte Suprema? ¿Por qué?
5. ¿Les parece que la experiencia de vida es más importante, menos importante o igualmente importante para las personas que los estudios que tengan? ¿Por qué?

3   **Retrato**

A. Durante las elecciones presidenciales de los Estados Unidos, los candidatos suelen hablar de sus caminos al éxito. Para algunos, sus madres han sido una inspiración fundamental de sus vidas. En parejas, lean y comenten las citas.

> "Sé que (mi madre) fue el espíritu más bondadoso y generoso que jamás he conocido y que lo mejor de mí se lo debo a ella." Barack Obama, *Los sueños de mi padre*

> "Roberta McCain nos inculcó su amor a la vida, su profundo interés en el mundo, su fortaleza y su creencia de que todos tenemos que usar nuestras oportunidades para ser útiles a nuestro país. No estaría esta noche aquí si no fuera por la fortaleza de su carácter." John McCain, Discurso de aceptación en la Convención Republicana

B. Escriban al menos cuatro oraciones sobre cómo imaginan que es Celina Sotomayor. ¿Qué dirían de ella sus hijos? Luego, compartan sus oraciones con la clase y comparen sus descripciones.

MODELO   Celina es una mujer trabajadora. Ella no está de acuerdo con perder el tiempo y quiere que sus hijos estudien y mejoren. Es paciente, pero está llena de energía...

4   **Modelos de vida** Escribe una entrada de blog sobre una persona sabia a la que admiras. Describe su personalidad y su historia, y explica por qué es importante para ti.

Atando cabos

¡A conversar!

 Preguntas rápidas Usa la técnica de las "preguntas rápidas" para conocer a tus compañeros/as de clase, hacer nuevos amigos y buscar compañeros para proyectos. Comparte los resultados con la clase.

Cómo funcionan las "preguntas rápidas"
- Reúnete con un(a) compañero/a durante cinco minutos. Hablen sobre quiénes son, cómo son, qué buscan, etc.
- Toma notas acerca del encuentro.
- Repite la actividad con otros compañeros.

	Nombre	Nombre
¿De dónde eres?		
¿Cómo eres?		
¿Qué cualidades buscas en un(a) amigo/a?		
¿Qué tipo de proyectos te gusta hacer?		

¡A escribir!

Consejos Lee el correo electrónico que envió Alonso a la sección de consejos sentimentales de una revista y usa las frases del recuadro para responderla.

Expresar tu opinión
Estas frases pueden ayudarte a presentar tu opinión:
- En mi opinión, ...
- Creo que...
- Me parece que...

De: alonso23@tucorreo.com
A: consejos_sentimentales@larevista.com
Tema: Necesito un consejo

Me llamo Alonso. Tengo 23 años y soy de Colombia. Vine a Boston para estudiar en la universidad. Allí conocí a mi novia Kristen, quien tomaba clases de español. Todo iba muy bien mientras estábamos en la universidad: teníamos amigos estadounidenses y latinoamericanos, a mí me interesaba mucho aprender sobre su país y a ella sobre el mío.

El problema comenzó después de la universidad. Cuando salimos con los compañeros de trabajo de Kristen, siento que a nadie le interesa charlar conmigo, y a mí tampoco me interesa hablar con ellos de béisbol y esas cosas. Cuando vamos a visitar a la familia de Kristen en Chicago y decido cocinar, siempre miran con desconfianza los platos tradicionales que preparo. Además, Kristen está muy ocupada con su trabajo para seguir estudiando español. Cuando quiere practicar comete unos errores horribles y entonces yo prefiero hablar inglés con ella. Discutimos mucho por todas estas cosas.

A veces pienso que sería más fácil estar con alguien de mi cultura... pero quiero mucho a Kristen. ¿Qué puedo hacer para que mi relación funcione?

1 VOCABULARIO

La personalidad

autoritario/a	strict
cariñoso/a	affectionate
celoso/a	jealous
cuidadoso/a	careful
falso/a	insincere
gracioso/a	funny
inseguro/a	insecure
(in)maduro/a	(im)mature
mentiroso/a	lying
orgulloso/a	proud
permisivo/a	permissive
seguro/a	sure; confident
sensato/a	sensible
sensible	sensitive
tacaño/a	stingy
tímido/a	shy
tradicional	traditional

Los estados emocionales

agobiado/a	overwhelmed
ansioso/a	anxious
deprimido/a	depressed
disgustado/a	upset
emocionado/a	excited
preocupado/a (por)	worried (about)
solo/a	alone; lonely
tranquilo/a	calm

Los sentimientos

adorar	to adore
apreciar	to think highly of
enamorarse (de)	to fall in love (with)
estar harto/a (de)	to be sick (of)
odiar	to hate
sentirse (e:ie)	to feel
soñar (o:ue) (con)	to dream (about)
tener celos (de)	to be jealous (of)
tener vergüenza (de)	to be embarrassed (about)

Las relaciones personales

el/la amado/a	loved one
el ánimo	spirit
el cariño	affection
la cita (a ciegas)	(blind) date
el compromiso	commitment
la confianza	trust; confidence
el desánimo	the state of being discouraged
el divorcio	divorce
la pareja	couple; partner
el sentimiento	feeling
atraer	to attract
coquetear	to flirt
cuidar	to take care of
dejar a alguien	to leave someone
discutir	to argue
educar	to raise; to bring up
hacerle caso a alguien	to pay attention to someone
impresionar	to impress
llevar… años de (casados)	to be (married) for… years
llevarse bien/mal/ fatal	to get along well/ badly/terribly
mantenerse en contacto	to keep in touch
pasarlo bien/mal/ fatal	to have a good/bad/ terrible time
proponer matrimonio	to propose (marriage)
romper (con)	to break up (with)
salir (con)	to go out (with)
soportar a alguien	to put up with someone
casado/a	married
divorciado/a	divorced
separado/a	separated
soltero/a	single
viudo/a	widowed

Más vocabulario

Expresiones útiles	Ver p. 19
Estructura	Ver pp. 26–27, 30–31 y 34–35

En pantalla

la cinta	tape
la luz	light
alargar	to drag out
enterarse	to find out
entretenerse	to be held up
respirar	to breathe
pesado/a	annoying
precioso/a	lovely
turbio/a	murky
a lo mejor	maybe

Literatura

el alma	soul
el corazón	heart
la mirada	gaze
el olvido	oblivion
amar	to love
besar	to kiss
contentarse con	to be satisfied with
querer (e:ie)	to love; to want

Cultura

el cargo	position
la cima	height
el sueño	dream
convertirse (e:ie) en	to become
rechazar	to reject
superar	to overcome
tomar en cuenta	to take into consideration
propio/a	own
sabio/a	wise
en contra	against

Las diversiones   2

Contextos
páginas 54–57
- La música y el teatro
- Los lugares de recreo
- Los deportes
- Las diversiones

Fotonovela
páginas 58–61
- ¡Tengo los boletos!

El mundo hispano
México
páginas 62–65
- **En detalle:** El nuevo cine mexicano
- **Perfil:** Gael García Bernal
- **Flash Cultura:** El cine mexicano

Estructura
páginas 66–77
- Object pronouns
- **Gustar** and similar verbs
- Reflexive verbs

Manual de gramática
páginas A11–A17
- Más práctica
- Gramática adicional

En pantalla
páginas 78–81
- **Cortometraje:** El tiple

Lecturas
páginas 82–90
- **Literatura:** Idilio de Mario Benedetti
- **Cultura:** El toreo: ¿cultura o tortura?

Atando cabos
página 91
- ¡A conversar!
- ¡A escribir!

Communicative Goals
You will expand your ability to…
- avoid redundancy
- express personal likes and dislikes
- describe your daily routine and activities

2 CONTEXTOS

Las diversiones

La música y el teatro

Mis amigos y yo tenemos un **grupo musical.** Yo soy el cantante. Ayer fue nuestro segundo **concierto.** Esperamos grabar pronto nuestro primer **álbum.**

el álbum album
el asiento seat
el/la cantante singer
el concierto concert
el conjunto/grupo musical musical group; band
el escenario scenery; stage
el espectáculo show
el estreno premiere
la función performance (theater; movie)
el/la músico/a musician
la obra de teatro play
la taquilla box office

aplaudir to applaud
conseguir (e:i) boletos/entradas to get tickets
hacer cola to wait in line
poner música to play music

Variación léxica

hacer cola ↔ *hacer fila*
anotar/marcar un gol ↔ *meter un gol*
vencer ↔ *derrotar*
la televisión ↔ *la tele*

Los lugares de recreo

el cine movie theater
el circo circus
la discoteca night club
la feria fair
el festival festival
el parque de atracciones amusement park
el zoológico zoo

Los deportes

el/la árbitro/a referee
el campeón/la campeona champion
el campeonato championship
el club deportivo sports club
el/la deportista athlete
el empate tie (game)
el/la entrenador(a) coach; trainer
el equipo team
el/la espectador(a) spectator
el torneo tournament

anotar/marcar (un gol/un punto) to score (a goal/a point)
desafiar to challenge
empatar to tie (games)
ganar/perder (e:ie) un partido to win/lose a game
vencer to defeat

Las diversiones

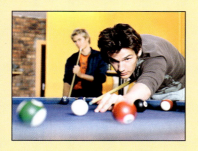

Ricardo y sus amigos **se reúnen** todos los sábados. Les **gustan el billar** y **el boliche**, y son verdaderos **aficionados** a **las cartas**.

el ajedrez chess
el billar billiards
el boliche bowling
las cartas/los naipes (playing) cards
los dardos darts
el juego de mesa board game
el pasatiempo pastime
la televisión television
el tiempo libre/los ratos libres free time
el videojuego video game

aburrirse to get bored
alquilar una película rent a movie
brindar to make a toast
celebrar/festejar to celebrate
dar un paseo to take a stroll/walk
disfrutar (de) to enjoy
divertirse (e:ie) to have fun

entretener(se) (e:ie) to amuse (oneself)
gustar to like
reunirse (con) to get together (with)
salir (a comer) to go out (to eat)

aficionado/a (a) enthusiastic about; a fan (of)
animado/a lively
divertido/a fun
entretenido/a entertaining

Práctica

1 **Escuchar**

A. Mauricio y Joaquín están haciendo planes para el fin de semana. Quieren ir al cine, pero no logran ponerse de acuerdo. Escucha la conversación y contesta las preguntas con oraciones completas.

1. ¿Cuándo planean ir al cine Mauricio y Joaquín?
2. ¿Qué película quiere ver Joaquín?
3. ¿Por qué Mauricio no quiere verla?
4. ¿Qué alternativa sugiere Mauricio?
5. ¿Qué le pasa a Joaquín cuando mira documentales?

B. Ahora, escucha el anuncio radial de *Los invasores de la galaxia* y decide si las oraciones son **ciertas** o **falsas**. Corrige las falsas.

1. Este fin de semana estrenan una película de ciencia ficción.
2. *Los invasores de la galaxia* ya se estrenó en otros lugares.
3. La película tuvo poco éxito en Europa.
4. Si compras cuatro boletos, te regalan la banda sonora (*soundtrack*).
5. Si te vistes de extraterrestre, te regalan un boleto para una fiesta exclusiva.
6. El estreno de la película es a las nueve de la mañana.

C. En parejas, imaginen que, después de escuchar el anuncio radial, Joaquín trata de convencer a Mauricio para ir a ver *Los invasores de la galaxia*. Inventen la conversación entre Mauricio y Joaquín, y compártanla con la clase.

2 **Relaciones** Escoge la palabra que no está relacionada.

1. película (estrenar / dirigir / empatar)
2. obra de teatro (boleto / campeonato / taquilla)
3. concierto (vencer / aplaudir / hacer cola)
4. juego de mesa (ajedrez / naipes / videojuego)
5. celebrar (divertirse / aburrirse / disfrutar)
6. partido (deportista / árbitro / circo)

Práctica

3 **¿Dónde están?** Indica dónde están estas personas.

___ 1. Llegamos muy temprano, pero hay una cola enorme. El hombre que vende los boletos parece estar de muy mal humor.

___ 2. Hoy es el cumpleaños de mi hermana menor. En lugar de celebrarlo en casa, quiere pasar el día acá, con los tigres y los elefantes.

___ 3. Una red (*net*), una pelota amarilla y dos deportistas. ¿Quién será la campeona?

___ 4. Hay máquinas que suben, bajan, dan vueltas hacia la derecha y hacia la izquierda. La más espectacular dibuja un laberinto de líneas en el aire.

___ 5. ¿Cómo puede ser que cuatro personas hagan tanto ruido en un campo de fútbol lleno de gente? Mis amigos se están divirtiendo mucho, pero ¡yo no entiendo nada de lo que cantan!

___ 6. ¡Qué nervios! ¿Qué pasa si se abre el telón y me olvido de lo que tengo que decir?

a. un torneo de tenis
b. un parque de atracciones
c. un cine
d. un escenario
e. una taquilla
f. un zoológico
g. un concierto de rock

4 **Goles y fiestas** Completa la conversación.

aburrirte	celebrar	equipo
animadas	disfruten	espectadores
árbitro	divertidos	ganar
campeonato	empate	televisión

PEDRO Mario, ¿todavía estás mirando (1) _____? ¿No ves que vamos a llegar tarde?

MARIO Lo siento, pero no puedo ir a la fiesta de Alicia. Pasan un partido de fútbol.

PEDRO Pero las fiestas de Alicia son más (2) _____ y más entretenidas que cualquier partido de fútbol. Todos los partidos son iguales… Veintidós tontos corriendo detrás de una pelota, los (3) _____ gritando (*shouting*) como locos y el (4) _____ pitando (*whistling*) sin parar.

MARIO Hoy no me puedes convencer. Es la final del (5) _____ y estoy seguro de que mi (6) _____ favorito va a (7) _____.

PEDRO ¿Y no vas a (8) _____, aquí solito, mientras todos tus amigos bailan?

MARIO ¡Jamás! ¡Todos vienen a ver el partido conmigo! Y después vamos a (9) _____ la victoria.

PEDRO Que (10) _____ del partido. Ya me voy… Espera, Alicia me está llamando al celular… ¿Qué me dices? ¿Que la fiesta es aquí en mi casa? ¿Que tú también quieres ver el partido? ¡Ay, yo me rindo (*give up*)!

Comunicación

5 **Diversiones**

A. Sin consultar con tu compañero/a, prepara una lista de cinco actividades que crees que le gustan a él/ella. Escoge actividades del recuadro y añade otras.

> jugar al ajedrez
> practicar deportes en un club
> ir al estreno de una película
> mirar televisión
> escuchar música clásica
>
> ir a la feria
> jugar videojuegos
> ir a un concierto
> jugar al boliche
> salir a cenar con amigos

B. Ahora, habla con tu compañero/a para confirmar tus predicciones. Sigue el modelo.

MODELO —Creo que te gusta jugar al ajedrez.
—Es verdad, juego siempre que puedo. / —Te equivocas, me aburre. ¿Y a ti?

6 **Lo mejor** En grupos de cuatro, imaginen que son editores/as de un periódico local y quieren publicar la lista anual de *Lo mejor de la ciudad*.

A. Primero, escojan las categorías que quieren premiar (*to award*).

Lo mejor de la ciudad

Mejor cine _____
Mejor grupo de teatro _____
Mejor espectáculo sobre hielo _____
Mejor equipo deportivo _____
Mejor parque para pasear _____

Mejor festival de arte _____
Mejor restaurante para celebrar un cumpleaños _____
Mejor grupo musical en vivo (*live*) _____
Mejor … _____

B. Luego, preparen una encuesta (*survey*) y entrevisten a sus compañeros/as de clase. Anoten las respuestas.

C. Ahora, compartan los resultados con la clase y decidan qué lugares y eventos recibirán el premio *Lo mejor*.

7 **Un fin de semana extraordinario** Dos amigos con personalidades muy diferentes tienen que pasar un fin de semana en una ciudad que nunca han visitado. Hacen muchas sugerencias interesantes, pero no se ponen de acuerdo en nada. En parejas, improvisen una conversación utilizando las palabras del vocabulario.

MODELO —¿Vamos al parque de atracciones? Es muy divertido.
—No, me mareo en la montaña rusa (*roller coaster*)…

Las diversiones

2 FOTONOVELA

Los empleados de *Facetas* hablan de las diversiones. Johnny trata de ayudar a Éric. Mariela habla de sus planes.

JOHNNY ¿Y a ti? ¿Qué te pasa?
ÉRIC Estoy deprimido.
JOHNNY Anímate, es fin de semana.
ÉRIC A veces me siento solo e inútil.
JOHNNY ¿Solo? No, hombre, yo estoy aquí; pero inútil…

JOHNNY Necesitas divertirte.
ÉRIC Lo que necesito es una chica. No tienes idea de lo que es vivir solo.
JOHNNY No, pero me lo estoy imaginando. El problema de vivir solo es que siempre te toca lavar los platos.
ÉRIC Las chicas piensan que soy aburrido.

JOHNNY No seas pesimista.
ÉRIC Soy un optimista con experiencia. Lo he intentado todo: el cine, la discoteca, el teatro… Nada funciona.
JOHNNY Tienes que contarles chistes. Si las haces reír, ¡*boom*! Se enamoran.
ÉRIC ¿De veras?
JOHNNY Seguro.

Mariela viene a hablar con ellos.
MARIELA ¡Los conseguí! ¡Los conseguí!
FABIOLA ¿Conseguiste qué?
MARIELA Los últimos boletos para el concierto de rock de esta noche.
FABIOLA ¿Cómo se llama el grupo?
MARIELA Distorsión. Aquí tengo el disco compacto. ¿Lo quieren oír?
FABIOLA (*mirando el reloj*) Uy, ¡qué tarde es!

Luego, en el escritorio de Diana…
ÉRIC Diana, ¿te puedo contar un chiste?
DIANA Estoy algo ocupada.
ÉRIC Es que se lo tengo que contar a una mujer.
DIANA Hay dos mujeres más en la oficina.
ÉRIC Temo que se rían cuando se lo cuente.

DIANA ¡Es un chiste!
ÉRIC Temo que se rían de mí y no del chiste.
DIANA ¿Qué te hace pensar que yo me voy a reír del chiste y no de ti?
ÉRIC No sé. Tú eres una persona seria.
DIANA ¿Y por qué se lo tienes que contar a una mujer?
ÉRIC Es un truco para conquistarlas.
Diana se ríe muchísimo.

58 cincuenta y ocho

Lección 2

Personajes

 AGUAYO   **DIANA**   **ÉRIC**   **FABIOLA**   **JOHNNY**   **MARIELA**

4

Johnny dibuja muchos puntos en la pizarra.

JOHNNY ¿Te sabes el chiste de la fiesta de puntos? Es un clásico… Hay una fiesta de puntos… Todos están divirtiéndose y pasándola bien. Y entonces entra un asterisco… y todos lo miran asombrados. Y el asterisco les dice: "¿Qué? ¿Nunca han visto un punto despeinado?"

5

Mariela entra con dos boletos en la mano y comienza a besarlos.

MARIELA Sí, sí. Me encanta, me encanta…

FABIOLA Te lo dije.

AGUAYO ¿Me dijiste qué?

FABIOLA Que ella no parecía muy normal.

9

MARIELA Deséenme suerte.

AGUAYO ¿Suerte? ¿En qué?

MARIELA Esta noche le voy a quitar la camisa al guitarrista de Distorsión.

JOHNNY No, no lo harás.

MARIELA Voy a intentarlo.

ÉRIC Si crees que es tan fácil quitarle la camisa a un tipo, ¿por qué no practicas conmigo?

Mariela intenta quitarle la camisa a Éric.

10

Al final del día, en la cocina…

AGUAYO ¿Alguien quiere café?

JOHNNY ¿Lo hiciste tú o sólo lo estás sirviendo?

AGUAYO Sólo lo estoy sirviendo.

JOHNNY Yo quiero una taza.

ÉRIC Yo quiero una taza.

Expresiones útiles

Talking about whose turn it is

Siempre te toca lavar los platos.
It's always your turn to wash the dishes.

A Johnny le toca hacer el café.
It's Johnny's turn to make coffee.

¿A quién le toca pagar la cuenta?
Whose turn is it to pay the bill?

¿Todavía no me toca?
It still isn't my turn?

Encouraging other people

¡Anímate! *Cheer up! (sing.)*
¡Anímense! *Cheer up! (pl.)*

No seas pesimista.
Don't be pessimistic. (sing.)

No sean pesimistas.
Don't be pessimistic. (pl.)

Wishing someone well

¡Buen fin de semana!
Have a nice weekend!

¡Pásalo bien!
Have a good time! (sing.)

¡Pásenlo bien!
Have a good time! (pl.)

¡Que te diviertas!
Have fun! (sing.)

¡Que se diviertan!
Have fun! (pl.)

Additional vocabulary

contar *to tell*
inútil *useless*
el punto *period; point*
el tipo *guy*
el truco *trick*

Las diversiones

Comprensión

1 **¿Cierto o falso?** Decide si estas oraciones son **ciertas** o **falsas**. Corrige las falsas.

Cierto **Falso**

☐ ☐ 1. Éric está deprimido.

☐ ☐ 2. A Éric le gusta vivir solo.

☐ ☐ 3. Según Johnny, hay que ser serio para enamorar a las mujeres.

☐ ☐ 4. Diana se ríe del chiste de Éric.

☐ ☐ 5. Fabiola quiere escuchar la música de Distorsión.

☐ ☐ 6. Mariela quiere quitarle la camisa al guitarrista de Distorsión.

☐ ☐ 7. Aguayo preparó el café.

☐ ☐ 8. Johnny quiere beber café porque no lo preparó Aguayo.

2 **Seleccionar** Selecciona la respuesta que especifica de qué hablan Johnny y Éric.

1. ¿Qué <u>te</u> pasa? → ¿Qué te pasa _____?
   a. a Johnny   b. al fin de semana   c. a ti

2. Tienes que contar<u>les</u> chistes. → Les tienes que contar chistes _____.
   a. a los amigos   b. a todas las chicas   c. a Mariela y a Diana

3. Tengo que contárse<u>lo</u> a una mujer. → Tengo que contarle a una mujer _____.
   a. el chiste   b. el concierto de rock   c. el cuento

4. Temo que se rían cuando <u>se</u> lo cuente. → Temo que _____ se rían cuando se lo cuente.
   a. Mariela y Aguayo   b. las mujeres   c. Diana, Fabiola y Mariela

5. No, pero me <u>lo</u> estoy imaginando. → No, pero me estoy imaginando _____.
   a. el fin de semana   b. lo que es vivir solo   c. lavar los platos

6. ¿<u>Lo</u> hiciste tú o lo hizo Aguayo? → ¿Hiciste tú _____ o lo hizo Aguayo?
   a. el boleto   b. la taza   c. el café

3 **Consejos**

A. Un amigo le da consejos a Éric para salir con una chica, pero él no acepta ninguno.
Lee los consejos y conéctalos con las respuestas de Éric.

Consejos del amigo

____ 1. ¡Ve con ella al concierto de rock!

____ 2. Pregúntale si quiere ver el partido.

____ 3. Llévala al cine.

____ 4. Invítala al parque de atracciones.

____ 5. Puedes invitarla a cenar.

Respuestas de Éric

a. Siempre me duermo viendo películas.

b. No sé qué comida le gusta.

c. No me gustan los deportes.

d. Va a mirar al guitarrista y no a mí.

e. Las alturas (*heights*) me dan miedo.

B. En parejas, preparen cinco recomendaciones más para Éric y dramaticen la situación: uno/a de ustedes es Éric y la otra persona es su amigo/a. Luego, intercambien los papeles.

Ampliación

4 **Tu turno**

A. Ahora te toca a ti darle consejos a Éric para conquistar a una chica. Escríbele un email con consejos útiles.

> De:
> Para: Éric <eric@facetas.mx>
> Asunto: Consejos
>
> Hola, Éric:
> ¿Cómo estás?
> Me he enterado de que estás teniendo problemas para conquistar a las chicas. Bueno, eso tiene solución: lo primero que tienes que hacer es…

B. Ahora, presenten sus consejos a la clase y decidan cuáles son los mejores consejos.

5 **Apuntes culturales** En parejas, lean los párrafos y contesten las preguntas.

Los chistes
El sentido del humor cambia entre las culturas. Incluso entre países o regiones que hablan el mismo idioma, como los países hispanos, los chistes dejan de tener gracia o simplemente no se entienden entre una región y otra.
¿Qué opinas del chiste que le contó Johnny a Éric? ¿Te parece gracioso? ¿Por qué crees que Diana se rio tanto con lo que le dijo Éric?

La mejor taza de café
A Éric y a Johnny no les gusta el café que prepara Aguayo. Ellos lo prefieren más intenso… ¡a lo cubano! En Cuba, el café se toma fuerte, con mucha azúcar y se sirve en pequeñas tazas. No puede faltar en el desayuno, ni después de las comidas. No le vendría nada mal al jefe una receta de **café cubano**, ¿verdad?

El rock mexicano
Mariela está contenta porque consiguió boletos para un concierto de rock. El rock mexicano se caracteriza por la riqueza de estilos, producida por la fusión con otros ritmos como boleros, rancheras, reggae y jazz. **Zoé, Los Claxons** y **División Minúscula** son algunas de las bandas más populares.

Los Claxons

1. ¿Conoces algún humorista o comediante de origen hispano? ¿Cómo se llama y de dónde es?
2. En tu país, ¿cómo se toma el café? ¿Cuándo se toma? ¿Cómo te gusta a ti?
3. ¿Conoces a otros músicos mexicanos y del mundo hispano? ¿A qué género pertenece su música?
4. ¿Fuiste alguna vez a un concierto de rock? ¿A qué banda o cantante viste?

Las diversiones

2 EL MUNDO HISPANO

En detalle

El nuevo CINE MEXICANO

MÉXICO

México vivió la época dorada de su cine en los años cuarenta. Pasada esa etapa°, la industria cinematográfica mexicana perdió fuerza. Ha tardado casi medio siglo en volver a brillar, pero hace una década volvió al panorama internacional con gran vigor°. Este resurgir°, en parte, se debe al apoyo del gobierno mexicano y, sobre todo, al talento de una nueva generación de creadores que ha logrado triunfar en las pantallas de todo el mundo.

En 1992, *Como agua para chocolate* de Alfonso Arau batió° récords de taquilla. Esta película, que puso en imágenes el realismo mágico que tanto éxito tenía en la literatura, despertó el interés por el cine mexicano.

Salma Hayek

Las películas empezaron a disfrutar de una mayor distribución, y muchos directores y actores se convirtieron en estrellas internacionales.

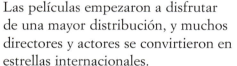
Alfonso Cuarón

El éxito también se vio reflejado en el dinero recaudado° y en las nominaciones y los premios° recibidos. Hoy día, los rostros° de Salma Hayek, Gael García Bernal y Diego Luna, entre otros, pueden verse no sólo en el cine, sino también en revistas y programas de televisión de todo el mundo. Muchos artistas alternan su trabajo entre Estados Unidos y México. En el año 2000, el enorme éxito de *Amores perros* impulsó la carrera de su director, Alejandro González Iñárritu, que poco tiempo después dirigió *21 Grams* y *Babel* en tierras estadounidenses. Otros directores que trabajan en los dos países son Guillermo del Toro (*El laberinto del fauno*, *Hellboy* y *Hellboy II: The Golden Army*) y Alfonso Cuarón (*Harry Potter*, *Gravity*). En 2016, tras el éxito alcanzado° con *Birdman*, Alejandro González Iñárritu se convirtió en el primer director desde 1950 en ganar dos premios Óscar consecutivos con la odisea de supervivencia *The Revenant*. ■

Algunas películas premiadas

1992	1996	2000	2001	2007	2014	2015
Como agua para chocolate — Premio Ariel	La ley de Herodes — Sundance – Premio al Cine Latinoamericano	El callejón de los milagros — Premio Goya / Amores perros — Chicago – Hugo de Oro a la Mejor Película	Y tu mamá también — Venecia – Mejor Guión	El laberinto del fauno — Tres premios Óscar	Gravity — Siete premios Óscar	Birdman — Cuatro premios Óscar

etapa era **vigor** energy **resurgir** revival **batió** broke **recaudado** collected **premios** awards **rostros** faces **alcanzado** reached

62 sesenta y dos | Lección 2

ASÍ LO DECIMOS

Las diversiones

chido/a (Méx.)	
copado/a (Arg.)	
mola (Esp.)	cool
guay (Esp.)	
bacanal (Nic.)	
salir de parranda	
rumbear (Col. y Ven.)	to go out and have fun
ir/salir de juerga	
la rola (Nic. y Méx.)	song
el tema	
temazo	hit (song)

EL MUNDO HISPANOHABLANTE

Los premios de cine

Cada año, distintos países hispanoamericanos premian las mejores películas nacionales y extranjeras.

En México, el premio **Ariel** es la máxima distinción otorgada° a los mejores trabajos cinematográficos mexicanos. La estatuilla° representa el triunfo del espíritu y el deseo de ascensión.

En España, los premios más prestigiosos son los **Goya**. La Academia de Artes y Ciencias Cinematográficas de España entrega estos premios a producciones nacionales en un festival en Madrid. Las estatuillas reciben ese nombre por el pintor Francisco de Goya.

Penélope Cruz recibe el premio Goya

En Argentina, el Festival de Cine Internacional de Mar del Plata premia películas nacionales e internacionales. El galardón° se llama **Astor** en homenaje al compositor de tango Astor Piazzolla, quien nació en la ciudad de Mar del Plata.

En Cuba, el Festival Internacional de La Habana entrega los premios **Coral**. Aunque predomina el cine latinoamericano, el festival también convoca a producciones de todas partes del mundo.

PERFIL

GAEL GARCÍA BERNAL

Gael García Bernal es una de las figuras más representativas del cine mexicano contemporáneo. Empieza a actuar en el teatro con tan sólo cinco años, de la mano de sus padres, también actores. Pasa pronto a trabajar en telenovelas°. Siendo adolescente, Gael entra en el mundo del cine. Su intuición y su talento lo llevan a renunciar a la fama fácil y, a los diecisiete años, se va a Londres para estudiar arte dramático. Tres años después, regresa a México lleno de confianza y no se asusta° a la hora de representar ningún papel, por controvertido o difícil que sea. A partir de ese momento, participa en algunas de las películas más emblemáticas del cine en español de los últimos años: *Amores perros*, *Y tu mamá también* y *Diarios de motocicleta*. Actualmente, Gael trabaja también del otro lado de las cámaras como director y productor, y participa activamente en la promoción del cine mexicano.

> " Es muy importante que el cine latino se mantenga muy específico, pero que al mismo tiempo sus temas sean universales. " (Alfonso Cuarón)

Conexión Internet

¿Qué función tiene el Instituto Mexicano de Cinematografía?

Investiga sobre este tema en Internet.

telenovelas *soap operas* **no se asusta** *isn't afraid (of)* **otorgada** *given* **estatuilla** *statuette* **galardón** *award*

Las diversiones

¿Qué aprendiste?

1 **¿Cierto o falso?** Indica si estas afirmaciones son **ciertas** o **falsas**. Corrige las falsas.

1. La época dorada del cine mexicano fue en los años cincuenta.
2. El gobierno mexicano ha apoyado los nuevos proyectos de cine.
3. El director de *Como agua para chocolate* es Diego Luna.
4. El éxito de *Como agua para chocolate* despertó el interés por el cine mexicano.
5. Los artistas mexicanos van a Estados Unidos y no vuelven a trabajar en su país.
6. La película *Amores perros* es del año 2002.
7. Alfonso Cuarón dirigió *21 Grams*.
8. Guillermo del Toro actuó en *El laberinto del fauno*.

2 **Completar** Completa las oraciones.

1. Los premios del Festival Internacional de La Habana se llaman _____.
2. Los premios Astor se entregan en la ciudad argentina de _____.
3. Los premios cinematográficos más prestigiosos de España son los _____.
4. A los jóvenes venezolanos les gusta salir a _____.
5. Cuando una canción tiene mucho éxito, se dice que es un _____.

3 **Preguntas** Contesta las preguntas con oraciones completas.

1. ¿A qué se dedican los padres de Gael García Bernal?
2. ¿A qué edad comenzó a trabajar como actor Gael García Bernal?
3. ¿Qué hizo en Londres Gael García Bernal?
4. ¿Gael García Bernal evita los papeles controvertidos?
5. ¿Qué otras actividades relacionadas con el cine realiza Gael García Bernal además de actuar?
6. Según Alfonso Cuarón, ¿cómo deben ser los temas del cine latino?
7. ¿Crees que es positivo que directores y actores de habla hispana trabajen en Hollywood? ¿Por qué?
8. Cuando decides ver una película, ¿qué factores tienes en cuenta? ¿Por qué?

4 **Opiniones** En parejas, escriban en qué se diferencian y en qué se parecen el cine de Hollywood y el cine extranjero. Usen estas preguntas como guía.

- ¿Cuáles son las carecterísticas de cada tipo de cine?
- ¿En qué tipo de cine se invierte más dinero?
- ¿Qué diferencias hay entre el perfil de los actores de Hollywoood y el perfil de los actores extranjeros? ¿En qué se parecen?

PROYECTO

María Félix

La época de oro

Durante la época de oro del cine mexicano, actores como María Félix o Pedro Infante, y directores como Emilio Fernández e Ismael Rodríguez llevaron el acento mexicano más allá de sus fronteras.

Investiga sobre uno de estos artistas y escribe una biografía de tres párrafos.

Debes incluir:
- datos biográficos
- trabajos principales
- contribución al cine mexicano

Siguiendo el estilo usado en el perfil de Gael García Bernal, escribe tu texto usando el tiempo presente.

El cine mexicano

Ya has leído sobre el cine mexicano, su época dorada y su resurgimiento en los últimos años. Ahora, mira este episodio de **Flash Cultura** para conocer cómo se promueve actualmente el cine en ese país.

VOCABULARIO ÚTIL

el auge *boom*	**el guión** *script*
el ciclo *series*	**la muestra** *festival*
difundir *to spread*	**la sala** *movie theater*
fomentar *to promote*	**tener un papel** *to play a role*

Comprensión Indica si estas afirmaciones son **ciertas** o **falsas**. Después, corrige las falsas.

1. A los mexicanos no les gustan las películas nacionales, solamente las norteamericanas.
2. La Cineteca es una cadena de cines con salas en todo el país.
3. Cuando van al cine, los mexicanos comen palomitas.
4. En los ciclos, se presentan películas de un solo tema o un solo director.
5. El Instituto Mexicano de Cinematografía tiene como objetivo hacer famosos a los actores mexicanos.
6. En el año 1989, el cine mexicano no tenía salas ni público en México.

Expansión En parejas, contesten estas preguntas.

- ¿Te molesta tener que leer subtítulos en la pantalla cuando miras películas extranjeras?
- ¿Te sorprende que una película pueda ser un "hijo creativo", como dice la actriz Vanesa Bauche? Justifica tu respuesta.
- ¿Es importante para el cine de un país tener identidad propia? ¿Cómo se logra eso? Piensen en películas estadounidenses que cumplan con esas características y hagan una lista.

¿Y tú? ¿Te gusta ir al cine? ¿Qué clase de películas prefieres ver? ¿Eres aficionado/a a algún género en especial?

Corresponsal: Carlos López
País: México

En la Muestra Internacional de Cine que se lleva a cabo° en otoño, se presentan películas de todo el mundo.

La Cineteca cuenta con° el Centro de Documentación e Investigación, donde puedes encontrar 9 mil libros, 5 mil guiones inéditos° y 20 años de notas de prensa.

Las películas de este país se han vuelto realmente importantes gracias al trabajo de… actores y actrices como Salma Hayek, Gael García Bernal y Diego Luna, entre muchos otros.

se lleva a cabo *takes place* **cuenta con** *has* **guiones inéditos** *unpublished scripts*

2 ESTRUCTURA

2.1 Object pronouns

- Pronouns are words that take the place of nouns. Direct object pronouns replace the noun that directly receives the action of the verb. Indirect object pronouns identify *to whom/what* or *for whom* an action is done.

Indirect object pronouns		Direct object pronouns	
me	nos	me	nos
te	os	te	os
le	les	lo/la	los/las

Position of object pronouns

- Direct and indirect object pronouns (**los pronombres de complemento directo e indirecto**) precede the conjugated verb.

INDIRECT OBJECT

Carla siempre **me** da entradas para el teatro.
Carla always gives me theater tickets.

No **le** voy a comprar más libros.
I'm not going to buy him any more books.

DIRECT OBJECT

Ella **las** consigue gratis.
She gets them for free.

Nunca **los** lee.
He never reads them.

- When the verb is an infinitive construction, object pronouns may either be attached to the infinitive or placed before the conjugated verb.

INDIRECT OBJECT

Vamos a dar**le** un regalo.
Le vamos a dar un regalo.
Tienes que hablar**nos** de la película.
Nos tienes que hablar de la película.

DIRECT OBJECT

Voy a hacer**lo** enseguida.
Lo voy a hacer enseguida.
Van a ver**la** mañana.
La van a ver mañana.

- When the verb is progressive form, object pronouns may either be attached to the present participle or placed before the conjugated verb.

INDIRECT OBJECT

Pedro está cantándo**me** una canción.
Pedro **me** está cantando una canción.

DIRECT OBJECT

Está cantándo**la** muy mal.
La está cantando muy mal.

TALLER DE CONSULTA

MANUAL DE GRAMÁTICA
Más práctica

2.1 Object pronouns, p. A11
2.2 **Gustar** and similar verbs, p. A12
2.3 Reflexive verbs, p. A13

Gramática adicional

2.4 Demonstrative adjectives and pronouns, p. A14
2.5 Possessive adjectives and pronouns, p. A16

¡ATENCIÓN!

Lo can be used to refer to a thing or idea that has no gender.
—¿Vas a aceptar la oferta?
—**Lo** voy a pensar.

—*Are you going to accept the offer?*
—*I'll think about it.*

¡ATENCIÓN!

It is standard usage in Spanish to repeat the indirect object.

Esta noche **le** voy a quitar la camisa **al guitarrista**.

Les regalé boletos **a mis amigos**.

---

66 sesenta y seis   Lección 2

Double object pronouns

- The indirect object pronoun precedes the direct object pronoun when they are used together in a sentence.

  Me mandaron **los boletos** por correo.
  Te pedí **un álbum** de Juanes.

  ▶ **Me los** mandaron por correo.
  Te lo pedí el lunes.

- **Le** and **les** change to **se** when they are used with **lo**, **la**, **los**, or **las**.

  Le da **los libros** a Ricardo.
  Le enseña **las invitaciones** a Elena.

  ▶ **Se los** da.
  Se las enseña.

Prepositional pronouns

Prepositional pronouns			
mí *me; myself*	**él** *him; it*	**nosotros/as**	**ellos** *them*
ti *you; yourself*	**ella** *her; it*	*us; ourselves*	**ellas** *them*
Ud. *you; yourself*	**sí** *himself;*	**vosotros/as**	**sí** *themselves*
sí *yourself (formal)*	*herself; itself*	*you; yourselves*	
		Uds. *you; yourselves*	
		sí *yourselves (formal)*	

- Prepositional pronouns function as the objects of prepositions. Except for **mí**, **ti**, and **sí**, these pronouns are the same as the subject pronouns.

  ¿Qué piensas de **ella**?
  ¿Lo compraron para **mí** o para Javier?

  Ay, mi amor, sólo pienso en **ti.**
  Lo compramos para **él**.

- The indirect object can be repeated with the construction **a** + *[prepositional pronoun]* to provide clarity or emphasis.

  ¿Te gusta aquel cantante?
  ¿A quién se lo dieron?

  ¡**A mí** me fascina!
  Se lo dieron **a ella**.

- The adjective **mismo(s)/a(s)** is usually added to clarify or emphasize the relationship between the subject and the object.

  José se lo regaló a **él**.
  José gave it to him (someone else).

  José se lo regaló a **sí mismo**.
  José gave it to himself.

- When **mí**, **ti**, and **sí** are used with **con**, they become **conmigo**, **contigo**, and **consigo**.

  ¿Quieres ir **conmigo** al parque de atracciones?
  Do you want to go to the amusement park with me?

  Laura siempre lleva su computadora portátil **consigo**.
  Laura always brings her laptop with her.

- These prepositions are used with **tú** and **yo** instead of **mí** and **ti**: **entre**, **excepto**, **incluso**, **menos**, **salvo**, **según**.

  Todos están de acuerdo **menos tú** y **yo**.
  *Everyone is in agreement except
  you and me.*

  Entre tú y **yo**, Juan me cae mal.
  *Between you and me, I don't get along
  well with Juan.*

¡ATENCIÓN!

When object pronouns are attached to infinitives, participles, or commands, a written accent is often required to maintain proper word stress.

Infinitive
cantármela

Present participle
escribiéndole

Command
acompáñeme

For more information on using object pronouns with commands, see **4.2**, pp. 152–153.

Las diversiones

sesenta y siete **67**

Práctica

TALLER DE CONSULTA

MANUAL DE GRAMÁTICA
Más práctica

2.1 Object pronouns, p. A11

1 **Dos buenas amigas** Dos amigas, Rosa y Marina, están en un café hablando de unos conocidos. Selecciona las personas de la lista que corresponden a los pronombres subrayados (*underlined*).

a Antoñito	a mí
a Antoñito y a Maite	a nosotras
a Maite	a ti
a ustedes	

ROSA Siempre <u>lo</u> veo jugando al boliche con sus amigas.

1. _____

MARINA ¿<u>Te</u> saluda?

2. _____

ROSA Nunca. Yo creo que no <u>me</u> saluda porque tiene miedo de que se lo diga a su novia.

3. _____

MARINA ¿Su novia? Hace siglos que no sé nada de ella. Un día de éstos <u>la</u> tengo que llamar.

4. _____

ROSA ¿Quieres que <u>los</u> invitemos a ir con nosotras a la fiesta del viernes?

5. _____

MARINA Sí. Es una buena idea. A ver qué <u>nos</u> dice Antoñito de su afición al boliche.

6. _____

2 **Discusión** Completa las oraciones usando **conmigo**, **contigo** o **consigo**.

ANTOÑITO Ya estamos otra vez. (1) _____ siempre tengo problemas.

MAITE ¿Qué te crees tú? ¿Que yo siempre me divierto (2) _____?

ANTOÑITO Tú eres la que siempre quiere ir (3) _____ al cine.

MAITE Eso no es verdad. A mí no me gusta salir (4) _____. ¡Ni loca!

ANTOÑITO No te preocupes. Muchas chicas quieren estar (5) _____. Siempre veo a Rosa jugando al boliche. A ella seguro que le gusta.

MAITE ¿A Rosa? A ella no le gusta ni estar (6) _____ misma.

3 **¡Bajen la música!** Martín y Luisa han organizado una fiesta y han molestado a los vecinos; uno de ellos ha llamado a la policía. El policía les dice lo que deben hacer en el futuro para evitar problemas. Reescribe los consejos cambiando las palabras subrayadas por los pronombres de complemento directo e indirecto correctos.

MODELO ¡Bajen <u>la música</u> ahora mismo!
Bájenla ahora mismo.

1. Traten amablemente <u>a la policía</u>.
2. Tienen que pedirle <u>perdón a su vecino</u>.
3. No pueden contratar <u>a un grupo musical</u> sin permiso.
4. Tienen que poner <u>la música</u> muy baja.
5. No deben <u>dejar la basura en la calle</u>.
6. No pueden organizar <u>fiestas</u> nunca más.

Comunicación

4 **La fiesta** En parejas, túrnense para contestar las preguntas usando pronombres de complemento directo o indirecto, según sea necesario.

> **MODELO** ¿Te gusta organizar fiestas en tu casa?
> Sí, me gusta organizarlas.

1. ¿Te gusta organizar fiestas? ¿Cuándo fue la última vez que organizaste una? ¿Por qué la organizaste?
2. ¿Invitaste a muchas personas? ¿A quiénes invitaste?
3. ¿Qué tipo de música escucharon? ¿Bailaron también?
4. ¿Qué les ofreciste de comer a los invitados en tu fiesta?
5. ¿Trajeron algo? ¿Qué trajeron? ¿Para quién?

5 **¿En qué piensas?** Piensa en objetos de la clase o de la casa (un cuadro, una maleta, un mapa, etc.). Tu compañero/a debe adivinar el objeto que tienes en mente haciéndote preguntas con pronombres.

> **MODELO** —Estoy pensando en algo que uso para estudiar.
> —¿Lo usas mucho?
> —Sí, lo uso para aprender español.
> —¿Es un libro?
> —Sí, lo es.

6 **Una persona famosa** En parejas, escriban una entrevista con una persona famosa. Utilicen estas cinco preguntas y escriban cuatro más. Incluyan pronombres en las respuestas. Después, representen la entrevista ante la clase.

> **MODELO** —¿Quién prepara la comida en tu casa?
> —La prepara mi cocinero.

1. ¿Visitas frecuentemente a tus amigos?
2. ¿Ves mucho la televisión?
3. ¿Quién conduce tu carro?
4. ¿Preparas tus maletas cuando viajas?
5. ¿Evitas a los fotógrafos?

7 **Fama** María Estela Pérez es una actriz de cine que debe encontrarse con sus *fans*, pero no recuerda a qué hora es el encuentro. En grupos de cuatro, miren la ilustración e inventen una historia inspirada en María Estela. Utilicen por lo menos cinco pronombres de complemento directo e indirecto.

2.2 *Gustar* and similar verbs

- Though **gustar** is translated as *to like* in English, its literal meaning is *to please*. **Gustar** is preceded by an indirect object pronoun indicating *the person who is pleased*. It is followed by a noun indicating *the thing or person that pleases*.

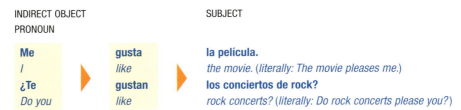

- Because *the thing or person that pleases* is the subject, **gustar** agrees in person and number with it. Most commonly the subject is third person singular or plural.

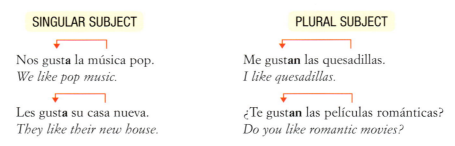

- When **gustar** is followed by one or more verbs in the infinitive, the singular form of **gustar** is always used.

    No nos **gusta** llegar tarde.   Les **gusta** cantar y bailar.
    We don't like to arrive late.   *They like to sing and dance.*

- **Gustar** is often used in the conditional (**me gustaría**, etc.) to soften a request.

    Me **gustaría** un refresco con hielo,   ¿Te **gustaría** salir a cenar esta
      por favor.   noche conmigo?
    I would like a soda with   *Would you like to go out to dinner*
      ice, please.   *with me tonight?*

Verbs like *gustar*

- Many verbs follow the same pattern as **gustar**.

aburrir *to bore*	**hacer falta** *to miss*
caer bien/mal *to (not) get along well with*	**importar** *to be important to; to matter*
disgustar *to upset*	**interesar** *to be interesting to; to interest*
doler *to hurt; to ache*	**molestar** *to bother; to annoy*
encantar *to like very much*	**preocupar** *to worry*
faltar *to lack; to need*	**quedar** *to be left over; to fit (clothing)*
fascinar *to fascinate; to like very much*	**sorprender** *to surprise*

¡**Me fascina** el álbum!
I love the album!

A Sandra **le disgusta** esa situación.
That situation upsets Sandra.

¿**Te molesta** si voy contigo?
Will it bother you if I come along?

Le duelen las rodillas.
Her knees hurt.

- The indirect object can be repeated using the construction **a** + [*prepositional pronoun*] or **a** + [*noun*]. This construction allows the speaker to emphasize or clarify who is pleased, bothered, etc.

A ella no le gusta bailar, pero **a él** sí.
She doesn't like to dance, but he does.

A Felipe le molesta ir de compras.
Shopping bothers Felipe.

- **Faltar** expresses what someone or something lacks and **quedar** what someone or something has left. **Quedar** is also used to talk about how clothing fits or looks on someone.

Le falta dinero.
He's short of money.

A la impresora no **le queda** papel.
The printer is out of paper.

Me faltan dos pesos.
I need two pesos.

Esa falda **te queda** bien.
That skirt fits you well.

¿Qué te hace falta en la vida?

Parque de Atracciones de Madrid

Práctica

TALLER DE CONSULTA

MANUAL DE GRAMÁTICA
Más práctica

2.2 **Gustar** and similar verbs, p. A12

1 **Completar** Miguel y César son hermanos y deben compartir la misma habitación en su casa. Hoy se han reunido para hablar de algunos de sus problemas. Completa su conversación con la forma correcta de los verbos entre paréntesis.

MIGUEL Mira, César, a mí (1) _____ (encantar) compartir habitación contigo, pero la verdad es que (2) _____ (preocupar) algunas cosas.

CÉSAR De acuerdo. A mí también (3) _____ (disgustar) algunas cosas de ti.

MIGUEL Bueno, para empezar no (4) _____ (gustar) que pongas la música tan alta cuando vienen tus amigos. Ellos (5) _____ (caer) muy bien, pero, a veces, hacen mucho ruido y no puedo concentrarme cuando quiero hacer mis tareas.

CÉSAR Sí, claro, lo entiendo. Pues mira, Miguel, a mí (6) _____ (molestar) que no hagas tu cama por la mañana. Además, tampoco recoges tus calcetines.

MIGUEL Es verdad. Pues... vamos a intentar cambiar estas cosas. ¿Te parece?

CÉSAR ¡(7) _____ (fascinar) la idea! Yo bajo la música cuando vengan mis amigos y tú haces tu cama por la mañana y recoges tus calcetines. ¿De acuerdo?

2 **Preguntar** Túrnense para hacerse preguntas sobre estos temas siguiendo el modelo.

MODELO a tu padre / gustar
—¿Qué crees que le gusta a tu padre?
—A mi padre le gusta leer novelas de ciencia ficción.

1. al presidente / preocupar
2. a tu hermano/a / encantar
3. a ti / fascinar
4. a tus padres / gustar
5. a tu profesor(a) de español / disgustar
6. a ustedes / importar
7. a tu mejor amigo/a / molestar
8. a tu compañero/a de clase / faltar

3 **Conversar** En parejas, pregúntense si les gustaría hacer las actividades relacionadas con las fotos. Utilicen los verbos **aburrir, disgustar, encantar, fascinar, interesar** y **molestar**. Sigan el modelo.

MODELO —¿Te aburriría ir al parque de atracciones?
—No, me encantaría.

Comunicación

4 Extrañas aficiones Trabajen en grupos de cuatro. Miren las ilustraciones e imaginen qué les gusta, interesa o molesta a estas personas.

1.

2.

3.

4.

5 ¿Qué te gusta? En parejas, pregúntense si les gustan o no las personas, cosas y actividades de la lista. Utilicen verbos similares a **gustar** y contesten las preguntas.

> **MODELO** —¿Te gustan los discos de Selena Gomez?
> —No, a mí no me gusta su música.

Miley Cyrus	dormir los fines de semana
salir con tus amigos	hacer bromas
las películas de misterio	los discos de Selena Gomez
practicar algún deporte	ir al teatro
Gael García Bernal	las películas extranjeras

6 ¿A quién le gusta? Trabajen en grupos de cuatro.

A. Preparen una lista de cinco pasatiempos y cinco lugares de recreo. Luego, circulen por la clase para ver a quiénes les gustan los lugares y las actividades de la lista.

B. Ahora, escriban un párrafo breve para describir los gustos de sus compañeros. Utilicen **gustar** y otros verbos similares. Compartan su párrafo con la clase.

> **MODELO** A Luisa y a Simón les fascina el restaurante Acapulco, pero a Celia no le gusta.
> A todos nos gusta ir al cine, menos a Carlos, porque…

Las diversiones   setenta y tres **73**

2.3 Reflexive verbs

- In a reflexive construction, the subject of the verb both performs and receives the action. Reflexive verbs (**verbos reflexivos**) always use reflexive pronouns (**me**, **te**, **se**, **nos**, **os**, **se**).

Reflexive verbs

Elena **se lava** la cara.

Non-reflexive verb

Elena **lava** los platos.

Reflexive verbs	
lavarse *to wash (oneself)*	
yo	me lavo
tú	te lavas
Ud./él/ella	se lava
nosotros/as	nos lavamos
vosotros/as	os laváis
Uds./ellos/ellas	se lavan

- Many of the verbs used to describe daily routines and personal care are reflexive.

acostarse (o:ue) *to go to bed*	**dormirse (o:ue)** *to fall sleep*	**peinarse** *to comb (one's hair)*
afeitarse *to shave*	**ducharse** *to take a shower*	**ponerse** *to put on (clothing)*
bañarse *to take a bath*	**lavarse** *to wash (oneself)*	**quitarse** *to take off (clothing)*
cepillarse *to brush (hair/teeth)*	**levantarse** *to get up*	**secarse** *to dry off*
despertarse (e:ie) *to wake up*	**maquillarse** *to put on make-up*	**vestirse (e:i)** *to get dressed*

- In Spanish, most transitive verbs can also be used as reflexive verbs to indicate that the subject performs the action to or for himself or herself.

Félix **divirtió** a los invitados con sus chistes.
Félix amused the guests with his jokes.

Félix **se divirtió** en la fiesta.
Félix had fun at the party.

Ana **acostó** a los gemelos antes de las nueve.
Ana put the twins to bed before nine.

Ana **se acostó** muy tarde.
Ana went to bed very late.

¡ATENCIÓN!

A transitive verb is one that takes a direct object.

Mariela compró dos boletos.
Mariela bought two tickets.

Johnny contó un chiste.
Johnny told a joke.

- Many verbs change meaning when they are used with a reflexive pronoun.

aburrir *to bore*	**aburrirse** *to get bored*
acordar (o:ue) *to agree*	**acordarse (de) (o:ue)** *to remember*
comer *to eat*	**comerse** *to eat up*
dormir (o:ue) *to sleep*	**dormirse (o:ue)** *to fall asleep*
ir *to go*	**irse (de)** *to leave*
llevar *to carry*	**llevarse** *to carry away*
mudar *to change*	**mudarse** *to move (change residence)*
parecer *to seem*	**parecerse (a)** *to resemble; to look like*
poner *to put*	**ponerse** *to put on (clothing)*
quitar *to take away*	**quitarse** *to take off (clothing)*

- Some Spanish verbs and expressions are used in the reflexive even though their English equivalents may not be. Many of these are followed by the prepositions **a**, **de**, and **en**.

acercarse (a) *to approach*	**fijarse (en)** *to take notice (of)*
arrepentirse (de) (e:ie) *to regret*	**morirse (de) (o:ue)** *to die (of)*
atreverse (a) *to dare (to)*	**olvidarse (de)** *to forget (about)*
convertirse (en) (e:ie) *to become*	**preocuparse (por)** *to worry (about)*
darse cuenta (de) *to realize*	**quejarse (de)** *to complain (about)*
enterarse (de) *to find out (about)*	**sorprenderse (de)** *to be surprised (about)*

- *To get* or *to become* is frequently expressed in Spanish by the reflexive verb **ponerse** + [*adjective*].

> Pilar **se pone** muy nerviosa cuando habla en público.
> *Pilar gets very nervous when she speaks in public.*

> Si no duermo bien, **me pongo insoportable**.
> *If I don't sleep well, I become unbearable.*

- In the plural, reflexive verbs can express reciprocal actions done *to one another*.

> Los dos equipos **se saludan** antes de comenzar el partido.
> *The two teams greet each other at the start of the game.*

> ¡Los entrenadores **se están peleando** otra vez!
> *The coaches are fighting again!*

- The reflexive pronoun precedes the direct object pronoun when they are used together in a sentence.

> ¿**Te** comiste el pastel?
> *Did you eat the whole cake?*

> Sí, **me lo** comí.
> *Yes, I ate it all up.*

¡ATENCIÓN!

Hacerse and **volverse** can also mean *to become.*

Se ha hecho cantante.
He has become a singer.

¿**Te has vuelto** loco/a?
Have you gone crazy?

¡ATENCIÓN!

When used with infinitives and present participles, reflexive pronouns follow the same rules of placement as object pronouns. See **2.1**, pp. 66–67.

Práctica

TALLER DE CONSULTA

MANUAL DE GRAMÁTICA
Más práctica

2.3 Reflexive verbs, p. A13

1 **Los lunes por la mañana** Completa el párrafo sobre lo que hacen Carlos y su esposa Elena los lunes por la mañana. Utiliza la forma correcta de los verbos reflexivos correspondientes.

acostarse	irse	ponerse
afeitarse	lavarse	quitarse
cepillarse	levantarse	secarse
ducharse	maquillarse	vestirse

Los domingos por la noche, Carlos y Elena (1) _____ tarde y por la mañana tardan mucho en despertarse. Carlos es el que (2) _____ primero, (3) _____ el pijama y (4) _____ con agua fría. Después, Carlos (5) _____ la barba. Cuando Carlos termina, Elena entra al baño. Mientras ella termina de ducharse, de (6) _____ el pelo y de (7) _____, Carlos prepara el desayuno. Cuando Elena está lista, Carlos y ella desayunan, luego (8) _____ los dientes y (9) _____ las manos. Después, los dos (10) _____ con ropa elegante y (11) _____ al trabajo. Carlos (12) _____ la corbata en el carro; Elena maneja.

2 **Todos los sábados**

A. En parejas, describan la rutina que sigue Silvia todos los sábados, según los dibujos.

1.   2.   3.   4.

B. ¿Qué hacen los sábados por la mañana los amigos y familiares de Silvia? Imaginen sus rutinas. Utilicen verbos reflexivos y sean creativos.

Comunicación

3 **¿Y tú?** En parejas, túrnense para hacerse las preguntas. Contesten con oraciones completas y expliquen sus respuestas.

1. ¿A qué hora te despiertas normalmente los sábados por la mañana? ¿Por qué?
2. ¿Te duermes en las clases?
3. ¿A qué hora te acuestas normalmente los fines de semana?
4. ¿A qué hora te duchas durante la semana?
5. ¿Te levantas siempre a la misma hora que te despiertas? ¿Por qué?

6. ¿Qué te pones para salir los fines de semana? ¿Y tus amigos?
7. ¿Cuándo te vistes elegantemente?
8. ¿Te diviertes cuando vas a una fiesta? ¿Y cuando vas a una reunión familiar?
9. ¿Te fijas en la ropa que lleva la gente?
10. ¿Te preocupas por tu imagen?

11. ¿De qué se quejan tus amigos normalmente? ¿Y tus padres u otros miembros de la familia?
12. ¿Conoces a alguien que se preocupe constantemente por todo?
13. ¿Te arrepientes a menudo de las cosas que haces?
14. ¿Te peleas con tus amigos? ¿Y con tus padres?
15. ¿Te sorprende alguna costumbre o hábito de un(a) amigo/a?

4 **Síntesis** En la cafetería de la escuela, te das cuenta de que un/a compañero/a de clase les está hablando mal de ti a otras personas. ¿Qué haces? Trabajen en grupos para representar la escena. Utilicen por lo menos cinco verbos de la lista y cinco pronombres de complemento directo e indirecto.

acercarse	darse cuenta	hablar	olvidarse
arrepentirse	disgustar	interesar	preocuparse
caer bien/mal	gustar	irse	sorprender

Las diversiones

2 EN PANTALLA

Antes de ver el corto

EL TIPLE

país Colombia
duración 16 minutos
director Iván D. Gaona
protagonistas Pastor, esposa, hija, Gladys, Juan

Vocabulario

bendito/a blessed
coger la caña to accept (Col.)
¿Cómo así? How come?
equivocarse to be mistaken
el huerteado produce (Col.)
la mazorca ear of corn
mejorarse to get better
la plata money
prestado/a borrowed
quedar to agree on
rogar to beg
¡Siga! Come in!
su merced you (form.)
el tiple 12-string Colombian guitar

1 **Sinónimos** Empareja cada palabra o expresión con su sinónimo.

___ 1. confundirse
___ 2. pedir algo con insistencia
___ 3. recobrar la salud
___ 4. acordar
___ 5. dinero

a. quedar
b. equivocarse
c. plata
d. rogar
e. mejorarse

2 **Preguntas** En parejas, túrnense para hacerse las preguntas.

1. ¿Qué papel tiene la música en tu vida?
2. ¿Tocas algún instrumento? ¿Cuál? Si no, ¿cuál te gustaría tocar? ¿Por qué?
3. ¿Cuál es tu género musical favorito?
4. ¿Qué instrumento aparece en la imagen?
5. Piensa en el título del cortometraje y mira el poster. ¿De qué crees que va a tratar?

3 **Un pequeño tesoro** En parejas, imaginen que uno de ustedes necesita dinero para ayudar a su mejor amigo/a y decide vender algo muy importante o muy especial. La otra persona hace el papel del comprador. Inventen una conversación en la que se explican las razones por las que se decidió vender el objeto y lo importante que es.

78 *setenta y ocho* — Lección 2

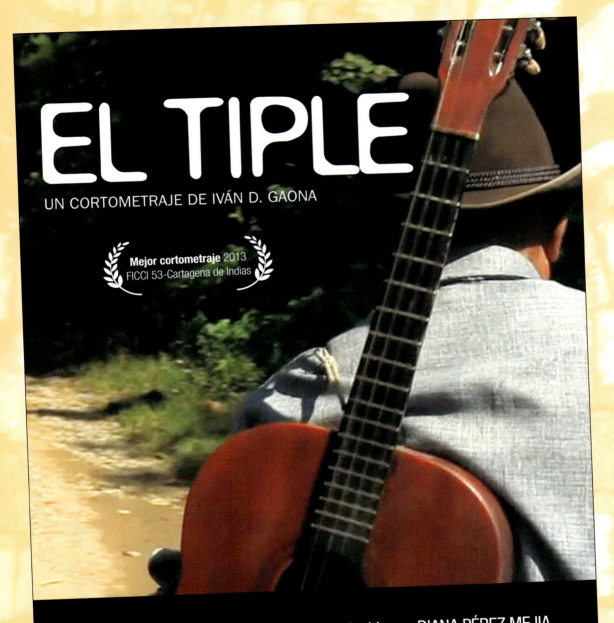

Escenas

ARGUMENTO Pastor hará todo lo posible para que la salud de su esposa mejore.

PASTOR ¿Cómo sigue?
HIJA Igual.

HIJA Papá, nos hacen falta todavía cuarenta y ocho mil pesos para las inyecciones.

PASTOR Yo lo llamaba para el asunto de… Lo que hablamos que… Le voy a coger la caña° del negocio del tiple.

ESPOSA ¿Por qué no me toca una canción con el tiple? A ver si me mejoro.
PASTOR A lo que° se mejore, vamos a ver qué le cantamos.

GLADYS ¿Por qué no se toca un torbellino°, Pastor?
PASTOR Bueno, con mucho gusto.
GLADYS Espéreme, Pastor, un segundito, ya le traigo la plata.

PASTOR Don Juan, ¿por aquí no ha visto a Gladys?
JUAN No ha venido por aquí.

coger la caña *take the deal* **A lo que** *As soon as* **torbellino** *Colombian folk music*

80 *ochenta* **Lección 2**

Después de ver el corto

1   **Oraciones**   Indica si estas oraciones son **ciertas** o **falsas**. Luego, corrige las falsas.

1. La esposa de Pastor está enferma.
2. Pastor encuentra dinero en su cartera para pagar las medicinas de su esposa.
3. La mujer joven que aparece al principio del cortometraje es una amiga de la familia.
4. Pastor llama a Campo Elías para venderle el tiple.
5. A la esposa de Pastor le gusta escucharlo tocar el tiple.
6. Pastor compró el tiple el año pasado.
7. Al final, Pastor decide no vender el tiple.
8. A la esposa de Pastor no le hicieron efecto las pastillas que le recetaron.
9. Pastor compra las inyecciones con el dinero que consiguió con la venta del tiple.
10. Gladys va a casa de Pastor a llevarle la medicina a su esposa.

2   **Interpretar**   En grupos pequeños, contesten las preguntas.

1. Pastor le vende su tiple a Campo Elías por ciento veinte mil pesos, pero ¿qué valor tiene el tiple en realidad? ¿Qué representa ese instrumento para él?
2. ¿Por qué Pastor no le dice a su esposa que va a vender el tiple?
3. ¿Por qué mejora la salud de la esposa cuando Pastor toca el tiple?
4. ¿Por qué crees que Gladys devuelve el tiple a la familia?
5. ¿Cómo es Gladys? ¿Qué importancia tiene en el desenlace (*outcome*) de la historia?
6. ¿Crees que el cortometraje podría tener un mejor final? ¿Por qué?

3   **Comunicación no verbal**   En grupos de tres, observen las imágenes de Gladys, de Pastor y de la esposa de Pastor en la página 80. Comenten qué comunican las miradas en cada uno de los tres personajes.

4   **Citas**   En parejas, comenten la importancia que tiene cada una de estas citas en el argumento de la historia.

> **PASTOR** A la orden el plátano y la mazorca.
>
> **TRANSEÚNTES** No, señor, muchas gracias.

> **CONDUCTOR** Señor, ¡buenas tardes!
> Hágame un favor: ¿la salida para Bogotá?

> **HIJA DE PASTOR** Un señor que iba para Bogotá
> se equivocó de camino y me compró todo el huerteado.

5   **¿Qué habrías hecho tú?**   Imagina que estás en la situación de Pastor. Escribe un párrafo en el que cuentes qué habrías hecho tú en su lugar y por qué.

Las diversiones   *ochenta y uno* **81**

2 LECTURAS

Minué o Tertulia en Casa de Francisco Antonio de Escalada, 1831
Carlos Enrique Pellegrini, Argentina

"No está la felicidad en vivir, sino en saber vivir."

— Diego de Saavedra Fajardo

LITERATURA

Antes de leer

Idilio

Sobre el autor

Mario Benedetti (1920–2009) nació en Tacuarembó, Uruguay. Su volumen de cuentos publicado en 1959, *Montevideanos*, lo consagró como escritor, y dos años más tarde alcanzó fama internacional con su segunda novela, *La tregua*, con un fuerte contenido sociopolítico. Tras diez años de exilio en Argentina, Perú, Cuba y España, regresó a Uruguay en 1983. El exilio que lo alejó de su patria y de su familia dejó una marca profunda tanto en su vida personal como en su obra literaria. Benedetti incursionó en todos los géneros: poesía, cuento, novela y ensayo. El amor, lo cotidiano, la ausencia, el retorno y el recuerdo son temas constantes en la obra de este prolífico escritor. En 1999, ganó el Premio Reina Sofía de Poesía Iberoamericana.

Vocabulario

colocar to place
hondo/a deep
la imagen image; picture
la pantalla (television) screen
por primera/última vez for the first/last time
redondo/a round
señalar to point at
el televisor television set

Practicar Completa las oraciones con palabras o frases del vocabulario.

1. Voy a _____ el televisor sobre la mesa.
2. Julio me _____ la calle que debo tomar, pero no quiso ir conmigo.
3. En lo más _____ de mi corazón, guardo el recuerdo de mi primera novela.
4. Ayer salí _____ en la televisión y me invitaron a participar en otro programa la semana que viene.

Conexión personal ¿Cómo te entretenías cuando eras niño/a? ¿A qué jugabas? ¿Mirabas mucha televisión? ¿Tus padres establecían límites y horarios? ¿Qué harás tú cuando tengas hijos?

Análisis literario: las formas verbales

Las formas verbales son un factor muy importante para tener en cuenta al analizar obras literarias. La elección de formas verbales es una decisión deliberada del autor y afecta al tono del texto. El uso de un registro formal o informal puede hacer el texto más o menos cercano al lector. La elección de tiempos verbales también puede tener efectos como involucrar o distanciar al lector, dar o quitar formalidad, hacer que la narración parezca más oral, etc. A medida que lees *Idilio*, presta atención a los tiempos verbales que usa Benedetti. ¿Qué tono dan a la historia estas elecciones deliberadas del autor?

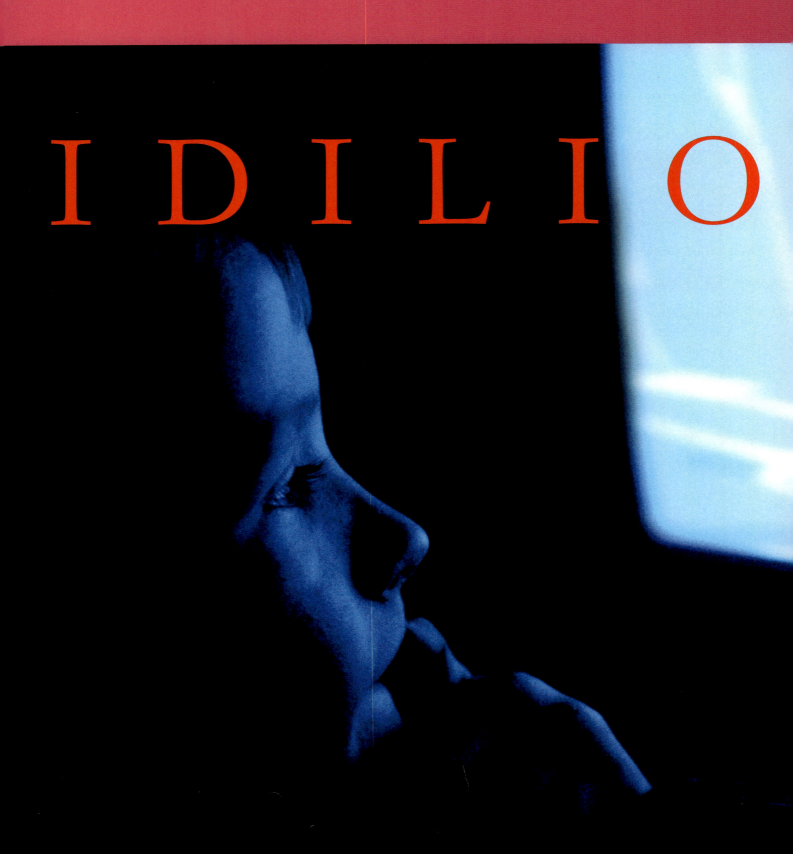

IDILIO

Mario Benedetti

La noche en que colocan a Osvaldo (tres años recién cumplidos) por primera vez frente a un televisor (se exhibe un drama británico de hondas resonancias), queda hipnotizado, la boca entreabierta°, los ojos redondos de estupor.

La madre lo ve tan entregado al sortilegio° de las imágenes que se va tranquilamente a la cocina. Allí, mientras friega ollas y sartenes°, se olvida del niño. Horas más tarde se acuerda, pero piensa: "Se habrá dormido". Se seca las manos y va a buscarlo al living.

La pantalla está vacía°, pero Osvaldo se mantiene en la misma postura y con igual mirada extática.

—Vamos. A dormir —conmina° la madre.

—No —dice Osvaldo con determinación.

—¿Ah, no? ¿Se puede saber por qué?

—Estoy esperando.

—¿A quién?

—A ella.

Y señaló el televisor.

—Ah. ¿Quién es ella?

—Ella.

Y Osvaldo vuelve a señalar la pantalla. Luego sonríe, candoroso°, esperanzado, exultante.

—Me dijo: "querido". ■

Después de leer

Idilio

Mario Benedetti

1   **Comprensión**   Contesta las preguntas con oraciones completas.

1. ¿Cómo se llama el protagonista de esta historia?
2. ¿Cómo se queda el niño cuando está por primera vez delante del televisor?
3. ¿Qué hace la madre mientras Osvaldo mira la televisión?
4. Cuando la madre va a buscarlo horas más tarde, ¿cómo está la pantalla?
5. ¿Qué piensa Osvaldo que le dice la televisión?

2   **Interpretar**   Contesta las preguntas.

1. Según Osvaldo, ¿quién le dijo "querido"? ¿Qué explicación lógica le puedes dar a esta situación?
2. En el cuento, la madre se olvida del hijo por varias horas. ¿Crees que este hecho es importante en la historia? ¿Crees que el final sería distinto si se tratara sólo de unos minutos frente al televisor?
3. ¿Crees que la televisión puede ser adictiva para los niños? ¿Y para los adultos? ¿Qué consecuencias crees que tiene la adicción a la televisión?

3   **Imaginar**   En grupos, imaginen que un grupo de padres solicita una audiencia con el/la director(a) de programación infantil de una popular cadena de televisión. Los padres quieren sugerir cambios. Miren la programación y, después, contesten las preguntas.

CANAL 7

6:00	6:30	7:00	8:00	9:15	10:00
Trucos para la escuela Cómo causar una buena impresión con poco esfuerzo	**Naturaleza viva** Documentales	**Mi familia latina** Divertida comedia sobre un joven estadounidense que va a México como estudiante de intercambio	**Historias policiales** Ladrones, crímenes y accidentes	**Buenas y curiosas** Noticiero alternativo que presenta noticias buenas y divertidas de todo el mundo	**Dibujos animados clásicos** Conoce los dibujos animados que miraban tus padres

- ¿Qué programas quieren pedir que cambien? ¿Por qué?
- ¿Qué programas deben seguir en la programación?
- ¿Qué otros tipos de programas se pueden incluir?
- ¿Harían cambios en los horarios? ¿Qué cambios harían?

4   **Escribir**   Piensa en alguna anécdota divertida de cuando eras niño/a. Cuenta la anécdota en un párrafo usando el tiempo presente.

MODELO   Un día estoy con mi hermano en el patio de mi casa jugando a la pelota. De repente, …

CULTURA

Antes de leer

Vocabulario

la corrida bullfight	**el ruedo** arena
lidiar to fight (bulls)	**torear** to fight bulls
el/la matador(a)/el/la torero(a) bullfighter who kills the bull	**el toreo** bullfighting
	el/la torero/a bullfighter
la plaza de toros bullring	**el traje de luces** bullfighter's outfit (lit. costume of lights)

El toreo Completa las oraciones con palabras y frases del vocabulario.

1. Ernest Hemingway era un aficionado al _____. Asistió a muchas _____ y las describió en detalle en sus obras.
2. El _____ es la persona que mata al toro al final. Siempre lleva un _____ de colores brillantes.
3. Manolete fue un _____ español muy famoso que fue herido por un toro y que murió al poco tiempo.
4. No se permite que el público baje al _____ porque los toros pueden ser muy peligrosos.

Conexión personal ¿Conoces alguna costumbre local o alguna tradición estadounidense que cause mucha controversia? ¿Hay deportes que resultan muy problemáticos o controvertidos para algunas personas? ¿Por qué? ¿Cuál es tu opinión al respecto?

Contexto cultural

En Fresnillo, México, en 1940 una mujer tomó una espada y se puso un traje de luces —una blusa y falda bordadas de adornos brillantes— para promover la causa de la igualdad en un terreno casi completamente dominado por los hombres: el toreo. **Juanita Cruz** había nacido en Madrid en 1917, cuando aún no se permitía a las mujeres torear a pie en el ruedo. En batalla constante contra obstáculos legales, Cruz consiguió lidiar en muchas corridas de toros en su país. Pero cuando terminó la guerra civil española, al ver que Franco imponía estrictamente las leyes de prohibición del toreo a las mujeres, Cruz dejó España y emigró a México, donde se convirtió en torera profesional. Fue todo un fenómeno, la primera gran matadora de la historia, y abrió camino para otras mujeres, como las españolas Cristina Sánchez y Mari Paz Vega. Hoy día la presencia de toreras añade otro nivel de controversia al debate constante y a veces apasionado del toreo. ¿Cuál es tu impresión? ¿Crees que la igualdad de sexos en el toreo es algo positivo o negativo? ¿Por qué?

El toreo: ¿Cultura o tortura?

Hay pocas cosas tan emblemáticas en el mundo hispano, y a la vez tan polémicas, como el toreo. Los días de corrida, hasta cuarenta mil aficionados se sientan en la Plaza Monumental de México, la plaza de toros más grande del mundo. Sin embargo, la opinión pública está profundamente dividida: algunos defienden con orgullo esta tradición que sobrevive desde tiempos antiguos y otros se levantan en protesta antes del final.

origins

Las raíces° del toreo son diversas. Los celtibéricos dejaron en España restos de templos circulares, precursores de las plazas actuales, donde sacrificaban animales. Los griegos y romanos practicaban la matanza° ritual de toros en ceremonias públicas sagradas. Sin embargo, fue en la España del siglo XVIII donde se desarrolló° la corrida que conocemos y se introdujeron la muleta, una capa muy fácil de manejar, y el estoque, la espada del matador.

slaughter

developed

El aficionado de hoy considera que el toreo es más un rito° que un espectáculo, ciertamente no un deporte. Es una lucha desigual, a muerte, entre una persona —armada con sólo la capa la mayor parte del tiempo— y el toro, bestia que pesa° hasta más de media tonelada. El torero se prepara para el duelo como para una ceremonia: se viste con el traje de luces tradicional y actúa dirigido por el ritmo de la música. Se enfrenta al animal con su arte y su inteligencia, y generalmente gana, aunque no siempre. El riesgo° de una cornada° grave forma parte de la realidad del torero, que en su baile peligroso muestra su talento y su belleza. Para el defensor de las corridas, no matar al toro al final es como

rite

weighs

risk
goring

> ## "El toreo es cabeza y plasticidad, porque a fuerza siempre gana el toro."

jugar con él, una falta de respeto al animal, al público y a la tradición.

Quienes se oponen a las corridas dicen que es una lucha injusta y cruel. Hay gente que piensa que el toreo es una barbarie° similar a la de los juegos de los romanos, una costumbre primitiva que no tiene sentido en una sociedad moderna y civilizada. Protestan contra la crueldad de una muerte lenta y prolongada, dedicada al entretenimiento. En respuesta a las protestas, en algunos países ha aparecido una alternativa, la "corrida sin sangre°", donde no se permite hacer daño físico° al toro. Pero otros sostienen que esta corrida tortura igualmente a la bestia y, por tanto, han prohibido el toreo por completo. En julio de 2010, el Parlamento catalán abolió las corridas de toros en Cataluña, España, con 68 votos a favor de la prohibición y 55 en contra.

barbarity

bloodless
bullfight
to hurt

Por último, a algunas personas les indigna la idea machista de que sólo un hombre tiene la fuerza y el coraje para lidiar. Las toreras pioneras como Juanita Cruz tuvieron que coserse° su propio traje de luces, con falda en vez de pantalón, y cruzar océanos para poder ejercer su profesión. Incluso en tiempos recientes, algunos toreros célebres como el español Jesulín de Ubrique se han negado° a lidiar junto a una mujer.

to sew

have refused

La torera más famosa de nuestra época, Cristina Sánchez, sostiene que no es necesario ser hombre para lidiar con éxito: "El toreo es cabeza y plasticidad°, porque a fuerza siempre gana el toro." En su opinión, el derecho de torear es incuestionable, una parte de la cultura hispana. No obstante, su profesión provoca tanta división que a veces el duelo entre la bestia y la persona es empequeñecido° por la batalla entre las personas. ∎

agility

dwarfed

¿Dónde hay corridas?

Toreo legalizado: España, México, Colombia, Ecuador, Perú, Venezuela, Francia

Corridas sin sangre: Bolivia, Nicaragua, Estados Unidos, Portugal

Toreo ilegalizado: Argentina, Chile, Cuba, Uruguay

¡Olé! ¡Olé!

El público también tiene su papel en las corridas: evalúa el talento del torero. La interjección "¡olé!" se oye frecuentemente para celebrar una acción particularmente brillante y expresar admiración. De origen árabe, contiene la palabra "alá" (Dios) y significa literalmente "¡por Dios!".

Después de leer

El toreo: ¿cultura o tortura?

1   **Comprensión**   Responde a las preguntas con oraciones completas.

1. ¿En qué país se encuentra la plaza de toros más grande del mundo?
2. ¿Qué hacían los celtibéricos en sus templos circulares?
3. ¿Qué es el toreo según un aficionado?
4. ¿Cómo se prepara el torero para la corrida?
5. Para quienes se oponen al toreo, ¿cuáles son algunos de los problemas?
6. ¿Qué es una "corrida sin sangre"?
7. ¿Qué sucedió en Cataluña en julio de 2010?
8. Según Cristina Sánchez, ¿sólo los hombres pueden lidiar bien?

2   **Opinión**   Responde a las preguntas con oraciones completas.

1. ¿Te gustaría asistir a una corrida? ¿Por qué?
2. ¿Qué opinas del duelo entre toro y torero/a? ¿Hay algún aspecto especialmente problemático para ti?
3. ¿Qué piensas de las alternativas al toreo tradicional como la "corrida sin sangre"? ¿Es una solución adecuada para proteger a los animales?
4. En tu opinión, ¿es más cruel la vida de un toro destinado al toreo o la de una vaca destinada a una carnicería?

3   **¿Qué piensas?**   Trabajen en parejas para contestar las preguntas. Luego, compartan sus respuestas con la clase.

1. Un eslogan conocido en las protestas antitaurinas es: "Tortura no es arte ni cultura". ¿Qué significa esta frase?
2. ¿Hay acciones cuestionables que se justifiquen porque son parte de una costumbre o tradición? ¿Cuál es la postura de ustedes en el debate? ¿Por qué?
3. ¿Es apropiado tener una opinión sobre las tradiciones de culturas diferentes a la tuya o es necesario aceptar sin criticar?
4. ¿Creen que el gobierno tiene derecho a reglamentar (*regulate*) o prohibir tradiciones o costumbres? Den ejemplos.

4   **Una invitación**   Imagina que viajas a México y unos amigos te invitan a una corrida de toros. Escribe una postal a tu familia para contarles tu experiencia. Usa estas preguntas como guía: ¿Aceptaste la invitación o no? ¿Por qué? Si fuiste a la corrida, ¿qué te pareció? ¿Te sentiste obligado/a a asistir por respeto a la cultura local?

> **MODELO**   Querida familia: Les escribo desde Guadalajara, una ciudad al noroeste de México. No saben dónde me llevaron mis amigos este fin de semana...

5   **Animales**   En parejas, hagan una lista de tradiciones, costumbres o deportes en los que las personas utilizan a los animales como entretenimiento. Después, compartan su lista con el resto de la clase y debatan sobre qué actividades son perjudiciales para los animales y cuáles no. Justifiquen sus respuestas.

90 *noventa*   **Lección 2**

Atando cabos

¡A conversar!

 La música y el deporte Trabajen en grupos de cuatro o cinco para preparar una presentación sobre un(a) cantante o deportista latino/a famoso/a.

Presentaciones

Tema: Pueden preparar una presentación sobre un(a) cantante o deportista famoso/a que les guste.

Investigación: Busquen información en Internet o en la biblioteca. Una vez reunida la información necesaria, elijan los puntos más importantes y seleccionen material audiovisual. Informen a su profesor(a) acerca de estos materiales para contar con los medios necesarios el día de la presentación.

Organización: Hagan un esquema (*outline*) que los ayude a planear la presentación.

Presentación: Traten de promover la participación a través de preguntas y alternen la charla con los materiales audiovisuales. Recuerden tener a mano los materiales de la investigación para responder preguntas adicionales de sus compañeros.

¡A escribir!

Correo electrónico Imagina que tus abuelos vienen a visitar a tu familia por un fin de semana. Llevas varios días planeando una fiesta donde les presentarás tus amigos a tus abuelos. Mándales un correo electrónico a tus amigos para recordarles los planes para la fiesta y lo que deben y no deben hacer para causar una buena impresión.

Plan de redacción

Un saludo informal: Comienza tu mensaje con un saludo informal, como: **Hola**, **Qué tal**, **Qué onda**, etc.

Contenido: Organiza tus ideas para no olvidarte de nada.

1. Escribe una breve introducción para recordarles a tus amigos qué cosas les gustan a tus abuelos y qué cosas les molestan. Puedes usar estas expresiones: **(no) les gusta**, **les fascina**, **les encanta**, **les aburre**, **(no) les interesa**, **(no) les molesta.**
2. Recuérdales que tus abuelos son formales y elegantes, y explícales que tienen que arreglarse un poco para la ocasión. Usa expresiones como: **quitarse el arete**, **afeitarse**, **vestirse mejor**, **peinarse**, etc.
3. Recuérdales dónde van a encontrarse.

Despedida: Termina el mensaje con un saludo informal de despedida.

2 VOCABULARIO

La música y el teatro

el álbum	album
el asiento	seat
el/la cantante	singer
el concierto	concert
el conjunto/grupo musical	musical group; band
el escenario	scenery; stage
el espectáculo	show
el estreno	premiere
la función	show (theater; movie)
el/la músico/a	musician
la obra de teatro	play
la taquilla	box office
aplaudir	to applaud
conseguir (e:i) boletos/entradas	to get tickets
hacer cola	to wait in line
poner música	to play music

Los lugares de recreo

el cine	movie theater
el circo	circus
la discoteca	night club
la feria	fair
el festival	festival
el parque de atracciones	amusement park
el zoológico	zoo

Los deportes

el/la árbitro/a	referee
el campeón/la campeona	champion
el campeonato	championship
el club deportivo	sports club
el/la deportista	athlete
el empate	tie (game)
el/la entrenador(a)	coach; trainer
el equipo	team

el/la espectador(a)	spectator
el torneo	tournament
anotar/marcar (un gol/un punto)	to score (a goal/ a point)
desafiar	to challenge
empatar	to tie (games)
ganar/perder (e:ie) un partido	to win/lose a game
vencer	to defeat

Las diversiones

el ajedrez	chess
el billar	pool; billiards
el boliche	bowling
las cartas/los naipes	(playing) cards
los dardos	darts
el juego de mesa	board game
el pasatiempo	pastime
la televisión	television
el tiempo libre/los ratos libres	free time
el videojuego	video game
aburrirse	to get bored
alquilar una película	to rent a movie
brindar	to make a toast
celebrar/festejar	to celebrate
dar un paseo	to take a stroll/walk
disfrutar (de)	to enjoy
divertirse (e:ie)	to have fun
entretener(se) (e:ie)	to amuse (oneself)
gustar	to like
reunirse (con)	to get together (with)
salir (a comer)	to go out (to eat)
aficionado/a (a)	enthusiastic about; a fan (of)
animado/a	lively
divertido/a	fun
entretenido/a	entertaining

Más vocabulario

Expresiones útiles	Ver p. 59
Estructura	Ver pp. 66–67, 70–71 y 74–75

En pantalla

el huerteado	produce (Col.)
la mazorca	ear of corn
la plata	money
el tiple	12-string Colombian guitar
coger la caña	to accept (Col.)
equivocarse	to be mistaken
mejorarse	to get better
quedar	to agree on
rogar	to beg
bendito/a	blessed
prestado/a	borrowed
¿Cómo así?	How come?
¡Siga!	Come in!
su merced	you (form.)

Literatura

la imagen	image; picture
la pantalla	(television) screen
el televisor	television set
colocar	to place
señalar	to point at
hondo/a	deep
redondo/a	round
por primera/ última vez	for the first/last time

Cultura

la corrida	bullfight
el/la matador(a)	bullfighter (who kills the bull)
la plaza de toros	bullring
el ruedo	arena
el toreo	bullfighting
el/la torero/a	bullfighter
el traje de luces	bullfighter's outfit (lit. costume of lights)
lidiar	to fight (bulls)
torear	to fight bulls

La vida diaria 3

Contextos
páginas 94–97
- En casa
- De compras
- Expresiones
- La vida diaria

Fotonovela
páginas 98–101
- ¿Alguien desea ayudar?

El mundo hispano
España
páginas 102–105
- **En detalle:** La Familia Real
- **Perfil:** Letizia Ortiz
- **Flash Cultura:** De compras en Barcelona

Estructura
páginas 106–117
- The preterite
- The imperfect
- The preterite vs. the imperfect

Manual de gramática
páginas A18–A22
- Más práctica
- Gramática adicional

En pantalla
páginas 118–121
- **Cortometraje:** Adiós mamá

Lecturas
páginas 122–130
- **Literatura:** Último brindis de Nicanor Parra
- **Cultura:** El arte de la vida diaria

Atando cabos
página 131
- ¡A conversar!
- ¡A escribir!

Communicative Goals
You will expand your ability to...
- narrate in the past
- express completed past actions
- express habitual or ongoing past events and conditions

3 CONTEXTOS

La vida diaria

En casa

el balcón balcony

la escalera staircase
el hogar home; fireplace
la limpieza cleaning
los muebles furniture
los quehaceres chores

apagar to turn off
barrer to sweep
calentar (e:ie) to warm up
cocinar to cook
encender (e:ie) to turn on
freír (e:i) to fry
hervir (e:ie) to boil
lavar to wash
limpiar to clean
pasar la aspiradora to vacuum
poner/quitar la mesa to set/clear the table
quitar el polvo to dust
tocar el timbre to ring the doorbell

Variación léxica

a propósito ⟷ adrede
barato/a ⟷ económico/a
caro/a ⟷ costoso/a
cocinar ⟷ guisar
hacer mandados ⟷ hacer recados

De compras

el centro comercial mall
el dinero en efectivo cash
la ganga bargain
el probador dressing room
el reembolso refund
el supermercado supermarket
la tarjeta de crédito/débito credit/debit card

devolver (o:ue) to return (items)
hacer mandados to run errands
ir de compras to go shopping
probarse (o:ue) to try on
seleccionar to select; to pick out

auténtico/a genuine
barato/a inexpensive
caro/a expensive

Camila **fue de compras** al **supermercado**, decidida a gastar lo menos posible. **Seleccionó** los productos más **baratos** y pagó con **dinero en efectivo**.

Expresiones

a menudo often
a propósito on purpose
a tiempo on time
a veces sometimes
apenas hardly; scarcely
así like this; so
bastante quite; enough
casi almost
casi nunca rarely
de repente suddenly
de vez en cuando once in a while
en aquel entonces at that time
en el acto on the spot
enseguida right away
por casualidad by chance

La vida diaria

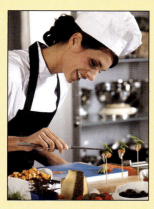

Desde que comenzó a trabajar en un restaurante, Emilia ha tenido que **acostumbrarse** al **horario** de chef. ¡La nueva **rutina** no es tan fácil! **Suele** volver a la casa después de la medianoche.

la agenda *schedule*
la costumbre *custom; habit*
el horario *schedule*
la rutina *routine*
la soledad *solitude; loneliness*

acostumbrarse (a) *to get used to*
arreglarse *to get ready*
averiguar *to find out*
probar (o:ue) (a) *to try*
soler (o:ue) *to tend to do something*

atrasado/a *late*
cotidiano/a *everyday*
diario/a *daily*
inesperado/a *unexpected*

Práctica

1 Escuchar

A. Escucha lo que dice Julián y luego decide si las oraciones son **ciertas** o **falsas**. Corrige las falsas.

1. Julián tiene muchas cosas que hacer.
2. Julián está en un supermercado.
3. Julián tiene que quitar el polvo de los muebles y pasar la aspiradora.
4. Él siempre sabe dónde está todo.
5. Él encuentra su tarjeta de crédito debajo de la escalera.
6. Julián recibe una visita inesperada.

B. Escucha la conversación entre Julián y la visita inesperada y después contesta las preguntas con oraciones completas.

1. ¿Quién está tocando el timbre?
2. ¿Qué tiene que hacer ella?
3. ¿Qué quiere devolver?
4. ¿Eran caros los pantalones?
5. ¿Qué hace Julián antes de ir al centro comercial con ella?
6. ¿Es seguro que María puede devolver los pantalones? ¿Por qué?

2 No pertenece Indica qué palabra no pertenece a cada grupo.

1. limpiar–pasar la aspiradora–barrer–calentar
2. de repente–auténtico–casi nunca–enseguida
3. balcón–escalera–muebles–soler
4. hacer mandados–a tiempo–ir de compras–probarse
5. costumbre–rutina–cotidiano–apagar
6. quitar el polvo–barato–caro–ganga
7. quehaceres–hogar–soledad–limpieza
8. barrer–acostumbrarse–soler–cotidiano

La vida diaria   noventa y cinco **95**

Práctica

3 **Julián y María** Completa el párrafo con las palabras o expresiones de la lista.

| a diario | cotidiano | horario | soledad |
| a tiempo | en aquel entonces | por casualidad | soler |

Julián y María se conocieron un día (1) _____ en el supermercado. Julián estaba muy contento por haber conocido a María porque, (2) _____, él era nuevo en el barrio y no conocía a nadie. A él no le gusta la (3) _____. Desde aquel día, se ven casi (4) _____. Durante la semana, ellos (5) _____ quedar para tomar un café después del trabajo, pues los dos tienen (6) _____ similares.

4 **Una agenda muy ocupada** Sara tiene mucho que hacer antes de su cita con Carlos esta noche. Ha apuntado todo en su agenda, pero está muy atrasada.

A. En parejas, comparen el horario de Sara con la hora en que realmente hace cada actividad.

VIERNES, 15 DE OCTUBRE

1:00 ¡Hacer mandados!	5:00 Hacer la limpieza
2:00 Banco: depositar un cheque	6:00 Cocinar, poner la mesa
3:00 Centro comercial: comprar vestido	7:00 Arreglarme
4:00 Supermercado: pollo, arroz, verduras	8:00 Cita con Carlos ♡

MODELO —¿A qué hora deposita su cheque en el banco?
—Sara quiere depositarlo a las dos, pero no logra hacerlo hasta las dos y media.

2:30

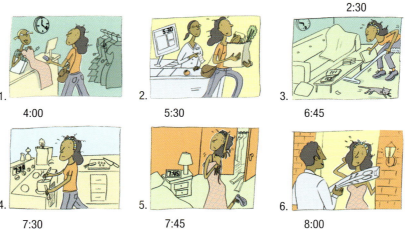

1. 4:00
2. 5:30
3. 6:45
4. 7:30
5. 7:45
6. 8:00

B. Ahora, improvisen una conversación entre Carlos y Sara. ¿Creen que los dos lo van a pasar bien? ¿Creen que van a tener otra cita?

96 noventa y seis   Lección 3

Comunicación

5 Los quehaceres

A. En grupos de cuatro, túrnense para preguntar con qué frecuencia sus compañeros hacen los quehaceres de la lista. Combinen palabras de cada columna en sus respuestas y añadan sus propias ideas.

barrer	almuerzo	todos los días
cocinar	aspiradora	a menudo
lavar	balcón	a veces
limpiar	cuarto	de vez en cuando
pasar	polvo	casi nunca
quitar	ropa	nunca

MODELO —¿Con qué frecuencia barres el balcón?
—Lo barro de vez en cuando, especialmente si vienen invitados.

B. Ahora, compartan la información con la clase y decidan quién es la persona más ordenada y la más desordenada.

6 Agendas personales

A. Primero, escribe tu horario para esta semana. Incluye algunas costumbres de tu rutina diaria y también actividades inesperadas de esta semana.

B. En parejas, pregúntense sobre sus horarios. Comparen sus rutinas diarias y los eventos de esta semana. ¿Tienen costumbres parecidas? ¿Tienen algunas actividades en común? ¿Cuáles?

C. Utiliza la información para escribir un párrafo breve sobre la vida cotidiana de tu compañero/a. ¿Le gusta la rutina? ¿Disfruta de lo inesperado? ¿Llena su agenda con actividades sociales o prefiere estar en casa? Comparte tu párrafo con la clase.

La vida diaria *noventa y siete* **97**

3 FOTONOVELA

Diana y Fabiola conversan sobre la vida diaria. Aguayo pide ayuda con la limpieza, pero casi todos tienen excusas.

FABIOLA Odio los lunes.
DIANA Cuando tengas tres hijos, un marido y una suegra, odiarás los fines de semana.
FABIOLA ¿Discutes a menudo con tu familia?
DIANA Siempre tenemos discusiones. La mitad las ganan mis hijos y mi esposo. Mi suegra gana la otra mitad.

FABIOLA ¿Te ayudan en las tareas del hogar?
DIANA Ayudan, pero casi no hay tiempo para nada. Hoy tengo que ir de compras con la mayor de mis hijas.
FABIOLA ¿Y por qué no va ella sola?
DIANA Hay tres grupos que gastan el dinero ajeno, Fabiola: los políticos, los ladrones y los hijos… Los tres necesitan supervisión.

FABIOLA Tengan cuidado en las tiendas. Hace dos meses andaba de compras y me robaron la tarjeta de crédito.
DIANA ¿Y fuiste a la policía?
FABIOLA No.
DIANA ¿Lo dices así, tranquilamente? Te van a arruinar.
FABIOLA No creas. El que me la robó la usa menos que yo.

Más tarde en la cocina…
AGUAYO El señor de la limpieza dejó un recado diciendo que estaba enfermo. Voy a pasar la aspiradora a la hora del almuerzo. Si alguien desea ayudar…
FABIOLA Tengo una agenda muy llena para el almuerzo.
DIANA Yo tengo una reunión con un cliente.

ÉRIC Tengo que… Tengo que ir al banco. Sí. Voy a pedir un préstamo.
JOHNNY Yo tengo que ir al dentista. No voy desde la última vez… Necesito una limpieza.

Aguayo y Mariela se quedan solos.

Diana regresa del almuerzo con unos dulces.
DIANA Les traje unos dulces para premiar su esfuerzo.
AGUAYO Gracias. Los probaría todos, pero estoy a dieta.
DIANA ¡Qué bien! Yo también estoy a dieta.
MARIELA ¡Pero si estás comiendo!
DIANA Sí, pero sin ganas.

98 *noventa y ocho*   Lección 3

Personajes

 AGUAYO   DIANA   ÉRIC   FABIOLA   JOHNNY   MARIELA

4

En la oficina de Aguayo…

MARIELA ¿Necesita ayuda?

AGUAYO No logro hacer que funcione.

MARIELA Creo que Diana tiene una pequeña caja de herramientas.

AGUAYO ¡Cierto!

Aguayo sale de la oficina. Mariela le da una patada a la aspiradora.

5

AGUAYO ¡Aceite lubricante y cinta adhesiva! ¿Son todas las herramientas que tienes?

DIANA ¡Claro! Es todo lo que necesito. La cinta para lo que se mueva y el aceite para lo que no se mueva.

Se escucha el ruido de la aspiradora encendida.

AGUAYO Oye… ¿Cómo lo lograste?

MARIELA Fácil… Me acordé de mi ex.

9

Fabiola y Johnny llegan a la oficina. Mariela está terminando de limpiar.

JOHNNY ¡Qué pena que no llegué a tiempo para ayudarte!

FABIOLA Lo mismo digo yo. Y eso que almorcé tan deprisa que no comí postre.

MARIELA Si gustan, quedan dos dulces en la cocina. Están riquísimos… (*habla sola mirando el aerosol*) Y no hubiera sido mala idea echarles un poco de esto.

10

Johnny y Fabiola vuelven de la cocina.

JOHNNY Qué descortés eres, Fabiola. Si yo hubiera llegado primero, te habría dejado el dulce grande a ti.

FABIOLA ¿De qué te quejas, entonces? Tienes lo que querías y yo también. Por cierto, ¿no estuviste en el dentista?

JOHNNY Los dulces son la mejor anestesia.

Expresiones útiles

Talking about the past

No llegué a tiempo para ayudarte.
I didn't get here on time to help you.

¿Y fuiste a la policía?
And did you go to the police?

El señor de la limpieza dejó un recado.
The cleaner left a message.

Tienes lo que querías.
You have what you wanted.

Estaba enfermo.
He was sick.

Expressing strong dislikes

¡Odio… !
I hate…!

¡No me gusta nada… !
I don't like… at all!

Detesto…
I detest…

No soporto…
I can't stand…

Estoy harto/a de…
I am fed up with…

Additional vocabulary

acordarse *to remember*
ajeno/a *somebody else's*
andar *to be (doing something); to walk*
la caja de herramientas *toolbox*
el ladrón/la ladrona *thief*
lograr *to manage to; to achieve*
la mitad *half*
la patada *kick*
premiar *to give a prize*
¡Qué pena! *What a shame!*

Comprensión

1 **¿Quién lo dijo?** Indica quién dijo estas oraciones.

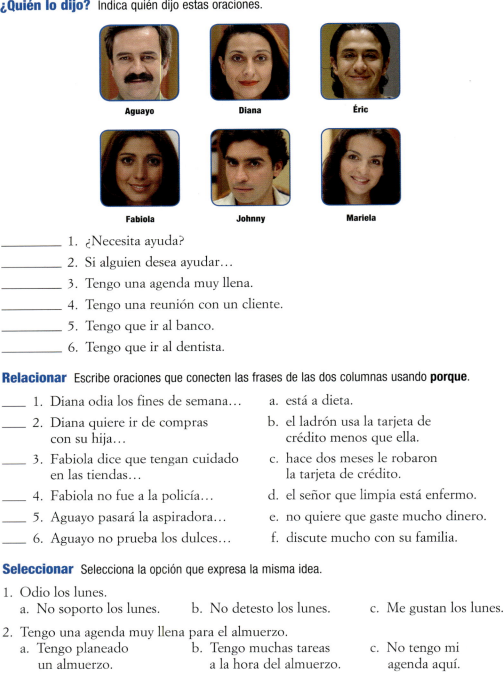

_____ 1. ¿Necesita ayuda?

_____ 2. Si alguien desea ayudar…

_____ 3. Tengo una agenda muy llena.

_____ 4. Tengo una reunión con un cliente.

_____ 5. Tengo que ir al banco.

_____ 6. Tengo que ir al dentista.

2 **Relacionar** Escribe oraciones que conecten las frases de las dos columnas usando **porque**.

____ 1. Diana odia los fines de semana…
____ 2. Diana quiere ir de compras con su hija…
____ 3. Fabiola dice que tengan cuidado en las tiendas…
____ 4. Fabiola no fue a la policía…
____ 5. Aguayo pasará la aspiradora…
____ 6. Aguayo no prueba los dulces…

a. está a dieta.
b. el ladrón usa la tarjeta de crédito menos que ella.
c. hace dos meses le robaron la tarjeta de crédito.
d. el señor que limpia está enfermo.
e. no quiere que gaste mucho dinero.
f. discute mucho con su familia.

3 **Seleccionar** Selecciona la opción que expresa la misma idea.

1. Odio los lunes.
   a. No soporto los lunes.
   b. No detesto los lunes.
   c. Me gustan los lunes.
2. Tengo una agenda muy llena para el almuerzo.
   a. Tengo planeado un almuerzo.
   b. Tengo muchas tareas a la hora del almuerzo.
   c. No tengo mi agenda aquí.
3. Tienes lo que quieres.
   a. Tu deseo se cumplió.
   b. Tienes razón.
   c. Te quiero.
4. Lo mismo digo yo.
   a. ¡Ni modo!
   b. No creas.
   c. Estoy de acuerdo.

Ampliación

4 Excusas falsas Aguayo pide ayuda para limpiar la oficina, pero sus compañeros le dan excusas. Escribe qué preguntas puede hacer Aguayo para descubrir sus mentiras. Después, en grupos de cinco, representen a los personajes y dramaticen la situación.

5 Opiniones En grupos de tres, contesten las preguntas. Si es posible, den ejemplos de la vida cotidiana.

1. ¿Está justificado a veces dar excusas falsas? ¿Por qué?
2. Describe una situación en la que hayas dado una excusa falsa. ¿Por qué lo hiciste? ¿Se enteraron los demás?
3. ¿Es mejor decir siempre la verdad? ¿Por qué?

6 Apuntes culturales En parejas, lean los párrafos y contesten las preguntas.

La agenda diaria
¡Diana se queja de que no hay tiempo para nada! En muchos países hispanos, las horas del día se expresan utilizando números del 0 al 23. Muchas agendas en español usan este horario modelo, es decir que las **10 p.m.** serían las **22:00**. ¡Pobre Diana! ¡Con tanto trabajo, necesita que el día tenga más horas!

La hora del almuerzo
Fabiola tiene una agenda muy ocupada para el almuerzo. En España y en algunos pueblos de Latinoamérica, este descanso suele ser de 13:00 a 16:00. Los que trabajan cerca vuelven a sus casas, pero en las grandes ciudades algunas personas lo aprovechan, además, para hacer mandados, compras o ir al gimnasio. ¿Qué tendrá que hacer Fabiola que sea más importante que limpiar la oficina?

¿Servicios bancarios en el supermercado?
Éric tiene que ir al banco a pedir un préstamo. En Hispanoamérica, la mayoría de los préstamos y los pagos de servicios se realizan en el banco. Y en países como Argentina, Costa Rica y Perú, las cuentas de gas, electricidad y teléfono también se pueden pagar en el supermercado.

1. ¿Cómo se pueden escribir las *2 p.m.* y las *8 p.m.* en español?
2. En tu país, ¿cuánto tiempo se toman normalmente los empleados para almorzar? ¿Qué hacen durante ese descanso?
3. ¿Cuáles son los horarios comerciales de la ciudad donde vives? ¿Te parecen suficientes?
4. ¿A qué hora sueles almorzar? ¿Dónde?
5. ¿Cómo pagas los servicios como la electricidad y el teléfono? ¿Te resulta conveniente tu método de pago? ¿Te gustaría poder pagarlos en el supermercado? ¿Por qué?

La vida diaria

3 EL MUNDO HISPANO

En detalle

LA FAMILIA REAL

ESPAÑA

La familia real española durante un acto oficial.

En 1492, Isabel de Castilla y Fernando de Aragón se casaron, unieron sus reinos y formaron lo que hoy conocemos como España. Más de 500 años después, en 2014, Felipe VI de Borbón se convirtió en el último rey de esta vieja nación. La proclamación del nuevo rey se produjo después de que su padre Juan Carlos I decidió abdicar°, dando fin a un largo reinado° (1975–2014) de prosperidad, que empezó con la llamada "transición democrática". ¿En qué consistió esa transición? España vivió 40 años bajo la dictadura de Francisco Franco. Al final de su mandato, el dictador quiso que el entonces príncipe Juan Carlos fuera su sucesor; pero tras la muerte de Franco en 1975, el Rey decidió integrar a España en la comunidad de naciones democráticas de Europa. Gracias al carisma de Juan Carlos I, y a su protagonismo en el camino hacia la libertad, la Corona° tuvo un gran respaldo popular. Sin embargo, la monarquía quedó afectada con la larga crisis económica y política que comenzó en 2008. Además, Cristina de Borbón, una de las hijas del rey, y su marido tuvieron problemas con la justicia.

Casi cuarenta años después de que Juan Carlos fue coronado rey, su hijo Felipe VI se enfrenta a una segunda transición: dar sentido a la monarquía en la era de Internet. Junto a su esposa, doña Letizia, que fue periodista antes de ser reina, Felipe VI se ha demostrado dispuesto a enfrentar estos cambios tecnológicos y sociales con claridad y desenvoltura.

La sociedad española parece haber recibido bien esta renovación en la familia real, formada por Juan Carlos I, doña Sofía, los reyes Felipe y Letizia, y las hijas de éstos, la princesa Leonor y la infanta° Sofía. Según las encuestas, cuando Juan Carlos I anunció que abdicaría en su hijo, la popularidad de la Corona aumentó y la monarquía empezó a recuperar su prestigio. La segunda transición ya está en marcha. ∎

¿Futura reina?
La **princesa Leonor** es la primogénita° del **rey Felipe VI**. Sin embargo, si los monarcas tienen un hijo varón, él sería el heredero de la Corona. Para que esto cambie, se tendría que cambiar la Constitución española de 1978: la mayoría de los españoles apoyaría ese cambio.

abdicar *to abdicate* **reinado** *reign* **Corona** *Crown* **infanta** *princess* **primogénita** *first born*

ASÍ LO DECIMOS

La familia

mima (Cu.) amá (Col.)	mom
apá (Col.) pipo (Cu.)	dad
tata (Arg. y Chi.) yayo (Esp.)	grandpa
carnal (Méx.)	brother, friend
carnala (Méx.)	sister
carnalita (Méx.)	little sister
m'hijo/a (Amér. L.)	exp. to address a son or daughter
chavalo/a (Amér. C.) chaval(a) (Esp.)	boy/girl

EL MUNDO HISPANOHABLANTE

Las compras diarias

En España, las grandes tiendas y también muchas tiendas pequeñas cierran los domingos. Por eso, los españoles realizan todas sus compras durante el resto de la semana. En algunos casos, las grandes tiendas, como El Corte Inglés, abren un domingo al mes. Las panaderías abren todos los días de la semana, ya que el pan es un producto imprescindible para los españoles.

En México D.F. todavía hay escribidores, o escribanos, que escriben y leen cartas de amor. También escriben facturas, contratos y otros documentos.

En México, la profesión de escribidor empezó en la década de 1950 y fue muy común, pero está a punto de desaparecer por culpa de las nuevas tecnologías de la comunicación.

En Nicaragua y otros países de Latinoamérica hay muchos vendedores ambulantes, como los mieleros que van vendiendo miel, queso y otros alimentos naturales por las casas.

PERFIL

LETIZIA ORTIZ

Letizia Ortiz nació en Oviedo el 15 de septiembre de 1972 en el seno de una familia trabajadora. Si alguien les hubiera dicho a sus padres que su hija iba a ser reina, seguramente lo habrían tomado por loco. Esta joven inteligente y emprendedora° estudió periodismo y ejerció su profesión en algunos de los mejores medios españoles: el periódico *ABC*, y los canales CNN plus y TVE. Cuando se formalizó el compromiso° con el entonces príncipe Felipe, Letizia tuvo que dejar de trabajar y empezó un entrenamiento particular para ser princesa, ya que al casarse se convertiría en Princesa de Asturias. Su relación con el Príncipe se distingue por no haber respondido a la formalidad que se espera en estos casos. Poco antes de la boda, un periodista le preguntó: "¿Y cómo se declara un príncipe?", a lo que Letizia contestó: "Como cualquier hombre que quiere a una mujer".

> " ... a partir de ahora y de forma progresiva voy a integrarme y a dedicarme a esta nueva vida con las responsabilidades y obligaciones que conlleva. " (Letizia Ortiz)

Conexión Internet

¿Qué tareas oficiales realiza el rey de España como jefe del Estado?

Investiga sobre este tema en Internet.

---

emprendedora *enterprising* **compromiso** *engagement*

La vida diaria

¿Qué aprendiste?

1 **¿Cierto o falso?** Indica si las oraciones son **ciertas** o **falsas**. Corrige las falsas.

1. El general Francisco Franco quería que Juan Carlos de Borbón fuera su sucesor.
2. Francisco Franco trabajó mucho para establecer la democracia en España.
3. El príncipe Felipe se convirtió en rey tras la muerte de su padre.
4. La dictadura de Franco también se conoce como transición.
5. El rey Felipe se casó con una presentadora de televisión.
6. Cristina de Borbón es soltera.
7. La Familia Real no ha tenido problemas.
8. A muchos españoles les gusta la familia real.

2 **Oraciones incompletas** Completa las oraciones.

1. Los padres de Letizia Ortiz son _____.
2. Letizia estudió _____.
3. Cristina de Borbón es la _____ del rey Felipe VI.
4. Felipe VI es un comunicador más eficaz que _____.
5. En España, las grandes tiendas abren _____.
6. En México, usan la palabra *carnala* para referirse a _____.

3 **Preguntas** Contesta las preguntas.

1. ¿Cuál es una forma cariñosa de referirse al padre en Cuba?
2. ¿Por qué crees que Letizia Ortiz tuvo que dejar de trabajar como periodista al convertirse en princesa?
3. ¿Es seguro que la princesa Leonor sea reina de España en el futuro?
4. ¿Crees que tienen sentido las monarquías en el siglo XXI? ¿Por qué?
5. Vuelve a leer la cita de Letizia Ortiz. ¿A qué responsabilidades y obligaciones crees que se refiere?
6. Muchos supermercados abren las 24 horas. ¿Crees que esto es necesario o crees que la gente está muy "malcriada" (*spoiled*)?

4 **Opiniones** En parejas, preparen dos listas. En una lista, anoten los elementos positivos de ser príncipe o princesa heredero/a y, en la otra, los elementos negativos que creen que puede tener. Guíense por estos planteamientos y otros.

- ¿Vale la pena ser rico y famoso si pierdes tu vida privada?
- ¿Estarías dispuesto/a a guardar los modales las 24 horas del día?
- ¿Serías capaz de cumplir con todas las responsabilidades que conlleva este cargo?

PROYECTO

A domicilio

Existen muchos servicios a domicilio que facilitan la vida diaria. Además del ejemplo de los mieleros en Nicaragua, están los paseadores de perros, los supermercados con entrega a domicilio y las empresas que nos permiten recibir en casa libros o ropa por correo.

Imagina que vas a crear una empresa para ofrecer un servicio a domicilio.

Usa esta guía para preparar un folleto (*brochure*) sobre tu empresa. Describe:

- el servicio que vas a ofrecer y cómo se llama
- las principales características de tu servicio
- cómo va a facilitar la vida diaria de tus clientes

De compras en Barcelona

Hacer las compras tal vez te parezca una actividad aburrida y poco glamorosa, pero ¡te equivocas! En este episodio de **Flash Cultura** podrás pasear por el antiguo mercado de Barcelona y descubrir una manera distinta de elegir los mejores productos en tiendas especializadas.

VOCABULARIO ÚTIL

amplio/a wide
el buñuelo fritter
el carrito shopping cart
la charcutería delicatessen
la gamba *(Esp.)* shrimp
los mariscos seafood
las patas traseras hind legs
el puesto market stand

Comprensión Indica si estas afirmaciones son **ciertas** o **falsas**. Después, corrige las falsas.

1. Las Ramblas de Barcelona son amplias avenidas.
2. En La Boquería debes elegir un carrito a la entrada y pagar toda la compra al final.
3. Hay distintos tipos de jamón serrano, según la curación y la región.
4. Barcelona ofrece una gran variedad de marisco y pescado fresco porque es un puerto marítimo.
5. En España, la mayoría de las tiendas cierra al mediodía durante media hora.
6. Las panaderías abren todos los días menos los domingos.

Expansión En parejas, contesten estas preguntas.

- ¿Prefieres hacer las compras en tiendas pequeñas y mercados tradicionales o en un supermercado normal? ¿Por qué?
- ¿Te levantas temprano para comprar el pan o algún otro producto los domingos? ¿Qué producto es tan esencial para la gente de tu país como el pan para los españoles?
- ¿Te parece bien que las tiendas cierren a la hora de la siesta? ¿Para qué usarías tú todo ese tiempo?

¿Y tú? ¿Qué productos típicos de otros países hispanohablantes conoces? ¿Cuál te gustaría probar más?

Corresponsal: Mari Carmen Ortiz
País: España

La Boquería es un paraíso para los sentidos: olores de comida, el bullicio° de la gente, colores vivos se abren a tu paso mientras haces tus compras.

Hay tiendas que nunca cierran a la hora de comer: las tiendas de moda y los grandes almacenes°. Pero aún éstas tienen que cerrar tres domingos al mes.

El jamón serrano es una comida típica española y es servido con frecuencia en los bares de tapas°.

bullicio *hubbub* **almacenes** *department stores* **tapas** *Spanish appetizers*

La vida diaria — ciento cinco **105**

3 ESTRUCTURA

3.1 The preterite

- Spanish has two simple tenses to indicate actions in the past: the preterite (**el pretérito**) and the imperfect (**el imperfecto**). The preterite is used to describe actions or states that began or were completed at a definite time in the past.

The preterite of regular -ar, -er, and -ir verbs		
comprar	**vender**	**abrir**
compré	vendí	abrí
compraste	vendiste	abriste
compró	vendió	abrió
compramos	vendimos	abrimos
comprasteis	vendisteis	abristeis
compraron	vendieron	abrieron

TALLER DE CONSULTA

MANUAL DE GRAMÁTICA
Más práctica

3.1 The preterite, p. A18
3.2 The imperfect, p. A19
3.3 The preterite vs. the imperfect, p. A20

Gramática adicional

3.4 Telling time, p. A21

- The preterite tense of regular verbs is formed by dropping the infinitive ending (**-ar**, **-er**, **-ir**) and adding the preterite endings. Note that the endings of regular **-er** and **-ir** verbs are identical in the preterite tense.

- The preterite of all regular and some irregular verbs requires a written accent on the preterite endings in the **yo, usted, él,** and **ella** forms.

  Ayer **empecé** un nuevo trabajo.   Mi mamá **preparó** una cena deliciosa.
  Yesterday I started a new job.   *My mom prepared a delicious dinner.*

¡ATENCIÓN!

In Spain, the present perfect is more commonly used to describe recent events.

- Verbs that end in **-car, -gar,** and **-zar** have a spelling change in the **yo** form of the preterite. All other forms are regular.

- **Caer, creer, leer,** and **oír** change **-i-** to **-y-** in the third-person forms (**usted, él,** and **ella** forms and **ustedes, ellos,** and **ellas** forms) of the preterite. They also require a written accent on the **-i-** in all other forms.

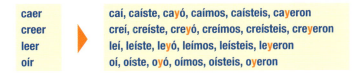

- Verbs with infinitives ending in **-uir** change **-i-** to **-y-** in the third-person forms of the preterite.

106 *ciento seis* Lección 3

- Stem-changing **-ir** verbs also have a stem change in the third-person forms of the preterite. Stem-changing **-ar** and **-er** verbs do not have a stem change in the preterite.

Preterite of *-ir* stem-changing verbs				
pedir		**dormir**	
pedí	pedimos	dormí	dormimos
pediste	pedisteis	dormiste	dormisteis
p**i**dió	p**i**dieron	d**u**rmió	d**u**rmieron

¡ATENCIÓN!

Other **-ir** stem-changing verbs include:

conseguir	repetir
consentir	seguir
hervir	sentir
morir	servir
preferir	

- A number of **-er** and **-ir** verbs have irregular preterite stems. Note that none of these verbs takes a written accent on the preterite endings.

Les traje unos dulces para premiar su esfuerzo.

Por cierto, ¿no estuviste en el dentista?

¡ATENCIÓN!

Ser, ir, dar, and **ver** also have irregular preterites. The preterite forms of **ser** and **ir** are identical.

ser/ir
fui, fuiste, fue, fuimos, fuisteis, fueron

dar
di, diste, dio, dimos, disteis, dieron

ver
vi, viste, vio, vimos, visteis, vieron

The preterite of **hay** is **hubo**.

Hubo dos conciertos el viernes.
There were two concerts on Friday.

Preterite of irregular verbs

Infinitive	u-stem	preterite forms
andar	and**u**v-	anduve, anduviste, anduvo, anduvimos, anduvisteis, anduvieron
estar	est**u**v-	estuve, estuviste, estuvo, estuvimos, estuvisteis, estuvieron
poder	p**u**d-	pude, pudiste, pudo, pudimos, pudisteis, pudieron
poner	p**u**s-	puse, pusiste, puso, pusimos, pusisteis, pusieron
saber	s**u**p-	supe, supiste, supo, supimos, supisteis, supieron
tener	t**u**v-	tuve, tuviste, tuvo, tuvimos, tuvisteis, tuvieron

Infinitive	i-stem	preterite forms
hacer	h**i**c-	hice, hiciste, hizo, hicimos, hicisteis, hicieron
querer	qu**i**s-	quise, quisiste, quiso, quisimos, quisisteis, quisieron
venir	v**i**n-	vine, viniste, vino, vinimos, vinisteis, vinieron

Infinitive	j-stem	preterite forms
conducir	conduj-	conduje, condujiste, condujo, condujimos, condujisteis, condujeron
decir	dij-	dije, dijiste, dijo, dijimos, dijisteis, dijeron
traer	traj-	traje, trajiste, trajo, trajimos, trajisteis, trajeron

- Note that the stem of **decir (dij-)** not only ends in **j**, but the stem vowel **e** changes to **i**. In the **usted, él,** and **ella** form of **hacer (hizo)**, **c** changes to **z** to maintain the pronunciation. Most verbs that end in **-cir** have **j**-stems in the preterite.

La vida diaria

ciento siete **107**

Práctica

TALLER DE CONSULTA

MANUAL DE GRAMÁTICA
Más práctica

3.1 The preterite, p. A18

1 **Quehaceres** Escribe la forma correcta del pretérito de los verbos indicados.

1. El sábado pasado, mis compañeros de apartamento y yo _____ (hacer) la limpieza semanal.
2. Jorge _____ (barrer) el suelo de la cocina.
3. Yo _____ (pasar) la aspiradora por el salón.
4. Martín y Felipe _____ (quitar) los sillones para limpiarlos y después los _____ (volver) a poner en su lugar.
5. Yo _____ (lavar) toda la ropa sucia y la _____ (poner) en el armario.
6. Nosotros _____ (terminar) con todo en menos de una hora.
7. Luego, Martín _____ (abrir) el refrigerador.
8. Él _____ (ver) que no había nada de comer.
9. Felipe _____ (decir) que iría al supermercado. Todos nosotros _____ (decidir) acompañarlo.
10. Yo _____ (apagar) las luces y nosotros _____ (ir) al mercado.

2 **¿Qué hicieron?** Combina elementos de cada columna para narrar lo que hicieron las personas.

MODELO Una vez, mis amigos y yo tuvimos que cocinar para cincuenta invitados.

anoche	yo	conversar	¿?
anteayer	mi compañero/a	dar	¿?
ayer	de clase	decir	¿?
la semana	mis amigos/as	ir	¿?
pasada	el/la profesor(a)	leer	¿?
una vez	de español	pedir	¿?
el sábado	mi hermano/a	tener que	¿?

3 **La última vez** Con oraciones completas, indica cuándo fue la última vez que hiciste cada una de estas actividades. Da detalles en tus respuestas. Después comparte la información con la clase.

MODELO ir al cine
La última vez que fui al cine fue en abril. La película que vi fue *Cazafantasmas*...

1. hacer mandados
2. decir una mentira
3. andar atrasado/a
4. olvidar algo importante
5. devolver un regalo
6. ir de compras
7. oír una buena/mala noticia
8. encontrar una ganga increíble
9. probarse ropa en una tienda
10. comprar algo muy caro

108 *ciento ocho*

Lección 3

Comunicación

4 **La semana pasada** Recorre el salón de clase y averigua lo que hicieron tus compañeros durante la semana pasada. Anota el nombre de la primera persona que conteste que sí a cada una de las preguntas.

> **MODELO** ir al cine
> —¿Fuiste al cine durante la semana pasada?
> —Sí, fui al cine y vi la última película de Cuarón./No, no fui al cine.

Actividades	Nombre
1. asistir a un partido de fútbol	_____
2. cocinar para los amigos	_____
3. conseguir una buena nota en una prueba	_____
4. dar un consejo (*advice*) a un(a) amigo/a	_____
5. dormirse en clase o en el laboratorio	_____
6. estudiar toda la noche para un examen	_____
7. enojarse con un(a) amigo/a	_____
8. incluir un álbum de fotos en Facebook	_____
9. ir a la oficina de un(a) profesor(a)	_____
10. ir al centro comercial	_____
11. pedir dinero prestado	_____
12. perder algo importante	_____
13. probarse un vestido/un traje elegante	_____

5 **Una fiesta** En parejas, túrnense para comentar la última fiesta que dieron o a la que asistieron.

- ocasión
- fecha y lugar
- organizador(a)
- invitados
- comida
- música
- actividades

6 **Anécdotas**

A. Escribe dos anécdotas divertidas o curiosas que te ocurrieron en el pasado.

> **MODELO** Una vez fui a una entrevista muy importante con un zapato de cada color...

B. Presenta una de tus historias ante la clase. Después, la clase votará por la anécdota más divertida e interesante.

La vida diaria · *ciento nueve* **109**

3.2 The imperfect

- The imperfect tense in Spanish is used to narrate past events without focusing on their beginning, end, or completion.

El recado decía que él estaba enfermo.

Siempre tenía problemas con la aspiradora.

- The imperfect tense of regular verbs is formed by dropping the infinitive ending (**-ar, -er, -ir**) and adding personal endings. **-Ar** verbs take the endings **-aba, -abas, -aba, -ábamos, -abais, -aban. -Er** and **-ir** verbs take **-ía, -ías, -ía, -íamos, -íais, -ían**.

The imperfect of regular -ar, -er, and -ir verbs		
caminar	**deber**	**abrir**
caminaba	debía	abría
caminabas	debías	abrías
caminaba	debía	abría
caminábamos	debíamos	abríamos
caminabais	debíais	abríais
caminaban	debían	abrían

- **Ir, ser,** and **ver** are the only verbs that are irregular in the imperfect.

The imperfect of irregular verbs		
ir	**ser**	**ver**
iba	era	veía
ibas	eras	veías
iba	era	veía
íbamos	éramos	veíamos
ibais	erais	veíais
iban	eran	veían

- The imperfect tense narrates what was going on at a certain time in the past. It often indicates what was happening in the background.

Cuando yo **era** joven, **vivía** en una ciudad muy grande. Todas las semanas, mis padres y yo **íbamos** al centro comercial.
When I was young, I lived in a big city. Every week, my parents and I went to the mall.

- The imperfect of **hay** is **había**.

    Había tres cajeras en el supermercado.
    There were three cashiers in the supermarket.

    Sólo **había** un mesero en el café.
    There was only one waiter in the café.

- These words and expressions are often used with the imperfect because they express habitual or repeated actions: **de niño/a** (*as a child*), **todos los días** (*every day*), **mientras** (*while*), **siempre** (*always*).

    De niño, vivía en un barrio de Madrid.
    As a child, I lived in a Madrid neighborhood.

    Todos los días iba a la casa de mi abuela.
    Every day I went to my grandmother's house.

    Siempre escuchaba música **mientras corría** en el parque.
    I always listened to music while I ran in the park.

Práctica

TALLER DE CONSULTA

MANUAL DE GRAMÁTICA
Más práctica

3.2 The imperfect, p. A19

1 **Granada** Escribe la forma correcta del imperfecto de los verbos indicados.

Granada, en el sur de España

Cuando yo (1) _____ (tener) veinte años, estuve en España por seis meses. (2) _____ (vivir) en Granada, una ciudad de Andalucía. (3) _____ (ser) estudiante en un programa de español para extranjeros. Entre semana, mis amigos y yo (4) _____ (estudiar) español por las mañanas. Por las tardes, (5) _____ (visitar) los lugares más interesantes de la ciudad para conocerla mejor. Los fines de semana, nosotros (6) _____ (ir) de excursión. (Nosotros) (7) _____ (visitar) ciudades y pueblos nuevos. Los paisajes (8) _____ (ser) maravillosos. Quiero volver pronto.

2 **Antes** En parejas, túrnense para hacerse preguntas usando estas frases. Sigan el modelo.

> **MODELO** levantarse tarde los lunes
> —¿Te levantas tarde los lunes?
> —Ahora sí, pero antes nunca me levantaba tarde los lunes./Ahora no, pero antes siempre me levantaba tarde los lunes.

1. hacer los quehaceres del hogar
2. usar una agenda
3. ir de compras al centro comercial
4. pagar con tarjeta de crédito
5. trabajar por las tardes
6. preocuparse por el futuro

3 **Una historieta** En grupos de tres, creen una pequeña historieta (*comic*) explicando cómo era la vida diaria de un héroe o una heroína. Después, presenten sus historietas a la clase.

> **MODELO** Superchica era una niña con un poder muy peculiar: podía volar...

Comunicación

4 De niños

A. Busca en la clase compañeros/as que hacían estas cosas cuando eran niños/as. Escribe el nombre de la primera persona que conteste afirmativamente cada pregunta.

MODELO ir mucho al parque
—¿Ibas mucho al parque?
—Sí, iba mucho al parque.

¿Qué hacían?	Nombre
1. tener miedo de los monstruos	_____
2. llorar todo el tiempo	_____
3. siempre hacer su cama	_____
4. ser muy travieso/a (*mischievous*)	_____
5. romper los juguetes (*toys*)	_____
6. darles muchos regalos a sus padres	_____
7. comer muchos dulces	_____
8. creer en fantasmas	_____

B. Ahora, comparte con la clase los resultados de tu búsqueda.

5 Antes y ahora

En parejas, comparen cómo ha cambiado la vida de Andrés en los últimos años. ¿Cómo era antes? ¿Cómo es ahora?

antes

ahora

6 En aquel entonces

A. Utiliza el imperfecto para escribir un párrafo sobre la vida diaria de un(a) pariente tuyo/a de otra época. ¿Cómo era su vida cotidiana? ¿Qué solía hacer para divertirse?

B. Ahora comparte tu párrafo con un(a) compañero/a. Pregúntense sobre los personajes y comparen la vida diaria de aquel entonces con la de hoy. ¿En qué aspectos era mejor la vida hace veinte años? ¿Hace cincuenta años? ¿Hace doscientos años? ¿En qué aspectos era peor?

La vida diaria — ciento trece 113

3.3 The preterite vs. the imperfect

- Although the preterite and imperfect both express past actions or states, the two tenses have different uses and, therefore, are not interchangeable.

Uses of the preterite

- To express actions or states viewed by the speaker as completed

    Compraste esos muebles hace un mes, ¿no?
    You bought that furniture a month ago, right?

    Mis amigas **fueron** al centro comercial ayer.
    My girlfriends went to the mall yesterday.

- To express the beginning or end of a past action

    La telenovela **empezó** a las ocho.
    The soap opera began at eight o'clock.

    Esta mañana se nos **acabó** el café.
    We ran out of coffee this morning.

- To narrate a series of past actions

    Me levanté, **me vestí** y **fui** a clase.
    I got up, got dressed, and went to class.

    Lavamos la ropa, **pasamos** la aspiradora y **quitamos** el polvo
    We did the laundry, vacuumed, and dusted.

Uses of the imperfect

- To describe an ongoing past action without reference to beginning or end

    Se acostaba muy temprano.
    He went to bed very early.

    Juan siempre **tenía** pesadillas.
    Juan always had nightmares.

- To express habitual past actions

    Pedro **jugaba** al fútbol los domingos por la mañana.
    Pedro liked to play soccer on Sunday mornings.

    Los jueves **solían** comprar verduras en el mercado.
    On Thursdays they used to buy vegetables in the market.

- To describe mental, physical, and emotional states or conditions

    En aquel entonces José Miguel sólo **tenía** quince años.
    At that time José Miguel was only fifteen.

    Estaba tan hambriento que me comí medio pollo yo solo.
    I was so hungry that I ate half a chicken, all by myself.

- To tell time

    Eran las ocho y media de la mañana.
    It was eight thirty a.m.

    Era la una en punto.
    It was exactly one o'clock.

TALLER DE CONSULTA

To review telling time, see **Manual de gramática**, 3.4, p. A21.

Uses of the preterite and imperfect together

- When narrating in the past, the imperfect describes what *was happening*, while the preterite describes the action that *interrupts* the ongoing activity. The imperfect provides background information, while the preterite indicates specific events that advance the plot.

    Cuando **conocí** a Julia los dos **teníamos** quince años. Ella **tocaba** muy bien el piano; me **dijo** que **quería** ser pianista profesional. Yo me **quedaba** horas escuchándola. Un día, mientras **tocaba** un concierto de Bach, me **enamoré**. Bueno, eso **pensaba** entonces, pero en realidad nunca la **quise**. Yo **amaba** su música, eso sí, pero sólo su música. Cuando me **di** cuenta no **sabía** cómo decírselo. Afortunadamente, fue Julia la que me **dijo** que **quería** a otro.

    When I **met** Julia, we **were** both fifteen years old. She **played** the piano very well; she **told** me that she **wanted** to be a professional pianist. I **would listen** to her play for hours. Then one day, when she **was playing** a Bach concerto, I **fell** in love with her. Well, that's what I **thought** back then, but the truth is I never really **loved** her. I **loved** her music, that much is true, but only her music. When I **realized** it, I **didn't know** how to tell her. Fortunately, it was Julia who **told** me that she **was** in love with someone else.

Different meanings in the imperfect and preterite

Quise encender la aspiradora, pero no pude.

- The verbs **querer, poder, saber,** and **conocer** have different meanings when they are used in the preterite. Notice also the meanings of **no querer** and **no poder** in the preterite.

INFINITIVE	IMPERFECT	PRETERITE
querer	Quería acompañarte. *I wanted to go with you.*	Quise acompañarte. *I tried to go with you (but failed).*
		No quise acompañarte. *I refused to go with you.*
poder	Ana podía hacerlo. *Ana could do it.*	Ana pudo hacerlo. *Ana succeeded in doing it.*
		Ana no pudo hacerlo. *Ana could not do it.*
saber	Ernesto sabía la verdad. *Ernesto knew the truth.*	Por fin Ernesto supo la verdad. *Ernesto finally discovered the truth.*
conocer	Yo ya conocía a Andrés. *I already knew Andrés.*	Yo conocí a Andrés en la fiesta. *I met Andrés at the party.*

¡ATENCIÓN!

Here are some useful sequencing expressions.

primero *first*
al principio *in the beginning*
antes (de) *before*
después (de) *after*
mientras *while*
entonces *then*
luego *then; next*
siempre *always*
al final *finally*
la última vez *the last time*

¡ATENCIÓN!

The imperfect progressive is also used to describe a past action that was in progress, but was interrupted by an event. Both **ella estaba tocando el piano** and **ella tocaba el piano** are correct.

TALLER DE CONSULTA

See **Manual de gramática 12.4** to preview the differences between **saber** and **conocer**.

La vida diaria · ciento quince 115

Práctica

TALLER DE CONSULTA

MANUAL DE GRAMÁTICA
Más práctica

3.3 The preterite vs. the imperfect, p. A20

1 **Una cena especial** Elena y Francisca tenían invitados para cenar y lo estaban preparando todo. Completa las oraciones con el imperfecto o el pretérito de estos verbos. Puedes usar los verbos más de una vez.

averiguar	haber	ofrecerse	salir
decir	levantarse	pasar	ser
estar	limpiar	preparar	terminar
freír	llamar	quitar	tocar

1. _____ las ocho cuando Francisca y Elena _____ para preparar todo.
2. Elena _____ la aspiradora cuando Felipe la _____ para preguntar la hora de la cena. Le _____ que _____ a las diez y media.
3. Francisca _____ las tapas en la cocina. Todavía _____ temprano.
4. Mientras Francisca _____ las papas en aceite, Elena _____ la sala.
5. Elena _____ el polvo de los muebles cuando su madre _____ el timbre. ¡_____ una visita sorpresa!
6. Su madre _____ a ayudar. Elena _____ que sí.
7. Cuando Francisca _____ de hacer las tapas, _____ que no _____ suficientes refrescos. Francisca _____ al supermercado.
8. Cuando por fin _____, ya _____ las nueve. Todo _____ listo.

2 **Interrupciones** Combina palabras y frases de cada columna para contar lo que hicieron estas personas. Usa el pretérito y el imperfecto.

MODELO Ustedes miraban la tele cuando el médico llamó.

yo	dormir	usted	llamar por teléfono
tú	comer	el/la médico/a	salir
Marta y Miguel	escuchar música	la policía	sonar
nosotros	mirar la tele	la alarma	recibir el mensaje
Paco	conducir	los amigos	ver el accidente
ustedes	ir a...	Juan Carlos	tocar el timbre

3 **Las fechas importantes**

A. Escribe cuatro fechas importantes en tu vida y explica qué pasó.

MODELO

Fecha	¿Qué pasó?	¿Dónde y con quién estabas?	¿Qué tiempo hacía?
el 6 de agosto de 2010	Conocí a Lady Gaga.	Estaba en el gimnasio con un amigo.	Llovía mucho.

B. Intercambia tu información con tres compañeros/as. Ellos/as te van a hacer preguntas sobre lo que te pasó.

Comunicación

4 **La mañana de Esperanza**

A. En parejas, observen los dibujos. Escriban lo que le pasó a Esperanza después de abrir la puerta de su casa. ¿Cómo fue su mañana? Utilicen el pretérito y el imperfecto en la narración.

B. Con dos parejas más, túrnense para presentar las historias que han escrito. Después, combinen sus historias para hacer una nueva.

5 **Síntesis** En grupos de cuatro, turnénse para pasarse una hoja de papel. Cada uno/a escribe una oración con el fin de narrar un cuento sobre un día extraordinario en el que la rutina diaria se vio interrumpida por una serie de eventos inesperados. Después, presenten sus cuentos a la clase. Utilicen el pretérito, el imperfecto y el vocabulario de esta lección. Sean creativos/as.

> **MODELO**
> —El día empezó como cualquier otro día…
> —Me levanté, me arreglé y salí para la clase de las nueve…
> —Caminaba por la avenida central como siempre, cuando, de repente, en medio de la calle, vi algo horroroso, algo que me hizo temblar de miedo…

3 EN PANTALLA

Antes de ver el corto

ADIÓS MAMÁ

país México
duración 7 minutos
director Ariel Gordon
protagonistas hombre joven, señora

Vocabulario

afligirse *to get upset*
el choque *crash*
despedirse (e:i) *to say goodbye*
las facciones *(facial) features*
parecerse *to look like*
repentino/a *sudden*
el timbre *tone of voice*
titularse *to graduate*

1 **Practicar** Completa cada una de las rimas usando el vocabulario del corto.

1. Cuando Anabel tiene un problema, _____, pero nunca lo corrige.
2. ¡Qué buen actor! Sus _____ siempre reflejan sus acciones.
3. ¡Pobre don Roque! Compró carro nuevo y a los dos días tuvo un _____.
4. No me gusta el _____ de voz de ese hombre.
5. ¡Qué estilos tan variados! Las pinturas son trece y ninguna _____.
6. Le faltan muchos cursos. Si no decide apurarse (*hurry up*), nunca va a _____.

2 **Comentar** En parejas, intercambien opiniones sobre las preguntas.

1. ¿Hablan con desconocidos en algunas ocasiones? ¿En qué situaciones?
2. Según su título, ¿de qué creen que va a tratar el corto?
3. ¿En qué lugares es más fácil o frecuente hablar con gente que no conocen? Den dos o tres ejemplos.
4. ¿A veces son ingenuos/as? ¿Se creen historias falsas? Den ejemplos.
5. ¿Alguna vez les sucedió algo interesante o divertido en un supermercado? ¿Qué sucedió?
6. Observen los fotogramas. ¿Qué creen que va a pasar en este cortometraje?

Escenas

ARGUMENTO Un hombre está en el supermercado. En la fila para pagar, la señora que está delante de él le habla.

SEÑORA Se parece a mi hijo. Realmente es igual a él.
HOMBRE Ah, pues no, no sé qué decir.

SEÑORA Murió en un choque. El otro conductor iba borracho. Si él viviera, tendría la misma edad que usted.
HOMBRE Por favor, no llore.

SEÑORA ¿Sabe? Usted es su doble. Bendito sea el Señor que me ha permitido ver de nuevo a mi hijo. ¿Le puedo pedir un favor?
HOMBRE Bueno.

SEÑORA Nunca tuve oportunidad de despedirme de él. Su muerte fue tan repentina. ¿Al menos podría llamarme "mamá" y decirme adiós cuando me vaya?

SEÑORA ¡Adiós, hijo!
HOMBRE ¡Adiós, mamá!
SEÑORA ¡Adiós, querido!
HOMBRE ¡Adiós, mamá!

CAJERA No sé lo que pasa, la máquina desconoce el artículo. Espere un segundo a que llegue el gerente.
(*El gerente llega y ayuda a la cajera.*)

Después de ver el corto

1 **Comprensión** Contesta las preguntas con oraciones completas.

1. ¿Dónde están los personajes?
2. ¿Qué relación hay entre el hombre y la señora?
3. ¿A quién dice la señora que se parece el hombre?
4. ¿Por qué dice la señora que no pudo despedirse de su hijo?
5. ¿Qué favor le pide la señora al hombre?
6. ¿Cuántas compras tiene que pagar el hombre? ¿Por qué?

2 **Ampliación** En parejas, háganse las preguntas.

1. ¿Has sido alguna vez víctima de un fraude similar? ¿Qué pasó?
2. ¿Qué haces cuando un desconocido te pide un favor?
3. ¿Qué creen que pasa después del final? ¿Tiene que pagar la cuenta completa el hombre? ¿Tiene que intervenir la policía?
4. Después de lo que sucedió, ¿qué consejos puede darles el hombre a sus amigos?

3 **Inventar** En parejas, lean la cita y consideren que la señora realmente tiene un hijo, pero que no murió. Imagínenlo. ¿Qué le pasó? ¿Cómo fue su vida? ¿Visitaba a su madre con frecuencia? Escriban un párrafo de diez líneas.

> **" Murió en un choque. El otro conductor iba borracho. Si él viviera, tendría la misma edad que usted. Se habría titulado y probablemente tendría una familia. Yo sería abuela. "**

4 **Imaginar** En parejas, describan la vida de uno los personajes del corto. Escriban por lo menos cinco oraciones, usando como base las preguntas.

- ¿Cómo es?
- ¿Dónde vive?
- ¿Con quién vive?
- ¿Qué le gusta?
- ¿Qué no le gusta?
- ¿Tiene dinero?

5 **Detective** El joven está contándole a un(a) detective lo que pasó en el supermercado. En parejas, uno/a de ustedes es el/la detective y el/la otro/a es el hombre. Preparen las preguntas y representen la escena delante de la clase.

6 **Notas** Imagina que eres el/la detective y escribe un informe (*report*) de lo que pasó en el supermercado. Tiene que ser un informe lo más completo posible. Puedes inventar los datos que tú quieras.

3 LECTURAS

La siesta, 2010
Oscar Sir Avendaño, Colombia

"Tras el vivir y el soñar, está lo que
más importa: el despertar."

— Antonio Machado

LITERATURA

Antes de leer

Último brindis

Sobre el autor

Nicanor Parra nació en 1914, en San Fabián, Chile. Era el mayor de ocho hermanos, entre los que se encuentra la famosa cantante chilena Violeta Parra. Además de poeta, Nicanor Parra es matemático y físico. A los 17 años se marchó a Santiago para estudiar y allí, influido por la obra de García Lorca y de los surrealistas, comenzó a escribir. En 1937 apareció su primer libro de poemas, *Cancionero sin nombre*. En 1954 publicó su obra más conocida, *Poemas y antipoemas*, que marcó una nueva tendencia en la poesía hispanoamericana con su estilo directo y su marcado sentido del humor. Por su carrera literaria y su trabajo por la renovación de la lengua, se le concedió el Premio Cervantes en 2011.

Vocabulario

las alternativas *options*	**la copa** *glass*	**el mañana** *the future*
el ayer *the past*	**deshojar** *to pull out petals*	**pertenecer** *to belong*
el brindis *toast*	**disponer (de)** *to have; to make use of*	**en resumidas cuentas** *in a nutshell*

Vocabulario Completa las oraciones.

1. Puedes _____ mis libros cuando quieras.
2. No sé a quién _____ esa agenda, pero no es mía.
3. Pasaron muchas cosas más pero, _____, perdimos el campeonato.
4. En la celebración de la boda se hizo _____ en honor de los novios.
5. Mi abuela siempre recuerda _____ con melancolía.
6. En la obra de teatro, Ana _____ una flor y dice: "me quiere", "no me quiere".

Conexión personal ¿Te preocupa el paso del tiempo? ¿Cuáles te parecen las ventajas de ser joven? ¿Y de ser viejo? ¿Por qué piensas que la juventud recibe tanta atención en nuestra cultura? ¿Te consideras un optimista o un pesimista de la vida?

Análisis literario: La antipoesía

El inicio de la antipoesía se atribuye al escritor Nicanor Parra con la publicación de su obra *Poemas y Antipoemas*. La antipoesía aparece como reacción a la temática y al lenguaje de la poesía solemne y grandiosa, y critica la imagen del poeta como un ser sagrado. El antipoeta se ocupa de la vida del hombre común y usa el humor negro, la ironía, el sarcasmo, el cliché y el lenguaje cotidiano en un tono escéptico y pesimista. A veces, el antipoema toma la forma de un aviso publicitario o de una conferencia. Cuando leas *Último brindis*, intenta identificar características de la antipoesía.

Último brindis

Nicanor Parra

Lo queramos o no
Sólo tenemos tres alternativas:
El ayer, el presente y el mañana.

not even   Y ni siquiera° tres
5   Porque como dice el filósofo
El ayer es ayer
Nos pertenece sólo en el recuerdo:
A la rosa que ya se deshojó
No se le puede sacar otro pétalo.

10   Las cartas por jugar
Son solamente dos:
El presente y el día de mañana.

Y ni siquiera dos
Porque es un hecho bien establecido
15   Que el presente no existe
Except   Sino° en la medida en que se hace pasado
Y ya pasó...
como la juventud.

En resumidas cuentas
20   Sólo nos va quedando el mañana:
Yo levanto mi copa
Por ese día que no llega nunca
Pero que es lo único
De lo que realmente disponemos. ■

Después de leer

Último brindis
Nicanor Parra

1 **Comprensión** Contesta las preguntas con oraciones completas.
1. ¿Qué alternativas ve el poeta en la vida?
2. ¿Quién dice que "el ayer es el ayer"?
3. ¿Con qué se compara el pasado?
4. Según el autor, ¿cuáles son las dos cartas que podemos jugar?
5. ¿Cuál es, según el poeta, el problema del presente?
6. ¿Cómo termina el poema?

2 **Interpretación** Contesta las preguntas.
1. ¿Cuál crees que es el tema de *Último brindis*?
2. ¿A quién piensas que le habla el poeta?
3. ¿Por qué te parece que dice "lo queramos o no"?
4. ¿A qué se refiere con "las cartas por jugar"?
5. ¿En qué estado se encuentra una rosa deshojada y qué dice esto del paso del tiempo?
6. ¿Crees que para el poeta disponemos realmente de alguna alternativa en la vida?

3 **Análisis** En parejas, respondan a las preguntas.
1. ¿Creen que *Último brindis* es un poema de esperanza o de todo lo contrario? ¿Por qué?
2. ¿Por qué creen que, según el poeta, el mañana es "ese día que no llega nunca"?
3. Los brindis honran a alguien o festejan alguna situación. ¿Cómo utiliza el poeta su *Último brindis*?
4. ¿Por qué creen que el autor se refiere a este brindis como el "último"?

4 **Ampliación** En parejas, relean el poema.
1. ¿Creen que la edad del poeta tiene algo que ver con el contenido del poema?
2. ¿En qué les hace pensar el poema?
3. ¿Qué palabra que no se menciona nunca es esencial en el poema?
4. ¿Qué elementos de la antipoesía pueden identificar en el poema?

5 **El tiempo** En grupos, elijan una de las siguientes opciones y escriban un texto publicitario. Deben justificar la necesidad de comprar el producto, describir sus efectos o ventajas y citar testimonios de personas que han usado el producto previamente. Luego, presenten su trabajo a la clase.

- Pastillas milagrosas para vivir más de 200 años.
- Un boleto de ida y vuelta para un viaje en el tiempo.
- Un espejo que te muestra cómo será tu vida en 20 años.
- Un jarabe que te permite olvidar los momentos del pasado que no quieres recordar.

126 *ciento veintiséis*

Lección 3

CULTURA

Antes de leer

Vocabulario

el cansancio *exhaustion*
el cuadro *painting*
fatigado/a *fatigued*
imprevisto/a *unexpected*
la obra maestra *masterpiece*

pintar *to paint*
el/la pintor(a) *painter*
previsto/a *planned*
retratar *to portray*
el retrato *portrait*

Pablo Picasso Completa las oraciones con el vocabulario de la tabla.

Guernica, de Pablo Picasso

1. De todo el arte del Museo Reina Sofía, yo prefiero los _____ de Pablo Picasso.
2. De muy joven, el _____ español creaba arte realista.
3. Al poco tiempo, este gran artista empezó a _____ obras de otros estilos e inventó el cubismo.
4. Su obra más famosa, el *Guernica*, quiere _____ el horror del bombardeo alemán al pueblo de Guernica, en el norte de España.
5. Según mucha gente, el *Guernica* es su creación más importante, la _____ de Picasso.

Conexión personal ¿Qué haces para recordar los eventos y las personas que son importantes para ti? ¿Sacas fotos o mantienes un diario? ¿Cuentas historias? ¿Cuáles son algunos de los recuerdos que te gustaría recordar para siempre?

Contexto cultural

Niños comiendo uvas y un melón, Bartolomé Esteban Murillo

Del siglo XVI al siglo XVII, España pasó de ser una enorme potencia política a ser un imperio en camino de extinción. Donde antes había victorias militares, riqueza (*wealth*) y expansión, ahora había crisis política y económica, y decadencia. Sin embargo, estos problemas contrastaban con la extraordinaria producción artística y literaria del Siglo de Oro. A pesar de su éxito, se consideraba a los pintores más artesanos que artistas y, por lo tanto, no eran de alta posición social. Muchos artistas trabajaban por encargo; la realeza y la nobleza eran sus mecenas (*patrons*). Con sus obras, contribuían a la educación cultural, y a menudo religiosa, de la sociedad.

La vida diaria

Vieja friendo huevos

El arte de la vida diaria

Diego Velázquez es importante no sólo por su mérito artístico, sino también por lo que nos cuentan sus cuadros. Conocido sobre todo como pintor de retratos, Velázquez se interesaba también por temas mitológicos y escenas cotidianas.
5 En todo su arte, examinaba y reproducía en minucioso detalle sólo aquello que veía. Su imitación de la naturaleza, de lo inmediatamente observable, era lo que daba vida a su arte y a la vez creaba un arte de la vida diaria.

Antes de mudarse a la Corte del Rey°, Velázquez pintó cuadros de temas cotidianos. Un ejemplo célebre es la *Vieja friendo huevos* (1618). El cuadro capta un momento sin aparente importancia: una mujer vieja cocina mientras un niño trae aceite y un melón. Varios objetos de la casa, reproducidos con precisión, llenan el lienzo°, dignos de nuestra atención, por ejemplo: la cuchara, un plato blanco en el que descansa un cuchillo, jarras°, una cesta de paja°. Junto con la comida que prepara —no hay carne ni variedad— la ropa típica de pobre sugiere que la mujer es humilde. Con el cuadro, Velázquez interrumpe un momento que podría ser de cualquier día. No es una naturaleza muerta°, sino un instante de la vida.

Incluso cuando pintaba temas mitológicos, Velázquez tomaba como modelo gente de la calle. Por eso, se pueden percibir escenas diarias en temas distanciados de la época. Un ejemplo es *El triunfo° de Baco* (1628–9). En este cuadro, el dios romano del vino se sienta en un campo abierto, no con otros dioses, sino con campesinos°. Sus caras fatigadas reflejan a la vez el cansancio de una vida de trabajo —la vida del plebeyo° español era entonces especialmente dura— y la alegría de poder descansar un rato.

En los cuadros de la Corte, Velázquez nos da una imagen rica y compleja del mundo del

El triunfo de Baco

palacio. En vez de retratar exclusivamente a la familia real y los nobles, incluye también toda la tropa de personajes que los servía y entretenía. En este grupo numeroso entraban enanos° y bufones°, a quienes Velázquez pinta con dignidad. En *Las Meninas* (1656), su cuadro más famoso y misterioso, la princesa Margarita está rodeada° por sus damas, enanos y un perro. A la izquierda, el mismo Velázquez pinta detrás de un lienzo inmenso. En el fondo° se ve una imagen de los reyes.

Sin embargo, el cuadro sugiere más preguntas que respuestas. ¿Dónde están exactamente el rey y la reina? ¿La imagen de ellos que vemos es un reflejo de espejo°? ¿Qué pinta el artista y por qué aparece en el cuadro? ¿Qué significa? Tampoco se sabe por qué se detiene aquí el grupo: puede ser por una razón prevista, como posar para un cuadro; o puede ser algo totalmente imprevisto, un momento efímero° de la vida de una princesa y su grupo. ¿Es un momento importante? *Las Meninas* invita al debate sobre un instante que no se pierde sólo porque un pintor lo capta y lo rescata° del olvido. Paradójicamente es su enfoque en lo momentáneo y en el detalle de la vida común lo que eleva a Velázquez por encima de otros grandes artistas. ■

Las Meninas

Biografía breve
1599 Diego Velázquez nace en Sevilla.
1609 Empieza sus estudios formales de arte.
1623 Nombrado pintor oficial del Rey Felipe IV en Madrid.
1660 Muere después de una breve enfermedad.

Después de leer

El arte de la vida diaria

1 **Comprensión** Después de leer el texto, decide si las oraciones son **ciertas** o **falsas**. Corrige las falsas.

1. Velázquez es conocido sobre todo como pintor religioso.
2. Velázquez era un pintor impresionista que transformaba su sujeto en la imaginación.
3. Por lo general, Velázquez tomaba como modelo gente de la calle.
4. En *El triunfo de Baco*, el dios romano del vino se sienta con campesinos españoles.
5. Velázquez retrataba exclusivamente a la familia real y a los nobles.
6. Velázquez se autorretrata en *Las Meninas*.

2 **Interpretación** Contesta las preguntas con oraciones completas.

1. ¿Se refleja de alguna manera la crisis económica del siglo XVII en los cuadros de Velázquez? Menciona detalles específicos en tu respuesta.
2. ¿Qué te enseña *Vieja friendo huevos* sobre la vida en España en el siglo XVII?
3. ¿Es *El triunfo de Baco* un cuadro realista? Explica tu respuesta.
4. ¿Te sorprende que Velázquez represente a los sirvientes de la Corte? ¿Por qué?
5. ¿En qué sentido es *Las Meninas* un cuadro misterioso?

3 **Análisis** En parejas, respondan a las preguntas.

1. A través de pequeños detalles, *El triunfo de Baco* revela mucho sobre la posición social de los hombres del cuadro. Estudien, por ejemplo, la ropa y el aspecto físico para describir y analizar su situación económica. ¿Cuál es su conclusión?
2. ¿Qué o quién es el personaje central de *Las Meninas*? ¿El grupo de la princesa? ¿Los reyes? ¿El mismo Velázquez? ¿El arte? Comenten sus hipótesis sobre la obra maestra de Velázquez.

4 **Reflexión** En grupos de cuatro, comparen cómo se entretenía la realeza en el pasado con cómo se entretienen los líderes de las naciones modernas. Usen estas preguntas como guía.

- Antes, los reyes tenían bufones. ¿Qué piensan de la situación social de los bufones de la Corte? ¿Es ético utilizar a las personas para la diversión?
- ¿Qué familias presidenciales conocen? ¿Cómo viven? ¿Su vida cotidiana es diferente a la de los reyes de otras épocas?
- ¿Se puede ser parte del poder político y tener una vida cotidiana normal?

5 **Recuerdos** Imagina que *Vieja friendo huevos* capta, como una fotografía, un momento de tu propio pasado cuando ayudabas a tu abuela en la cocina. Inspirándote en el cuadro de Velázquez, inventa una historia. ¿Qué hacía tu abuela? ¿Cómo pasaba los días? Y tú, ¿por qué llegaste a la cocina aquel día? ¿Te mandó tu madre o tenías hambre? Utilizando los tiempos del pasado que conoces, describe esta escena de tu infancia.

130 *ciento treinta*

Lección 3

Atando cabos

¡A conversar!

Un día en la historia Trabajen en grupos pequeños para preparar una presentación sobre un día en la vida de un personaje histórico hispano.

Presentaciones

Tema: Elijan un personaje histórico hispano. Algunos personajes que pueden investigar son: Sor Juana Inés de la Cruz, Simón Bolívar, José de San Martín, Emiliano Zapata, Catalina de Erauso, Álvar Núñez Cabeza de Vaca, Fray Bartolomé de las Casas. Pueden elegir también un personaje que no esté en la lista.

Investigación y preparación: Busquen información en Internet o en la biblioteca. Recuerden buscar o preparar materiales visuales. Una vez reunida la información necesaria sobre el personaje, imagínense un día en su vida cotidiana, desde que se levantaba hasta que se acostaba. Al imaginar los detalles, tengan en cuenta la época en la que vivió el personaje.

Organización: Hagan un esquema (*outline*) que los ayude a planear la presentación.

Presentación: Utilicen el pretérito y el imperfecto para las descripciones. Traten de promover la participación a través de preguntas y alternen la charla con materiales visuales.

Simón Bolívar

¡A escribir!

Una anécdota del pasado Sigue el plan de redacción para contar una anécdota que te haya ocurrido en el pasado. Piensa en una historia divertida, dramática o interesante relacionada con uno de estos temas:

- un regalo especial que recibiste
- una situación en la que usaste una excusa falsa y las cosas no te salieron bien
- una situación en la que fuiste muy ingenuo/a

Plan de redacción

Título: Elige un título breve que sugiera el contenido de la historia pero que no dé demasiada información.

Contenido: Explica qué estaba pasando cuando ocurrió el acontecimiento, dónde estabas, con quién estabas, qué pasó, cómo pasó, etc. Usa expresiones como: **al principio, al final, después, entonces, luego, todo empezó/comenzó cuando,** etc. Recuerda que debes usar el pretérito para las acciones y el imperfecto para las descripciones.

Conclusión: Termina la historia explicando cuál fue el resultado del acontecimiento y cómo te sentiste.

3 VOCABULARIO

En casa

el balcón	balcony
la escalera	staircase
el hogar	home; fireplace
la limpieza	cleaning
los muebles	furniture
los quehaceres	chores
apagar	to turn off
barrer	to sweep
calentar (e:ie)	to warm up
cocinar	to cook
encender (e:ie)	to turn on
freír (e:i)	to fry
hervir (e:ie)	to boil
lavar	to wash
limpiar	to clean
pasar la aspiradora	to vacuum
poner/quitar la mesa	to set/clear the table
quitar el polvo	to dust
tocar el timbre	to ring the doorbell

De compras

el centro comercial	mall
el dinero en efectivo	cash
la ganga	bargain
el probador	dressing room
el reembolso	refund
el supermercado	supermarket
la tarjeta de crédito/ débito	credit/debit card
devolver (o:ue)	to return (items)
hacer mandados	to run errands
ir de compras	to go shopping
probarse (o:ue)	to try on
seleccionar	to select; to pick out
auténtico/a	genuine
barato/a	inexpensive
caro/a	expensive

Expresiones

a menudo	often
a propósito	on purpose
a tiempo	on time
a veces	sometimes
apenas	hardly; scarcely
así	like this; so
bastante	quite; enough
casi	almost
casi nunca	rarely
de repente	suddenly
de vez en cuando	once in a while
en aquel entonces	at that time
en el acto	on the spot
enseguida	right away
por casualidad	by chance

La vida diaria

la agenda	schedule
la costumbre	custom; habit
el horario	schedule
la rutina	routine
la soledad	solitude; loneliness
acostumbrarse (a)	to get used to
arreglarse	to get ready
averiguar	to find out
probar (o:ue) (a)	to try
soler (o:ue)	to tend to do something
atrasado/a	late
cotidiano/a	everyday
diario/a	daily
inesperado/a	unexpected

Más vocabulario

Expresiones útiles	Ver p. 99
Estructura	Ver pp. 106–107, 110–111 y 114–115

En pantalla

el choque	crash
las facciones	(facial) features
el timbre	tone of voice
afligirse	to get upset
despedirse (e:i)	to say goodbye
parecerse	to look like
titularse	to graduate
repentino/a	sudden

Literatura

las alternativas	options
el ayer	past
el brindis	toast
la copa	glass
el mañana	the future
deshojar	to pull out petals
disponer (de)	to have; to make use of
pertenecer	to belong
en resumidas cuentas	in a nutshell

Cultura

el cansancio	exhaustion
el cuadro	painting
la obra maestra	masterpiece
el/la pintor(a)	painter
el retrato	portrait
pintar	to paint
retratar	to portray
fatigado/a	fatigued
imprevisto/a	unexpected
previsto/a	planned

132 ciento treinta y dos

Lección 3

La salud y el bienestar 4

Contextos
páginas 134–137
- Los síntomas y las enfermedades
- La salud y el bienestar
- Los médicos y el hospital
- Las medicinas y los tratamientos

Fotonovela
páginas 138–141
- ¿Dulces? No, gracias.

El mundo hispano
Colombia
páginas 142–145
- **En detalle:** De abuelos y chamanes
- **Perfil:** La ciclovía de Bogotá
- **Flash Cultura:** Las farmacias

Estructura
páginas 146–159
- The subjunctive in noun clauses
- Commands
- **Por** and **para**

Manual de gramática
páginas A23–A27
- Más práctica
- Gramática adicional

En pantalla
páginas 160–163
- **Cortometraje:** *Ayúdame a recordar*

Lecturas
páginas 164–172
- **Literatura:** *Mujeres de ojos grandes* de Ángeles Mastretta
- **Cultura:** *Colombia gana la guerra a una vieja enfermedad*

Atando cabos
página 173
- ¡A conversar!
- ¡A escribir!

Communicative Goals
You will expand your ability to...
- express will and emotion
- express doubt and denial
- give orders, advice, and suggestions

4 CONTEXTOS

La salud y el bienestar

Los síntomas y las enfermedades

Inés pensaba que tenía sólo un **resfriado,** pero no paraba de **toser** y estaba **agotada.** El médico le confirmó que era una **gripe** y que debía **permanecer** en cama.

la depresión depression
la enfermedad disease; illness
la gripe flu
la herida wound
el malestar discomfort
la obesidad obesity
el resfriado cold
la respiración breathing
la tensión (alta/baja) (high/low) blood pressure
la tos cough
el virus virus

contagiar(se) to pass on (an illness); to become infected

desmayarse to faint
empeorar to get worse
enfermarse to get sick
estar resfriado/a to have a cold
lastimarse to get hurt
permanecer to remain
ponerse bien/mal to get well/sick
sufrir (de) to suffer (from)
tener buen/mal aspecto to look healthy/sick
tener fiebre to have a fever
toser to cough

agotado/a exhausted
inflamado/a inflamed
mareado/a dizzy

La salud y el bienestar

la alimentación diet (nutrition)
la autoestima self-esteem
el bienestar well-being
el estado de ánimo mood
la salud health

adelgazar to lose weight
descansar to rest
engordar to gain weight
estar a dieta to be on a diet
mejorar(se) to improve
prevenir (e:ie) to prevent
relajarse to relax
trasnochar to stay up all night

sano/a healthy

Los médicos y el hospital

la cirugía surgery
el/la cirujano/a surgeon
la consulta doctor's appointment
el consultorio doctor's office
la operación operation
los primeros auxilios first aid
la sala de emergencias emergency room

Variación léxica

la gripe ⟷ la gripa
el resfriado ⟷ el resfrío; el catarro
agotado/a ⟷ fatigado/a
inflamado/a ⟷ hinchado/a
sano/a ⟷ saludable
la medicina ⟷ el medicamento
la pastilla ⟷ la píldora
la sala de emergencias ⟷ la sala de urgencias
poner una inyección ⟷ dar una inyección

Las medicinas y los tratamientos

A Ignacio no le gusta tomar medicinas. Nunca toma **pastillas** ni **jarabes**. Sin embargo, le dolía tanto la cabeza que tuvo que tomarse un **analgésico**. El doctor le dijo que tenía la **tensión alta**.

el analgésico painkiller
la aspirina aspirin
el calmante sedative; painkiller
los efectos secundarios side effects
el jarabe syrup
la pastilla pill
la receta prescription
el tratamiento treatment
la vacuna vaccine
la venda bandage
el yeso cast

curarse to be cured
poner(se) una inyección to give/get a shot
recuperarse to recover
sanar to cure
tratar to treat
vacunar(se) to vaccinate/ to get vaccinated
curativo/a healing

Práctica

1 Escuchar

A. Escucha la conversación entre Sara y su hermano David. Después completa las oraciones y decide quién dijo cada una.

1. No sé lo que me pasa, la verdad. Estoy siempre _____. _____

2. Creo que _____ demasiado. ¿Has ido al _____? _____

3. No he ido porque no tenía _____, sólo era un ligero _____. _____

4. Deja de ser una niña. Tienes que _____. _____

5. Por eso te llamo. No se me va el dolor de estómago ni con _____. _____

6. Ahora mismo llamo al doctor Perales para hacerle una _____. _____

B. A Sara le diagnosticaron apendicitis. Escucha lo que le dice la cirujana a la familia después de la operación y luego contesta las preguntas.

1. ¿Qué tiene que tomar Sara cada ocho horas?
2. ¿Cómo se puede sentir al principio?
3. ¿Va a tomar mucho tiempo su recuperación?
4. ¿Puede comer de todo?
5. ¿Qué es lo más importante que tiene que hacer ahora Sara?

2 A curarse Indica qué tiene que hacer cada persona en cada situación.

____ 1. Se lastimó con un cuchillo.
____ 2. Tiene fiebre.
____ 3. Su estado de ánimo es malo.
____ 4. Quiere prevenir la gripe.
____ 5. Tiene una enfermedad grave.
____ 6. Está obeso/a.

a. empezar una dieta
b. comenzar un tratamiento
c. hablar con un(a) amigo/a
d. ponerse una venda
e. tomar aspirinas y descansar
f. ponerse una vacuna

La salud y el bienestar

Práctica

3 **Definiciones** Completa el acróstico con la ayuda de las definiciones. Al terminarlo, se formará una palabra de **Contextos**.

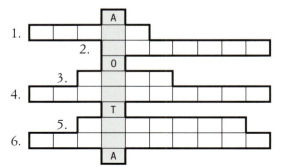

1. Organismo muy pequeño que transmite enfermedades.
2. Si la tienes alta, puedes tener problemas del corazón.
3. Material blanco que se usa para inmovilizar fracturas.
4. No dormir en toda la noche.
5. Es sinónimo de *operación*.
6. Caerse y quedar inconsciente.

4 **Amelia está enferma** Completa las oraciones con la opción lógica.

1. Amelia está tosiendo continuamente. No se le cura (la gripe/la depresión).
2. Sus compañeros de trabajo no se enfermaron este año porque se (lastimaron/vacunaron).
3. Su madre siempre le había dicho que es preferible (mejorar/prevenir) las enfermedades que curarlas.
4. El médico le dio una receta para (un jarabe/un consultorio).
5. Su jefe le ha dicho que no vaya a trabajar. Ella tiene que volver a la oficina cuando esté (agotada/recuperada).

5 **Malos hábitos** Martín tiene hábitos que no son buenos para la salud. Completa la conversación entre Martín y su doctor con las palabras de la lista. Haz los cambios necesarios.

ánimo	dieta	mejorar	sano
deprimido	empeorar	pastillas	trasnochar
descansar	engordar	salud	vacuna

MARTÍN Doctor, a mí me gusta mucho comer pizza mientras veo la tele.
DOCTOR Por eso usted está (1) _____ tanto. Debe hacer ejercicio y (2) _____ su alimentación.
MARTÍN También me gusta salir y acostarme tarde.
DOCTOR No es bueno (3) _____ todo el tiempo. Es importante (4) _____.
MARTÍN Pero ¡doctor! ¿Puedo comer helados y chocolates, por lo menos?
DOCTOR No, Martín. Usted debe tener una (5) _____ balanceada. Debe comer más frutas y verduras.
MARTÍN ¡Todo lo que me gusta hacer es malo para la (6) _____!
Si le hago caso a usted, voy a estar (7) _____ pero deprimido.
DOCTOR No es así. Si usted mejora su forma física, su estado de (8) _____ va a mejorar también. Recuerde: "Mente sana en cuerpo sano".

136 *ciento treinta y seis* Lección 4

Comunicación

6 Vida sana

A. En parejas, háganse las preguntas de la encuesta.

	Siempre	A menudo	De vez en cuando	Nunca
1. ¿Trasnochas más de dos veces por semana?	☐	☐	☐	☐
2. ¿Practicas algún deporte?	☐	☐	☐	☐
3. ¿Consumes vitaminas y minerales diariamente?	☐	☐	☐	☐
4. ¿Comes mucha comida frita?	☐	☐	☐	☐
5. ¿Tienes dolores de cabeza?	☐	☐	☐	☐
6. ¿Te enfermas?	☐	☐	☐	☐
7. ¿Desayunas sin prisa?	☐	☐	☐	☐
8. ¿Pasas muchas horas al día sentado/a?	☐	☐	☐	☐
9. ¿Te pones de mal humor?	☐	☐	☐	☐
10. ¿Tienes problemas para dormir?	☐	☐	☐	☐

B. Imagina que eres médico/a. ¿Tiene tu compañero/a una vida sana? ¿Qué debe hacer para mejorar su salud? Utiliza la conversación entre Martín y su médico de la Actividad 5 como modelo.

7 Citas célebres

A. En grupos de cuatro, elijan las citas (*quotations*) que les parezcan más interesantes y expliquen por qué las eligieron.

La salud

"La salud no lo es todo, pero, sin ella, todo lo demás es nada."
A. Schopenhauer

"El ser humano pasa la primera mitad de su vida arruinando la salud y la otra mitad intentando recuperarla."
Joseph Leonard

"Come poco y cena más poco, que la salud de todo el cuerpo se decide en la oficina del estómago."
Miguel de Cervantes

La medicina

"Antes que al médico, llama a tu amigo."
Pitágoras

"Los médicos no están para curar, sino para recetar y cobrar; curarse o no es cuenta del enfermo."
Molière

"La esperanza es el mejor médico que yo conozco."
Alejandro Dumas, hijo.

La enfermedad

"El peor de todos los males es creer que los males no tienen remedio."
Francisco Cabarrus

"La investigación de las enfermedades ha avanzado tanto que cada vez es más difícil encontrar a alguien que esté completamente sano."
Aldous Huxley

"El arte de la medicina consiste en entretener al paciente mientras la Naturaleza cura la enfermedad."
Voltaire

B. Utilicen el vocabulario de **Contextos** para escribir una frase original sobre la salud. Compártanla con la clase. ¿Cuál es la frase más original?

4 FOTONOVELA

Los empleados de *Facetas* se preocupan por mantenerse sanos y en forma.

DIANA ¿Johnny? ¿Qué haces aquí tan temprano?

JOHNNY Madrugué para ir al gimnasio.

DIANA ¿Estás enfermo?

JOHNNY ¿Qué? ¿Nunca haces ejercicio?

DIANA No mucho… A veces me dan ganas de hacer ejercicio, y entonces me acuesto y descanso hasta que se me pasa.

En la cocina…

JOHNNY (*habla con los dulces*) Los recordaré dondequiera que esté. Sé que esto es difícil, pero deben ser fuertes… No pongan esa cara de "cómeme". Por mucho que insistan, los tendré que tirar. Ojalá me puedan olvidar.

FABIOLA ¿Empezaste a ir al gimnasio? Te felicito. Para ponerse en forma hay que trabajar duro.

JOHNNY No es fácil.

FABIOLA No es difícil. Yo, por ejemplo, no hago ejercicio, pero trato de comer cosas sanas.

JOHNNY Nada de comidas rápidas.

FABIOLA ¡Cómo me gustaría tener tu fuerza de voluntad!

En la cocina…

DON MIGUEL ¡Válgame! Aquí debe haber como mil pesos en dulces. ¡Mmm! Y están buenos.

JOHNNY ¿Qué tal, don Miguel? ¿Cómo le va?

DON MIGUEL (*Sonríe sin poder decir nada porque está comiendo.*)

JOHNNY ¡Otro que se ha quedado sin voz! ¿Qué es esto? ¿Una epidemia?

FABIOLA ¿Qué compraste?

JOHNNY Comida bien nutritiva y baja en calorías. Juré que jamás volvería a ver un dulce.

FABIOLA ¿Qué es eso?

JOHNNY Esto es tan saludable que con sólo tocar la caja te sientes mejor.

FABIOLA ¿Y sabe bien?

JOHNNY Claro, sólo hay que calentarlo.

En la oficina de Aguayo…

DIANA Los nuevos diseños están perfectos. Gracias.

AGUAYO Mariela, insisto en que veas a un doctor. Vete a casa y no vuelvas hasta que no estés mejor. Te estoy dando un consejo. No pienses en mí como tu jefe.

DIANA Piensa en él como un amigo que siempre tiene razón.

Personajes

AGUAYO　　DIANA　　ÉRIC　　FABIOLA　　JOHNNY　　MARIELA　　DON MIGUEL

En la sala de conferencias…

AGUAYO (*dirigiéndose a Mariela*) Quiero que hagas unos cambios a estos diseños.

DIANA Creemos que son buenos y originales, pero tienen dos problemas.

ÉRIC Los que son buenos no son originales, y los que son originales no son buenos.

AGUAYO ¿Qué crees? (*Mariela no contesta.*)

Mariela escribe "perdí la voz" en la pizarra.

AGUAYO ¿Perdiste la voz?

DIANA Gracias a Dios… Por un momento creí que me había quedado sorda.

AGUAYO Estás enferma. Deberías estar en cama.

ÉRIC Sí, podías haber llamado para decir que no venías.

AGUAYO Por cierto, Diana, acompáñame a entregar los diseños ahora mismo. Tengo que volver enseguida. Estoy esperando una llamada muy importante.

DIANA Vamos.

Se van. Suena el teléfono. Mariela se queda horrorizada porque no puede contestarlo.

FABIOLA ¿No ibas a mejorar tu alimentación?

JOHNNY Si no puedes hacerlo bien, disfruta haciéndolo mal. Soy feliz.

FABIOLA Los dulces no dan la felicidad, Johnny.

JOHNNY Lo dices porque no has probado la Chocobomba.

Expresiones útiles

Giving advice and making recommendations

Insisto en que veas/vea a un doctor.
I insist that you go see a doctor. (fam./form.)

Te aconsejo que vayas a casa.
I advise you to go home. (fam.)

Le aconsejo que vaya a casa.
I advise you to go home. (form.)

Sugiero que te pongas a dieta.
I suggest that you go on a diet. (fam.)

Sugiero que se ponga usted a dieta.
I suggest that you go on a diet. (form.)

Asking about tastes

¿Y sabe bien?
And does it taste good?

¿Cómo sabe?
How does it taste?

Sabe a ajo/menta/limón.
It tastes like garlic/mint/lemon.

¿Qué sabor tiene? ¿Chocolate?
What flavor is it? Chocolate?

Tiene un sabor dulce/agrio/amargo/agradable.
It has a sweet/sour/bitter/pleasant taste.

Additional vocabulary

la comida rápida *fast food*
dondequiera *wherever*
la epidemia *epidemic*
la fuerza de voluntad *willpower*
madrugar *to wake up early*
mantenerse en forma *to stay in shape*
nutritivo/a *nutritious*
ponerse en forma *to get in shape*
quedarse sordo/a *to go deaf*
saludable *healthy*

La salud y el bienestar　　　　ciento treinta y nueve **139**

Comprensión

1 **¿Cierto o falso?** Indica si las oraciones son **ciertas** o **falsas**. Luego, corrige las falsas.

Cierto Falso

☐ ☐ 1. Johnny llegó temprano porque madrugó para ir al gimnasio.

☐ ☐ 2. Cuando Diana va al gimnasio, se queda dormida.

☐ ☐ 3. Los primeros diseños de Mariela están perfectos.

☐ ☐ 4. Diana se quedó sorda.

☐ ☐ 5. Don Miguel probó los dulces.

☐ ☐ 6. Johnny no continuó con su dieta.

2 **Oraciones incompletas** Completa las oraciones de la **Fotonovela** con la opción correcta.

1. Para ponerse ____ hay que trabajar duro.
   a. en cama b. a dieta c. en forma

2. ¡Cómo me gustaría tener tu fuerza ____!
   a. física b. de voluntad c. de carácter

3. ¡Otro que se ha quedado ____!
   a. sordo b. sin voz c. dormido

4. Piensa en él como un amigo que siempre ____.
   a. tiene razón b. se mantiene en forma c. se preocupa

3 **Títulos** Busca en la **Fotonovela** la palabra adecuada para poner un título a cada lista.

chocolates	correr	salchicha	sopa de verduras
caramelos	saltar	hamburguesa	ensalada
pastel de chocolate	caminar	papas fritas	pollo asado
postre	nadar	sándwich	frutas

4 **Opiniones**

A. Los empleados de *Facetas* tienen opiniones distintas sobre la salud y el bienestar. En parejas, escriban una descripción breve de la actitud de cada personaje. Utilicen los elementos de la lista y añadan sus propias ideas.

comer comidas sanas	**ir al gimnasio**	**permanecer en cama**
descansar	**ir al médico**	**probar los dulces**

MODELO Diana casi nunca va al gimnasio. Cree que es más importante descansar para mantenerse sana...

B. ¿Con qué opinión te identificas más? ¿Qué haces tú para mantenerte en forma?

140 *ciento cuarenta*

Lección 4

Ampliación

5 **Comidas rápidas**

A. Para ponerse en forma, Johnny decide evitar las comidas rápidas. En parejas, háganse las preguntas y comparen sus propias opiniones acerca de la comida rápida.

1. ¿Con qué frecuencia comes en restaurantes de comida rápida?
2. ¿Crees que la comida rápida es mala para la salud?
3. ¿Buscas opciones saludables cuando necesitas comer deprisa?
4. ¿Crees que las personas obesas tienen derecho a demandar (*sue*) a los restaurantes de comida rápida?

B. Ahora, en dos grupos, organicen un debate sobre los beneficios y desventajas de la comida rápida. Un grupo representa a los dueños y ejecutivos de los restaurantes, y el otro grupo representa a la gente que ha sufrido problemas de salud por comer demasiadas comidas rápidas.

6 **Apuntes culturales** En parejas, lean los párrafos y contesten las preguntas.

Los dulces

"Los recordaré dondequiera que esté", dice Johnny despidiéndose de los dulces. ¡A los hispanos les encantan los dulces! Un postre muy popular de la cocina colombiana, venezolana, mexicana y centroamericana es el postre de las **tres leches**. Este postre se prepara con leche fresca, leche condensada y crema de leche. ¡Un verdadero manjar (*delicacy*)!

El deporte colombiano

Fabiola dice que para ponerse en forma hay que trabajar duro. El ciclista colombiano **Nairo Quintana** sabe mucho de esto: a los 23 años ya era un héroe nacional. Nairo saltó a la fama en 2013 con su triunfo en la Vuelta al País Vasco, España. Ese mismo año, quedó segundo en el Tour de Francia, y en 2014 ganó el Giro de Italia.

Las comidas rápidas

Fabiola y Johnny conversan sobre las comidas rápidas. En los países hispanos, las cadenas estadounidenses adaptan los menús a los sabores locales. En Chile, McDonald's ofrece la **Pechuga Palta**, un sándwich de pollo con palta (*avocado*). En Argentina, los **McCafé** sirven bebidas como el **frappé de dulce de leche**. ¿Podrá resistirse Johnny?

1. ¿Conoces otros postres típicos de los países hispanos? ¿De qué países o regiones son? ¿Cuáles son los ingredientes principales?
2. Menciona postres o platos típicos de tu cultura. ¿Cuál es tu preferido?
3. ¿Qué deportistas hispanos juegan en equipos de los EE.UU.?
4. ¿Probaste comidas rápidas de otras culturas? ¿Cuáles? ¿Cuál es tu favorita?

4 EL MUNDO HISPANO

En detalle

COLOMBIA

DE ABUELOS Y CHAMANES

Sentada en su cocina en Bogotá, Marcela Mahecha destapa frasquitos° de hierbas y describe las "agüitas°" que le enseñó a preparar su abuela: agüita de toronjil° para calmar los nervios, agüita de paico° para los cólicos° y muchas más.

Muchos de estos remedios caseros° son más que simples "recetas de la abuela". Su uso proviene de los conocimientos milenarios que los curanderos° y chamanes° han ido pasando de generación en generación. Colombia, segundo país en el mundo en diversidad de especies vegetales, desarrolló una medicina tradicional muy rica, que aún hoy subsiste en todos los niveles de la sociedad. A pesar de la llegada de la medicina científica, muchas comunidades indígenas siguen practicando su medicina tradicional. Cuanto más aislada está la comunidad, mejor mantiene sus tradiciones.

En la cultura indígena americana, lo espiritual y lo corporal se funden° con la naturaleza. Los curanderos y chamanes son los responsables de mantener estos mundos en equilibrio. Para ello, combinan las propiedades medicinales de las plantas con ritos sagrados. En Colombia, al igual que en otros países, hay un renovado interés por conocer las propiedades medicinales de las plantas que se han usado durante siglos. Instituciones gubernamentales, universidades y organizaciones ecologistas intentan recuperar y conservar estos conocimientos. En sólo siete años, el Instituto Nacional de Vigilancia de Medicamentos y Alimentos aumentó de 17 a 95 el número de plantas medicinales aprobadas para usos curativos.

El deseo de las empresas farmacéuticas de apropiarse de las plantas y patentarlas ha hecho que el gobierno colombiano controle el derecho a sacarlas del país. Esto es importante porque algunas están en peligro de extinción y porque estas plantas forman parte indeleble de la identidad indígena. ■

Algunas plantas curativas

Chuchuguaza Árbol que crece en la región amazónica de Colombia, Ecuador y Perú. Se usa como diurético y también contra el reumatismo, la gota° y la anemia.

Gualanday Árbol originario del Valle del Cauca y que crece en las regiones colombianas de Putumayo y Amazonas. La corteza°, la hoja y la flor se usan contra neuralgias, dolores de huesos, várices° y afecciones del hígado°.

Sauco Árbol proveniente de cultivos en la sabana° de Bogotá. La hoja, la corteza, el fruto y la flor se usan para tratar afecciones bronquiales.

---

destapa frasquitos uncovers little jars **agüitas** herbal teas **toronjil** lemon balm **paico** Mexican tea (plant) **cólicos** cramps **caseros** home **curanderos** folk healers **chamanes** shamans **se funden** merge **gota** gout **corteza** bark **várices** varicose veins **afecciones del hígado** liver conditions **sabana** savannah

ASÍ LO DECIMOS

La salud y el bienestar

el/la buquí (R. Dom.) — *glutton*
cachucharse (Chi.) — *to hit oneself*
caer bien/mal — *to agree with (food)*
curar el empacho (Arg.) — *to cure indigestion*
estar constipado/a — *to have a cold / to be constipated*
  (Arg., Chi. y Uru.)
estar depre (Arg., Esp. y Pe.) — *to feel down*
estar funado/a (Chi.) — *to feel demotivated*
estar pachucho/a (Arg. y Esp.) — *to be under the weather*
el/la matasanos (Esp.) — *bad doctor; quack*
¡Se me parte la cabeza! (Arg.) — *I have a splitting headache!*

EL MUNDO HISPANOHABLANTE

La salud y el bienestar públicos

Los gobiernos hispanoamericanos suelen brindar servicios de salud pública gratuitos° a todos los ciudadanos. Algunos países, como Cuba, han desarrollado un **sistema de salud universalista** en el cual todos los servicios son gratuitos. Otros países, como Chile, tienen un modelo mixto, que combina el sector público con el privado.

En el **ránking del mejor país donde nacer** de 2013, hecho por *The Economist Intelligence Unit*, España aparece en el lugar 28 sobre un total de 80 países. Este ránking considera no sólo los ingresos económicos, sino también otros indicadores como el bienestar y la satisfacción individual de las personas.

El colombiano **Rodolfo Llinás** es quizá el científico hispanoamericano de más prestigio a nivel mundial. Llinás estudió para ser médico, pero decidió dedicarse a la investigación. Llinás trabajó con dos ganadores del premio Nobel y estableció la ley Llinás, según la cual cada tipo de neurona tiene una función específica y no puede ser sustituido por otro tipo.

gratuitos *free of charge*

PERFIL

LA CICLOVÍA DE BOGOTÁ

Todos los domingos y lunes festivos, se cierran algunas de las principales vías de la capital de Colombia para que más de un millón de habitantes salgan a la Ciclovía: 120 kilómetros para montar en bicicleta, caminar, correr o patinar. Es una forma de recreación para la comunidad, una manera distinta de recorrer la ciudad y una manera de promover un estilo de vida activo y saludable. La Ciclovía cuenta además con la Recreovía: espacios distribuidos en diferentes puntos del trayecto, en los cuales la gente tiene la oportunidad de hacer actividades físicas, como aeróbicos y clases de baile, dirigidas por instructores especializados. Estos servicios no tienen ningún costo y todos son bienvenidos. En el recorrido también se pueden encontrar puntos para la práctica de deportes extremos, zonas especiales para niños e incluso puestos de atención para mascotas. Algunos países como México, Chile y Venezuela también están implementando la Ciclovía como una opción de recreación para todos los habitantes de la ciudad.

> **"Los conocimientos de la medicina tradicional son conocimientos adquiridos de nuestros antepasados y mantienen vivas las más ricas culturas de América Latina."**
> (Donato Ayma, político boliviano)

Conexión Internet

¿Qué beneficios tienen los distintos tés de hierbas?

Investiga sobre este tema en Internet.

¿Qué aprendiste?

1 **Comprensión** Indica si estas afirmaciones son **ciertas** o **falsas**. Corrige las falsas.

1. Marcela aprendió a usar infusiones en un viaje a Colombia, la tierra de su abuela.
2. Colombia es uno de los países con mayor diversidad de especies vegetales.
3. En las prácticas curativas tradicionales, se combinan las propiedades curativas de las plantas con el poder curativo de los animales.
4. Los conocimientos sobre los poderes curativos de las plantas han pasado de padres a hijos a través de los siglos.
5. En Colombia, el uso de plantas curativas es popular sólo entre las comunidades indígenas.
6. A pesar de la llegada de la medicina científica, muchas comunidades mantuvieron sus prácticas medicinales tradicionales.
7. Las comunidades que mejor conservaron las tradiciones fueron las que estaban más cerca de la costa.
8. En Colombia, las instituciones no se preocupan por recuperar las tradiciones curativas.
9. Las empresas farmacéuticas quieren apropiarse de las plantas.
10. Colombia ha empezado a controlar las exportaciones de plantas curativas.

2 **Oraciones incompletas** Completa las oraciones con la información correcta.

1. En la Recreovía, los colombianos pueden hacer _____ o tomar clases de baile.
   a. aeróbicos   b. manualidades   c. concursos
2. Países como México, Chile y _____ también están implementando la Ciclovía.
   a. Costa Rica   b. El Salvador   c. Venezuela
3. En Chile, el sistema de salud sigue el modelo _____.
   a. mixto   b. universalista   c. privado
4. Rodolfo Llinás descubrió que un tipo de _____ no puede ser sustituido por otro.
   a. cerebro   b. neurona   c. cáncer
5. En Chile, usan *estar funado* para decir que alguien tiene _____.
   a. indigestión   b. gripe   c. poca energía

3 **Opiniones** En parejas, hablen sobre estas preguntas. Después, compartan su opinión con la clase.

- ¿Se puede patentar la naturaleza?
- ¿Tienen derecho las empresas farmacéuticas a patentar plantas?
- ¿Tienen derecho a hacerlo si modifican la estructura genética de la planta?
- ¿Cuáles son las posibles consecuencias de patentar plantas y organismos vivos?

PROYECTO

Las plantas curativas

Como hemos visto, muchas comunidades latinoamericanas usan las plantas para curar diferentes enfermedades. Busca información en Internet o en la biblioteca sobre alguna de estas plantas.

Usa las preguntas como guía para tu investigación.

- ¿Para qué se usa la planta?
- ¿En qué comunidad(es) se usa?
- ¿Qué enfermedad(es) específica(s) cura?
- ¿Cómo se usa según la tradición?
- ¿Se comprobaron científicamente las propiedades de la planta?
- ¿Es común su uso en la medicina científica?

Las farmacias

Ya has leído sobre el interés renovado por conocer las propiedades medicinales de las plantas en Colombia. En este episodio de **Flash Cultura** conocerás las distintas opciones de farmacias que existen actualmente en uno de sus países vecinos, Ecuador.

VOCABULARIO ÚTIL

la arruga *wrinkle*	**el mostrador** *counter*
la baba de caracol *snail slime*	**la piel tersa** *smooth skin*
la cicatriz *scar*	**el ungüento** *ointment*
el estante *shelf*	**la vitrina** *glass cabinet*

Comprensión Indica si estas afirmaciones son **ciertas** o **falsas**. Después, corrige las falsas.

1. En Ecuador pueden encontrarse farmacias similares a las que hay en Estados Unidos o en Europa.
2. Las grandes farmacias no ofrecen remedios caseros como la crema de cicuta.
3. No es costumbre en Ecuador que el farmacéutico recete a los clientes.
4. En las farmacias tradicionales, los clientes no tienen acceso a los productos, que se guardan en estantes o vitrinas detrás del mostrador.
5. La crema de baba de caracol sirve para dolores e inflamación de la piel.
6. Para la medicina tradicional, algunas plantas son malas.

Expansión En parejas, contesten estas preguntas.

- Imagina que viajas a Ecuador y te enfermas. ¿Buscarías el consejo de un farmacéutico en vez de ir al médico? Justifica tu respuesta.
- Entre unas píldoras recetadas por el médico y una limpia de energía, ¿cuál elegirías? ¿Te parece que alguna de esas opciones puede ser mala para la salud? ¿Por qué?
- ¿En qué se parecen las farmacias de Ecuador a las de tu ciudad? ¿En qué se diferencian? ¿Qué tipo de farmacia te parece mejor? ¿Por qué?

¿Y tú? ¿Qué haces cuando sientes algún dolor? ¿Alguna vez tomaste medicamentos sin visitar antes al médico?

Corresponsal: Mónica Díaz
País: Ecuador

Los consejos personales que el farmacéutico ofrece al cliente es lo que distingue a las pequeñas farmacias de las grandes.

A veces, las personas en el mundo hispano utilizan medicina alternativa para curar sus dolencias°.

Para la medicina tradicional, la gripe es un bajón° de energía; a través de la limpia°, se aumenta la energía y de esa manera se sale de ese proceso.

dolencias *ailments* **bajón** *drop* **limpia** *cleansing*

4 ESTRUCTURA

4.1 The subjunctive in noun clauses

Forms of the present subjunctive

- The subjunctive (**el subjuntivo**) is used mainly in the subordinate (dependent) clause of multiple-clause sentences to express will, influence, emotion, doubt, or denial. The present subjunctive is formed by dropping the **-o** from the **yo** form of the present indicative and adding these endings.

The present subjunctive		
hablar	**comer**	**escribir**
hable	coma	escriba
hables	comas	escribas
hable	coma	escriba
hablemos	comamos	escribamos
habléis	comáis	escribáis
hablen	coman	escriban

- Verbs with irregular **yo** forms show that same irregularity in all forms of the present subjunctive.

conocer	conozca	seguir	siga
decir	diga	tener	tenga
hacer	haga	traer	traiga
oír	oiga	venir	venga
poner	ponga	ver	vea

- Verbs with stem changes in the present indicative show the same changes in the present subjunctive. Stem-changing **-ir** verbs also undergo a stem change in the **nosotros/as** and **vosotros/as** forms of the present subjunctive.

pensar (e:ie)	piense, pienses, piense, pensemos, penséis, piensen
jugar (u:ue)	juegue, juegues, juegue, juguemos, juguéis, jueguen
mostrar (o:ue)	muestre, muestres, muestre, mostremos, mostréis, muestren
entender (e:ie)	entienda, entiendas, entienda, entendamos, entendáis, entiendan
resolver (o:ue)	resuelva, resuelvas, resuelva, resolvamos, resolváis, resuelvan
pedir (e:i)	pida, pidas, pida, pidamos, pidáis, pidan
sentir (e:ie)	sienta, sientas, sienta, sintamos, sintáis, sientan
dormir (o:ue)	duerma, duermas, duerma, durmamos, durmáis, duerman

- The following five verbs are irregular in the present subjunctive.

dar	dé, des, dé, demos, deis, den
estar	esté, estés, esté, estemos, estéis, estén
ir	vaya, vayas, vaya, vayamos, vayáis, vayan
saber	sepa, sepas, sepa, sepamos, sepáis, sepan
ser	sea, seas, sea, seamos, seáis, sean

TALLER DE CONSULTA

MANUAL DE GRAMÁTICA
Más práctica

4.1 The subjunctive in noun clauses, p. A23
4.2 Commands, p. A24
4.3 **Por** and **para**, p. A25

Gramática adicional

4.4 The subjunctive with impersonal expressions, p. A26

¡ATENCIÓN!

The *indicative* is used to express actions, states, or facts the speaker considers to be certain. The *subjunctive* expresses the speaker's attitude toward events, as well as actions or states that the speaker views as uncertain.

• • • • •

Verbs that end in **-car, -gar,** and **-zar** undergo spelling changes in the present subjunctive.

sacar: saque

jugar: juegue

almorzar: almuerce

• • • • •

The present subjunctive form of **hay** is **haya**.

No creo que haya una solución.
I don't think there is a solution.

---

146 *ciento cuarenta y seis*

Lección 4

Verbs of will and influence

- A clause is a group of words that contains both a conjugated verb and a subject (expressed or implied). In a subordinate noun clause (**oración subordinada sustantiva**), a group of words function together as a noun.

Quiero que hagas unos cambios en estos diseños.

- When the subject of the main (independent) clause of a sentence exerts influence or will on the subject of the subordinate clause, the verb in the subordinate clause takes the subjunctive.

MAIN CLAUSE	CONNECTOR	SUBORDINATE CLAUSE
Yo quiero	que	tú vayas al médico.

Verbs and expressions of will and influence

aconsejar *to advise*	**gustar** *to like*	**preferir (e:ie)** *to prefer*
desear *to desire; to wish*	**hacer** *to make*	**prohibir** *to prohibit*
	importar *to be important*	**proponer** *to propose*
es importante *it's important*	**insistir en** *to insist (on)*	**querer (e:ie)** *to want; to wish*
	mandar *to order*	**recomendar (e:ie)** *to recommend*
es necesario *it's necessary*	**necesitar** *to need*	
	oponerse a *to oppose*	**rogar (o:ue)** *to beg*
es urgente *it's urgent*	**pedir (e:i)** *to ask for; to request*	**sugerir (e:ie)** *to suggest*
exigir *to demand*		

Necesito que **consigas** estas pastillas en la farmacia.
I need you to get these pills at the pharmacy.

Insisto en que **vayas** a la sala de emergencias.
I insist that you go to the emergency room.

El médico siempre me **recomienda** que **haga** ejercicio.
The doctor always recommends that I exercise.

Se oponen a que **salgas** si estás enfermo.
They object to your going out if you're sick.

- The infinitive, not the subjunctive, is used with verbs and expressions of will and influence if there is no change of subject in the sentence. The **que** is unnecessary in this case.

Quiero **ir** a Bogotá en junio.
I want to go to Bogotá in June.

Prefiero que **vayas** en agosto.
I prefer that you go in August.

¡ATENCIÓN!

Pedir is used with the subjunctive to ask someone to do something.

Preguntar is used to ask questions, and is not followed by the subjunctive.

No te pido que lo hagas ahora.
I'm not asking you to do it now.

No te pregunto si lo haces ahora.
I'm not asking you if you're doing it now.

Verbs of emotion

- When the main clause expresses an emotion like hope, fear, joy, pity, or surprise, the verb in the subordinate clause must be in the subjunctive if its subject is different from that of the main clause.

Espero que **te recuperes** pronto.
I hope you recover quickly.

Es terrible que Ana **tenga** esa enfermedad.
It's terrible that Ana suffers from that illness.

> ### Verbs and expressions of emotion
>
> **alegrarse (de)** *to be happy (about)*
> **es bueno** *it's good*
> **es extraño** *it's strange*
> **es malo** *it's bad*
> **es mejor** *it's better*
> **es ridículo** *it's ridiculous*
>
> **es terrible** *it's terrible*
> **es una lástima** *it's a shame*
> **es una pena** *it's a pity*
> **esperar** *to hope; to wish*
> **gustar** *to like; to be pleasing*
>
> **molestar** *to bother*
> **sentir (e:ie)** *to be sorry; to regret*
> **sorprender** *to surprise*
> **temer** *to fear*
> **tener miedo a/de** *to be afraid (of)*

- The infinitive, not the subjunctive, is used with verbs and expressions of emotion if there is no change of subject in the sentence.

Esperamos **llegar** temprano.
We hope to arrive early.

Me alegro de que lo **hagan** ahora.
I'm happy that they are doing it now.

Verbs of doubt or denial

- When the main clause implies doubt, uncertainty, or denial, the verb in the subordinate clause must be in the subjunctive if its subject is different from that of the main clause.

No creo que él nos **quiera** engañar.
I don't think that he wants to deceive us.

Dudan que el jarabe **sea** un buen remedio.
They doubt that the syrup will be a good remedy.

> ### Verbs and expressions of doubt and denial
>
> **dudar** *to doubt*
> **es imposible** *it's impossible*
> **es improbable** *it's improbable*
> **es poco seguro** *it's uncertain*
> **(no) es posible** *it's (not) possible*
> **(no) es probable** *it's (not) probable*
>
> **negar (e:ie)** *to deny*
> **no creer** *not to believe*
> **no es evidente** *it's not evident*
> **no es seguro** *it's not certain*
> **no es verdad/cierto** *it's not true*
> **no estar seguro/a de** *not to be sure (of)*

- The infinitive, not the subjunctive, is used with verbs and expressions of doubt or denial if there is no change in the subject of the sentence.

Es imposible **viajar** hoy.
It's impossible to travel today.

No es seguro que él **viaje** hoy.
It's not certain that he will travel today.

¡ATENCIÓN!

The subjunctive is also used with expressions of emotion that begin with **¡Qué…!** (*What a…!/It's so…!*)

¡Qué pena que él no vaya!
What a shame he's not going!

· · · · ·

The expression **ojalá** (*I hope; I wish*) is always followed by the subjunctive. The use of **que** with **ojalá** is optional.

Ojalá (que) no llueva.
I hope it doesn't rain.

Ojalá (que) no te enfermes.
I hope you don't get sick.

¡ATENCIÓN!

The subjunctive is also used after **quizá(s)** and **tal vez** (*maybe; perhaps*) when they signal uncertainty, even if there is no change of subject in the sentence.

Quizás vengan a la fiesta.
Maybe they'll come to the party.

---

148 *ciento cuarenta y ocho*

Lección 4

Práctica

TALLER DE CONSULTA

MANUAL DE GRAMÁTICA
Más práctica

4.1 The subjunctive in noun clauses, p. A23

1 **Opiniones contrarias** Escribe una oración que exprese lo opuesto en cada ocasión.

> **MODELO** **No creo que Carlos esté resfriado.**
> — Creo que Carlos está resfriado.

1. Están seguros de que Pedro puede poner una inyección.
2. Es evidente que estás agotado.
3. No creo que las medicinas naturales sean curativas.
4. Es verdad que la cirujana no quiere operarte.
5. No es seguro que este médico conozca el mejor tratamiento.

2 **Siempre enferma** Últimamente, Ana María se enferma demasiado y sus amigas están preocupadas por ella. Completa la conversación con el infinitivo, el indicativo o el subjuntivo.

MARTA Es una pena que Ana María (1) _____ (estar / está / esté) enferma otra vez.

ADRIANA El problema es que no le gusta (2) _____ (tomar / toma / tome) vitaminas. Además, ella casi nunca (3) _____ (comer / come / coma) verduras.

MARTA Y no creo que Ana María (4) _____ (hacer / hace / haga) ejercicio. Yo siempre le (5) _____ (pedir / pido / pida) que (6) _____ (venir / viene / venga) conmigo al gimnasio, pero ella prefiere (7) _____ (quedarse / se queda / se quede) en casa.

ADRIANA Y cuando ella se enferma, no (8) _____ (seguir / sigue / siga) los consejos del médico. Si él le recomienda que (9) _____ (permanecer / permanece / permanezca) en cama, ella dice que no es necesario (10) _____ (descansar / descansa / descanse). Si él le da una receta, ella ni (11) _____ (comprar / compra / compre) las medicinas. ¿Qué vamos a hacer, Marta?

MARTA Es necesario que (12) _____ (hablar / hablamos / hablemos) con ella. Si no, ¡temo que un día de éstos ella nos (13) _____ (llamar / llama / llame) para llevarla a la sala de emergencias!

ADRIANA Bueno, creo que (14) _____ (tener / tienes / tengas) razón. ¡Sólo espero que ella nos (15) _____ (escuchar / escucha / escuche)!

3 **Consejos** Combina los elementos de cada columna para escribir cinco consejos. Usa el presente del subjuntivo.

> **MODELO** Te recomendamos que hagas más ejercicio.

aconsejar		comer frutas y verduras
es importante		descansar
es necesario	que	hacer más ejercicio
querer		ir al gimnasio
recomendar		seguir las recomendaciones del médico
sugerir		tomar las medicinas

La salud y el bienestar

ciento cuarenta y nueve **149**

Práctica

4 **Ojalá** Para muchos, el amor es una enfermedad. El cantante Silvio Rodríguez sugiere en esta canción una cura para el amor.

A. Utiliza el presente del subjuntivo de los verbos entre paréntesis para completar la estrofa (*verse*) de la canción.

> Ojalá que las hojas no te (1) _____ (tocar) el cuerpo cuando (2) _____ (caer) para que no las puedas convertir en cristal.
> Ojalá que la lluvia (3) _____ (dejar) de ser milagro que baja por tu cuerpo.
> Ojalá que la luna (4) _____ (poder) salir sin ti.
> Ojalá que la tierra no te (5) _____ (besar) los pasos.

B. Ahora, escribe tu propia estrofa.

1. Ojalá que los sueños _____.
2. Ojalá que la noche _____.
3. Ojalá que la herida _____.
4. Ojalá una persona _____.

5 **El hombre ideal** Roberto está enamorado de Lucía, pero ella no le presta atención. Mira el dibujo del hombre ideal de Lucía y escribe cinco recomendaciones para Roberto. Utiliza el presente del subjuntivo y las palabras de la lista.

MODELO Roberto, es necesario que te vistas mejor.

aconsejar	insistir en
es importante	proponer
es malo	recomendar
es mejor	rogar
es necesario	sugerir

Roberto

Hombre ideal

Comunicación

6 **El doctor Sánchez responde** Los lectores de una revista de salud envían sus consultas al doctor Sánchez. Trabajen en parejas para decidir qué consejos corresponden a cada consulta. Luego redacten la respuesta para cada lector usando las expresiones de la lista.

Los lectores preguntan. El Dr. Sánchez responde.

1. Estimado Dr. Sánchez:
   Tengo 55 años y quiero adelgazar 10 kilos. Mi médico insiste en que mejore mi alimentación. Probé varias dietas, pero no logro adelgazar. ¿Qué puedo hacer?
   Ana J.

2. Querido Dr. Sánchez:
   Tengo 38 años y sufro fuertes dolores de espalda (*back*). Trabajo en una oficina y estoy muchas horas sentada. Después de varios análisis, mi médico dijo que tengo los huesos perfectamente. Me recetó unas pastillas para los músculos, pero no quiero tomar medicinas. ¿Hay otra solución?
   Isabel M.

3. Dr. Sánchez:
   Siempre me duele mucho el estómago. Soy muy nervioso y no puedo dormir. Mi médico me aconseja que trabaje menos. Pero eso es imposible.
   Andrés S.

A. No comer con prisa.
   Pasear mucho.
   No tomar café.
   Practicar yoga.

B. Caminar mucho.
   Practicar natación.
   No comer las cuatro "p":
   papas, pastas, pan y postres.
   Tomar dos litros de agua por día.

C. No permanecer sentada más de dos horas seguidas.
   Hacer cincuenta minutos de ejercicio por día.
   Adoptar una buena postura al estar sentada.
   Elegir una buena cama.
   Usar una almohada dura.

es importante que	le aconsejo que
es improbable que	le propongo que
es necesario que	le recomiendo que
es poco seguro que	le sugiero que
es urgente que	no es seguro que

7 **Estilos de vida** En parejas, elijan cada uno/a una de estas personalidades. Después, dense consejos para cambiar su estilo de vida. Utilicen el subjuntivo.

1. Voy al gimnasio tres veces al día. Lo más importante en mi vida es mi cuerpo.
2. Me gusta salir por las noches. Trasnocho casi todos los días.
3. Siempre como comida rápida porque está muy rica y no me gusta cocinar.
4. No hago nada de ejercicio. Estoy todo el día trabajando en la oficina.

La salud y el bienestar

4.2 Commands

Formal (*Ud.* and *Uds.*) commands

- Formal commands (**mandatos**) are used to give orders or advice to people you address as **usted** or **ustedes**. Their forms are identical to the present subjunctive forms for **usted** and **ustedes**.

Formal commands		
Infinitive	**Affirmative command**	**Negative command**
tomar	tome (usted)	no tome (usted)
	tomen (ustedes)	no tomen (ustedes)
volver	vuelva (usted)	no vuelva (usted)
	vuelvan (ustedes)	no vuelvan (ustedes)
salir	salga (usted)	no salga (usted)
	salgan (ustedes)	no salgan (ustedes)

Familiar (*tú*) commands

- Familiar commands are used with people you address as **tú**. Affirmative **tú** commands have the same form as the **él, ella**, and **usted** form of the present indicative. Negative **tú** commands have the same form as the **tú** form of the present subjunctive.

Familiar commands		
Infinitive	**Affirmative command**	**Negative command**
viajar	viaja	no viajes
empezar	empieza	no empieces
pedir	pide	no pidas

- These verbs have irregular affirmative **tú** commands. Their negative forms are still the same as the **tú** form of the present subjunctive.

decir	di	salir	sal
hacer	haz	ser	sé
ir	ve	tener	ten
poner	pon	venir	ven

¡ATENCIÓN!

Vosotros/as commands

In Latin America, **ustedes** commands serve as the plural of familiar (**tú**) commands. The familiar plural **vosotros/as** command is used in Spain. The affirmative command is formed by changing the **-r** of the infinitive to **-d**. The negative command is identical to the **vosotros/as** form of the present subjunctive.

bailar: bailad/no bailéis

For reflexive verbs, affirmative commands are formed by dropping the **-r** and adding the reflexive pronoun **-os**. In negative commands, the pronoun precedes the verb.

levantarse: levantaos/ no os levantéis

The verb **irse** is irregular: **idos/no os vayáis**

Nosotros/as commands

- **Nosotros/as** commands are used to give orders or suggestions that include yourself as well as other people. In Spanish, **nosotros/as** commands correspond to the English *let's* + [*verb*]. Affirmative and negative **nosotros/as** commands are generally identical to the **nosotros/as** forms of the present subjunctive.

Nosotros/as commands		
Infinitive	**Affirmative command**	**Negative command**
bailar	bailemos	no bailemos
beber	bebamos	no bebamos
abrir	abramos	no abramos

- The **nosotros/as** commands for **ir** and **irse** are irregular: **vamos** and **vámonos**. The negative commands are regular: **no vayamos** and **no nos vayamos**.

Using pronouns with commands

- When object and reflexive pronouns are used with affirmative commands, they are always attached to the verb. When used with negative commands, the pronouns appear between **no** and the verb.

Levántense temprano.	**No se levanten** tarde.
Wake up early.	*Don't wake up late.*
Dime todo.	**No me digas nada**.
Tell me everything.	*Don't tell me anything.*

- When the pronouns **nos** or **se** are attached to an affirmative **nosotros/as** command, the final **s** of the command form is dropped.

Sentémonos aquí.	**No nos sentemos** aquí.
Let's sit here.	*Let's not sit here.*
Démoselo mañana.	**No se lo demos** mañana.
Let's give it to him/her tomorrow.	*Let's not give it to him/her tomorrow.*

Indirect (*él, ella, ellos, ellas*) commands

- The construction **que** + [*subjunctive*] can be used with a third-person form to express indirect commands that correspond to the English *let someone do something*. If the subject of the indirect command is expressed, it usually follows the verb.

Que pase el siguiente.	**Que** lo **haga** ella.
Let the next person pass.	*Let her do it.*

- As with other uses of the subjunctive, pronouns are never attached to the conjugated verb, regardless of whether the indirect command is affirmative or negative.

Que se lo den José y Raquel.	**Que no se lo den** José y Raquel.
Let José and Raquel give it to them.	*Don't let José and Raquel give it to them.*
Que lo vuelva a hacer Ana.	**Que no lo vuelva** a hacer Ana.
Let Ana do it again.	*Don't let Ana do it again.*

¡ATENCIÓN!

When one or more pronouns are attached to an affirmative command, an accent mark may be necessary to maintain the original stress. This usually happens when the combined verb form has three or more syllables.

decir

di, dile, dímelo

diga, dígale, dígaselo

digamos, digámosle, digámoselo

TALLER DE CONSULTA

See **2.1**, pp. 66–67 for object pronouns.

See **2.3**, pp. 74–75 for reflexive pronouns.

Práctica

TALLER DE CONSULTA

MANUAL DE GRAMÁTICA
Más práctica

4.2 Commands, p. A24

1 **Mandatos** Cambia estas oraciones para que sean mandatos.

1. Te conviene descansar.
2. Deben relajarse.
3. Es hora de que usted tome su pastilla.
4. ¿Podría usted describir sus síntomas?
5. ¿Y si mejoramos nuestra alimentación?
6. ¿Podrías consultar con un especialista?
7. Ustedes necesitan comer bien.
8. Le pido que se vaya de mi consultorio.

2 **El cuidado de los dientes**

A. Escribe los consejos que dio un dentista durante una visita a una escuela. Usa el imperativo formal de la segunda persona del plural.

1. prevenir las caries (*cavities*)
2. cepillarse los dientes después de cada comida
3. no comer dulces
4. poner poco azúcar en el café o el té
5. comer o beber alimentos que tengan calcio
6. consultar al dentista periódicamente

B. Reescribe los consejos usando el imperativo informal.

3 **El doctor de Felipito** Felipito es un niño muy inquieto. A cada rato tiene pequeños accidentes. Utiliza mandatos informales para aconsejarle cómo evitarlos.

MODELO   No toques perros en la calle.

Comunicación

4 **Que lo hagan ellos** Carlos está tan entretenido con su nuevo videojuego que no quiere hacer nada más. En parejas, preparen una conversación entre Carlos y su madre en la que ella le da mandatos y Carlos sugiere que otras personas la ayuden. Utilicen mandatos indirectos en la conversación.

MODELO
MADRE Limpia tu cuarto, Carlos.
CARLOS Que lo limpie mi hermano. ¡Estoy a punto de alcanzar el próximo nivel!

ayudarme en la cocina	mis amigos
cortar cebollas	mi hermana
pasear al perro	mi hermano
llamar a la abuela	mi padre
ir a la farmacia	tú/Ud.

5 **Hasta el siglo XXII**

 A. ¿Qué consejos le darías a un(a) amigo/a para que viva hasta el siglo XXII? En grupos pequeños, escriban ocho recomendaciones utilizando mandatos informales afirmativos y negativos. Sean creativos/as.

MODELO No tomes mucho café. Toma sólo agua y jugos naturales.

B. Ahora reúnanse con otro grupo y lean las dos listas. ¿En qué se parecen y en qué se diferencian sus recomendaciones?

6 **Anuncios** En grupos, elijan tres de estos productos y escriban un anuncio de televisión para promocionar cada uno de ellos. Utilicen los mandatos formales para convencer al público de que lo compre.

MODELO El nuevo perfume "Enamorar" de Rita Ferrero le va a encantar. Cómprelo en cualquier perfumería de su ciudad. Pruébelo y…

perfume "Enamorar"	computadora portátil "Digitex"
chocolate sin calorías "Deliz"	crema hidratante "Suavidad"
raqueta de tenis "Rayo"	todo terreno "Intrepid"
pasta de dientes "Sonrisa Sana"	cámara digital "Flimp"

La salud y el bienestar

4.3 Por and para

- **Por** and **para** are both translated as *for*, but they are not interchangeable.

Madrugué para ir al gimnasio.

Por mucho que insistan, los tendré que tirar.

Uses of *para*

Destination (toward; in the direction of)	El cirujano sale de su casa **para** la clínica a las ocho. *The surgeon leaves his house at eight to go to the clinic.*
Deadline or a specific time in the future (by; for)	El resultado del análisis va a estar listo **para** mañana. *The test results will be ready by tomorrow.*
Goal (**para** + [*infinitive*]) (in order to)	El doctor usó un termómetro **para** ver si el niño tenía fiebre. *The doctor used a thermometer to see if the boy had a fever.*
Purpose (**para** + [*noun*]) (for; used for)	El investigador descubrió una cura **para** la enfermedad. *The researcher discovered a cure for the disease.*
Recipient (for)	La enfermera preparó la cama **para** doña Ángela. *The nurse prepared the bed for Doña Ángela.*
Comparison with others or opinion (for; considering)	**Para** su edad, goza de muy buena salud. *For her age, she enjoys very good health.*
	Para mí, lo que tienes es gripe y no un resfriado. *To me, what you have is the flu, not a cold.*
Employment (for)	Mi hijo trabaja **para** una empresa farmacéutica. *My son works for a pharmaceutical company.*

Expressions with *para*

no estar para bromas *to be in no mood for jokes*

no ser para tanto *to not be a big deal*

para colmo *to top it all off*

para que *so that*

para que (lo) sepas *just so you know*

para siempre *forever*

- Note that the expression **para que** is followed by the subjunctive.

    Te compré zapatos de tenis **para que** hagas ejercicio.
    I got you sneakers so that you will work out.

Uses of *por*

Motion or a general location
(along; through; around; by)

Me quebré la pierna corriendo **por** el parque.
I broke my leg running through the park.

Duration of an action
(for; during; in)

Estuvo en cama **por** dos meses.
He was in bed for two months.

Reason or motive for an action
(because of; on account of; on behalf of)

Rezó **por** su hijo enfermo.
She prayed for her sick child.

Object of a search
(for; in search of)

El enfermero fue **por** un termómetro.
The nurse went to get a thermometer.

Means by which
(by; by way of; by means of)

Consulté con el doctor **por** teléfono.
I consulted with the doctor by phone.

Exchange or substitution
(for; in exchange for)

Cambiamos ese tratamiento **por** uno nuevo.
We changed from that treatment to a new one.

Unit of measure
(per; by)

Tengo que tomar las pastillas cinco veces **por** día.
I have to take the pills five times a day.

Agent (passive voice)
(by)

La nueva política de salud pública fue anunciada **por** la prensa.
The new public health policy was announced by the press.

Expressions with *por*

por ahora *for the time being*

por allí/aquí *around there/here*

por casualidad *by chance*

por cierto *by the way*

¡Por Dios! *For God's sake!*

por ejemplo *for example*

por escrito *in writing*

por eso *therefore; for that reason*

por fin *finally*

por lo general *in general*

por lo menos *at least*

por lo tanto *therefore*

por lo visto *apparently*

por más/mucho que *no matter how much*

por otro lado/otra parte *on the other hand*

por primera vez *for the first time*

por si acaso *just in case*

por supuesto *of course*

¡ATENCIÓN!

In many cases it is grammatically correct to use either **por** or **para** in a sentence. However, the meaning of each sentence is different.

Trabajó por su tío.
He worked for (in place of) his uncle.

Trabajó para su tío.
He worked for his uncle('s company).

Práctica

TALLER DE CONSULTA

MANUAL DE GRAMÁTICA
Más práctica

4.3 **Por** and **para**, p. A25

1 **Otra manera** Lee la primera oración y completa la segunda versión con **por** o **para**.

1. Mateo pasó el verano en Colombia con su abuela.
   Mateo fue a Colombia _____ visitar a su abuela.
2. Ella estaba enferma y quería la compañía de su nieto.
   Ella estaba enferma; _____ eso, Mateo decidió ir.
3. La familia le envió muchos regalos a la abuela.
   La familia envió muchos regalos _____ la abuela.
4. La abuela se alegró mucho de la visita de Mateo.
   La abuela se puso muy feliz _____ la visita de Mateo.
5. Mateo pasó tres meses en ese país.
   Mateo estuvo en Colombia _____ tres meses.

Cartagena, Colombia

2 **Carta de amor** Completa la carta con **por** y/o **para**.

De: mateo25@tucorreo.com
A: cata@tucorreo.com
Tema: Noticias desde Cartagena

Mi amada Catalina:

(1) _____ fin encuentro un momento (2) _____ escribirte. Es que mi abuela me tiene a su lado (3) _____ horas y horas cada día, contándome historias de su niñez aquí en Cartagena. Poquito a poco va recuperándose, pero no sé de dónde saca tantas fuerzas (4) _____ hablar. Pero estoy aquí sólo (5) _____ ella, así que no me quejo de nada. En las tardes ella descansa y yo suelo caminar (6) _____ la playa y, (7) _____ supuesto, pienso en ti…

Hoy mi abuelita me pidió llamar (8) _____ teléfono a la clínica, pues le duele mucho el estómago y cree que es (9) _____ las otras medicinas que le recetó el cirujano. Mientras tío Javi la lleva a la clínica, yo iré al centro (10) _____ hacer unas compras. Ya sé lo que voy a comprar (11) _____ ti.
Ya pronto nos veremos…
Te amaré (12) _____ siempre…
Mateo

3 **Oraciones** Utiliza palabras de cada columna para formar oraciones lógicas.

MODELO Mi hermana preparó una cena especial para la fiesta.

caminar		él
comprar		la fiesta
jugar	por	mi mamá
hacer	para	su hermana
preparar		el parque

158 *ciento cincuenta y ocho*   Lección 4

Comunicación

4 Soluciones En parejas, comenten cuáles son las mejores maneras de lograr los objetivos de la lista. Sigan el modelo y utilicen **por** y **para**.

> **MODELO** Para tener buena salud, lo mejor es comer cinco frutas o verduras por día porque tienen muchas vitaminas.

> concentrarse al estudiar   relajarse
> divertirse   ser famoso/a
> hacer muchos amigos   ser organizado/a
> mantenerse en forma   tener buena salud

5 Conversación En parejas, elijan una de las situaciones y escriban una conversación. Utilicen **por** y **para,** y algunas de las expresiones de la lista.

A. Tu vecino, don José, ganó en un concurso unas vacaciones a Medellín, Colombia, pero él no puede ir. Está pensando en ti y en otro/a vecino/a. Convence a don José de que te dé a ti las vacaciones.

B. Todo el verano has trabajado en una librería local y no has tomado ni un día libre. Habla con tu jefe/a y dile que quieres tomarte unas vacaciones de dos semanas antes de regresar a las clases. Tu jefe/a dice que no necesitas tomar vacaciones y te da algunas razones. Explícale tus razones.

> no es para tanto   por casualidad   por lo menos
> para colmo   por eso   por lo tanto
> para siempre   por fin   por supuesto

6 Síntesis En grupos de cuatro, miren la foto e inventen una conversación que incluya a todos los miembros de la familia. Deben usar por lo menos tres verbos en el subjuntivo, tres mandatos y tres expresiones con **por** o **para**. Dramaticen la conversación para el resto de la clase.

> **MODELO** — Quiero que me digas qué debo llevar para beber en la escuela.
> — lleva jugo de frutas en lugar de refrescos.

La salud y el bienestar   *ciento cincuenta y nueve* **159**

4 EN PANTALLA

Antes de ver el corto

AYÚDAME A RECORDAR

país España
duración 17 minutos
director Fran Casanova
protagonistas Santi, Pelayo (el abuelo), Carmen, Conchi

Vocabulario

a punto de about (to do something)
el/la camarada pal, colleague
el/la cascarrabias grouch, curmudgeon
el estribor starboard
ponerse bueno get better
superar (algo) to get over (something)
el tebeo comic book
la trinchera trench

1 **Vocabulario** Completa las oraciones con palabras del vocabulario.

1. El padre de la protagonista siempre estaba de mal humor; era un _____.
2. ¡Efraín, no llores más por María! ¡Ya su relación se acabó! ¡Lo tienes que _____!
3. Cuando era chico me encantaba leer historias de aventuras y _____.
4. Camilo, ¿me ayudas a poner la mesa? ¡Los invitados están _____ llegar!
5. En la Primera Guerra Mundial, los soldados se refugiaban en _____.
6. Julio y Andrés pertenecen al mismo partido político. Y siempre se apoyan cuando tienen problemas. Son muy buenos _____.

2 **Salud y bienestar** Responde a las siguientes preguntas con un(a) compañero/a. Después, compartan sus respuestas con toda la clase.

1. Cuando estás enfermo/a, ¿qué cosas te hacen sentirte mejor?
2. ¿Hay alguna persona (o una mascota) que cuando estás enfermo/a te ayuda a sentirte mejor? ¿Quién?
3. ¿Crees que el amor de las personas cercanas puede ser una terapia? ¿Por qué?
4. ¿Crees que el arte y la literatura también pueden ser terapéuticos? Da un ejemplo.
5. ¿Qué haces para ayudar a una persona de tu familia cuando se enferma?

3 **¿Qué será?** En parejas, observen el fotograma y especulen sobre la imagen utilizando las preguntas.

- ¿Quiénes son las dos personas?
- ¿Cuál es su relación?
- ¿Dónde están?
- ¿Qué están haciendo?
- ¿Cómo se sienten?
- ¿Qué van a hacer a continuación?

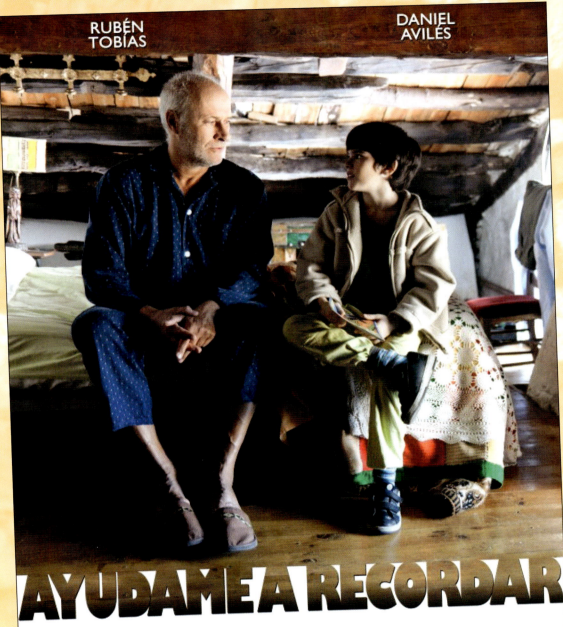

Escenas

ARGUMENTO Pelayo, el abuelo de Santi, está enfermo. Carmen, su hija, cree que lo mejor es llevarlo a una residencia para ancianos donde, según ella, pueden cuidarlo mejor. Pero algo pasa en la familia que hace que cambie de opinión.

SANTI ¡Hola, abuelo! Soy yo, Santi.

SANTI Yo estuve enfermo la semana pasada y mamá me dio el medicamento… ¡Y me curé!
CONCHI Tienes toda la razón. ¡La medicina le pondrá bien! ¡Di que sí!

CONCHI ¡Anda! Si este tebeo era de tu abuelo. ¡No sabes lo que le gustaban!

PELAYO ¡Camaradas! ¡No podemos perder esta batalla!

SANTI Tenemos que rescatarla.
PELAYO Tú encárgate de los de la derecha; yo, de los de la izquierda.
SANTI ¡Vamos!

CARMEN ¿Sabes cuánto hacía que no me llamabas así?
PELAYO ¿Sabes cuánto hace que no lo paso tan bien?

Después de ver el corto

1 **Comprensión** Contesta las preguntas con oraciones completas.

1. ¿Qué le pasa a Pelayo?
2. ¿A dónde lo quiere llevar su hija Carmen?
3. ¿Conchi está de acuerdo con la decisión de Carmen?
4. ¿Qué encuentra Santi en la casa de su abuelo?
5. ¿Qué efecto tienen las historias sobre el ánimo del abuelo?
6. ¿Quiénes son los hombres vestidos de blanco que llegan a la casa?
7. ¿Por qué Santi despierta al abuelo y lo hace correr?
8. ¿Quién es el hombre que visita a Pelayo al final?

2 **Interpretación** En parejas, contesten las preguntas.

1. En un momento, Santi dice que él puede cuidar a su abuelo. ¿Por qué cree eso?
2. ¿Por qué Conchi no quiere que se lleven a Pelayo para una residencia?
3. ¿Por qué Carmen cambió de idea al final?
4. ¿Creen que la decisión de la familia fue la más adecuada? ¿Por qué?

3 **El final** El siguiente fotograma corresponde a la imagen final del cortometraje. Con un(a) compañero/a, inventen una conversación diferente a la que se presenta en el video.

4 **Frases** En grupos pequeños, analicen las siguientes frases y relaciónenlas con el cortometraje.

"La madurez del hombre es haber recobrado la seriedad con la que jugábamos cuando éramos niños." *Friedrich Nietzsche*

"Cuando me dicen que soy demasiado viejo para hacer una cosa, procuro hacerla enseguida." *Pablo Picasso*

"En el movimiento está la vida y en la actividad reside la felicidad." *Aristóteles*

La salud y el bienestar

4 LECTURAS

Autorretrato con el Dr. Arrieta, 1820
Francisco de Goya, España

"Cuando sientes que la mano de la muerte se posa sobre el hombro, la vida se ve iluminada de otra manera…"

— Isabel Allende

LITERATURA

Antes de leer

Mujeres de ojos grandes

Sobre la autora

Ángeles Mastretta nació en Puebla, México, en 1949. Estudió periodismo y colaboró en periódicos y revistas: "Escribía de todo: de política, de mujeres, de niños, de lo que veía, de lo que sentía, de literatura, de cultura, de guerra". Su primer libro fue de poemas: *La pájara pinta* (1978), pero fue *Arráncame la vida* (1985), su primera novela, la que le dio fama y reconocimiento. En 1997 fue la primera mujer en ganar el Premio Rómulo Gallegos con su novela *Mal de amores*. En su obra habla sobre la psicología de la mujer. *Mujeres de ojos grandes* está compuesto de relatos sobre mujeres que muestran "el poder que tienen en sus cosas y el poder que tienen para hacer con sus vidas lo que quieran, aunque no lo demuestren. Son mujeres poderosas que se saben poderosas pero no lo ostentan (*boast*)".

Vocabulario

los adelantos *advances*	**el/la enfermero/a** *nurse*	**el ombligo** *navel*
la aguja *needle*	**el hallazgo** *discovery*	**la pena** *sorrow*
la cordura *sanity*	**la insensatez** *senselessness*	**el regocijo** *joy*
desafiante *challenging*	**latir** *to beat*	**la terapia intensiva** *intensive care*

La historia de Julio Completa el párrafo con las palabras apropiadas.

Julio prefería una vida (1) _____ que no lo aburriera. Sin embargo, al perder todo por la caída de la bolsa (*stock market crash*), Julio —siempre una persona tan sensata— perdió la (2) _____. Después de unos meses, los síntomas desaparecieron para gran (3) _____ de la familia. Sin embargo, pensar en su trabajo lo llenaba de (4) _____ y en su corazón latía el deseo de hacer algo nuevo. Tan agradecido estaba con los médicos que decidió estudiar para ser (5) _____.

Conexión personal Cuando te sientes enfermo/a, ¿intentas curarte por tus propios medios? ¿Alguna vez estuviste en un hospital? ¿Confías en la medicina tradicional o has probado la medicina alternativa? ¿Crees que la ciencia puede resolverlo todo?

Análisis literario: el símil o la comparación

El símil, o la comparación, es un recurso literario que consiste en comparar una cosa con otra por su semejanza, parecido o relación. De esa manera, se logra mayor expresividad. Implica el uso del término comparativo explícito: **como**. Por ejemplo: "*ojos grandes* **como** *lunas*". Crea algunas comparaciones con estos pares de palabras o inventa tus propias comparaciones: muerte/noche, rostro/fantasma, mejillas/manzanas, hombre/ratón, lugar/cementerio.

Mujeres de ojos grandes

Último cuento; sin título

Ángeles Mastretta

Tía Jose Rivadeneira tuvo una hija con los ojos grandes como dos lunas, como un deseo. Apenas colocada en su abrazo, todavía húmeda y vacilante°, la niña mostró los ojos y algo en las alas° de sus labios que parecía pregunta.

unsteady

wings 5

—¿Qué quieres saber? —le dijo tía Jose jugando a que entendía ese gesto.

Como todas las madres, tía Jose pensó que no había en la historia del mundo una criatura tan hermosa como la suya. La deslumbraban° el color de su piel, el tamaño de sus pestañas° y la placidez con que dormía. Temblaba de orgullo imaginando lo que haría con la sangre y las quimeras° que latían en su cuerpo.

dazzled

eyelashes

fancy ideas 15

Se dedicó a contemplarla con altivez° y regocijo durante más de tres semanas. Entonces la inexpugnable° vida hizo caer sobre la niña una enfermedad que en cinco horas convirtió su extraordinaria viveza° en un sueño extenuado° y remoto° que parecía llevársela de regreso a la muerte.

pride

impregnable

liveliness/ exhausted far off 20

Cuando todos sus talentos curativos no lograron mejoría alguna, tía Jose, pálida de terror, la cargó hasta el hospital. Ahí se la quitaron de los brazos y una docena de médicos y enfermeras empezaron a moverse agitados y confundidos en torno a la niña. Tía Jose la vio irse tras una puerta que le prohibía la entrada y se dejó caer al suelo incapaz de cargar consigo misma y con aquel dolor como un acantilado°.

25

cliff 30

Ahí la encontró su marido, que era un hombre sensato y prudente como los hombres acostumbran fingir° que son. La ayudó a levantarse y la regañó° por su falta de cordura y esperanza. Su marido confiaba en la ciencia médica y hablaba de ella como otros hablan de Dios. Por eso lo turbaba° la insensatez en que se había colocado su mujer, incapaz de hacer otra cosa que llorar y maldecir° al destino.

to pretend

scolded 35

bothered

to curse 40

Aislaron a la niña en una sala de terapia intensiva. Un lugar blanco y limpio al que las madres sólo podían entrar media hora diaria. Entonces se llenaba de oraciones° y ruegos.

prayers

Todas las mujeres persignaban° el rostro de sus hijos, les recorrían el cuerpo con estampas y agua bendita°, pedían a todo Dios que los dejara vivos. La tía Jose no conseguía sino llegar junto a la cuna° donde su hija apenas respiraba para pedirle: "no te mueras". Después lloraba y lloraba sin secarse los ojos ni moverse hasta que las enfermeras le avisaban que debía salir.

45 *crossed*

holy

crib

50

Entonces volvía a sentarse en las bancas cercanas a la puerta, con la cabeza sobre las piernas, sin hambre y sin voz, rencorosa° y arisca°, ferviente° y desesperada. ¿Qué podía hacer? ¿Por qué tenía que vivir su hija? ¿Qué sería bueno ofrecerle a su cuerpo pequeño lleno de agujas y sondas° para que le interesara quedarse en este mundo? ¿Qué podría decirle para convencerla de que valía la pena hacer el esfuerzo en vez de morirse?

55 *spiteful*

surly/ fervent

probes; catheters

60

Una mañana, sin saber la causa, iluminada sólo por los fantasmas de su corazón, se le acercó a la niña y empezó a contarle las historias de sus antepasadas°. Quiénes habían sido, qué mujeres tejieron° sus vidas con qué hombres antes de que la boca y el ombligo de su hija se anudaran° a ella. De qué estaban hechas, cuántos trabajos° habían pasado, qué penas y jolgorios° traía ella como herencia. Quiénes sembraron con intrepidez° y fantasías la vida que le tocaba prolongar.

65 *(female) ancestors*

wove

tied

70 *hardships*

fun

bravery

Durante muchos días recordó, imaginó, inventó. Cada minuto de cada hora disponible habló sin tregua° en el oído de su hija. Por fin, al atardecer de un jueves, mientras contaba implacable alguna historia, su hija abrió los ojos y la miró ávida° y desafiante, como sería el resto de su larga existencia.

75

relentlessly

eager

80

El marido de tía Jose dio las gracias a los médicos, los médicos dieron gracias a los adelantos de su ciencia, la tía abrazó a su niña y salió del hospital sin decir una palabra. Sólo ella sabía a quiénes agradecer la vida de su hija. Sólo ella supo siempre que ninguna ciencia fue capaz de mover tanto, como la escondida en los ásperos° y sutiles° hallazgos de otras mujeres con los ojos grandes. ■

85

rough; harsh/ subtle

La salud y el bienestar

Después de leer

Mujeres de ojos grandes
Ángeles Mastretta

1 **Comprensión** Contesta las siguientes preguntas con oraciones completas.

1. ¿Quiénes son los tres personajes principales de este relato?
2. ¿Tía Jose lleva inmediatamente a su hija al hospital?
3. ¿Qué piensa el marido de la ciencia de los médicos y del comportamiento de su esposa?
4. ¿Qué historias le cuenta tía Jose a su hija? ¿Son todas reales?
5. Para el padre de la niña, ¿qué o quién le salvó la vida? ¿Y para tía Jose?

2 **Análisis** Lee el relato nuevamente y contesta las preguntas.

1. Los ojos de la hija de tía Jose son "grandes como dos lunas, como un deseo". ¿Por qué se eligen estos dos términos para la comparación? ¿Puedes encontrar otras comparaciones en el cuento?
2. La expresión "las alas de sus labios" es un recurso ya analizado. ¿Cómo se llama?
3. En el hospital, la niña es llevada lejos de su madre, "tras una puerta que le prohibía la entrada". ¿A qué lugar se refiere?
4. Tía Jose comienza a contarle historias a su hija "iluminada por los fantasmas de su corazón". Reflexiona: ¿los fantasmas se asocian con la luz o con la oscuridad? ¿A quiénes se refiere la palabra "fantasmas" en el relato?

3 **Interpretación** En parejas, respondan las preguntas.

1. El personaje de la tía Jose pierde la voz ante la enfermedad de su hija. ¿Cómo recupera la voz? ¿Por qué?
2. La hija de tía Jose tiene ojos grandes, al igual que las mujeres de los relatos que le cuenta su madre. ¿Qué creen que simboliza esto?
3. El padre agradece a los médicos por haber salvado a la niña; los médicos agradecen a la ciencia. ¿Por qué tía Jose "salió del hospital sin decir una palabra"?
4. ¿Qué creen que salvó la vida de la niña? ¿Conocen algún caso de recuperación asombrosa en la vida real?

4 **Discusión** Formen dos grupos: uno debe hacer una lista de los argumentos que usó el marido de tía Jose para tranquilizarla en el hospital; el otro grupo debe imaginar cuáles eran las razones de las mujeres que rezaban (*prayed*) para sanar a sus hijos. Después, organicen un debate para discutir las alternativas, defendiendo su argumento y señalando las debilidades del argumento contrario.

5 **Historias** Redacta una de las historias que la tía Jose le contó a su hija. Utiliza algunos de los usos de **por** y **para**. Incluye por lo menos dos símiles.

168 *ciento sesenta y ocho*

Lección 4

CULTURA

Antes de leer

Vocabulario

la aldea *village*	los gusanos *worms*
la batalla *battle*	la mosca *fly*
la ceguera *blindness*	el oro *gold*
el chiripazo *coincidence*	la picadura *bite*
el ciclo vital *life cycle*	rascar(se) *to scratch (oneself)*
de hecho *in fact*	el tráfico de esclavos *slave trade*
el estibador de puerto *longshoreman*	

Oraciones incompletas Completa las oraciones con las palabras adecuadas.

1. Los insectos cambian de forma durante su _____.
2. ¡No te bebas ese jugo, tiene una _____ dentro!
3. Él tiene una _____ de mosquito en el brazo y no para de _____.
4. No estoy enfermo, ¡_____, me siento muy bien!
5. Gracias a la ciencia algunas personas con _____ recuperan la visión.
6. El _____ es un metal precioso y muy caro.
7. El _____ es una de las mayores tragedias de la humanidad.
8. Una _____ es una comunidad rural donde viven pocas personas.

Conexión personal ¿Puedes pensar en alguna enfermedad que afecta a tu comunidad o a un grupo que conoces? ¿Ha recibido la comunidad alguna ayuda?

Contexto cultural

Colombia es un país en el que convergen múltiples culturas. Muestra de esta diversidad es la coexistencia de la medicina convencional y de las tradiciones medicinales indígenas. Científicos como **Rodolfo Llinás**, reconocido por sus aportes al campo de la neurociencia y por sus avances en la cura del cáncer y del alzhéimer, y **Manuel Elkin Patarroyo**, mundialmente famoso por su trabajo en el desarrollo de la vacuna contra la malaria, destacan en el campo de la medicina convencional. Sin embargo, en Colombia existe también otra visión muy diferente de la medicina: muchas de las comunidades indígenas del país cuentan con **curanderos** (*healers*). Según éstos, las enfermedades se producen por el desequilibrio (*imbalance*) entre el hombre, su entorno (*environment*) y el cosmos. Por esta razón, para curar las enfermedades, acuden a diversos rituales que buscan devolver el equilibrio y la armonía a las personas enfermas. ¿Qué piensas tú de estos dos enfoques de la medicina?

Colombia gana la guerra a una vieja enfermedad

Quien haya hecho una excursión por un bosque del noroeste de Norteamérica a finales de primavera sabrá lo que es la mosca negra: un insecto que se reproduce en los ríos y cuya picadura causa una pequeña inflamación rojiza, y poco más. Aunque en Norteamérica la mosca
5 negra no es peligrosa, en Suramérica provoca la llamada "ceguera de los ríos", una cruel enfermedad con la que se lucha en más de treinta países. Colombia se ha convertido en el primero de ellos en ganar la batalla.

¿Por qué cruel? La oncocercosis, o ceguera de los ríos, es básicamente una invasión de gusanos que entran en el cuerpo humano a través de la picadura de la mosca negra. Estos gusanos se reproducen y generan miles de larvas que emigran a todas partes del cuerpo por debajo de la piel. Esto hace que la infección sea tan desagradable. Según el doctor Donald Bundy, del Banco Mundial para el Control de la Oncocercosis, es común ver que en las aldeas afectadas las personas se rascan constantemente, razón por la cual terminan con cortes terribles en la piel. Con el paso de los años, esas larvas viajeras pasan de la piel a los ojos y cubren la córnea causando ceguera.

Según la Organización Mundial de la Salud (OMS),° la oncocercosis afecta a 37 millones de personas en el mundo, de las cuales 300.000 ya han quedado completamente ciegas°. Casi todos los casos de oncocercosis se dan° en África; de hecho, se cree que esta enfermedad llegó al Nuevo Mundo a principios del siglo XVIII con el tráfico de esclavos. Actualmente, la enfermedad es parte de la realidad de muchas comunidades de países como Ecuador, Venezuela, México y Guatemala, y también de Colombia. Allí se descubrió en 1965 cuando un estibador de puerto llegó a la consulta del médico con una infección en los ojos. Casualmente°, el doctor que lo vio había estudiado oftalmología tropical en Francia. Enseguida, diagnosticó su enfermedad: oncocercosis.

"Fue un chiripazo", dice la doctora Gloria Palma, del Centro Internacional de Entrenamiento e Investigaciones Médicas (CIDEIM) de Colombia, quien asegura que estuvieron buscando la enfermedad en el sitio equivocado. Según Palma, el Instituto Nacional de Salud llevaba años buscando la enfermedad por la zona norte del país y había planes para ir a buscarla en el Pacífico.

La aparición del primer caso permitió centrar la búsqueda en la región del río Chuaré, Cauca. Finalmente, el foco de la ceguera de los ríos apareció en la comunidad de Nacioná, en el municipio° de López de Micay, una zona de difícil acceso. La economía de esta comunidad se ha basado, principalmente, en la extracción de oro en el propio río donde vive y se reproduce la mosca negra.

Una vez localizado el foco de la enfermedad había que dar el siguiente paso°: eliminarla. La estrategia para conseguirlo fue tratar a la población de la zona afectada con un medicamento llamado Ivermectina, donado por la empresa farmacéutica Merck. El tratamiento con este medicamento empezó en 1996 y continuó cada seis meses, hasta que en 2007 se comprobó que la mosca negra ya no transmitía el parásito. Pero eso no era suficiente. Había que demostrar que, tres años después, no hubiera ningún caso nuevo, y que el ciclo vital del parásito a través de la mosca negra y el hombre estaba definitivamente interrumpido. Y así fue: en 2011 la enfermedad se declaró oficialmente eliminada de Colombia. Misión cumplida. ∎

búsqueda *search*

Después de leer

Colombia gana la guerra a una vieja enfermedad

1 **Comprensión** Contesta las preguntas con oraciones completas.

1. ¿Qué es la oncocercosis?
2. ¿Qué otro nombre recibe la oncocercosis?
3. ¿Cuándo se cree que llegó la oncocercosis al Nuevo Mundo?
4. ¿De qué continente se cree que procede la oncocercosis?
5. ¿Por qué se produce la oncocercosis cerca de los ríos?
6. ¿Cómo se eliminó la oncocercosis en Colombia?

2 **Preguntas** Responde las preguntas con oraciones completas.

1. ¿Por qué se le llama "ceguera de los ríos" a la oncocercosis?
2. ¿Por qué muchos enfermos de oncocercosis tienen cortes en la piel?
3. ¿Por qué produce ceguera esta enfermedad?
4. ¿Cómo se cree que llegó esta enfermedad al Nuevo Mundo?
5. ¿Al comienzo, en qué lugar estaba buscando la enfermedad el Instituto Nacional de Salud de Colombia?
6. ¿En qué otros lugares las comunidades deben enfrentarse a esta enfermedad?
7. ¿Por qué estaban expuestos a la picadura de la mosca los habitantes de Nacioná?
8. ¿Qué crees que hay que hacer para eliminar esta enfermedad en todo el mundo?

3 **Hipocondríaco** Imagina que visitas Nacioná con un(a) amigo/a y que lo pica una mosca negra. Tu amigo/a se pone muy nervioso/a porque cree que se va a quedar ciego/a. Inventen una conversación sobre lo que sucede a continuación.

> **MODELO**
> —¡Me picó una mosca! ¡Voy a quedarme ciego!
> —No te preocupes, aquí ya no hay oncocercosis.

4 **Campaña** En grupos, creen una campaña para combatir una enfermedad que conozcan. Elijan un país afectado y desarrollen un cartel informativo con la siguiente información. Utilicen la gramática de la lección. Después, presenten los carteles a la clase.

- definición de la enfermedad
- síntomas de la enfermedad
- cómo se transmite la enfermedad
- cómo se cura
- cómo se puede prevenir
- qué repercusión tiene la eliminación de esa enfermedad a nivel mundial

5 **Cuestiones éticas** En grupos de cuatro, debatan sobre las implicaciones que puede tener la utilización de animales en las investigaciones para encontrar la cura de enfermedades. Compartan sus conclusiones con la clase.

172 *ciento setenta y dos*

Lección 4

Atando cabos

¡A conversar!

La nueva cafetería Trabajen en grupos de cuatro. Imaginen que son consultores/as contratados/as por una escuela o universidad para diseñar una nueva cafetería que cumpla con los objetivos del recuadro. Presenten su plan a la clase.

> ### Objetivos de la nueva cafetería
>
> - brindar a los estudiantes un espacio para socializar y relajarse
> - ofrecer una selección de alimentos que sea atractiva, pero que, al mismo tiempo, sea saludable y lo más natural posible
> - informar a los estudiantes acerca de temas relacionados con la salud, la alimentación y el bienestar a través de afiches y otros elementos visuales

¡A escribir!

Un decálogo Imagina que eres médico/a. Sigue el **Plan de redacción** para escribir un decálogo en el que das diez consejos generales a tus pacientes para que lleven una vida sana.

> ### Plan de redacción
>
> **Preparación:** Prepara un esquema (*outline*) con los diez consejos más importantes.
>
> **Título:** Elige un título para el decálogo.
>
> **Contenido:** Escribe los diez consejos. Utiliza el subjuntivo o el imperativo en todos los consejos. Puedes incluir la siguiente información.
>
> - qué alimentos se deben comer y cuáles se deben evitar
> - cuántas comidas se deben consumir al día
> - cuántas horas se debe dormir
> - qué hábitos se deben evitar

Cuídese:

1. Haga ejercicio tres veces a la semana como mínimo.

2. Es importante que no consuma muchas grasas.

3. Es esencial que…

La salud y el bienestar

4 VOCABULARIO

Los síntomas y las enfermedades

la depresión	depression
la enfermedad	disease; illness
la gripe	flu
la herida	wound
el malestar	discomfort
la obesidad	obesity
el resfriado	cold
la respiración	breathing
la tensión (alta/baja)	(high/low) blood pressure
la tos	cough
el virus	virus
contagiarse	to become infected
desmayarse	to faint
empeorar	to get worse
enfermarse	to get sick
estar resfriado/a	to have a cold
lastimarse	to get hurt
permanecer	to remain
ponerse bien/mal	to get well/sick
sufrir (de)	to suffer (from)
tener buen/mal aspecto	to look healthy/sick
tener fiebre	to have a fever
toser	to cough
agotado/a	exhausted
inflamado/a	inflamed
mareado/a	dizzy

La salud y el bienestar

la alimentación	diet (nutrition)
la autoestima	self-esteem
el bienestar	well-being
el estado de ánimo	mood
la salud	health
adelgazar	to lose weight
descansar	to rest
engordar	to gain weight
estar a dieta	to be on a diet

mejorar(se)	to improve
prevenir (e:ie)	to prevent
relajarse	to relax
trasnochar	to stay up all night
sano/a	healthy

Los médicos y el hospital

la cirugía	surgery
el/la cirujano/a	surgeon
la consulta	doctor's appointment
el consultorio	doctor's office
la operación	operation
los primeros auxilios	first aid
la sala de emergencias	emergency room

Las medicinas y los tratamientos

el analgésico	painkiller
la aspirina	aspirin
el calmante	sedative; painkiller
los efectos secundarios	side effects
el jarabe	syrup
la pastilla	pill
la receta	prescription
el tratamiento	treatment
la vacuna	vaccine
la venda	bandage
el yeso	cast
curarse	to be cured
poner(se) una inyección	to give/get a shot
recuperarse	to recover
sanar	to cure
tratar	to treat
vacunar(se)	to vaccinate/to get vaccinated
curativo/a	healing

Más vocabulario

Expresiones útiles	Ver p. 139
Estructura	Ver pp. 146–148, 152–153 y 156–157

En pantalla

el/la camarada	pal, colleague
el/la cascarrabias	grouch, curmudgeon
el estribor	starboard
el tebeo	comic book
la trinchera	trench
ponerse bueno	get better
superar (algo)	to get over (something)
a punto de	about (to do something)

Literatura

los adelantos	advances
la aguja	needle
la cordura	sanity
el/la enfermero/a	nurse
el hallazgo	discovery
la insensatez	senselessness
el ombligo	navel
la pena	sorrow
el regocijo	joy
la terapia intensiva	intensive care
latir	to beat
desafiante	challenging

Cultura

la aldea	village
la batalla	battle
la ceguera	blindness
el chiripazo	coincidence
el ciclo vital	life cycle
de hecho	in fact
el estibador de puerto	longshoreman
los gusanos	worms
la mosca	fly
el oro	gold
la picadura	bite
el tráfico de esclavos	slave trade
rascar(se)	to scratch (oneself)

174 ciento setenta y cuatro

Lección 4

Los viajes

5

Contextos
páginas 176–179
- De viaje
- El alojamiento
- La seguridad y los accidentes
- Las excursiones

Fotonovela
páginas 180–183
- ¡Buen viaje!

El mundo hispano
Centroamérica
páginas 184–187
- **En detalle:** La ruta del café
- **Perfil:** El canal de Panamá
- **Flash Cultura:** ¡Viajar y gozar!

Estructura
páginas 188–199
- Comparatives and superlatives
- Negative, affirmative, and indefinite expressions
- The subjunctive in adjective clauses

Manual de gramática
páginas A28–A32
- Más práctica
- Gramática adicional

En pantalla
páginas 200–203
- **Cortometraje:** La autoridad

Lecturas
páginas 204–212
- **Literatura:** La luz es como el agua de Gabriel García Márquez
- **Cultura:** La ruta maya

Atando cabos
página 213
- ¡A conversar!
- ¡A escribir!

Communicative Goals
You will expand your ability to...
- make comparisons
- use negative, affirmative, and indefinite expressions
- express uncertainty and indefiniteness

5 CONTEXTOS

Los viajes

De viaje

Para sus vacaciones, Cecilia y Juan **hicieron un viaje** al Caribe. El último día decidieron descansar en la piscina antes de **hacer las maletas**. Se durmieron... ¡y **perdieron el vuelo**! De todos modos, no querían **regresar**.

la bienvenida welcome
la despedida farewell
el destino destination
el itinerario itinerary
la llegada arrival
el pasaje (de ida y vuelta) (round-trip) ticket
el pasaporte passport
la tarjeta de embarque boarding pass
la temporada alta/baja high/low season
el/la viajero/a traveler

hacer las maletas to pack
hacer transbordo to transfer (planes/trains)
hacer un viaje to take a trip
ir(se) de vacaciones to go on vacation
perder (e:ie) (el vuelo) to miss (the flight)
regresar to return

a bordo on board
retrasado/a delayed
vencido/a expired
vigente valid

Variación léxica

el accidente automovilístico ⟷ *el choque*
el congestionamiento ⟷ *el embotellamiento; el atasco*
hacer transbordo ⟷ *hacer escala*
vencido/a ⟷ *caducado/a*
visa ⟷ *visado*

El alojamiento

el albergue hostel
el alojamiento lodging
la habitación individual/doble single/double room
la recepción front desk
el servicio de habitación room service

alojarse to stay
cancelar to cancel
estar lleno/a to be full
quedarse to stay
reservar to reserve

de (buena) categoría first-rate
incluido/a included
recomendable advisable

La seguridad y los accidentes

el accidente (automovilístico) (car) accident
el/la agente de aduanas customs agent
el aviso notice; warning
el cinturón de seguridad seat belt
el congestionamiento traffic jam
las medidas de seguridad security measures
la seguridad safety; security
el seguro insurance

aterrizar to land
despegar to take off
ponerse/quitarse el cinturón to fasten/to unfasten the seat belt
reducir (la velocidad) to reduce (speed)

peligroso/a dangerous
prohibido/a prohibited

Las excursiones

Después de **recorrer** el canal de Panamá, el **crucero navegó** hasta un **puerto** de Costa Rica, donde los viajeros pudieron disfrutar de dos días de **ecoturismo**.

la aventura adventure
el/la aventurero/a adventurer
la brújula compass
el buceo scuba diving
el campamento campground
el crucero cruise (ship)
el (eco)turismo (eco)tourism
la excursión outing; tour
la frontera border
el/la guía turístico/a tour guide
la isla island

las olas waves
el puerto port
las ruinas ruins
la selva jungle
el/la turista tourist

navegar to sail
recorrer to tour

lejano/a distant
turístico/a tourist (adj.)

Práctica

1 **Escuchar**

A. Escucha lo que dice Julia, una guía turística, y después marca las oraciones que contienen la información correcta.

1. a. Los turistas llegaron hace una semana.
   b. La guía turística les da la bienvenida.
2. a. Los turistas van a ir al campamento en autobús.
   b. Los turistas van a ir al campamento en tren.
3. a. Los turistas se van a alojar en un campamento.
   b. Los turistas van a ir a un albergue.
4. a. El destino es una isla.
   b. El destino es la selva.
5. a. Les van a dar el itinerario mañana.
   b. El itinerario se lo darán la semana que viene.

B. Dos aventureros se separaron del grupo y tuvieron problemas. Escucha la conversación telefónica entre Mariano y el agente de viajes, y después contesta las preguntas.

1. ¿Qué les ha pasado a Mariano y a su novia?
2. ¿Adónde iban ellos cuando tuvieron el accidente?
3. ¿Quién fue el responsable del accidente? ¿Por qué?
4. ¿Tienen que pagar por los gastos médicos?
5. ¿Qué ha decidido la pareja?

2 **Significados** Escribe la palabra adecuada para cada definición.

1. documento necesario para ir a otro país _____
2. las forma el movimiento del agua del mar _____
3. vacaciones en un barco _____
4. instrumento que dice dónde está el norte _____
5. línea que separa dos países _____
6. lugar del hotel donde te dan las llaves de la habitación _____
7. documento necesario para poder subir a un avión _____
8. lo contrario de vencido _____
9. lugar rodeado de agua _____

Los viajes   ciento setenta y siete **177**

Práctica

3 **Oraciones incompletas** Completa las oraciones con las palabras apropiadas de **Contextos**.

1. Si vas a estar solo/a en el hotel, tomas una habitación _____.
2. Cuando hay muchos coches en la calle al mismo tiempo, se producen _____.
3. Los barcos, cuando llegan a tierra, se amarran (*dock*) en los _____.
4. Si vas a viajar a otro país, tienes que comprobar que tu pasaporte no esté _____.
5. El deporte que se practica debajo del agua del mar es el _____.

4 **Planes** Completa la conversación con las palabras adecuadas del recuadro. Haz los cambios que sean necesarios.

a bordo	navegar	reservar
lleno/a	recorrer	retrasado/a

MAR ¿Qué quieres hacer hoy? ¿Quieres ir al crucero que (1) _____ las islas de la zona?

PEDRO ¿No hay que llamar antes para (2) _____ las plazas (*seats*)?

MAR No creo que el barco esté (3) _____. Espera, llamo por teléfono…

MAR ¡Tenemos suerte! El barco está (4) _____, ahora sale a las diez y media. Tenemos que estar (5) _____ a las diez. ¡En marcha!

PEDRO Perfecto, me gusta la idea. Hoy es un buen día para (6) _____.

5 **De viaje** En parejas, utilicen palabras y expresiones de **Contextos** para escribir oraciones completas sobre cada dibujo. Sigan el modelo.

MODELO Primero, Eva hizo las maletas. Metió camisetas, un traje de baño y…

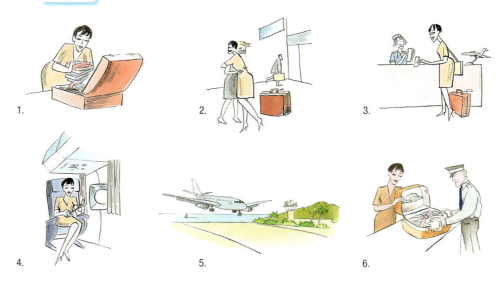

1. 2. 3.

4. 5. 6.

Comunicación

6 **Problemas** En parejas, representen una de estas situaciones. Den detalles, excusas y razones, y traten de buscar una solución al problema. Luego, representen la situación ante la clase.

1. **ESTUDIANTE 1** Eres un(a) huésped en un hotel que está muy sucio. No te gusta el servicio de habitación y además hace demasiado calor en tu cuarto.
   ESTUDIANTE 2 Tu tío te ha dejado a cargo de su hotel. Es temporada alta y, como el hotel está lleno, tienes mucho trabajo. No sabes qué hacer.

2. **ESTUDIANTE 1** Llegas al aeropuerto y te das cuenta de que dejaste el pasaporte en tu casa. Además, en la ciudad hay mucho congestionamiento.
   ESTUDIANTE 2 Eres taxista en el aeropuerto. Como has estado muy estresado/a, el médico te ha recomendado no apurarte por ningún motivo.

3. **ESTUDIANTE 1** Ibas manejando y has tenido un accidente. Te bajas del carro para hablar con el/la otro/a conductor(a). No tienes los papeles del seguro.
   ESTUDIANTE 2 Ibas manejando y has tenido un accidente. No llevabas el cinturón de seguridad y te has roto una pierna.

7 **¡Bienvenidos!**

A. En grupos de cuatro, imaginen que trabajan en la Oficina de Turismo de su ciudad. Tienen que organizar una visita turística de tres días. Conversen sobre las preguntas de la lista y luego preparen un itinerario detallado para los turistas.

- ¿Quiénes son los/las turistas?
- ¿A qué aeropuerto o estación llegan?
- ¿En qué hotel se alojan?
- ¿Qué excursiones pueden hacer?
- ¿Qué lugares exóticos hay para visitar?
- ¿Adónde pueden ir con un(a) guía turístico/a?
- ¿Pueden navegar en algún mar, lago o río? ¿En cuál?
- ¿Qué museos, parques o edificios hay para visitar?
- ¿Qué deportes pueden practicar?

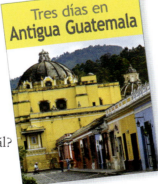

B. Ahora, reúnanse con otro grupo y túrnense para explicar sus itinerarios. Un grupo representa a los empleados de la Oficina de Turismo y el otro a los turistas. Háganse preguntas específicas.

Los viajes *ciento setenta y nueve* **179**

5 FOTONOVELA

Fabiola y Éric se preparan para un viaje de ecoturismo a la selva amazónica.

DIANA Aquí están los boletos para Venezuela, la guía de la selva amazónica y los pasaportes… Después les doy la información del hotel.
ÉRIC Gracias.
FABIOLA Gracias.

ÉRIC ¿Me dejas ver tu pasaporte?
FABIOLA No me gusta como estoy en la foto. Me hicieron esperar tanto que salí con cara de enojo.
ÉRIC No te preocupes… Ésa es la cara que vas a poner cuando estés en la selva.

DIANA Es necesario que memoricen esto. A ver, repitan: tenemos que salir por la puerta 12.
FABIOLA, ÉRIC Y JOHNNY Tenemos que salir por la puerta 12.
DIANA El autobús del hotel nos va a recoger a las 8:30.
FABIOLA Y ÉRIC El autobús del hotel nos va a recoger a las 8:30.

ÉRIC Sí, pero en el Amazonas, Fabiola. ¡Amazonas!
MARIELA Es tan arriesgado que van a tener un guía turístico y el alojamiento más lujoso de la selva.
ÉRIC Mientras ella escribe su artículo en la seguridad del hotel, yo voy a estar explorando y tomando fotos. Debo estar protegido.
FABIOLA Según parece, de lo único que debes estar protegido es de ti mismo.

Juegan a que están en la selva.
JOHNNY (*con la cara pintada*) ¿Cuál es el chiste? Los soldados llevan rayas… Lo he visto en las películas.
ÉRIC Intentémoslo nuevamente.
JOHNNY Esta vez soy un puma que te ataca desde un árbol.
ÉRIC Mejor.

Antes de despedirse, Éric guarda cosas en su maleta.
AGUAYO Por la seguridad de todos creo que debes dejar tu machete, Éric.
ÉRIC ¿Por qué debo dejarlo? Es un machete de mentiras.
DIANA Pero te puede traer problemas reales.
AGUAYO Todos en la selva te lo van a agradecer.

180 *ciento ochenta* Lección 5

Personajes

AGUAYO　　DIANA　　ÉRIC　　FABIOLA　　JOHNNY　　MARIELA

DIANA El último número que deben recordar es cuarenta y ocho dólares con cincuenta centavos.

FABIOLA Y ÉRIC Cuarenta y ocho dólares con cincuenta centavos.

JOHNNY Y ese último número, ¿para qué es?

DIANA Es lo que van a tener que pagar por llegar en taxi al hotel si olvidan los dos números primeros.

ÉRIC (*Entra vestido de explorador.*) Fuera, cobardes, la aventura ha comenzado.

MARIELA ¿Quién crees que eres? ¿México Jones?

ÉRIC No. Soy Cocodrilo Éric, el fotógrafo más valiente de la selva. Listo para enfrentar el peligro.

FABIOLA ¿Qué peligro? Vamos a hacer un reportaje sobre ecoturismo… ¡Ecoturismo!

ÉRIC ¿Alguien me puede ayudar a cerrar la maleta?

JOHNNY ¿Qué rayos hay acá dentro?

AGUAYO Es necesario que dejes algunas cosas.

ÉRIC Imposible. Todo lo que llevo es de primerísima necesidad.

JOHNNY ¿Cómo? ¿Esto?

Johnny saca un látigo de la maleta.

Diana cierra la maleta con cinta adhesiva.

DIANA Listo… ¡Buen viaje!

AGUAYO Espero que disfruten y que traigan el mejor reportaje que puedan.

JOHNNY Y es importante que no traten de mostrarse ingeniosos, ni cultos; sólo sean ustedes mismos.

DIANA Y no olviden sus pasaportes.

ÉRIC Ahora que me acuerdo… ¡lo había puesto en la maleta!

Expresiones útiles

Making comparisons

Soy el fotógrafo más valiente de la selva.
I am the bravest photographer in the jungle.

Van a tener el alojamiento más lujoso de la selva.
You're going to have the finest accommodations in the jungle.

Es el hotel menos costoso de la región.
It's the least expensive hotel in the area.

Ir en autobús es menos caro que ir en taxi.
Taking a bus is less expensive than a taxi.

El hotel es tan caro como el boleto.
The hotel is as expensive as the ticket.

Using negative, affirmative, and indefinite expressions

¿Alguien me puede ayudar?
Can somebody help me?

No hay nadie que te pueda ayudar.
There is no one who can help you.

Hay que dejar algunas cosas.
I/we/etc. have to leave some things behind.

No hay nada que pueda dejar.
There is nothing I can leave behind.

Additional vocabulary

arriesgado/a *risky*
de mentiras *pretend*
enfrentar *to confront*
lujoso/a *luxurious*
protegido/a *protected*
la puerta de embarque *(airline) gate*
¿Qué rayos…? *What on earth…?*
la raya *stripe*

Los viajes　　　　　　　　　　　　　　　　　*ciento ochenta y uno* **181**

Comprensión

1 **Comprensión** Contesta las preguntas con oraciones completas.

1. ¿Adónde van Éric y Fabiola?
2. ¿Por qué a Fabiola no le gusta la foto del pasaporte?
3. ¿A qué hora los recoge el autobús del hotel?
4. ¿Por qué van de viaje?
5. ¿Será realmente un viaje arriesgado?
6. ¿Por qué Éric tiene que dejar algunas cosas?

2 **Preguntas y respuestas** Une las preguntas de la **Fotonovela** con las respuestas apropiadas. Luego, identifica quién dice cada oración.

AGUAYO　　DIANA　　ÉRIC　　FABIOLA　　JOHNNY　　MARIELA

___ 1. ¿Me dejas ver tu pasaporte?
___ 2. Y ese último número, ¿para qué es?
___ 3. ¿Quién crees que eres? ¿México Jones?
___ 4. ¿Por qué debo dejarlo? Es un machete de mentiras.
___ 5. ¿Alguien me puede ayudar a cerrar la maleta?

a. Es lo que van a tener que pagar por llegar en taxi.
b. Es necesario que dejes algunas cosas.
c. No me gusta como estoy en la foto.
d. No, soy el fotógrafo más valiente de la selva.
e. Sí, pero te puede traer problemas reales.

3 **Consejos**

A. Diana y Aguayo les dan varios consejos a Fabiola y a Éric antes de su viaje a la selva. Utiliza el subjuntivo o el infinitivo para completar las sugerencias que les dan.

1. Es necesario que _____ esto.
2. El último número que deben _____ es cuarenta y ocho dólares con cincuenta centavos.
3. Es el dinero que van a tener que _____ para tomar un taxi.
4. Creo que debes _____ tu machete.
5. Es necesario que _____ parte del equipaje.
6. Espero que _____ y que _____ el mejor reportaje que puedan.

B. ¿Qué sugerencias les darían ustedes? En parejas, escriban una lista de seis o siete consejos, órdenes y sugerencias para que disfruten de sus vacaciones y eviten problemas.

MODELO Creo que deben probar la comida típica de Venezuela.
Espero que no hagan nada arriesgado y que tengan cuidado con los animales de la selva.

Ampliación

4 ¿**Te gusta hacer ecoturismo?** En parejas, háganse las preguntas. Luego, recomienden un viaje ideal para su compañero/a, según los resultados.

Sí	Más o menos	No	
☐	☐	☐	1. ¿Te gusta ir de campamento?
☐	☐	☐	2. ¿Sabes hacer fuego?
☐	☐	☐	3. ¿Sabes cocinar?
☐	☐	☐	4. ¿Te gusta ver animales salvajes?
☐	☐	☐	5. ¿Te gusta caminar mucho?
☐	☐	☐	6. ¿Puedes estar una semana sin ducharte?

Clave
- Sí = 2 puntos
- Más o menos = 1 punto
- No = 0 puntos

Resultados
- 0 a 4 No intentes hacer ecoturismo.
- 5 a 8 Puedes hacer ecoturismo.
- 9 a 12 ¿A qué esperas para hacer ecoturismo?

5 **Apuntes culturales** En parejas, lean los párrafos y contesten las preguntas.

El felino más temido
Johnny juega a ser un puma dispuesto a atacar a Éric. El puma habita en todo el continente americano, especialmente en montañas y bosques. Es el segundo felino más grande del continente americano, después del jaguar. Por su fortaleza y agilidad, los incas lo consideraron el símbolo supremo de poder. ¿Podrá Éric contra la astucia (*shrewdness*) de este felino?

Ecoturismo en Centroamérica
Fabiola y Éric van a realizar un reportaje sobre ecoturismo. En Centroamérica, el ecoturismo constituye no sólo una fuente importante de trabajo, sino también una forma de obtener recursos económicos para la administración de las áreas protegidas. Actualmente existen más de 550 áreas protegidas en la región, lo que representa aproximadamente un 25% del territorio.

Una fábrica de oxígeno
La selva amazónica es la reserva ecológica generadora de oxígeno más grande del planeta. Comprende, entre otros países, Brasil, Colombia, Venezuela y Perú. Desafortunadamente, la deforestación de esta zona está reduciendo su área aceleradamente. ¿Podrán los personajes de *Facetas* fomentar en su reportaje la lucha contra la deforestación?

1. ¿Qué animales fueron considerados sagrados en el pasado? ¿Y en la actualidad?
2. ¿Hay áreas protegidas en la región donde vives? ¿Cuál es su importancia para los habitantes de la zona? ¿Contienen especies protegidas?
3. ¿Conoces otros lugares donde hacer ecoturismo? ¿Cuáles son?
4. ¿Qué significa la expresión "una fábrica de oxígeno"? ¿Qué otras "fábricas de oxígeno" hay en el mundo? ¿Por qué es importante preservarlas?

Los viajes

5 EL MUNDO HISPANO

En detalle

CENTROAMÉRICA

LA RUTA DEL CAFÉ

Los turistas que llegan a Finca° Esperanza Verde, "ecoalbergue" ubicado a 1.200 metros (4.000 pies) de altura en la selva tropical nicaragüense, descubren un paraíso natural con bosques, exuberantes montañas y aves tropicales. En este paraíso, los turistas pueden visitar un cafetal° y conocer los aspectos humanos y ecológicos que se conjugan° para que podamos disfrutar de algo tan simple como una taza de café.

El café, ese compañero de las mañanas, es el protagonista de la vida social, cultural y económica de Centroamérica. Para el visitante, esto salta a la vista apenas llega a estas tierras: el paisaje está cubierto de cafetales. Hoy día, dos terceras partes del café de todo el mundo son de origen americano.

Esta popular bebida llegó a América en el siglo XVIII. Pocos años después, su cultivo° se había extendido por México y Centroamérica. Los altibajos° en los precios del café han llevado a los productores centroamericanos a diversificar sus actividades: han iniciado el cultivo de café orgánico, han creado cooperativas de comercio justo° que buscan alcanzar° precios más equitativos° para productores y consumidores, y han promovido el ecoturismo.

El país pionero fue Costa Rica, que organizó la primera ruta del café, pero ya todos los países centroamericanos, y también algunos suramericanos, han creado sus rutas. Un día por una ruta del café suele constar de° una visita a las plantaciones de café, donde no sólo se conoce el proceso de cultivo y producción, sino que también se pueden tomar unas tazas de café. Después, se organizan almuerzos con platos típicos y, para terminar la jornada°, se visitan rutas históricas y pueblos cercanos donde los turistas pueden disfrutar del folklore local y comprar artesanías°. ■

La ruta del café en el siglo XVIII

Finca Farm **cafetal** coffee plantation **se conjugan** are combined **cultivo** cultivation **altibajos** ups and downs **comercio justo** fair trade **alcanzar** to reach **equitativos** equitable **constar de** to consist of **jornada** day **artesanías** handicrafts

184 ciento ochenta y cuatro

Lección 5

ASÍ LO DECIMOS
Los viajes

el turismo sostenible el turismo sustentable	sustainable tourism
el billete (Esp.) el boleto (Amér. L.)	ticket
el boleto redondo (Méx.)	round-trip ticket
la autopista (Esp.)	turnpike; toll road
la autovía (Esp.)	highway
la carretera (Esp.)	road
la burra (Gua.) la guagua (Carib.)	bus

EL MUNDO HISPANOHABLANTE
De América al mundo

El tomate Su nombre se deriva de *tomatl*, una palabra del idioma náhuatl. Entró en Europa por la región de Galicia, en el noroeste de España, y se extendió luego a Francia e Italia. Los españoles y los portugueses lo difundieron° por el Oriente Medio, África, y Norteamérica.

El maíz Es uno de los cereales de mayor producción mundial junto con el trigo y el arroz. A pesar de las controversias acerca de su origen exacto, los investigadores coinciden en que los indígenas de América Central y México lo difundieron por el continente, los conquistadores lo introdujeron a Europa y los comerciantes lo llevaron a Asia y África.

La papa o patata Estudios científicos ubican el origen de la papa en Perú. En la actualidad, la papa se consume por todo el mundo, siendo Bielorrusia (Europa Oriental) el país donde más papas se consumen per cápita. Cada persona consume un promedio de 181 kilogramos (399 libras) al año.

PERFIL
EL CANAL DE PANAMÁ

El canal de Panamá, una de las obras arquitectónicas más extraordinarias del planeta, une° los océanos Atlántico y Pacífico a través del istmo° de Panamá. Es, a su vez, una ruta importantísima para la economía mundial, pues lo cruzan° más de 14.000 barcos por año, es decir, unos 270 barcos por semana. La monumental obra, construida por Estados Unidos entre 1904 y 1914, consta de dos lagos artificiales, varios canales, tres estructuras de compuertas° y una represa°. El Canal tiene en su recorrido varias esclusas°, cuya finalidad° es subir o bajar los barcos desde el nivel de uno de los océanos hasta el nivel del otro. Dependiendo del tránsito, la travesía° por este atajo° de 80 kilómetros (50 millas) puede demorar° hasta 10 horas. Panamá y Estados Unidos negociaron la entrega del canal a Panamá en 1977, que pasó a estar bajo control panameño el 31 de diciembre de 1999.

> **"Viajar es imprescindible y la sed de viaje, un síntoma neto de inteligencia."** (Enrique Jardiel Poncela, escritor español)

Conexión Internet

¿Qué otras opciones de turismo sostenible hay en América Central? | Investiga sobre este tema en Internet.

une *links* **istmo** *isthmus* **cruzan** *cross* **compuertas** *floodgates* **represa** *dam* **esclusas** *locks* **finalidad** *purpose* **travesía** *crossing (by boat)* **atajo** *shortcut* **demorar** *last* **difundieron** *spread*

¿Qué aprendiste?

1 **¿Cierto o falso?** Indica si estas afirmaciones son **ciertas** o **falsas**. Corrige las falsas.

1. El ecoalbergue Finca Esperanza Verde se encuentra en una zona montañosa de Costa Rica.
2. Los turistas que van a Finca Esperanza Verde pueden visitar un cafetal que se encuentra allí mismo.
3. La mitad del café mundial se produce en América.
4. El café es originario del continente americano.
5. El café llegó a América a través de México.
6. Los productores tuvieron que diversificar sus actividades debido a los bajos precios del café.
7. La finalidad de las cooperativas de comercio justo es ayudar a que los productores reciban un pago justo y los consumidores paguen precios razonables.
8. El primer país en crear una ruta del café fue Honduras.
9. Los turistas pueden visitar las plantaciones, pero no pueden presenciar el proceso de producción.
10. Los turistas que van a la ruta del café suelen visitar también las rutas históricas de la zona.

2 **Oraciones incompletas** Completa las oraciones con la información correcta.

1. El canal de Panamá está en manos panameñas _____.
2. El canal de Panamá tiene _____ artificiales.
3. La finalidad de las esclusas es subir o bajar los barcos _____.
4. En el Caribe, *guagua* significa _____.
5. _____ difundieron el tomate por el Oriente Medio.

3 **Preguntas** En parejas, contesten las preguntas.

1. ¿Qué papel tiene el café en tu cultura? ¿Tiene la misma importancia que en la cultura centroamericana?
2. ¿Prefieres productos ecológicos y productos que garantizan el comercio justo o compras productos comunes?
3. ¿Qué tipo de turismo sueles hacer? ¿Hiciste alguna vez ecoturismo?
4. ¿Qué alimentos provenientes de otros continentes forman parte de tu dieta?

4 **Opiniones** En grupos de tres, contesten estas preguntas: ¿Es bueno para los países recibir turismo? ¿Por qué? ¿Qué consecuencias tiene la llegada del turismo a ciertas zonas? ¿Qué beneficios tiene viajar?

PROYECTO

Un viaje por la ruta del café

Busca información sobre una excursión organizada por una ruta del café. Imagina que vas a la excursión y escribe una pequeña descripción de un día de visita, basándote en la información que has encontrado.

Incluye información sobre:
- los platos típicos que comiste
- los pueblos que visitaste
- lo que aprendiste sobre el café
- lo que fue más interesante de la visita
- lo que compraste para llevar a casa

¡Viajar y gozar!

Ya has visto algunos de los maravillosos lugares que puedes visitar en Latinoamérica. En este episodio de **Flash Cultura**, conocerás cómo debes preparar todo para que tu viaje por Costa Rica sea seguro y placentero.

Corresponsal: Alberto Cuadra
País: Costa Rica

VOCABULARIO ÚTIL

amable *friendly*
brindar *to provide*
el cajero automático *ATM*
jubilado/a *retired*
la moneda local *local currency*
regatear *to bargain*
sacar dinero *to withdraw money*
la tarifa (fija) *(fixed) rate*

Los viajes requieren preparación; desde conseguir información de los sitios que vas a visitar y de las costumbres locales, hasta cómo conseguir las visas, los boletos y el cambio° de dinero.

Comprensión Indica si estas afirmaciones son **ciertas** o **falsas**. Después, corrige las falsas.

1. Aunque en algunas ciudades los taxis tienen taxímetro, en otras debes preguntar el precio y regatear antes de subir.
2. La moneda local de Costa Rica se llama "sanjosé".
3. En este país sólo se puede pagar con dinero en efectivo porque no existen las tarjetas de crédito.
4. El corresponsal recomienda recorrer San José en bicicleta el primer día.
5. El mayor flujo de turismo es de jóvenes que buscan aventuras y de personas jubiladas que quieren descansar.
6. Lo que más interesa de Costa Rica son los volcanes, los parques nacionales y las playas.

Si vas a estar varios días en una sola ciudad, pasa el primer día caminando, así te darás cuenta de las distancias.

Expansión En parejas, contesten estas preguntas.

- ¿Alguna vez regatearon algún precio? ¿Están dispuestos a hacerlo con un taxi en Costa Rica o prefieren aceptar el precio sin objeción?
- Cuando viajan, ¿compran una guía del lugar? ¿Saben leer mapas o se pierden fácilmente?
- ¿Les gustaría vivir en Costa Rica? ¿Por qué?

¿Y tú? ¿Adónde te gusta ir de vacaciones? ¿Vas siempre al mismo lugar o prefieres explorar sitios nuevos? ¿Qué debe tener un país para que decidas visitarlo?

Es un país de mucha paz°, tenemos buenas playas, buenas montañas… y la gente muy amable, por eso muchos vienen a Costa Rica… Y la policía… también somos simpáticos.

cambio *exchange* **paz** *peace*

5 ESTRUCTURA

5.1 Comparatives and superlatives

Comparisons of inequality

- With adjectives, adverbs, nouns, and verbs, use these constructions to make comparisons of inequality (*more than/less than*).

ADJECTIVE
Este hotel es **más elegante que** aquél.
This hotel is more elegant than that one.

NOUN
Juan tiene **menos tiempo que** Ema.
Juan has less time than Ema does.

ADVERB
¡Llegaste **más tarde que** yo!
You arrived later than I did!

VERB
Mi hermano **viaja menos que** yo.
My brother travels less than I do.

- When the focus of a comparison is a noun and the second term of the comparison is a verb or a clause, use these constructions to make comparisons of inequality.

$$\text{más/menos} + [\text{noun}] + \begin{array}{c}\text{del/de la que}\\\text{de los/las que}\end{array} + [\text{verb or clause}]$$

Había **más** asientos **de los que** necesitábamos.
There were more seats than we needed.

La ciudad tiene **menos** ruinas **de las que** esperábamos.
The city has fewer ruins than we expected.

Comparisons of equality

- Use these constructions to make comparisons of equality (*as... as*).

$$\text{tan} + \begin{bmatrix}\text{adjective}\\\text{adverb}\end{bmatrix} + \text{como} \qquad \text{tanto/a(s)} + \begin{bmatrix}\text{singular noun}\\\text{plural noun}\end{bmatrix} + \text{como}$$

$$[\text{verb}] + \text{tanto como}$$

ADJECTIVE
El vuelo de regreso no parece **tan largo como** el de ida.
The return flight doesn't seem as long as the flight over.

NOUN
Cuando viajo a la ciudad, llevo **tantas maletas como** tú.
When I travel to the city, I take as many suitcases as you do.

ADVERB
Se puede ir de Madrid a Sevilla **tan rápido** en tren **como** en avión.
You can get from Madrid to Sevilla as quickly by train as by plane.

VERB
Guillermo **disfrutó tanto como** yo nuestro último viaje a Honduras.
Guillermo enjoyed our last trip to Honduras as much as I did.

TALLER DE CONSULTA

MANUAL DE GRAMÁTICA
Más práctica

5.1 Comparatives and superlatives, p. A28
5.2 Negative, affirmative, and indefinite expressions, p. A29
5.3 The subjunctive in adjective clauses, p. A30

Gramática adicional

5.4 **Pero** and **sino**, p. A31

¡ATENCIÓN!

Before a number (or equivalent expression), *more/less than* is expressed with **más/menos de**.

El pasaje cuesta más de trescientos dólares.
The ticket costs more than three hundred dollars.

¡ATENCIÓN!

Tan and **tanto** can also be used for emphasis, rather than to compare:

tan *so*
tanto *so much*
tantos/as *so many*

¡El viaje es tan largo!
The trip is so long!

¡Viajas tanto!
You travel so much!

¿Siempre traes tantas maletas?
Do you always bring so many suitcases?

Superlatives

- Use this construction to form superlatives (**superlativos**). The noun is preceded by a definite article, and **de** is the equivalent of *in, on,* or *of*. Use **que** instead of **de** when the second part of the superlative construction is a verb or a clause.

el/la/los/las + | *noun* | + más/menos + | *adjective* | + de + | *noun* |
que + | *verb or clause* |

Ésta es **la playa más bonita de** todas.
This is the prettiest beach of all.

Es **el hotel menos caro que** he visto.
It is the least expensive hotel I've seen.

- The noun may also be omitted from a superlative construction.

Me gustaría comer en **el** restaurante **más elegante** de la ciudad.
I would like to eat at the most elegant restaurant in the city.

Las Dos Palmas es **el más elegante de** la ciudad.
Las Dos Palmas is the most elegant one in the city.

Irregular comparatives and superlatives

Adjective	Comparative form	Superlative form
bueno/a *good*	**mejor** *better*	**el/la mejor** *best*
malo/a *bad*	**peor** *worse*	**el/la peor** *worst*
grande *big*	**mayor** *bigger*	**el/la mayor** *biggest*
pequeño/a *small*	**menor** *smaller*	**el/la menor** *smallest*
viejo/a *old*	**mayor** *older*	**el/la mayor** *oldest*
joven *young*	**menor** *younger*	**el/la menor** *youngest*

- When **grande** and **pequeño/a** refer to size and not age or quality, the regular comparative and superlative forms are used.

Ernesto es **mayor** que yo.
Ernesto is older than I am.

Ese edificio es **el más grande** de todos.
That building is the biggest one of all.

- When **mayor** and **menor** refer to age, they follow the noun they modify. When they refer to quality, they precede the noun.

María Fernanda es mi hermana **menor**.
María Fernanda is my younger sister.

Hubo un **menor** número de turistas.
There was a smaller number of tourists.

- The adverbs **bien** and **mal** also have irregular comparatives, **mejor** and **peor**.

Mi padre maneja muy **mal**.
¿Y el tuyo?
*My father is a very bad driver.
How about yours?*

Seguro que mi padre maneja **peor** que el tuyo.
I'm sure my father drives worse than yours.

Tú puedes hacerlo **bien** por ti mismo.
You can do it well by yourself.

Ayúdame, que tú lo haces **mejor** que yo.
Help me; you do it better than I do.

¡ATENCIÓN!

Absolute superlatives
The suffix **-ísimo/a** is added to adjectives and adverbs to form the absolute superlative.

This form is the equivalent of *extremely* or *very* before an adjective or adverb in English.

malo → **malísimo**

mucha → **muchísima**

difícil → **dificilísimo**

fácil → **facilísimo**

Adjectives and adverbs with stems ending in **c**, **g**, or **z** change spelling to **qu**, **gu**, and **c** in the absolute superlative.

rico → **riquísimo**

larga → **larguísima**

feliz → **felicísimo**

Adjectives that end in **-n** or **-r** form the absolute superlative by adding **-císimo/a**.

joven → **jovencísimo**

Los viajes

ciento ochenta y nueve **189**

Práctica

TALLER DE CONSULTA

MANUAL DE GRAMÁTICA
Más práctica

5.1 Comparatives and
superlatives, p. A28

1 **Demasiadas deudas** Elena comparte sus inquietudes sobre el dinero con su tía Juana.
Completa la conversación con las palabras de la lista.

carísimos	más	menor	muchísimas
como	mejor	menos	que

ELENA Tengo (1) _____ gastos y necesito ganar (2) _____ dinero.

JUANA ¿Por qué no tratas de gastar (3) _____ y estudiar un poco más? Tú sabes
que la mayoría de los adolescentes no llevan una vida (4) _____ la tuya.

ELENA Bueno, el problema no está en mis gastos, sino en mi salario. Mi hermana
(5) _____ trabaja menos horas (6) _____ yo, pero gana más.

JUANA Puede ser, pero recuerda que es (7) _____ asistir a una universidad
buena que poder comprar unos zapatos (8) _____.

ELENA Puede ser.

2 **El peor viaje de su vida** Conecta las frases de la izquierda con las correspondientes de
la derecha para formar oraciones lógicas.

____ 1. El sábado pasado, Alberto y yo
hicimos el peor

____ 2. Yo llegué al aeropuerto más temprano

____ 3. Pero él pasó por seguridad más rápido

____ 4. Luego anunciaron que el vuelo
estaba retrasado más

____ 5. Por fin salimos, tan cansados

____ 6. De repente, hubo un olor

____ 7. Alberto gritaba tanto

____ 8. Al final, pasamos las vacaciones en casa.
Lo bueno es que tuvimos más visitas

a. como enojados.

b. como yo hasta que logramos
aterrizar (land).

c. de tres horas a causa de un
problema mecánico.

d. malísimo; ¡el motor se había
prendido fuego!

e. de las que esperábamos.

f. que Alberto y no lo podía encontrar.

g. que yo y por fin nos encontramos
en la puerta de embarque.

h. viaje de nuestra vida.

3 **Oraciones** Mira la información del cuadro y escribe cinco oraciones con superlativos
y cinco con comparativos. Sigue el modelo.

MODELO Alfonso Cuarón es más conocido que su hermano Carlos. Alfonso Cuarón es el director
de cine más popular de los últimos años.

Harry Potter	libro	menor
Jennifer Lawrence	actriz	popular
Alfonso Cuarón	hombre de negocios	famoso/a
Mark Zuckerberg	río	rico/a
El Amazonas	director de cine	largo
Disneyland	lugar	feliz

190 *ciento noventa*

Lección 5

Comunicación

4 **Un viaje inolvidable**

A. Habla con un(a) compañero/a sobre el viaje más inolvidable de tu vida. Puede ser un viaje buenísimo o un viaje malísimo, e incluso puede ser un viaje imaginario. Di al menos siete u ocho oraciones usando comparativos y superlativos, y algunas de las palabras de la lista. Túrnense.

mejor/peor que	tan
más/menos que	como
de los mejores/peores	buenísimo/malísimo

B. Ahora, describe el viaje de tu compañero/a al resto de la clase. La clase tratará de adivinar qué viajes son verdaderos y cuáles son ficticios.

5 **Las vacaciones ideales** En grupos de cuatro, imaginen que son miembros de una familia que ganó un viaje de tres semanas a cualquier país del mundo. El único problema es que tienen que ponerse de acuerdo acerca del destino.

A. Primero, cada uno/a debe decidir cuál es el país ideal para sus vacaciones y escribir una descripción breve con las razones para escogerlo. Utiliza comparativos y superlativos en tu descripción.

B. Luego, túrnense para presentar sus opiniones y traten de convencer a los demás de que su país ideal es el mejor de todos. Deben usar comparativos y superlativos para comparar las atracciones de cada país. Compartan su decisión final con la clase.

MODELO Es obvio que Venezuela es el mejor país para nuestras vacaciones. Venezuela tiene la catarata más alta del mundo y unas playas tan bonitas como las de República Dominicana. Además, ¡las arepas venezolanas son más ricas que las tortillas mexicanas! Venezuela tiene más atracciones de las que se pueden imaginar. Ya verán que no me equivoco.

5.2 Negative, affirmative, and indefinite expressions

Cocodrilo Éric no le tiene miedo a nada.

TALLER DE CONSULTA

To express contradictions, **pero** and **sino** are also used.

See **Manual de gramática**, 5.4, p. A31.

- The following chart shows negative, affirmative, and indefinite expressions.

algo *something; anything*	**nada** *nothing; not anything*
alguien *someone; somebody; anyone*	**nadie** *no one; nobody; not anyone*
alguno/a(s), algún *some; any*	**ninguno/a, ningún** *no; none; not any*
o... o *either... or*	**ni... ni** *neither... nor*
siempre *always*	**nunca, jamás** *never; not ever*
también *also; too*	**tampoco** *neither; not either*

- In Spanish, double negatives are perfectly acceptable.

¿Dejaste **algo** en la mesa?
Did you leave something on the table?

No, **no** dejé **nada**.
No, I didn't leave anything.

Siempre tuvimos ganas de viajar a Costa Rica.
We always wanted to travel to Costa Rica.

Hasta ahora, **no** tuvimos **ninguna** oportunidad de ir.
Until now, we never had the opportunity to go there.

- Most negative statements use the pattern **no** + [*verb*] + [*negative word*]. When the negative word precedes the verb, **no** is omitted.

No lo extraño **nunca**.
I never miss him.

Nunca lo extraño.
I never miss him.

Su opinión sobre política internacional **no** le importa a **nadie**.
His opinion on international politics doesn't matter to anyone.

A **nadie** le importa su opinión sobre política internacional.
Nobody cares about his opinion on international politics.

- Once one negative word appears in an English clause, no other negative word may be used. In Spanish, however, once a negative word is used, all other elements must be expressed in the negative if possible.

No le digas **nada** a **nadie**.
Don't say anything to anyone.

Tampoco hables **nunca** de esto.
Don't ever talk about this either.

No quiero **ni** pasta **ni** pizza.
I don't want pasta or pizza.

Tampoco quiero **nada** para tomar.
I don't want anything to drink either.

- The personal **a** is used before negative and indefinite words that refer to people when they are the direct object of the verb.

    Nadie me comprende. ¿Por qué será?
    No one understands me. Why?

    No, eres tú quien no comprende **a nadie**.
    No, you are the one who doesn't understand anyone.

    Algunos pasajeros prefieren no desembarcar en los puertos.
    Some passengers prefer not to disembark at the ports.

    Pues, no conozco **a ninguno** que se quede en el crucero.
    Well, I don't know any who stay on the cruise ship.

- Before a masculine, singular noun, **alguno** and **ninguno** are shortened to **algún** and **ningún**.

    ¿Has sufrido **algún** daño en el choque?
    Have you suffered any harm in the accident?

    Me había puesto el cinturón de seguridad, por lo que no sufrí **ningún** daño.
    I had fastened my seat belt, which is why I suffered no injuries.

- **Tampoco** means *neither* or *not either*. It is the opposite of **también**.

    Mi novia no soporta los congestionamientos en el centro, ni yo **tampoco**.
    My girlfriend can't stand the traffic jams downtown, and neither can I.

    Por eso ella toma el metro, y yo **también**.
    That's why she takes the subway, and so do I.

> ¡ATENCIÓN!
>
> **Cualquiera** can be used to mean *any, anyone, whoever, whatever,* or *whichever*. When used before a singular noun (masculine or feminine) the **-a** is dropped.
>
> **Cualquiera haría lo mismo.**
> *Anyone would do the same.*
>
> **Llegarán en cualquier momento.**
> *They will arrive at any moment.*

¿Esto también es de primerísima necesidad?

- The conjunction **o... o** (*either... or*) is used when there is a choice to be made between two options. **Ni... ni** (*neither... nor*) is used to negate both options.

    Debo hablar **o** con el gerente **o** con la dueña.
    I have to speak with either the manager or the owner.

    El precio del pasaje **ni** ha subido **ni** ha bajado en los últimos días.
    The price of the ticket has neither risen nor fallen in the past few days.

- The conjunction **ni siquiera** (*not even*) is used to add emphasis.

    Ni siquiera se despidieron antes de salir.
    They didn't even say goodbye before they left.

    La señora Guzmán no viaja nunca, **ni siquiera** para visitar a sus nietos.
    Mrs. Guzmán never travels, not even to visit her grandchildren.

> ¡ATENCIÓN!
>
> In the conjunction **o... o**, the first **o** is frequently omitted.
> **Debo hablar (o) con el gerente o con la dueña.**
>
> In the conjunction **ni... ni**, the first **ni** can be omitted when it comes after the verb.
> **No me interesa (ni) la política ni la economía.**
>
> When the first **ni** goes before the verb, **no... ni** can be used instead of **ni... ni**.
> **El precio no/ni ha subido ni ha bajado.**

Práctica

TALLER DE CONSULTA

MANUAL DE GRAMÁTICA
Más práctica

5.2 Negative, affirmative, and indefinite expressions, p. A29

1 **Comidas típicas** Marlene acaba de regresar de un viaje a Madrid y le fascinó la comida española. Completa su conversación con Frank usando las expresiones del recuadro.

alguna	ni... ni	o... o
nadie	ningún	tampoco
	nunca	

MARLENE Frank, ¿(1) _____ vez has probado las tapas españolas?

FRANK No, (2) _____ he probado la comida española.

MARLENE ¿De veras? ¿No has probado (3) _____ la tortilla de patata (4) _____ la paella?

FRANK No, no he comido (5) _____ plato español. (6) _____ conozco los ingredientes típicos de la cocina española.

MARLENE Entonces tenemos que salir a comer juntos. ¿Conoces un restaurante llamado Carmela?

FRANK No, no conozco (7) _____ restaurante con ese nombre.

MARLENE (8) _____ lo conoce. Es nuevo, pero es muy bueno. A mí me viene bien que vayamos (9) _____ el lunes (10) _____ el jueves que viene.

FRANK El jueves también me viene bien.

2 **El viajero** En un aeropuerto, estás hablando con otro/a viajero/a de lo que no te gusta hacer en los viajes. Cambia las oraciones de afirmativas a negativas usando las expresiones correspondientes. Sigue el modelo.

MODELO Yo siempre como la comida del país.
Yo nunca como la comida del país.

1. Cuando voy de viaje, siempre compro regalos.
2. A mí también me gusta visitar todos los lugares turísticos.
3. Yo siempre hablo el idioma local con todo el mundo.
4. Normalmente, o alquilo un carro o alquilo una motocicleta.
5. Siempre intento visitar a algún conocido de mi familia.
6. Cuando visito un lugar nuevo, siempre hago nuevas amistades.

3 **Discusiones** En parejas, escriban las discusiones que provocarían estas respuestas.

194 ciento noventa y cuatro

Lección 5

Comunicación

4 **Opiniones** En parejas, hablen sobre estos enunciados. Usen expresiones negativas, afirmativas e indefinidas.

- Nadie tendría que necesitar pasaporte ni visa para entrar a un país extranjero.
- El turismo siempre es bueno para la economía del país.
- Ningún vuelo tendría que retrasarse, incluso cuando hace mal tiempo.
- Está bien que las compañías aéreas cobren por todas las maletas que llevan los pasajeros.
- No hay ningún tipo de turismo mejor que el ecoturismo.
- Siempre es mejor irse de vacaciones a relajarse que a ver museos y monumentos.
- Los turistas siempre deben hablar la lengua del país que visitan.
- Nunca se puede decir: "jamás viviría en otro país", porque nunca se sabe.
- Nunca viajaría a una ciudad sólo para ver un museo.

5 **Escena**

 A. En grupos de tres, escriban una conversación entre un(a) adolescente y sus padres usando expresiones negativas, afirmativas e indefinidas.

MODELO
    HIJA ¿Por qué siempre desconfían de mí? No soy ninguna mentirosa y mis amigos tampoco lo son. No tienen ninguna razón para preocuparse.
    MAMÁ Sí, hija, muy bien, pero recuerda que...
    HIJA Por última vez, ¿puedo ir...?
    PAPÁ ...

B. Ahora, representen ante la clase la conversación que escribieron.

5.3 The subjunctive in adjective clauses

- When an adjective clause describes an antecedent that is known to exist, use the indicative. When the antecedent is uncertain or unknown, use the subjunctive.

MAIN CLAUSE	CONNECTOR	SUBORDINATE CLAUSE
Busco una ciudad	que	tenga playa.

¡ATENCIÓN!
An adjective clause (**oración subordinada adjetiva**) is one that modifies or describes a noun or pronoun in the main clause.

ANTECEDENT CERTAIN → INDICATIVE

Necesito el libro que **habla** sobre las ruinas mayas.
I need the book that talks about Mayan ruins.

Buscamos los documentos que **describen** el itinerario del viaje.
We're looking for the documents that describe the itinerary for the trip.

Las personas que **van** a Costa Rica sienten pasión por la naturaleza.
People who go to Costa Rica are passionate about nature.

ANTECEDENT UNCERTAIN → SUBJUNCTIVE

Necesito un libro que **hable** sobre las ruinas mayas.
I need a book that talks about Mayan ruins.

Buscamos documentos que **describan** el itinerario del viaje.
We're looking for (any) documents that (may) describe the itinerary for the trip.

Las personas que **vayan** a Costa Rica verán unos bosques increíbles.
People going to Costa Rica will see amazing forests.

- When the antecedent of an adjective clause is a negative pronoun (**nadie, ninguno/a**), the subjunctive is used in the subordinate clause.

ANTECEDENT CERTAIN → INDICATIVE

Elena tiene tres parientes que **viven** en San Salvador.
Elena has three relatives who live in San Salvador.

Hay dos países en su itinerario que **requieren** una visa.
There are two countries on your itinerary that require visas.

Hay muchos viajeros que **quieren** quedarse en el hotel.
There are many travelers who want to stay at the hotel.

ANTECEDENT UNCERTAIN → SUBJUNCTIVE

Elena no tiene **ningún** pariente que **viva** en La Palma.
Elena doesn't have any relatives who live in La Palma.

No hay **ningún** país en su itinerario que **requiera** una visa.
There aren't any countries on your itinerary that require a visa.

No hay **nadie** que **quiera** alojarse en el albergue.
There is nobody who wants to stay at the hostel.

- Do not use the personal **a** with direct objects that represent hypothetical persons.

ANTECEDENT UNCERTAIN → SUBJUNCTIVE	ANTECEDENT CERTAIN → INDICATIVE
Busco un guía que **hable** inglés. *I'm looking for a guide who speaks English.*	Conozco **a** un guía que **habla** inglés. *I know a guide who speaks English.*

- Use the personal **a** before **nadie, ninguno/a,** and **alguien**, even when their existence is uncertain.

ANTECEDENT UNCERTAIN → SUBJUNCTIVE	ANTECEDENT CERTAIN → INDICATIVE
No conozco **a nadie** que **se queje** tanto como Antonio. *I don't know anyone who complains as much as Antonio.*	Yo conozco **a alguien** que **se queja** aún más que Antonio... ¡tú! *I know someone who complains even more than Antonio... you!*

- The subjunctive is commonly used in questions with adjective clauses when the speaker is trying to find out information about which he or she is uncertain. If the person who responds knows the information, the indicative is used.

ANTECEDENT UNCERTAIN → SUBJUNCTIVE	ANTECEDENT CERTAIN → INDICATIVE
¿Me recomienda usted un hotel que **esté** cerca de la costa? *Can you recommend a hotel that is near the coast?*	Sí, el Flamingo es el mejor de los hoteles que **están** en la costa. *Yes, the Flamingo is the best of the hotels that are on the coast.*
¿Tiene otra brújula que **sea** más fácil de usar? *Do you have another compass that is easier to use?*	Vea ésta y, si no, tengo tres más que **son** muy fáciles de usar. *Look at this one, and if not, I have three others that are very easy to use.*

Hotel Tucán

En el Hotel Tucán su satisfacción es lo más importante. Si hay algo que podamos hacer para mejorar nuestros servicios, no dude en informarnos.

Práctica

TALLER DE CONSULTA

MANUAL DE GRAMÁTICA
Más práctica

5.3 Negative, affirmative, and indefinite expressions, p. A30

1 **Oraciones** Combina las frases de las dos columnas para formar oraciones lógicas. Recuerda que a veces vas a necesitar el subjuntivo y a veces no.

____ 1. Luis tiene un hermano que

____ 2. Tengo dos primos que

____ 3. No conozco a nadie que

____ 4. Jorge busca una novia que

____ 5. Quiero tener hijos que

____ 6. Quiero un carro que

a. sea alta e inteligente.

b. sean respetuosos y estudiosos.

c. canta cuando se ducha.

d. hablan español.

e. hable más de cinco lenguas.

f. sea muy económico.

2 **El agente de viajes** Carmen va a ir de vacaciones a Montelimar, en Nicaragua, y le escribe un correo electrónico a su agente de viajes explicándole cuáles son sus planes. Completa el correo electrónico con el subjuntivo o el indicativo.

De: Carmen <carmen@micorreo.com>
Para: Jorge <jorge@micorreo.com>
Asunto: Viaje a Montelimar

Querido Jorge:
Estoy muy contenta porque el mes que viene voy a viajar a Montelimar para tomar unas vacaciones. He estado pensando en el viaje y quiero decirte qué me gustaría hacer. Quiero ir a un hotel que (1) _____ (ser) de cinco estrellas y que (2) _____ (tener) vista al mar. Me gustaría hacer una excursión que (3) _____ (durar) varios días y que me (4) _____ (permitir) ver el famoso lago Nicaragua. ¿Qué te parece?
Mi hermano me dice que hay un guía turístico que (5) _____ (conocer) algunos lugares exóticos y que me puede llevar a verlos. También dice que el guía es un hombre que (6) _____ (tener) el pelo muy rubio y que (7) _____ (ser) muy alto. ¿Tú lo conoces? Creo que se llama Ernesto Montero. Espero tu respuesta.
Carmen

3 **El ideal** En parejas, imaginen cómo es el/la compañero/a ideal en cada una de estas situaciones. Si ya conocen a alguien que tenga las características ideales, también pueden hablar de esa persona. Utilicen el subjuntivo o el indicativo de acuerdo a la situación.

MODELO Lo ideal es hablar con alguien que escuche con mucha atención.

- alguien con quien vivir
- alguien con quien hablar
- alguien con quien ver películas de amor o de aventuras
- alguien con quien hacer ejercicio
- alguien con quien estudiar
- alguien con quien viajar por el desierto de Atacama

198 *ciento noventa y ocho*

Lección 5

Comunicación

4 **Anuncios** En parejas, escriban anuncios para un periódico basados en la información y usando el indicativo y el subjuntivo. Añadan detalles. Después, inventen dos anuncios originales para enseñárselos a la clase.

La familia Pérez busca a su perro Tomás, que se perdió en el parque. Aquí tienen una foto de él.

Miguel y Carlos Solís buscan un guía turístico para su viaje a los volcanes de Guatemala.

5 **Síntesis** La tormenta tropical Alberto azota (*is hitting*) las costas de Florida. En parejas, cubran esta noticia para un programa de televisión. Uno/a de ustedes informa del huracán desde la costa y la otra persona presenta el programa desde el estudio. Escriban una conversación sobre este desastre y sus consecuencias. Usen comparativos, superlativos, el subjuntivo en oraciones subordinadas adjetivas y expresiones negativas, afirmativas e indefinidas.

MODELO
CONDUCTOR(A) Cuéntanos, Juan Francisco, ¿cómo es la tormenta?
CORRESPONSAL ¡Nunca he visto una tormenta tan destructiva! ¡No hay casas que puedan soportar vientos tan fuertes!
CONDUCTOR(A) ¡Pero no es posible que el viento sea más fuerte que durante el huracán Jimena!
CORRESPONSAL Les aseguro que esta tormenta es la peor...

5 EN PANTALLA

Antes de ver el corto

LA AUTORIDAD

país España
duración 10 minutos
director Xavi Sala
protagonistas padre, madre, niños, policías

Vocabulario

el carné de conducir driver's license
denunciar to report
descargar to unload
jurar to swear
¡menuda paliza! what a hassle! (fig.)
¿Me permite? May I?
la molestia annoyance
ni se le ocurra don't you dare
el permiso de circulación car registration
sin novedad no news

1 Un largo viaje Completa el diálogo entre Juan y Andrea con las palabras y expresiones del vocabulario.

JUAN Andrea, ¿me ayudas a (1) _____ el coche? Tengo muchas cosas porque acabo de hacer las compras para mi viaje en coche a Nuevo México.

ANDREA ¡Vaya! ¡A Nuevo México! (2) _____ ¡Esos son casi dos mil kilómetros! Oye, ¿pero tú tienes todos tus documentos? ¿Tienes (3) _____?

JUAN Claro, lo tengo desde hace dos años. Y acabo de renovar el (4) _____ de mi coche. El que no tiene carné es Javier.

ANDREA ¿Ah, no? Oye, ¡pues espero que (5) _____ ponerse detrás del volante!

JUAN ¡No te preocupes! Él es muy responsable.

2 Precauciones En grupos pequeños, contesten estas preguntas. Luego, compartan sus respuestas con la clase.

1. ¿Qué precauciones se deben tener cuando se hace un viaje muy largo en coche?
2. ¿Qué documentos debe llevar el conductor en un viaje en coche?
3. ¿Cuáles son las funciones de las autoridades en las carreteras?
4. ¿Cuál debe ser la actitud de esas autoridades con respecto a los conductores?
5. ¿Y cuál debe ser la actitud de los conductores con respecto a las autoridades? ¿Deben obedecer todo lo que les pidan?

3 ¿Qué está pasando? En parejas, miren la escena del cortometraje e imaginen quién está dentro del vehículo y qué pasará a continuación.

Escenas

ARGUMENTO Una familia regresa a su casa en España después de un largo viaje de vacaciones en Marruecos, y en la carretera debe responder a algunos requerimientos de las autoridades.

NIÑOS *Mon pare no té nas, mon pare no té nas, ma mare és xata.*°

POLICÍA El permiso de circulación, por favor.
PADRE Sí.
POLICÍA Y el carné de conducir.
PADRE Sí. Ahí tiene.
POLICÍA ¿Sois españoles?

PADRE Venimos de Marruecos, de visitar a la familia.

POLICÍA Le agradecería que lo sacara todo. Pura rutina, ya sabe.
PADRE ¿Todo?
POLICÍA Mejor.

PADRE Le juro que no llevo nada.

MADRE No hay derecho a que nos traten así.
PADRE ¡Sara!
POLICÍA Entiendo que se sienta así, pero ¿qué quiere? ¿Que nos echen?

Mon pare... *Mi padre no tiene nariz, mi padre no tiene nariz, mi madre es chata.*

Después de ver el corto

1 **Comprensión** Contesta las preguntas con oraciones completas.

1. ¿Quiénes son las personas que van en el coche?
2. ¿Adónde van?
3. ¿Por qué paran el coche en la carretera?
4. ¿De dónde es la familia?
5. ¿Cómo lo sabes?
6. Según el padre, ¿qué llevan encima del coche?
7. Después de que el policía revisa los documentos del conductor, ¿qué le pide que haga?
8. ¿Qué le sugiere la mujer policía a la madre? ¿Por qué?
9. ¿Qué busca la policía en el coche de la familia?
10. ¿Qué pasa cuando la familia continúa su viaje hacia Alicante?

2 **Interpretación** Responde a las siguientes preguntas sobre el cortometraje.

1. ¿Por qué crees que los policías hacen parar a la familia?
2. El policía se sorprende al comprobar que es una familia española. ¿Por qué?
3. ¿Crees que la familia se sentía segura durante el incidente con la policía? ¿Por qué?
4. En un momento del cortometraje el policía dice: "¿Qué quiere?, ¿que nos echen?" ¿A qué se refiere?
5. Después del incidente con la policía, vemos a la familia comiendo en silencio. ¿Por qué crees que no hablan?

3 **Reacciones** En el cortometraje la familia debe enfrentarse a los prejuicios y al maltrato de los dos policías. En grupos de tres, discutan sobre los siguientes temas. Luego, compartan sus ideas con la clase.

- ¿Cómo describirían las reacciones de la madre y del padre ante esta situación?
- ¿Son similares o diferentes sus reacciones?
- ¿Qué creen que sintió cada uno?
- ¿Y cómo crees que se sintieron los niños?
- ¿Cómo reaccionarías tú en una situación similar?

4 **Antes y después** Haz una tabla de dos columnas con los títulos **Antes** y **Después**. En las columnas correspondientes, describe los sentimientos de cada uno de los personajes antes y después de que los policías los detuvieran. Compara tu tabla con la de un(a) compañero/a.

5 **¿Qué harías tú?** Al final del cortometraje, el padre se queda paralizado sin saber qué hacer. Escribe un párrafo en el que cuentes qué habrías hecho tú en su situación y por qué. Comparte tu párrafo con un grupo de compañeros/as y discutan sus opiniones.

Los viajes

5 LECTURAS

Antes de leer

La luz es como el agua

Sobre el autor

Nacido en 1928 en Aracataca, Colombia, **Gabriel García Márquez** fue criado por sus abuelos entre mitos y leyendas que serán la base de su futura obra narrativa. Abandonó sus estudios de derecho para dedicarse al periodismo. Como corresponsal en Italia, viajó por toda Europa. Vivió en diferentes lugares y escribió guiones (*scripts*) de cine, cuentos y novelas. En 1967 publicó su novela más famosa, *Cien años de soledad*, y en 1982 recibió el Premio Nobel de Literatura. Tras su muerte en 2014, se le recuerda como uno de los narradores contemporáneos más influyentes de la literatura en español, y quizá como el más querido. De su libro *Doce cuentos peregrinos* (al que pertenece el cuento "La luz es como el agua"), dijo que lo escribió porque quería hablar "sobre las cosas extrañas que les suceden a los latinoamericanos en Europa".

Vocabulario

ahogado/a drowned	**el faro** lighthouse	**la popa** stern
la bahía bay	**flotar** to float	**la proa** bow
el bote boat	**el muelle** pier	**el remo** oar
la cascada cascade; waterfall	**la pesca** fishing	**el tiburón** shark

Palabras relacionadas Indica qué palabra no pertenece al grupo.
1. bote–remo–mueble–navegar
2. brújula–balcón–puerto–proa
3. pesca–buceo–tiburones–tigre
4. popa–edificio–cascada–bahía

Conexión personal Cuando eras niño/a, ¿te gustaba soñar con viajes a lugares imposibles? ¿Sigues soñando o imaginando viajes a lugares fantásticos? ¿Alguna vez viviste en un país extranjero? ¿Qué cosas extrañabas?

Análisis literario: el realismo mágico

El realismo mágico es una síntesis entre el realismo y la literatura fantástica. Muchos escritores latinoamericanos, como Gabriel García Márquez y Carlos Fuentes, incorporaron elementos fantásticos al mundo cotidiano de los personajes, que aceptan la magia y la fantasía como normales. En el realismo mágico, lo real se torna mágico, lo maravilloso es parte de lo cotidiano y no se cuestiona la lógica de lo fantástico. Uno de los precursores del género, Alejo Carpentier, explicó que "En América Latina, lo maravilloso se encuentra en vuelta de cada esquina, en el desorden, en lo pintoresco de nuestras ciudades, (...) en nuestra naturaleza y (...) también en nuestra historia". Presta atención a la representación de la realidad en el cuento.

LITERATURA

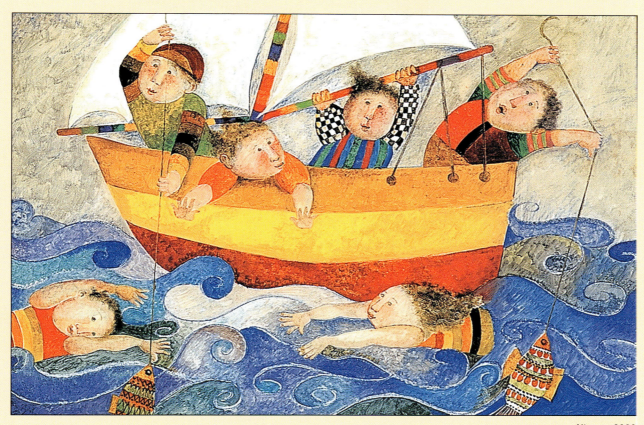

Altamar, 2000
Graciela Rodo Boulanger, Bolivia

La luz es como el agua

Gabriel García Márquez

En Navidad los niños volvieron a pedir un bote de remos.
—De acuerdo —dijo el papá, lo compraremos cuando volvamos a Cartagena.
Totó, de nueve años, y Joel, de siete, estaban más decididos de lo que sus padres creían.
—No —dijeron a coro°—. Nos hace falta ahora y aquí.
—Para empezar —dijo la madre—, aquí no hay más aguas navegables que la que sale de la ducha°.
Tanto ella como el esposo tenían razón. En la casa de Cartagena de Indias había un patio con un muelle sobre la bahía, y un refugio para dos yates grandes. En cambio aquí en Madrid vivían apretados° en el piso quinto del número 47 del Paseo de la Castellana. Pero al final ni él ni ella pudieron negarse, porque les habían prometido un bote de remos con su sextante y su brújula si se ganaban el laurel del tercer año de primaria, y se lo habían ganado. Así que el papá compró todo sin decirle nada a su esposa, que era la más reacia° a pagar deudas de juego. Era un precioso bote de aluminio con un hilo dorado en la línea de flotación.
—El bote está en el garaje —reveló el papá

in unison

shower

cramped

reluctant

en el almuerzo—. El problema es que no hay cómo subirlo ni por el ascensor ni por la escalera, y en el garaje no hay más espacio 30 disponible.

Sin embargo, la tarde del sábado siguiente los niños invitaron a sus condiscípulos° para subir el bote por las escaleras, y lograron llevarlo hasta el cuarto de servicio.

35 —Felicitaciones —les dijo el papá—, ¿ahora qué?

—Ahora nada —dijeron los niños—. Lo único que queríamos era tener el bote en el cuarto, y ya está.

40 La noche del miércoles, como todos los miércoles, los padres se fueron al cine. Los niños, dueños y señores de la casa, cerraron puertas y ventanas, y rompieron la bombilla encendida de una lámpara de 45 la sala. Un chorro° de luz dorada° y fresca como el agua empezó a salir de la bombilla° rota, y lo dejaron correr hasta que el nivel llegó a cuatro palmos. Entonces cortaron la corriente°, sacaron el bote, y navegaron a 50 placer° por entre las islas de la casa.

Esta aventura fabulosa fue el resultado de una ligereza° mía cuando participaba en un seminario sobre la poesía de los utensilios domésticos. Totó me preguntó cómo era que la 55 luz se encendía con sólo apretar un botón, y yo no tuve el valor de pensarlo dos veces.

—La luz es como el agua —le contesté: uno abre el grifo°, y sale.

De modo que siguieron navegando los miércoles en la noche, aprendiendo el 60 manejo del sextante y la brújula, hasta que los padres regresaban del cine y los encontraban dormidos como ángeles de tierra firme. Meses después, ansiosos de ir más lejos, pidieron un equipo de pesca 65 submarina. Con todo: máscaras, aletas, tanques y escopetas de aire comprimido.

—Está mal que tengan en el cuarto de servicio un bote de remos que no les sirve para nada —dijo el padre—. Pero está peor 70 que quieran tener además equipos de buceo.

—¿Y si nos ganamos la gardenia de oro del primer semestre? —dijo Joel.

—No —dijo la madre, asustada—. Ya no más. 75

El padre le reprochó su intransigencia.

—Es que estos niños no se ganan ni un clavo° por cumplir con su deber —dijo ella—, pero por un capricho° son capaces de ganarse hasta la silla del maestro. 80

Los padres no dijeron al fin ni que sí ni que no. Pero Totó y Joel, que habían sido los últimos en los dos años anteriores, se ganaron en julio las dos gardenias de oro y el reconocimiento público del rector. Esa 85 misma tarde, sin que hubieran vuelto a pedirlos, encontraron en el dormitorio los equipos de buzos en su empaque original. De modo que el miércoles siguiente, mientras los padres veían *El último tango en* 90 *París*, llenaron el apartamento hasta la altura de dos brazas, bucearon como tiburones mansos° por debajo de los muebles y las camas, y rescataron del fondo° de la luz las cosas que durante años se habían perdido en 95 la oscuridad.

En la premiación° final los hermanos fueron aclamados como ejemplo para la escuela, y les dieron diplomas de excelencia. Esta vez no tuvieron que pedir nada, porque los padres les preguntaron qué querían. Ellos fueron tan razonables, que sólo quisieron una fiesta en casa para agasajar° a los compañeros de curso. El papá, a solas con su mujer, estaba radiante.

—Es una prueba de madurez —dijo.

—Dios te oiga —dijo la madre.

El miércoles siguiente, mientras los padres veían *La Batalla de Argel*, la gente que pasó por la Castellana vio una cascada de luz que caía de un viejo edificio escondido entre los árboles. Salía por los balcones, se derramaba° a raudales° por la fachada°, y se encauzó° por la gran avenida en un torrente dorado que iluminó la ciudad hasta el Guadarrama.

Llamados de urgencia, los bomberos forzaron la puerta del quinto piso, y encontraron la casa rebosada de° luz hasta el techo. Los utensilios domésticos, en la plenitud de su poesía, volaban con sus propias alas° por el cielo de la cocina. Los instrumentos de la banda de guerra, que los niños usaban para bailar, flotaban al garete° entre los peces de colores liberados de la pecera de mamá, que eran los únicos que flotaban vivos y felices en la vasta ciénaga° iluminada. En el cuarto de baño flotaban los cepillos de dientes de todos, los pomos° de cremas y la dentadura de repuesto° de mamá, y el televisor de la alcoba° principal flotaba de costado°.

Al final del corredor, flotando entre dos aguas, Totó estaba sentado en la popa del bote, aferrado° a los remos y con la máscara puesta, buscando el faro del puerto hasta donde le alcanzó el aire de los tanques, y Joel flotaba en la proa buscando todavía la altura de la estrella polar con el sextante, y flotaban por toda la casa sus treinta y siete compañeros de clase. Pues habían abierto tantas luces al mismo tiempo que la casa se había rebosado°, y todo el cuarto año elemental de la escuela de San Julián el Hospitalario se había ahogado en el piso quinto del número 47 del Paseo de la Castellana. En Madrid de España, una ciudad remota de veranos ardientes y vientos helados, sin mar ni río, y cuyos aborígenes° de tierra firme nunca fueron maestros en la ciencia de navegar en la luz. ■

Los viajes   doscientos siete **207**

Después de leer

La luz es como el agua
Gabriel García Márquez

1 Comprensión Indica si las oraciones son **ciertas** o **falsas**. Corrige las falsas.

1. La acción transcurre en Cartagena.
2. Totó y Joel dicen que quieren el bote para pasear con sus compañeros en el río.
3. Los padres van todos los miércoles por la noche al cine.
4. Los niños inundan la casa con agua de la ducha.
5. Cuando llegaron los bomberos todo flotaba por el aire.
6. El que le sugiere a Totó la idea de que la luz es como el agua es su papá.

2 Análisis En parejas, relean la definición de realismo mágico y luego respondan las preguntas.

1. Los niños navegan "entre las islas de la casa". ¿Qué son las islas del apartamento?
2. ¿Qué significa la frase "rescataron del fondo de la luz las cosas que durante años se habían perdido en la oscuridad"? En la realidad, ¿les parece que la luz tiene fondo? En este relato, ¿cuál es el fondo de la luz?
3. Repasa el significado de *comparación* (**p. 165**). ¿Se usan comparaciones en este relato? Escríbanlas y expliquen cómo proporcionan mayor expresividad.

3 Interpretación Responde las preguntas con oraciones completas.

1. ¿Por qué te parece que, teniendo una gran casa en Cartagena, viven en Madrid en un pequeño apartamento? ¿Cuáles crees que podrían ser las causas?
2. El narrador señala que toda la aventura de los niños es consecuencia de una "ligereza" suya, porque "no tuvo el valor de pensarlo dos veces". ¿Por qué te parece que dice eso? ¿Qué opinas tú de su respuesta? ¿Crees que él es culpable de lo que ocurre después?
3. Los niños aprovechan que sus padres no están para inundar el apartamento y guardan el secreto; sólo se lo cuentan a sus compañeros. ¿Por qué hacen eso?
4. ¿Puedes establecer alguna relación entre ir al cine y navegar con la luz?
5. Imagina que la familia nunca se fue de Cartagena. ¿Cómo cambia la historia?

4 Entrevista En grupos de cuatro, preparen una entrevista con el primer bombero que entró en el apartamento inundado. Uno/a de ustedes es el/la reportero/a y los demás son bomberos. Hablen sobre las causas y consecuencias del accidente, y usen lenguaje objetivo y preciso. Luego, representen la entrevista frente a la clase.

5 Bitácoras de viaje Utilizando el realismo mágico, describe un día de un viaje especial. Describe adónde fuiste, qué hiciste, con quién fuiste y por qué fue especial. Describe elementos maravillosos de tu viaje y presenta detalles mágicos como si fueran normales.

208 *doscientos ocho*

Lección 5

CULTURA

Antes de leer

> **Vocabulario**
>
> **el apogeo** peak
> **el artefacto** artifact
> **el campo** ball field
> **el/la dios(a)** god/goddess
> **el juego de pelota** ball game
> **la leyenda** legend
> **el mito** myth
> **la pared** wall
> **la piedra** stone
> **la pirámide** pyramid
> **la ruta maya** the Mayan Trail

Tikal Completa las oraciones con las palabras apropiadas.

1. Tikal, antiguamente una gran ciudad, es ahora una impresionante colección de ruinas que se encuentra en la _____ de Guatemala.
2. Hay seis _____ en el centro de la ciudad. Son los edificios más grandes de Tikal.
3. En la misma zona hay varios _____ donde se jugaba al _____.
4. Durante sus excavaciones, los arqueólogos han encontrado _____ fascinantes y también esculturas y monumentos de _____.

Conexión personal ¿Cuál es la ruta más interesante que has recorrido? ¿Fue un viaje organizado o lo planeaste con tu familia?

Contexto cultural

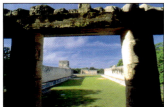

Campo de pelota en Chichén Itzá

En la cultura maya, el deporte era a veces cuestión de vida o muerte. El juego de pelota se jugó durante más de 3.000 años en un campo entre muros (*walls*) con una pelota muy dura y muy pesada: podía llegar a pesar hasta nueve libras, aproximadamente. Este juego se celebraba en la vida cotidiana, pero a veces se jugaba como parte de una ceremonia. Entonces era un juego muy violento que acababa a veces con un sacrificio ritual: posiblemente la decapitación de algunos de los jugadores.

Cuenta la leyenda que los hermanos gemelos Ixbalanqué y Hunahpú eran tan aficionados al juego que enojaron a los dioses de la muerte, los señores de Xibalbá, con el ruido (*noise*) que hacían con las pelotas. Los señores de Xibalbá controlaban un mundo subterráneo, al que se llegaba por una cueva (*cave*). Todo individuo que entraba en Xibalbá pasaba por una serie de pruebas terribles, como cruzar un río de escorpiones, entrar en una casa llena de cuchillos en movimiento y participar en un juego mortal de pelota.

Los gemelos usaron su habilidad atlética, su inteligencia y la magia para vencer a los dioses y transformarse en el sol y la luna. Por eso, entre los mayas, el juego era una competencia entre fuerzas opuestas, como el bien y el mal, o la luz y la oscuridad.

Los viajes

Chichén Itzá

La ruta maya

Los mayas, investigadores de ciencias y matemáticas, y destacados° *renowned* arquitectos de espacios monumentales, han dejado evidencia de un mundo ilustre e intelectual que todavía brilla hoy día. En su momento de mayor extensión, el territorio maya incluía partes de lo que ahora es México, Guatemala, Belice, El Salvador y Honduras. Una imaginaria ruta maya une estos lugares dispersos, atravesando° siglos y países, y revela restos de una gran civilización. *crossing* La ruta pasa por selva y ciudad, por vegetación exuberante y por ruinas que resisten y también muestran el paso del tiempo. El viajero puede elegir entre múltiples lugares y numerosos caminos. Sin embargo, hay un itinerario particular que conecta la arquitectura, la cultura y el deporte a través del tiempo y el espacio: la ruta de los campos de pelota. Debido al° enorme valor cultural del juego, se construyeron canchas en casi todas las poblaciones importantes, incluyendo las espléndidas construcciones de Copán y Chichén Itzá. La ruta, que pasa por algunos de los 700 campos de pelota, desentierra° maravillas arqueológicas.

En la densa selva en el oeste de Honduras, cerca de la frontera con Guatemala, surge° Copán, donde gobernaron varias dinastías de reyes. Entre las ruinas, permanece° un elegantísimo campo de pelota, una cancha que tenía hasta vestuarios° para los jugadores. Grandes paredes, adornadas de esculturas de loros°, rodean° el campo más artístico de Mesoamérica. En Copán vivía una élite de artesanos y nobles que esculpían° y escribían en piedra. Por eso, se concentran en Copán la mayor cantidad de esculturas° y estelas° —monumentos de figuras y lápidas° con

Campo de pelota en Copán

Mesoamérica

La región de Mesoamérica empieza en el centro de México y llega hasta la frontera entre Nicaragua y Costa Rica. Aquí vivían sociedades agrarias que se destacaron por sus avances en la arquitectura, el arte y la tecnología en los 3.000 años anteriores a la llegada de Cristóbal Colón al continente americano. Entre las culturas de Mesoamérica se incluyen la maya, la azteca, la olmeca y la tolteca. Los mayas tomaron la escritura y el calendario mesoamericanos y los desarrollaron hasta su mayor grado de sofisticación.

jeroglíficos— de la ruta maya. En las famosas escalinatas° de la ciudad se pueden examinar jeroglíficos que contienen todo un árbol genealógico y que cuentan la historia de los reyes de Copán. Estas inscripciones forman el texto maya más largo que se preserva hoy día.

El más impresionante de los campos de pelota se encuentra en Chichén Itzá en Yucatán, México. En su período de esplendor, Chichén Itzá era el centro de poder de Mesoamérica. Actualmente es uno de los sitios arqueológicos más importantes del mundo. La gran pirámide, conocida con el nombre *El Castillo*, era un rascacielos° en su época. Con escaleras que suben a la cumbre° por los cuatro lados, El Castillo sirvió de templo del dios Kukulcán. Hay varias canchas de pelota en Chichén Itzá, pero la más grandiosa y espectacular se llama el Gran Juego de Pelota. A pesar de medir° 166 por 68 metros (181 por 74 yardas), la acústica es tan magnífica que sirve de modelo para teatros: un susurro° se puede oír de un extremo al otro. Mientras competían, los jugadores sentían la presión de las esculturas que adornaban las paredes, las cuales muestran a unos jugadores decapitando a otros. El peligro era un recordatorio° de que el juego era también una ceremonia solemne y el campo, un templo.

Esta ruta maya continúa por campos como el de Uxmal en Yucatán, México, donde se pueden apreciar grandes logros° arquitectónicos. En todos ellos, se oyen las voces lejanas de la civilización maya, ecos que nos hacen viajar por el tiempo y despiertan la imaginación. ∎

Después de leer
La ruta maya

1 **Comprensión** Decide si las oraciones son **ciertas** o **falsas**. Corrige las falsas.

1. En su momento de mayor extensión, el territorio maya empezaba en lo que hoy se llama México y terminaba en lo que hoy se llama Guatemala.
2. Los mayas construyeron muy pocas canchas de pelota.
3. En Copán vivía una élite de artesanos y nobles que escribían en piedra.
4. Los jeroglíficos de Copán cuentan la leyenda de los gemelos Ixbalanqué y Hunahpú.
5. Chichén Itzá fue el centro de poder de Mesoamérica.
6. El Castillo es la cancha de pelota más grande.

2 **Preguntas** Contesta las preguntas con oraciones completas.

1. ¿Qué significado tenía el juego de pelota en la cultura maya?
2. ¿Cuáles eran algunos de los peligros del juego?
3. ¿Qué tienen de extraordinario las ruinas de Copán?
4. ¿Qué detalles indican que Chichén Itzá había sido una ciudad importantísima?
5. ¿Cuál es un ejemplo de la importancia de los dioses para los mayas?

3 **Itinerarios** En grupos, preparen el itinerario para un recorrido por una de estas rutas. Luego, compartan el itinerario con el resto de la clase.

- la ruta de los campos de béisbol
- Norteamérica de punta a punta
- las mansiones de los famosos en Hollywood

4 **Jeroglíficos**

A. En parejas, inventen un mensaje jeroglífico. Pueden usar letras, números, dibujos, figuras geométricas, etc. Después, intercambien el mensaje con otra pareja para descifrarlo. Pueden dar pistas si es necesario.

MODELO
(Mar y Pepe: Recién casados)

B. Presenten los mensajes descifrados a la clase. ¿Qué pareja usó el sistema de escritura más original?

Atando cabos

¡A conversar!

 Viajeros interesantes Trabajen en grupos de cuatro. Imaginen adónde viajaron y qué hicieron allí estas personas.

a　　　　　　b　　　　　　c　　　　　　d

A. Primero, hablen acerca del viaje de cada grupo de personas: ¿adónde fueron? ¿qué cosas empacaron? ¿qué hicieron? ¿por qué eligieron ese lugar? ¿cómo son ellos? ¿lo pasaron bien?

B. Luego, comparen los viajes usando comparativos y expresiones negativas y positivas. Escriban por lo menos tres oraciones.

C. Por último, compartan sus comparaciones con la clase y escuchen las comparaciones de sus compañeros/as. Entre todos, resuman en una lista las comparaciones más destacadas.

¡A escribir!

Consejos de viaje Sigue el **Plan de redacción** para escribir unos consejos de viaje. Imagina que trabajas en una agencia de viajes y tienes que organizar una excursión para unos/as amigos/as. Haz una lista de los lugares y cosas que les recomiendas que hagan. Ten en cuenta la personalidad de tus amigos/as y elige bien qué sitios crees que les van a gustar más.

Plan de redacción

Contenido: Ten en cuenta el clima del lugar, la ropa que deben llevar, el hotel donde pueden alojarse y los espectáculos culturales a los que pueden asistir. También es importante que les recomiendes algún restaurante o alguna comida típica del lugar. No olvides utilizar oraciones con subjuntivo en todas tus recomendaciones. Puedes usar estas expresiones:

- Es importante que...
- Les recomiendo que...
- Busquen un hotel que…
- Es probable que…
- Es mejor que…
- Visiten lugares que…

Conclusión: Termina la lista de consejos deseándoles a tus amigos/as un buen viaje.

Los viajes　　　　　　　　　　　　　　　　　　　　　　　　　　　　　　　　　　　　*doscientos trece* **213**

5 VOCABULARIO

De viaje

la bienvenida	welcome
la despedida	farewell
el destino	destination
el itinerario	itinerary
la llegada	arrival
el pasaje (de ida y vuelta)	(round-trip) ticket
el pasaporte	passport
la tarjeta de embarque	boarding pass
la temporada alta/baja	high/low season
el/la viajero/a	traveler
hacer las maletas	to pack
hacer transbordo	to transfer (planes/trains)
hacer un viaje	to take a trip
ir(se) de vacaciones	to go on vacation
perder (e:ie) (el vuelo)	to miss (the flight)
regresar	to return
a bordo	on board
retrasado/a	delayed
vencido/a	expired
vigente	valid

El alojamiento

el albergue	hostel
el alojamiento	lodging
la habitación individual/doble	single/double room
la recepción	front desk
el servicio de habitación	room service
alojarse	to stay
cancelar	to cancel
estar lleno/a	to be full
quedarse	to stay
reservar	to reserve
de (buena) categoría	first-rate
incluido/a	included
recomendable	advisable

La seguridad y los accidentes

el accidente (automovilístico)	(car) accident
el/la agente de aduanas	customs agent
el aviso	notice; warning
el cinturón de seguridad	seat belt
el congestionamiento	traffic jam
las medidas de seguridad	security measures
la seguridad	safety; security
el seguro	insurance
aterrizar	to land
despegar	to take off
ponerse/quitarse el cinturón	to fasten/to unfasten the seat belt
reducir (la velocidad)	to reduce (speed)
peligroso/a	dangerous
prohibido/a	prohibited

Las excursiones

la aventura	adventure
el/la aventurero/a	adventurer
la brújula	compass
el buceo	scuba diving
el campamento	campground
el crucero	cruise (ship)
el (eco)turismo	(eco)tourism
la excursión	outing; tour
la frontera	border
el/la guía turístico/a	tour guide
la isla	island
las olas	waves
el puerto	port
las ruinas	ruins
la selva	jungle
el/la turista	tourist
navegar	to sail
recorrer	to tour
lejano/a	distant
turístico/a	tourist (adj.)

Más vocabulario

Expresiones útiles	Ver p. 181
Estructura	Ver pp. 188–189, 192–193 y 196–197

En pantalla

el carné de conducir	driver's license
la molestia	annoyance
el permiso de circulación	car registration
denunciar	to report
descargar	to unload
jurar	to swear
¡menuda paliza!	what a hassle! (fig.)
¿Me permite?	May I?
ni se le ocurra	don't you dare
sin novedad	no news

Literatura

la bahía	bay
el bote	boat
la cascada	cascade; waterfall
el faro	lighthouse
el muelle	pier
la pesca	fishing
la popa	stern
la proa	bow
el remo	oar
el tiburón	shark
flotar	to float
ahogado/a	drowned

Cultura

el apogeo	peak
el artefacto	artifact
el campo	ball field
el/la dios(a)	god/goddess
el juego de pelota	ball game
la leyenda	legend
el mito	myth
la pared	wall
la piedra	stone
la pirámide	pyramid
la ruta maya	the Mayan Trail

La naturaleza

6

Contextos
páginas 216–219
- La naturaleza
- Los animales
- Los fenómenos naturales
- El medio ambiente

Fotonovela
páginas 220–223
- *Cuidando a Bambi*

El mundo hispano
El Caribe
páginas 224–227
- **En detalle:** Los bosques del mar
- **Perfil:** Parque Nacional Submarino La Caleta
- **Flash Cultura:** Un bosque tropical

Estructura
páginas 228–239
- The future
- The subjunctive in adverbial clauses
- Prepositions: **a, hacia,** and **con**

Manual de gramática
páginas A33–A37
- Más práctica
- Gramática adicional

En pantalla
páginas 240–243
- **Documental:** *Playa del Carmen: Tiburón Toro*

Lecturas
páginas 244–252
- **Literatura:** *El eclipse* de Augusto Monterroso
- **Cultura:** *La conservación de Vieques*

Atando cabos
página 253
- ¡A conversar!
- ¡A escribir!

Communicative Goals
You will expand your ability to…
- describe and narrate in the future
- express purpose, condition, and intent
- describe relationships between things/people/ideas

6 CONTEXTOS

La naturaleza

La naturaleza

El Caribe presenta **costas** infinitas con palmeras **a orillas del mar**, aguas cristalinas y extensos **arrecifes** de coral con un **paisaje** submarino sin igual.

el árbol tree
el arrecife reef
el bosque (lluvioso) (rain) forest
el campo countryside; field
la cordillera mountain range

la costa coast
el desierto desert
el mar sea
la montaña mountain
el paisaje landscape
la tierra land

húmedo/a damp
seco/a dry

a orillas de on the shore of
al aire libre outdoors

Variación léxica

el bosque lluvioso ⟷ *el bosque húmedo (tropical)*
conservar ⟷ *preservar*
la serpiente ⟷ *la culebra*

Los animales

el ave (*f.*) / **el pájaro** bird
el cerdo pig
el conejo rabbit
el león lion
el mono monkey
la oveja sheep
el pez fish
la rana frog

la serpiente snake
el tigre tiger
la vaca cow

atrapar to trap; to catch
cazar to hunt
dar de comer to feed

extinguirse to become extinct
morder (o:ue) to bite

en peligro de extinción endangered
salvaje wild
venenoso/a poisonous

Los fenómenos naturales

el huracán hurricane
el incendio fire
la inundación flood
el relámpago lightning
la sequía drought
el terremoto earthquake
la tormenta (tropical) (tropical) storm
el trueno thunder

216 doscientos dieciséis

Lección 6

El medio ambiente

El **reciclaje** de botellas es muy importante para **proteger** el **medio ambiente** y no **malgastar** plástico.

el calentamiento global *global warming*
la capa de ozono *ozone layer*
el combustible *fuel*
la contaminación *pollution*

la deforestación *deforestation*
el desarrollo *development*
la erosión *erosion*
la fuente de energía *energy source*
el medio ambiente *environment*
los recursos naturales *natural resources*

agotar *to use up*
conservar *to preserve*
contaminar *to pollute*
contribuir (a) *to contribute*
desaparecer *to disappear*
destruir *to destroy*
malgastar *to waste*
proteger *to protect*
reciclar *to recycle*

resolver (o:ue) *to solve*

dañino/a *harmful*
desechable *disposable*
renovable *renewable*
tóxico/a *toxic*

La naturaleza

Práctica

1 Escuchar

A. Escucha el informativo de la noche y después completa las oraciones con la opción correcta.

1. Hay ____.
   a. una inundación   b. un incendio
2. Las causas de lo que ha ocurrido ____.
   a. se conocen   b. se desconocen
3. En los últimos meses, ha habido ____.
   a. mucha sequía   b. muchas tormentas
4. Las autoridades temen que ____.
   a. los animales salvajes vayan a los pueblos
   b. el incendio se extienda
5. Los pueblos de los alrededores ____.
   a. están en peligro   b. están contaminados

B. Escucha la conversación entre Pilar y Juan, y después contesta las preguntas con oraciones completas.

1. ¿Dónde hay un incendio?
2. Según lo que escuchó Pilar, ¿qué puede suceder?
3. ¿Qué animales tenían los abuelos de Juan?
4. ¿Dónde pasaba los veranos Pilar?
5. ¿Qué hacía Pilar con los peces que veía?
6. ¿Qué ha pasado con los peces que había antes en la costa?

C. En parejas, hablen de los cambios que han visto ustedes en la naturaleza a lo largo de los años. Hagan una lista y compártanla con la clase.

2 Emparejar Conecta las palabras de forma lógica.

MODELO   fenómeno natural: terremoto

____ 1. proteger   a. león
____ 2. tormenta   b. serpiente
____ 3. destrucción   c. incendio
____ 4. campo   d. conservar
____ 5. salvaje   e. trueno
____ 6. venenosa   f. aire libre

doscientos diecisiete **217**

Práctica

3 **Definiciones**

A. Escribe la palabra adecuada para cada definición.

1. fenómeno natural en el que se ilumina el cielo cuando hay tormenta: _____
2. reptil de cuerpo largo y estrecho (*narrow*) que muchas veces es venenoso: _____
3. largo período de tiempo sin lluvias: _____
4. extensión de tierra donde no suele llover: _____
5. fenómeno natural que se produce cuando se mueve la tierra bruscamente (*abruptly*): _____
6. animal feroz considerado el rey de la selva: _____
7. contrario de "húmedo": _____
8. ruido producido en las nubes por una descarga eléctrica: _____
9. serie de montañas: _____
10. fuego grande que puede destruir casas y campos: _____

B. Ahora, escribe tres definiciones de otras palabras del vocabulario. Tu compañero/a tendrá que adivinar a qué palabra corresponde cada definición.

4 **¿Qué es la biodiversidad?** Completa el artículo de la revista *Naturaleza* con la palabra o expresión correspondiente.

animal	costas	paisaje
arrecifes de coral	mar	proteger
bosques	medio ambiente	recursos naturales
conservar	montañas	tierra

La biodiversidad se refiere a la gran variedad de formas de vida —(1) _____, vegetal y humana— que conviven en el (2) _____, no sólo en la tierra, sino también en el (3) _____. Esta interdependencia significa que ninguna especie está aislada o puede vivir por sí sola. A pesar de que el Caribe comprende menos del once por ciento de la superficie total del planeta, su territorio contiene una vasta riqueza de vida silvestre (*wild*) que se encuentra a lo largo de sus (4) _____ tropicales húmedos, (5) _____ altas, extensas costas, y del increíble (6) _____ submarino de los (7) _____. Se estima que en la actualidad hay más de sesenta y cinco organizaciones ecologistas que trabajan para (8) _____ y (9) _____ los valiosos (10) _____ de las islas caribeñas.

Comunicación

5 **Preguntas** En parejas, túrnense para contestar las preguntas.

1. ¿A dónde prefieres ir de vacaciones, al campo, a la costa o a la montaña? ¿Por qué?
2. ¿Tienes un animal preferido? ¿Cuál es? ¿Por qué te gusta? ¿Qué animales no te gustan? ¿Por qué?
3. ¿Qué opinas de la práctica de cazar animales? ¿Es cruel? ¿Es necesario controlar la población para el bien de la especie?
4. ¿Hay alguna diferencia entre cazar un animal para comerlo y comprar carne?
5. ¿Hay huracanes, sequías o algún otro fenómeno natural donde tú vives? ¿Qué efectos o consecuencias tienen para el medio ambiente?
6. En tu opinión, ¿cuál es el problema más grave que afecta al medio ambiente? ¿Qué podemos hacer para mejorar la situación?

6 **¿Qué es mejor?** En parejas, hablen sobre las ventajas y las desventajas de las alternativas de la lista. Consideren el punto de vista práctico y el punto de vista ambiental. Utilicen el vocabulario de **Contextos**.

- usar servilletas de papel o de tela (*cloth*)
- tirar restos de comida a la basura o en el triturador del fregadero (*garbage disposal*)
- acampar en un parque nacional o alojarse en un hotel
- imprimir el papel por los dos lados o simplemente imprimir menos

7 **Asociaciones** En parejas, comparen sus personalidades con las cualidades de estos animales, elementos y fuerzas de la naturaleza. ¿Con cuáles te identificas? ¿Con cuáles crees que se identifica tu compañero/a? ¿Por qué? Comparen sus respuestas.

MODELO pájaro
Yo me identifico con los pájaros, porque soy libre y soñador(a).

árbol	fuente de energía	mar	relámpago
bosque	huracán	montaña	serpiente
conejo	incendio	pájaro	terremoto
desierto	león	pez	trueno

La naturaleza   *doscientos diecinueve* **219**

6 FOTONOVELA

Aguayo se va de vacaciones, dejando su pez al cuidado de los empleados de *Facetas*.

MARIELA ¡Es una araña gigante!
FABIOLA No seas miedosa.
MARIELA ¿Qué haces allá arriba?
FABIOLA Estoy dejando espacio para que la atrapen.
DIANA Si la rocías con esto (*muestra el matamoscas en spray*), la matas bien muerta.
AGUAYO Pero esto es para matar moscas.

FABIOLA ¡Las arañas jamás se van a extinguir!
MARIELA Las que no se van a extinguir son las cucarachas. Sobreviven la nieve, los terremotos y hasta los huracanes, y ni la radiación les hace daño.
FABIOLA ¡Vaya! Y… ¿tú crees que sobrevivirían al café de Aguayo?

AGUAYO Mariela, ¿podrías hacer el favor de tomar mis mensajes? Voy a casa por mi pez. Diana se ofreció a cuidarlo durante mis vacaciones.
MARIELA ¡Cómo no, jefe!
AGUAYO Mañana por la tarde estaremos en el campamento.
FABIOLA ¿Cómo pueden llamarle "vacaciones" a eso de dormir en el suelo y comer comida enlatada?

AGUAYO Ésta es su comida. Sólo una vez al día. No le des más aunque ponga cara de perrito… Bueno, debo irme.
MARIELA ¿Cómo sabremos si pone cara de perrito?
AGUAYO En vez de hacer así (*hace gestos con la cara*)…, hace así.

JOHNNY Última llamada.
FABIOLA Nos quedaremos cuidando a Bambi.
ÉRIC Me encanta el pececito, pero me voy a almorzar. Buen provecho.
Los chicos se marchan.

DIANA ¡Ay! No sé ustedes, pero yo lo veo muy triste.
FABIOLA Claro. Su padre lo abandonó para irse a dormir con las hormigas.
MARIELA ¿Por qué no le damos de comer?
FABIOLA ¡Ya le he dado tres veces!
MARIELA ¡Ya sé! Podríamos darle el postre.

Personajes

 AGUAYO DIANA ÉRIC FABIOLA JOHNNY MARIELA

4

AGUAYO La idea es tener contacto con la naturaleza, Fabiola. Explorar y disfrutar de la mayor reserva natural del país.

MARIELA Debe ser emocionante.

AGUAYO Lo es. Sólo tengo una duda. ¿Qué debo hacer si veo un animal en peligro de extinción comerse una planta en peligro de extinción?

FABIOLA Tómale una foto.

5

AGUAYO Chicos, les presento a Bambi.

MARIELA ¿Qué? ¿No es Bambi un venadito?

AGUAYO ¿Lo es?

JOHNNY ¿No podrías ponerle un nombre más original?

FABIOLA Sí, como *Flipper*.

9

FABIOLA Miren lo que encontré en el escritorio de Johnny.

MARIELA ¡Galletitas de animales!

DIANA ¿Qué haces?

MARIELA Hay que encontrar la ballenita. Es un pez y está solo. Supongo que querrá compañía.

DIANA Pero no podemos darle galletas.

FABIOLA ¿Y qué vamos a hacer? Todavía se ve tan triste.

10

MARIELA ¡Ya sé! Tenemos que hacerlo sentir como si estuviera en su casa. (*Pegan una foto de la playa en la pecera.*) ¿Qué tal ésta con el mar?

DIANA ¡Perfecta! ¡Se ve tan feliz!

FABIOLA Míralo.

Llegan los chicos.

ÉRIC ¡Bambi! ¡Maldito pez! ¡En una playa tropical con tres mujeres!

Expresiones útiles

Talking about the future

¡Las arañas jamás se van a extinguir!
Spiders will never become extinct!

¿Y qué vamos a hacer?
What are we going to do?

Mañana por la tarde estaremos en el campamento.
Tomorrow afternoon we will be in the campground.

Nos quedaremos cuidando a Bambi.
We will stay and look after Bambi.

¿Cómo sabremos si pone cara de perrito?
How will be know if he is making a puppy-dog face?

Expressing perceptions

Yo lo/la veo muy triste.
He/She looks very sad to me.

¡Se ve tan feliz!
He/She looks so happy!

Parece que está triste/contento/a.
It looks like he/she is sad/happy.

Al parecer, no le gustó.
It looks like he/she didn't like it.

¡Qué guapo/a te ves!
How attractive you look!

¡Qué elegante se ve usted!
How elegant you look!

Additional vocabulary

la araña *spider*
Buen provecho. *Enjoy your meal.*
la comida enlatada *canned food*
la cucaracha *cockroach*
enlatado/a *canned*
la hormiga *ant*
matar *to kill*
miedoso/a *fearful*
la mosca *fly*
rociar *to spray*

Comprensión

1 **¿Quién lo dijo?** Identifica lo que dijo cada personaje.

AGUAYO   **DIANA**   **ÉRIC**   **FABIOLA**   **MARIELA**

1. No podemos darle galletas.
2. Mañana por la tarde, estaremos en el campamento.
3. Tómale una foto.
4. Me encanta el pececito, pero me voy a almorzar.
5. Podríamos darle el postre.

2 **¿Qué falta?** Completa las oraciones con las frases de la lista.

> las cucarachas   un nombre original
> el pez   denle de comer
> de comer   tener contacto con la naturaleza

1. **FABIOLA** ¿Tú crees que _____ pueden sobrevivir al café de Aguayo?
2. **MARIELA** Debe ser emocionante _____.
3. **FABIOLA** Sí, _____ como "Flipper".
4. **AGUAYO** _____ sólo una vez al día.
5. **MARIELA** ¿Cómo sabremos si _____ pone cara de perrito?
6. **FABIOLA** Ya le he dado tres veces _____.

3 **¿Qué dijo?** Di qué hace cada personaje. Utiliza los verbos entre paréntesis.

> **MODELO**   **JOHNNY** ¿No podrías ponerle un nombre más original? (sugerir a Aguayo)
> Johnny le sugiere a Aguayo que le ponga un nombre más original.

1. **AGUAYO** Mariela, ¿podrías hacer el favor de tomar mis mensajes? (pedir a Mariela)
2. **FABIOLA** Toma una foto. (aconsejar a Aguayo)
3. **AGUAYO** No le des más aunque ponga cara de perrito… (ordenar a Mariela)
4. **MARIELA** ¿Por qué no le damos de comer? (sugerir a Diana)

4 **Preguntas y respuestas** En parejas, háganse preguntas sobre estos temas.

> **MODELO**   irse de campamento
> —¿Quién se va de campamento?
> —Aguayo se va de campamento.

- tenerles miedo a las arañas
- cuidar a la mascota
- dar de comer
- Aguayo y su esposa / comer
- irse a almorzar
- sentirse feliz

222   *doscientos veintidós*   Lección 6

Ampliación

5 Carta a Aguayo A los empleados de Facetas se les murió Bambi. Ahora, ellos deben contarle a Aguayo lo sucedido. En parejas, escriban la carta que los empleados le enviaron a Aguayo.

> Querido jefe:
>
> Esperamos que esté disfrutando de sus vacaciones y de la comida enlatada. Nosotros estamos bien, pero tenemos que darle una mala noticia.
> El otro día…

6 Apuntes culturales En parejas, lean los párrafos y contesten las preguntas.

Las mascotas
Aguayo dejará su mascota Bambi al cuidado de Diana. Otro animal que también vive en el agua es el carpincho (*capybara*), común a orillas de ríos en Suramérica. Este simpático "animalito" fácil de domesticar es el roedor (*rodent*) más grande del planeta, ¡con un peso de hasta 65 kilos (143 libras)! Un poquito grande para la oficina de *Facetas*, ¿no?

De campamento
Según Aguayo, la idea de acampar es estar en contacto con la naturaleza. Un sitio emocionante para acampar es la comunidad boliviana de **Rurrenabaque**, puerta de entrada al **Parque Nacional Madidi**. Este parque, una de las reservas más importantes del planeta, comprende cinco pisos ecológicos, desde llanuras (*plains*) amazónicas hasta cordilleras nevadas.

El alacrán
Fabiola y Mariela les tienen miedo a las arañas. ¡Y no es para menos! Algunos arácnidos son muy peligrosos. En la República Dominicana, los alacranes (*scorpions*) son temidos (*feared*) por su veneno mortal. Se los puede encontrar debajo de los muebles, en los zapatos… ¿Sobrevivirían los alacranes al matamoscas de Diana?

1. ¿Qué mascotas exóticas conoces? Menciona como mínimo tres o cuatro. ¿Cuáles son sus hábitos? ¿Son fáciles o difíciles de domesticar? ¿Son peligrosas?
2. ¿Has acampado alguna vez? ¿Dónde? ¿Por cuántos días? ¿Qué hiciste?
3. ¿Qué significa la expresión "piso ecológico"? ¿Has estado alguna vez en una región con distintos "pisos ecológicos"? ¿Cómo es la geografía de la región donde vives?
4. ¿Has visto un alacrán alguna vez? ¿Qué otros insectos peligrosos conoces? ¿Te han picado (*bitten*)? ¿Les tienes miedo?

La naturaleza

6 EL MUNDO HISPANO

En detalle

EL CARIBE

Los bosques DEL MAR

¿Te sumergiste alguna vez en el más absoluto de los silencios para contemplar los majestuosos arrecifes de coral? En el Caribe hay más de 26 mil kilómetros cuadrados (16 mil millas cuadradas) de arrecifes, también llamados *bosques tropicales del mar* por la inmensa biodiversidad que se encuentra en ellos. Sus extravagantes formas de intensos colores proporcionan° el ecosistema ideal para las más de 4.000 especies de peces y miles de especies de plantas que en ellos habitan.

Nuestras vidas también dependen de estas formaciones: los arrecifes del Caribe protegen de los huracanes las costas de Florida y de los países caribeños. Sus inmensas estructuras aplacan° la fuerza de las tormentas antes de que lleguen a las costas, cumpliendo la función de barreras° naturales. También protegen las playas de la erosión y son un refugio para muchas especies animales en peligro de extinción.

En Cuba se destacan° los arrecifes de María la Gorda, en el extremo occidental de la isla. En esta área altamente protegida, más de veinte especies de corales forman verdaderas cordilleras, grutas° y túneles subterráneos.

Lamentablemente, los arrecifes están en peligro por culpa de la mano del hombre. La construcción desmedida° en las costas y la contaminación de las aguas por los desechos° de las alcantarillas° provocan la sedimentación. Esto enturbia° el agua y mata el coral, porque le quita la luz que necesita. La pesca descontrolada, el exceso de turismo y la recolección de coral por parte de los buceadores son otros de sus grandes enemigos. De hecho, algunos expertos dicen que el 70% del coral desaparecerá en menos de 40 años. Así que, si eres uno de los afortunados que pueden visitarlos, cuídalos. Su futuro depende de todos nosotros. ■

Los **arrecifes de coral** son uno de los hábitats más antiguos de la Tierra; algunos de ellos tienen más de 10.000 años. Muchos los confunden con plantas o con rocas, pero los arrecifes de coral son, en realidad, estructuras formadas por pólipos de coral, unos animales diminutos° que al morir dejan unos residuos de piedra caliza°. Los arrecifes son el refugio ideal para muchos tipos de animales, tales como esponjas, peces y tortugas.

proporcionan *provide* **aplacan** *diminish* **barreras** *barriers* **se destacan** *stand out* **grutas** *caves* **desmedida** *excessive* **desechos** *waste* **alcantarillas** *sewers* **enturbia** *clouds* **diminutos** *tiny* **piedra caliza** *limestone*

ASÍ LO DECIMOS

Frases de animales

andar como perro sin pulga° (Méx.)	to be carefree
comer como un chancho	to eat like a pig; to pig out
¡El mono está chiflando!° (Cu.)	How windy!
estar como una cabra° (Esp.)	to be as mad as a hatter
marca perro (Arg., Chi. y Uru.)	(of an object) by an unknown brand
¡Me pica el bagre!° (Arg.)	I'm getting hungry!
¡Qué búfalo/a! (Nic.)	Fantastic!
¡Qué tortuga! (Col.)	(of a person) How slow!
ser (una) rata ser un(a) rata (Esp.)	to be stingy

EL MUNDO HISPANOHABLANTE

Organizaciones ambientales

Protección de la biosfera El Parque Nacional Yasuní, declarado Reserva Mundial de la Biosfera por la UNESCO en 1989, está ubicado en la Amazonia ecuatoriana. En la actualidad, varias organizaciones ambientales intentan frenar° el avance de compañías petroleras que operan en el 60% del territorio del parque.

Patagonia sin represas En 2011, este movimiento formado por varias asociaciones ecologistas chilenas frenó el plan para la construcción de cinco represas hidroeléctricas° en el sur de Chile. Este plan habría inundado 5.900 hectáreas de reservas naturales.

Protección de aves amenazadas Gracias al Fondo Peregrino de Panamá y a instituciones como el Smithsonian Institute, las águilas arpías° están siendo rescatadas y protegidas. Al parecer, Panamá es el único país de Latinoamérica que protege esta ave. El águila arpía es la segunda águila más grande del mundo, después del águila de Filipinas, y es el ave nacional de Panamá.

PERFIL

PARQUE NACIONAL SUBMARINO LA CALETA

En 1984, por obra y gracia del Grupo de Investigadores Submarinos, el buque° de rescate *Hickory* se hundió en el Parque Nacional Submarino La Caleta, a unos 17 kilómetros de Santo Domingo. No fue un accidente: el objetivo de los especialistas fue sumergir el buque intacto para que sirviera de arrecife artificial a las especies en peligro de extinción. Con el paso de los años, el barco se cubrió de esponjas y corales, y por él pasan miles de peces. El *Hickory*, que está a unos 20 metros de profundidad, es hoy día una de las mayores atracciones del parque. Pero el *Hickory* no es el único atractivo del parque nacional, también cuenta con otro barco-museo hundido para el buceo. En las aguas del parque, que alcanzan una profundidad de 180 metros (590 pies), se pueden contemplar tres terrazas de arrecifes. Los corales forman verdaderas alfombras de tonos rojos, amarillos y anaranjados que impresionan al buceador más exigente.

> " El hombre no sólo es un problema para sí, sino también para la biosfera en que le ha tocado vivir. "
> (Ramón Margalef, ecólogo español)

Conexión Internet

¿Qué peces habitan los arrecifes de coral del Caribe?

Investiga sobre este tema en Internet.

---

andar como… *(lit.)* to be like a dog without a flea **El mono**… *(lit.)* The monkey is whistling **estar como**… *(lit.)* to be like a goat **Me pica**… *(lit.)* My catfish is itching me **buque** ship **frenar** to slow down **represas**… hydroelectric dams **águilas arpías** harpy eagles

¿Qué aprendiste?

1 **¿Cierto o falso?** Indica si estas afirmaciones son **ciertas** o **falsas**. Corrige las falsas.

1. Los arrecifes de coral son unas plantas de intensos colores.
2. Los arrecifes de coral también son conocidos como los *bosques tropicales del mar*.
3. Los huracanes se hacen más fuertes cuando pasan por los arrecifes.
4. Estas estructuras son un ecosistema ideal para las especies en peligro de extinción.
5. Las formaciones de coral necesitan luz.
6. Está permitido que los turistas tomen un poco de coral para llevárselo.
7. María la Gorda se encuentra en el extremo occidental de Puerto Rico.
8. En María la Gorda, los arrecifes forman túneles y cordilleras.
9. La construcción de casas cerca de las playas no afecta al desarrollo de los arrecifes.
10. Los arrecifes de coral son uno de los hábitats más antiguos del planeta.
11. En los arrecifes no viven tortugas porque no encuentran su alimento.
12. Los expertos están preocupados por el futuro de los arrecifes.

2 **Oraciones** Elige la opción correcta.

1. El Grupo de Investigadores Submarinos hundieron el *Hickory* para crear (un parque nacional/un arrecife artificial).
2. El Parque Nacional Submarino La Caleta está en (Puerto Rico/la República Dominicana).
3. ¿No quieres contribuir para el regalo de Juan? ¡Eres (una rata/un chancho)!
4. Si estás en Argentina y tienes hambre, dices que (te pica el bagre/estás como una cabra).

3 **Preguntas** Contesta las preguntas.

1. ¿Qué quieren frenar las organizaciones ambientales en el Parque Nacional Yasuní?
2. ¿Qué animales protege el Fondo Peregrino de Panamá?
3. ¿Qué busca la organización Patagonia sin represas?
4. En tu opinión, ¿a qué se refiere Ramón Margalef cuando dice que el hombre es un problema para la biosfera?

4 **Opiniones** En parejas, respondan las preguntas y compartan su opinión con la clase.

- ¿Les preocupa la contaminación de las aguas?
- ¿Tienen hábitos que perjudican los mares? ¿Cuáles?
- ¿Qué aspectos de su vida diaria cambiarían para evitar el aumento de contaminación?

PROYECTO

Arrecifes del Caribe

Busquen información sobre los arrecifes de coral de Cuba, Puerto Rico y la República Dominicana. Elijan una zona de arrecifes y preparen una presentación para la clase. La presentación debe incluir:

- datos sobre la ubicación y la extensión
- datos sobre turismo
- datos sobre las especies de coral y otras especies de los arrecifes
- información sobre el estado de los arrecifes: ¿Están en peligro? ¿Alguna organización los protege?

¡No olviden incluir un mapa con la ubicación exacta para presentarlo en la clase!

Un bosque tropical

Ahora que ya has leído sobre la riqueza del mar del Caribe, mira este episodio de **Flash Cultura** para conocer las maravillas del bosque tropical lluvioso de Puerto Rico, con su sorprendente variedad de árboles milenarios.

VOCABULARIO ÚTIL

la brújula *compass*	**estar en forma** *to be fit*
la caminata *hike*	**el/la nene/a** *kid*
la cascada *waterfall*	**la lupa** *magnifying glass*
el chapuzón *dip*	**subir** *to climb*
la cima *peak*	**la torre** *tower*

Comprensión Indica si estas afirmaciones son **ciertas** o **falsas**. Después, corrige las falsas.

1. El nombre *Yunque* proviene del español y significa "dios de la montaña".
2. El Yunque es la reserva forestal más antigua del hemisferio occidental.
3. El símbolo de Puerto Rico es la iguana.
4. Para llegar a la cima del Yunque es necesario estar en forma y llevar brújula, agua, mapa, etc.
5. Una caminata hasta la cima puede llevar hasta dos días.
6. Como la cima está rodeada de nubes, allí arriba los árboles no pueden crecer mucho.

Expansión En parejas, contesten estas preguntas.

- Imagina que sólo puedes llevar tres de los objetos del equipo para llegar a la cima del Yunque. ¿Cuáles llevarías? ¿Por qué?
- ¿Alguno de los atractivos del Yunque te anima (*encourages you*) a visitar este bosque en tus próximas vacaciones? ¿Cuál? ¿Por qué?
- ¿Qué tipo de comida llevas cuando vas de excursión? ¿Qué otras cosas llevas en la mochila?

¿Y tú? ¿Te gusta estar en contacto con la naturaleza? ¿De qué manera? ¿Has visitado alguno de los bosques nacionales de tu país? ¿Cuál(es)?

Corresponsal: Diego Palacios
País: Puerto Rico

En el Yunque hay más especies de árboles que en ningún otro de los bosques nacionales, muchos de los cuales son cientos de veces más grandes, como el Parque Yellowstone o el Yosemite.

Nadar en los ríos del Yunque es uno de los pasatiempos favoritos de los puertorriqueños, como lo es meterse debajo de las cascadas.

El Yunque es el único bosque tropical lluvioso del Sistema Nacional de Bosques de los Estados Unidos.

6 ESTRUCTURA

6.1 The future

Mañana por la tarde estaremos en el campamento.

Nos quedaremos cuidando a Bambi.

TALLER DE CONSULTA

MANUAL DE GRAMÁTICA
Más práctica

6.1 The future, p. A33

6.2 The subjunctive in adverbial clauses, p. A34

6.3 Prepositions: **a**, **hacia**, and **con**, p. A35

Gramática adicional

6.4 Adverbs, p. A36

¡ATENCIÓN!

Note that all of the future tense endings carry a written accent mark, except the **nosotros/as** form.

- The future tense (**el futuro**) uses the same endings for all **-ar, -er**, and **-ir** verbs. For regular verbs, the endings are added to the infinitive.

The future tense		
hablar	**deber**	**abrir**
hablaré	deberé	abriré
hablarás	deberás	abrirás
hablará	deberá	abrirá
hablaremos	deberemos	abriremos
hablaréis	deberéis	abriréis
hablarán	deberán	abrirán

- For irregular verbs, the same future endings are added to the irregular stem.

Infinitive	stem	future forms
caber	cabr-	cabré, cabrás, cabrá, cabremos, cabréis, cabrán
haber	habr-	habré, habrás, habrá, habremos, habréis, habrán
poder	podr-	podré, podrás, podrá, podremos, podréis, podrán
querer	querr-	querré, querrás, querrá, querremos, querréis, querrán
saber	sabr-	sabré, sabrás, sabrá, sabremos, sabréis, sabrán
poner	pondr-	pondré, pondrás, pondrá, pondremos, pondréis, pondrán
salir	saldr-	saldré, saldrás, saldrá, saldremos, saldréis, saldrán
tener	tendr-	tendré, tendrás, tendrá, tendremos, tendréis, tendrán
valer	valdr-	valdré, valdrás, valdrá, valdremos, valdréis, valdrán
venir	vendr-	vendré, vendrás, vendrá, vendremos, vendréis, vendrán
decir	dir-	diré, dirás, dirá, diremos, diréis, dirán
hacer	har-	haré, harás, hará, haremos, haréis, harán
satisfacer	satisfar-	satisfaré, satisfarás, satisfará, satisfaremos, satisfaréis, satisfarán

- Most verbs derived from irregular verbs follow the same pattern.

poner → pondré
proponer → propondré

- In Spanish, as in English, the future tense is one of many ways to express actions or conditions that will happen in the future.

PRESENT INDICATIVE

conveys a sense of certainty that the action will occur

Llegan a la costa mañana.
They arrive at the coast tomorrow.

ir a + [*infinitive*]

expresses the near future; is commonly used in everyday speech

Van a llegar a la costa mañana.
They are going to arrive at the coast tomorrow.

PRESENT SUBJUNCTIVE

refers to an action that has yet to occur: used after verbs of will and influence.

Prefiero que **lleguen** a la costa mañana.
I prefer that they arrive at the coast tomorrow.

FUTURE TENSE

expresses an action that will occur; often implies more certainty than **ir a** + [*infinitive*]

Llegarán a la costa mañana.
They will arrive at the coast tomorrow.

> **¡ATENCIÓN!**
>
> The future tense is used less frequently in Spanish than in English.
>
> **Te llamo mañana.**
> *I'll call you tomorrow.*

- The English word *will* can refer either to future time or to someone's willingness to do something. To express willingness, Spanish uses the verb **querer** + [*infinitive*], not the future tense.

¿**Quieres contribuir** a la protección del medio ambiente?
Will you contribute to the protection of the environment?

Quiero ayudar, pero no sé por dónde empezar.
I'll help, but I don't know where to begin.

- In Spanish, the future tense may be used to express conjecture or probability, even about present events. English expresses this sense in various ways, such as *wonder*, *bet*, *must be*, *may*, *might*, and *probably*.

¿Qué hora **será**?
I wonder what time it is.

¿**Lloverá** mañana?
Do you think it will rain tomorrow?

Ya **serán** las dos de la mañana.
It must be two a.m. by now.

Probablemente **tendremos** un poco de sol y un poco de viento.
It'll probably be a bit sunny and windy.

- When the present subjunctive follows a conjunction of time like **cuando**, **después (de) que**, **en cuanto**, **hasta que**, and **tan pronto como**, the future tense is often used in the main clause of the sentence.

Nos quedaremos lejos de la costa **hasta que pase** el huracán.
We'll stay far from the coast until the hurricane passes.

En cuanto termine de llover, **regresaremos** a casa.
As soon as it stops raining, we'll go back home.

Tan pronto como salga el sol, **iré** a la playa a tomar fotos.
As soon as the sun comes up, I'll go to the beach to take photos.

> **TALLER DE CONSULTA**
>
> For a detailed explanation of the subjunctive with conjunctions of time, see **6.2**, pp. 232–233.

La naturaleza

doscientos veintinueve **229**

Práctica

TALLER DE CONSULTA

MANUAL DE GRAMÁTICA
Más práctica

6.1 The future, p. A33

1 **Catástrofe** Hay muchas historias que cuentan el fin del mundo. Aquí tienes una de ellas.

A. Primero, lee la historia y subraya las expresiones de futuro. Después, sustitúyelas por verbos en futuro.

(1) Los videntes (*fortunetellers*) aseguran que van a suceder catástrofes. (2) El clima va a cambiar. (3) Va a haber huracanes y terremotos. (4) Vamos a vivir tormentas permanentes. (5) Una gran niebla va a caer sobre el mundo. (6) El suelo del bosque va a temblar. (7) El mundo que conocemos también va a acabarse. (8) En ese instante, la tierra va a volver a sus orígenes.

1. _____
2. _____
3. _____
4. _____
5. _____
6. _____
7. _____
8. _____

B. Ahora, en parejas, escriban su propia historia del futuro del planeta. Pueden inspirarse en el párrafo anterior o pueden escribir una versión más optimista.

2 **Horóscopo chino** En el horóscopo chino, cada signo es un animal. Lee las predicciones del horóscopo chino para la serpiente. Conjuga los verbos entre paréntesis usando el futuro.

Trabajo: Esta semana (tú) (1) _____ (tener) que trabajar duro. (2) _____ (salir) poco y no (3) _____ (poder) divertirte, pero (4) _____ (valer) la pena. Muy pronto (5) _____ (conseguir) el puesto que esperas.

Dinero: (6) _____ (venir) tormentas económicas. No malgastes tus ahorros.

Salud: (7) _____ (resolver) tus problemas respiratorios, pero (8) _____ (deber) cuidarte la garganta.

Amor: (9) _____ (recibir) una noticia muy buena. Una persona especial te (10) _____ (decir) que te ama. (11) _____ (venir) días felices.

3 **El futuro** En parejas, imaginen que uno/a de ustedes es un(a) investigador(a). La otra persona es un(a) estudiante que quiere saber qué sucederá en el futuro. El/La investigador(a) deberá contestar preguntas relacionadas con estos temas.

MODELO   **ESTUDIANTE** ¿Existirán las bibliotecas en el futuro?
                    INVESTIGADOR(A) Sí, pero habrá menos debido al desarrollo de la tecnología.

trabajo

estudios

naturaleza

política

Comunicación

4 Viaje ecológico Tú y tu compañero/a tienen que planear un viaje ecológico. Decidan a qué país irán, en qué fechas y qué harán allí. Usen ocho verbos en futuro.

ECOTURISMO

Puerto Rico
- acampar en la costa y disfrutar de las playas
- visitar el Viejo San Juan
- montar a caballo por la Cordillera Central
- ir en bicicleta por la costa
- viajar en barco por la isla Culebra

República Dominicana
- ir en kayak por los ríos tropicales
- bucear por los arrecifes
- ir de safari por La Descubierta y ver los cocodrilos del lago Enriquillo
- disfrutar del paisaje de Barahona
- observar las aves en el Parque Nacional del Este

5 ¿Qué será de...? En parejas, conversen sobre lo que sucederá en el futuro en relación con estos temas y lugares.

- las ballenas (*whales*) en 2200
- Venecia en 2065
- los libros tradicionales en 2105
- la televisión en 2056
- Internet en 2050
- las hamburguesas en 2080
- los Polos Norte y Sur en 2300
- el Amazonas en 2100
- Los Ángeles en 2245
- el petróleo en 2090

6 ¿Dónde estarán en 20 años? La fama es, en muchas ocasiones, pasajera (*fleeting*). En grupos de tres, hagan una lista de cinco personas famosas y anticipen lo que será de ellas dentro de veinte años.

7 Situaciones

A. En parejas, seleccionen uno de estos temas e inventen una conversación usando el tiempo futuro.

1. Dos jóvenes han terminado sus estudios y hablan sobre lo que harán para convertirse en millonarios.
2. Dos ladrones acaban de robar todo el dinero de un banco. Piensen en lo que hará la policía para atraparlos.
3. La familia Rondón ha decidido convertir su granja (*farm*) en un centro de ecoturismo. Debe planear algunas atracciones para los turistas.
4. Dos científicos se reúnen para participar en un intercambio (*exchange*) de ideas para eliminar la contaminación del aire en las grandes ciudades. Cada uno/a dice lo que hará o inventará para conseguirlo.

B. Ahora, interpreten su conversación ante la clase. La clase votará por la conversación más creativa.

La naturaleza *doscientos treinta y uno* **231**

6.2 The subjunctive in adverbial clauses

- In Spanish, adverbial clauses are commonly introduced by conjunctions. Certain conjunctions require the subjunctive, while others can be followed by the subjunctive or the indicative, depending on the context in which they are used.

¡Estoy dejando espacio para que la atrapen!

No le des más comida aunque ponga cara de perrito.

Conjunctions that require the subjunctive

- Certain conjunctions are always followed by the subjunctive because they introduce actions or states that are uncertain or have not yet happened. These conjunctions commonly express purpose, condition, or intent.

MAIN CLAUSE	CONNECTOR	SUBORDINATE CLAUSE
Se acabará el petróleo en pocos años	a menos que	encontremos energías alternativas.

Conjunctions that require the subjunctive

a menos que	*unless*	en caso (de) que	*in case*
antes (de) que	*before*	para que	*so that*
con tal (de) que	*provided that*	sin que	*without; unless*

El gobierno se prepara **en caso de que haya** una gran sequía el verano que viene.
The government is getting ready in case there is a big drought next summer.

A menos que haga mal tiempo, iremos a la montaña el próximo miércoles.
We will go to the mountains next Wednesday unless the weather is bad.

Debemos proteger a los animales salvajes **antes de que se extingan**.
We should protect wild animals before they become extinct.

- If there is no change of subject in the sentence, a subordinate clause is not necessary. Instead, the prepositions **antes de, con tal de, en caso de, para**, and **sin** can be used, followed by the infinitive. Note that the connector **que** is not necessary in this case.

Las organizaciones ecologistas trabajan **para proteger** los arrecifes de coral.
Environmental organizations work to protect coral reefs.

Tienes que pedir permiso **antes de darles de comer** a los monos del zoológico.
You need to get permission before feeding the monkeys at the zoo.

¡ATENCIÓN!

An adverbial clause (**cláusula adverbial**) is one that modifies or describes verbs, adjectives, or other adverbs. It describes how, why, when, or where an action takes place.

To review the use of adverbs, see **Manual de gramática** 6.4, p. A36.

¡ATENCIÓN!

Adverbial clauses can also go before the main clause. Note that a comma is used in that case.

No iré a la fiesta a menos que me inviten.

A menos que me inviten, no iré a la fiesta.

---

232 *doscientos treinta y dos* Lección 6

Conjunctions followed by the subjunctive or the indicative

- If the action in the main clause has not yet occurred, then the subjunctive is used after conjunctions of time or concession.

Conjunctions of time or concession	
a pesar de que *despite*	**hasta que** *until*
apenas *as soon as*	**luego que** *as soon as*
aunque *although; even if*	**mientras que** *while*
cuando *when*	**ni/no bien** *as soon as*
después (de) que *after*	**siempre que** *as long as*
en cuanto *as soon as*	**tan pronto como** *as soon as*

La excursión no saldrá **hasta que estemos** todos.
The tour will not leave until we all are here.

Dejaremos libre al pájaro **en cuanto** el veterinario nos **diga** que puede volar.
We will set the bird free as soon as the vet tells us it can fly.

Aunque me **digan** que es inofensivo, no me acercaré al perro.
Even if they tell me he's harmless, I'm not going near the dog.

Cuando Pedro vaya a cazar, tendrá cuidado con las serpientes venenosas.
When Pedro goes hunting, he will watch out for the poisonous snakes.

Te mando un mensaje de texto **apenas lleguemos** al aeropuerto.
I'll text you as soon as we get to the airport.

¡ATENCIÓN!

A pesar de, **después de**, and **hasta** can also be followed by an infinitive, instead of **que** + [*subjunctive*], when there is no change of subject.

Voy a acostarme después de ver las noticias.

- If the action in the main clause has already happened, or happens habitually, then the indicative is used in the adverbial clause.

Tan pronto como empezó a llover, Matías salió a jugar al parque.
As soon as it started to rain, Matías went out to play in the park.

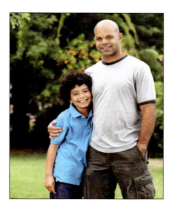

Mi padre y yo siempre nos lo pasamos bien **cuando estamos** juntos.
My father and I always have fun when we are together.

Práctica

TALLER DE CONSULTA

MANUAL DE GRAMÁTICA
Más práctica

6.2 The subjunctive in
adverbial clauses, p. A34

1 **Reunión** Completa las oraciones con el indicativo (presente o pretérito) o el subjuntivo
de los verbos entre paréntesis.

1. Los ecologistas no apoyarán al alcalde (*mayor*) a menos que éste _____ (cambiar)
   su política de medio ambiente.
2. El alcalde va a hablar con su asesor (*advisor*) antes de que _____ (llegar)
   los ecologistas.
3. Los ecologistas entraron en la oficina del alcalde tan pronto como _____ (saber)
   que los esperaban.
4. El alcalde les asegura que siempre piensa en el medio ambiente cuando
   _____ (dar) permisos para construir edificios nuevos.
5. Los ecologistas no se van a ir hasta que el alcalde _____ (responder) todas
   sus preguntas.

2 **¿Infinitivo o subjuntivo?** Completa las oraciones con el verbo en infinitivo o
en subjuntivo.

1. Compraré un carro híbrido con tal de que no _____ (ser) muy caro. Compraré
   un carro híbrido con tal de _____ (conservar) los recursos naturales.
2. Los biólogos investigan para _____ (estudiar) la biodiversidad. Los biólogos
   investigan para que la biodiversidad se _____ (conocer).
3. Él se preocupará por el calentamiento global después de que los científicos le
   _____ (demostrar) que es una realidad. Él se preocupará por el calentamiento
   global después de _____ (ver) con sus propios ojos lo que ocurre.
4. No podremos continuar sin _____ (mirar) un mapa. No podremos continuar
   sin que alguien nos _____ (dar) un mapa.

3 **Declaraciones** Elige la conjunción adecuada para completar la conversación entre un
periodista y la señora Corbo, encargada de relaciones públicas de un zoológico.

PERIODISTA ¿Qué puede decir del artículo que se ha publicado sobre el maltrato
(*abuse*) de los animales del zoológico?

SRA. CORBO Lo he leído, y (1) _____ (aunque / cuando) yo no estoy de acuerdo
con el artículo, hemos iniciado una investigación. (2) _____
(Hasta que / Tan pronto como) terminemos la investigación, se lo
comunicaremos a la prensa. Queremos hablar con todos los empleados
(3) _____ (en cuanto / para que) no haya ninguna duda.

PERIODISTA ¿Es verdad que limpian las jaulas (*cages*) sólo cuando va a haber una
inspección (4) _____ (para que / sin que) el zoológico no tenga
problemas con las autoridades?

SRA. CORBO Le aseguro que todo se limpia diariamente. Y si no me cree, lo invito
a que nos visite mañana mismo.

PERIODISTA ¿Cuándo cree que sabrán lo que ha ocurrido?

SRA. CORBO (5) _____ (En cuanto / Aunque) termine la investigación.

234 *doscientos treinta y cuatro* **Lección 6**

Comunicación

4 Instrucciones Javier va a salir de viaje, así que les ha dejado una lista de instrucciones a sus hermanos menores. En parejas, túrnense para preparar las instrucciones usando oraciones adverbiales con subjuntivo y las conjunciones de la lista.

MODELO No usen mi computadora a menos que sea una emergencia.

a menos que
a pesar de que
con tal de que
cuando
en caso de que
en cuanto
para que
siempre que
tan pronto como

Instrucciones
- Darles de comer a los peces
- apagar las luces
- No pasear al perro si hay tormenta
- Usar sólo papel reciclado
- No usar mucha agua excepto para regar (to water) las plantas
- Llamar a papá por cualquier problema

5 Situaciones En parejas, túrnense para completar las oraciones.

1. Terminaré mis estudios a tiempo, a menos que…
2. Me iré a vivir a otro país en caso de que…
3. Ahorraré (*I will save*) mucho dinero para que…
4. Elegiré una carrera en cuanto…
5. Mi familia se mudará cuando…

6 Huracán Al área donde vives se acerca un huracán. En grupos de cuatro, escriban qué harían en sus familias en cada situación. Usen el subjuntivo y las conjunciones adverbiales.

MODELO el agua se corta
Llenaremos muchas botellas en caso de que el agua se corte.

- las bombillas de luz se queman
- las ventanas se rompen
- las líneas de teléfono se cortan
- el sótano se inunda (*floods*)
- los vecinos ya se han ido
- no hay suficiente alimento
- no hay conexión a Internet

6.3 Prepositions: *a*, *hacia*, and *con*

The preposition *a*

- The preposition **a** can mean *to, at, for, upon, within, of, from,* or *by*, depending on the context. Sometimes it has no direct translation in English.

> Terminó **a** las doce.
> *It ended at midnight.*
>
> Lucy estaba **a** mi derecha.
> *Lucy was on my right.*
>
> El mar Caribe está **a** doscientas cincuenta millas de aquí.
> *The Caribbean Sea is two hundred and fifty miles from here.*

> Le compré unos videojuegos **a** Juan.
> *I bought some video games from/for Juan.*
>
> Al llegar **a** casa, me sentí feliz.
> *Upon returning home, I felt happy.*
>
> Fui **a** casa de mis padres para ayudarlos después de la inundación.
> *I went to my parents' house to help them after the flood.*

- The preposition **a** introduces indirect objects.

> Le prometió **a** su hijo que irían a navegar.
> *He promised his son they would go sailing.*

> Hoy, en el zoo, le di de comer **a** un conejo.
> *Today, in the zoo, I fed a rabbit.*

- The preposition **a** can be used to give commands or make suggestions.

> ¡**A** comer!
> *Let's eat!*

> ¡**A** dormir!
> *Time for bed!*

- When a direct object noun is a person (or a pet), it is preceded by the personal **a**, which has no equivalent in English. The personal **a** is also used with the words **alguien, nadie**, and **alguno** and **ninguno**.

> ¿Viste **a** tus amigos en el parque?
> *Did you see your friends in the park?*

> No, no he visto **a** nadie.
> *No, I haven't seen anyone.*

- The personal **a** is not used when the person in question is not specific.

> La organización ambiental busca voluntarios.
> *The environmental organization is looking for volunteers.*

> Sí, necesitan voluntarios para limpiar la costa.
> *Yes, they need volunteers to clean the coast.*

The preposition *hacia*

- With movement, either literal or figurative, **hacia** means *toward* or *to*.

> La actitud de Manuel **hacia** mí fue negativa.
> *Manuel's attitude toward me was negative.*

> Las ballenas se dirigen **hacia** el golfo de México en otoño.
> *Whales head toward the Gulf of Mexico in the fall.*

- With time, **hacia** means *approximately, around, about,* or *toward*.

> El programa que queremos ver empieza **hacia** las 8.
> *The show that we want to watch will begin around 8:00.*

> La televisión se hizo popular **hacia** la segunda mitad del siglo XX.
> *Television became popular toward the second half of the twentieth century.*

¡ATENCIÓN!

Some verbs require **a** when used with an infinitive, such as **ir a, comenzar a, volver a, enseñar a, aprender a,** and **ayudar a**.

Aprendí a manejar.
I learned to drive.

Me ayudó a arreglar el coche.
He helped me fix the car.

¡ATENCIÓN!

There is no accent mark on the **i** in the preposition **hacia**. The stress falls on the first **a**. The word **hacía** is a form of the verb **hacer**.

---

236 *doscientos treinta y seis*

Lección 6

The preposition *con*

- The preposition **con** means *with*.

    Me gustaría hablar **con** el director del departamento.
    I would like to speak with the director of the department.

    Es una organización ecologista **con** muchos miembros.
    It's an environmental organization with lots of members.

- Many English adverbs can be expressed in Spanish with **con** + [*noun*].

    Habló del tema **con** cuidado.
    She spoke about the issue carefully.

    Hablaba **con** cariño.
    He spoke affectionately.

- The preposition **con** is also used rhetorically to emphasize the value or the quality of something or someone, contrary to a given fact or situation. In this case, **con** conveys surprise at an apparent conflict between two known facts. In English, the words *but*, *even though*, and *in spite of* are used.

    Los turistas tiraron basura por el suelo.
    The tourists threw garbage on the floor.

    ¡**Con** lo limpio que estaba todo!
    But the place was so clean!

- If **con** is followed by **mí** or **ti**, it forms a contraction: **conmigo**, **contigo**.

con + mí	conmigo
con + ti	contigo

    ¿Quieres venir **conmigo** al campo?
    Do you want to come with me to the countryside?

    Por supuesto que quiero ir **contigo**.
    Of course I want to go with you.

- **Consigo** is the contraction of **con** + **usted/ustedes** or **con** + **él/ella/ellos/ellas**. **Consigo** is equivalent to the English *with himself/herself/yourself* or *with themselves/yourselves*, and is commonly followed by **mismo**. It is only used when the subject of the sentence is the same person referred to after **con**.

    Están satisfechos **consigo mismos**.
    They are satisfied with themselves.

    Cristina no está feliz **consigo misma**.
    Cristina is not happy with herself.

    Fui al cine **con él**.
    I went to the movies with him.

    Prefiero ir al parque **con usted**.
    I prefer going to the park with you.

Práctica

TALLER DE CONSULTA

MANUAL DE GRAMÁTICA
Más práctica

6.3 Prepositions: **a**, **hacia**, and **con**, p. A35

1 **¿Cuál es?** Elige entre las preposiciones **a**, **hacia** y **con** para completar cada oración.

1. El león caminaba _____ el árbol.
2. Dijeron que la tormenta empezaría _____ las dos de la tarde.
3. Le prometí que iba _____ ahorrar combustible.
4. Ellos van a tratar de ser responsables _____ el medio ambiente.
5. Contribuyó a la campaña ecológica _____ mucho dinero.
6. El depósito de combustible estaba _____ mi izquierda.

2 **Amigos** Completa los párrafos con las preposiciones **a** y **con**. Marca los casos que no necesiten una preposición con una **X**.

Emilio invitó (1) ____ María (2) ____ ir de excursión. Él quería ir al bosque (3) ____ ella porque quería mostrarle un paisaje donde se podían ver (4) ____ muchos pájaros. Él sabía que (5) ____ ella le gustaba observar (6) ____ las aves. María le dijo que sí (7) ____ Emilio. Ella no conocía (8) ____ nadie más (9) ____ quien compartir su interés por la naturaleza. Hacía poco que había llegado (10) ____ la ciudad y buscaba (11) ____ amigos (12) ____ sus mismos intereses.

3 **Conversación** Completa la conversación entre Emilio y María con la opción correcta de la preposición **con**. Puedes usar las opciones de la lista más de una vez.

| con | con ustedes | consigo |
| con nosotros | conmigo | contigo |

EMILIO Gracias por haber venido (1) _____ a correr por el campo. Ha sido una tarde divertida.

MARÍA No, Emilio. Gracias a ti por haberme invitado a venir (2) _____. No conocía este sitio y es maravilloso. ¡(3) _____ lo que me gusta el campo!

EMILIO Pues ya lo sabes, puedes venir (4) _____ cuando quieras. ¿Qué te parece si lo repetimos la próxima semana?

MARÍA Me encantaría volver. La próxima vez, vendré (5) _____ unas zapatillas más adecuadas.

EMILIO A veces, vengo (6) _____ mi hermano pequeño. Tiene once años; seguro que te cae bien. Si quieres, la semana que viene puede venir (7) _____. Él siempre trae un cronómetro (8) _____. Dice que va a ser un atleta famoso.

MARÍA Perfecto, la semana que viene venimos los tres. Estoy segura de que lo voy a pasar bien (9) _____.

238 *doscientos treinta y ocho*

Lección 6

Comunicación

4 **Safari** En parejas, escriban un artículo periodístico breve sobre lo que le sucedió a un grupo de turistas durante un safari. Usen por lo menos cuatro frases de la lista. Después, compartan el informe con la clase.

hacia el león	con la cámara digital	con la boca abierta
al guía	a tomar una foto	a correr
hacia el carro	a nadie	hacia el gorila

5 **Noticias** En grupos de cuatro o cinco personas, escriban más sobre las siguientes noticias. Formen un círculo. El primer estudiante lee la noticia al segundo y dice algo nuevo. El segundo repite la noticia al tercero y añade otra cosa, y así sucesivamente (*and so on*). Las partes añadidas deben incluir las preposiciones **a**, **con** o **hacia**.

> **MODELO** Acusan a Petrosur de contaminar un río.
> **ESTUDIANTE 1** Acusan a Petrosur de contaminar un río con productos químicos.
> **ESTUDIANTE 2** Acusan a Petrosur de contaminar un río con productos químicos. A diario se ven horribles manchas que flotan en el agua.
> **ESTUDIANTE 3** Acusan a Petrosur de contaminar un río con productos químicos. A diario se ven horribles manchas que flotan en el agua hacia la bahía.

1. Inventan un combustible nuevo.
2. El presidente felicitó (*congratulated*) a los bomberos.
3. Inauguran hoy una nueva reserva.
4. Se acerca una tormenta.

6 **Síntesis**

 A. En parejas, háganse estas preguntas. Usen el futuro, el subjuntivo y las preposiciones **a**, **hacia** y **con** en sus respuestas.

1. ¿Conoces a alguien que contribuya a cuidar el medio ambiente?
2. ¿Te gusta cazar? ¿A quién conoces que cace?
3. ¿Crees que reciclar es importante? ¿Por qué? ¿Qué sucederá si no reciclamos?
4. ¿Qué actitud tienes hacia el uso de productos desechables?
5. ¿Qué cambios de estilo de vida ayudan a proteger el medio ambiente?
6. ¿Qué medidas debe tomar el gobierno para que no se agoten los recursos naturales?

B. Informen a la clase de lo que han aprendido de su compañero/a usando las preposiciones correspondientes. Sigan el modelo.

> **MODELO** Juana, mi compañera, dice que no conoce a nadie que contribuya a cuidar el medio ambiente. Ella dice que si no reciclamos, tendremos problemas con la cantidad de basura...

6 EN PANTALLA

Antes de ver el video

PLAYA DEL CARMEN: TIBURÓN TORO

país México
duración 7 minutos
directora Tania Escobar
con Luis Lombardo, Luis Leal, Jorge Loria

Vocabulario

el/la aliado/a ally
el asombro astonishment
el buceo diving
el buzo diver
dar a luz to give birth
darse la vuelta to turn back
enfrente (de) facing
la hembra female (animal)
el manglar mangrove swamp
preñada pregnant
la veda closed season, ban (for fishing)

1 **Un anuncio** Completa el anuncio con las palabras o expresiones apropiadas.

¿Le gusta el océano? ¿Le interesa practicar el (1) _____ y sumergirse en el mar para admirar la fauna marina? Si es así, lo invitamos a participar en nuestro programa de navegación que lo dejará con los ojos abiertos de (2) _____. Después de navegar cerca a la costa y apreciar los (3) _____ y su diversa vegetación, los participantes podrán nadar en el mar y observar muchas especies marinas, algunas de las cuales vienen a poner sus huevos o a (4) _____ en esta temporada frente a nuestras costas. Si le interesa este programa y quiere más información, acérquese a nuestras oficinas que se encuentran afuera del hotel, (5) _____ de la marina.

2 **El buceo** En parejas, contesten estas preguntas.

1. ¿Qué opinas del buceo? ¿Alguna vez lo has practicado? ¿O te gustaría practicarlo?
2. ¿Conoces algún lugar del mundo donde sea particularmente interesante bucear? ¿Y algún lugar en tu país?
3. ¿Qué sabes sobre los tiburones? ¿Crees que son animales peligrosos? ¿Por qué?
4. ¿Cómo crees que podemos ayudar a proteger a las especies marinas?
5. ¿Qué características debe tener el turismo responsable? ¿De qué manera el turismo puede reducir los efectos negativos sobre el medio ambiente?

3 **¿De qué tratará?** En parejas, describan la siguiente imagen. ¿Qué relación tendrá con el video que van a ver?

Escenas

TEMA Un grupo de buzos profesionales cuentan sus experiencias enseñándoles a las personas a tener encuentros cercanos con los tiburones en Playa del Carmen.

LOCUTORA Durante el invierno, la costa de Playa del Carmen recibe a un grupo de misteriosos visitantes.

LUIS LOMBARDO Quintana Roo es una zona de manglares, entonces es bien sabido que durante una temporada los tiburones se adentran° al manglar para tener allá sus crías°.

JORGE LORIA Lo que me habían enseñado era que los tiburones comían gente. Entonces, imagínate, cuando veo a este animal de frente a mí, digo: "Ya está, ¡éste es el fin!, ¡me va a comer!".

LUIS LEAL Compartir con otras personas ese gusto, ese cariño por los animales me llena mucho como instructor y como guía de buceo.

JORGE LORIA ¡Y ver los ojos esos, así de este tamaño de asombro de la gente!

JORGE LORIA Y les preguntamos: "¿Cómo te sientes?", y te empiezan a decir "*Rebién*°, yo no pensé que los tiburones eran así; ¡tenía tanto miedo!".

adentrarse *to go deep into* **la cría** *offspring* **rebién** *(colloquial) very well*

242 *doscientos cuarenta y dos* Lección 6

Después de ver el video

1 **Comprensión** Contesta las preguntas con oraciones completas.

1. ¿En dónde está ubicada Playa del Carmen?
2. ¿Quiénes son los "misteriosos visitantes" que llegan a este lugar?
3. ¿En qué época del año llegan esos misteriosos visitantes y para qué?
4. ¿Cómo es el agua donde se encuentran estos animales?
5. ¿Cómo se sienten las personas después de la experiencia de sentir a los tiburones cerca de ellas?
6. ¿Qué ha pasado con los tiburones durante las últimas décadas?
7. ¿De qué depende la conservación de los tiburones?
8. ¿Por qué la veda no está bien planeada?
9. ¿Con qué objetivo se marca a las hembras de tiburón?

2 **Interpretación** En parejas, respondan las siguientes preguntas.

1. ¿Qué hizo que Jorge Loria cambiara la manera como veía a los tiburones?
2. ¿Qué efecto tiene en la gente la experiencia de buceo con los tiburones?
3. ¿Cuál es la importancia de este buceo?
4. Según Jorge Loria, ¿cuál es la diferencia en la situación de los tiburones entre el presente y hace unos cuarenta años?
5. ¿Qué proponen los instructores de buceo con respecto al buceo y el turismo en la zona?

3 **Análisis** En grupos pequeños, discutan el significado de las siguientes expresiones tomadas del video.

Estamos cambiándole la manera de pensar a la gente.

Y cuando sale de ahí, sale con el corazón destrozado.

Nos deja mucho más un tiburón vivo vendiéndolo para verlo que vendiéndolo en un plato.

La naturaleza

doscientos cuarenta y tres **243**

6 LECTURAS

Autorretrato con mono, 1938
Frida Kahlo, México

"Quien rompe una tela de araña,
a ella y a sí mismo daña."

— Anónimo

LITERATURA

Antes de leer

El eclipse

Sobre el autor

Augusto Monterroso (1921–2003) nació en Honduras, pero pasó su infancia y juventud en Guatemala. En 1944 se radicó (*settled*) en México tras dejar Guatemala por motivos políticos. A pesar de su origen y de haber vivido su vida adulta en México, siempre se consideró guatemalteco. Monterroso tuvo acceso desde pequeño al mundo intelectual de los adultos. Fue prácticamente autodidacta: abandonó la escuela a los once años y con sólo quince fundó una asociación de artistas y escritores. Considerado padre y maestro del microcuento latinoamericano, Monterroso recurre (*resorts to*) en su prosa al humor inteligente con el que presenta su visión de la realidad. Entre sus obras, destacan *La oveja negra y demás fábulas* (1969) y la novela *Lo demás es silencio* (1978). Recibió numerosos premios, entre los que destaca el Príncipe de Asturias en 2000.

Vocabulario

aislado/a *isolated*	**florecer** *to blossom*	**sacrificar** *to sacrifice*
digno/a *worthy*	**oscurecer** *to darken*	
disponerse a *to be about to*	**prever** *to foresee*	**salvar** *to save*
la esperanza *hope*	**la prisa** *hurry*	**valioso/a** *valuable*

Exploradores Completa esta introducción de un cuento con las palabras apropiadas.

Los exploradores salieron rumbo a la ciudad perdida sin (1) _____ ninguno de los peligros de la selva. El viejo mapa indicaba que la ciudad escondía un (2) _____ tesoro. Cuando (3) _____ a iniciar la marcha, se dieron cuenta de que iba a (4) _____ antes de que llegaran, por lo que decidieron avanzar con (5) _____. Tenían la (6) _____ de llegar antes de la medianoche.

Conexión personal ¿Alguna vez viste un eclipse? ¿Cómo fue la experiencia? ¿Hay algún fenómeno natural al que le tengas miedo? ¿Cuál? ¿Por qué?

Análisis literario: el microcuento

El microcuento es un relato breve, pero no por eso se trata de un relato simple. En estos cuentos, el lector participa activamente porque debe compensar los recursos utilizados (economía lingüística, insinuación, elipsis) a través de la especulación o haciendo uso de sus conocimientos previos. Este género nació en Argentina en los años cincuenta con el escritor Jorge Luis Borges. A medida que lees *El eclipse*, haz una lista de los conocimientos previos y de las especulaciones que sean necesarios para comprender el relato. Después, compara tu lista con la de tus compañeros/as. ¿Qué elementos de sus listas coinciden?

EL ECLIPSE

Augusto Monterroso

friar

C uando fray° Bartolomé Arrazola se sintió perdido, aceptó que ya nada podría salvarlo. La selva

powerful/captured poderosa° de Guatemala lo había apresado°, implacable y definitiva. Ante su ignorancia topográfica se

5 sentó con tranquilidad a esperar la muerte. Quiso morir allí, sin ninguna esperanza, aislado, con el pensamiento fijo en la España distante, particularmente en el convento de Los Abrojos, donde Carlos Quinto condescendiera una vez a

zeal bajar de su eminencia para decirle que confiaba en el celo°

redemptive 10 religioso de su labor redentora°.

surrounded Al despertar se encontró rodeado° por un grupo de indígenas

face de rostro° impasible que se disponían a sacrificarlo ante un

bed altar, un altar que a Bartolomé le pareció como el lecho° en que

fears descansaría, al fin, de sus temores°, de su destino, de sí mismo.

15 Tres años en el país le habían conferido un mediano

command (of a language) dominio° de las lenguas nativas. Intentó algo. Dijo algunas palabras que fueron comprendidas.

Entonces floreció en él una idea que tuvo por digna de su talento y de su cultura universal y de su arduo conocimiento

20 de Aristóteles. Recordó que para ese día se esperaba un eclipse

deepest recesses/ total de sol. Y dispuso, en lo más íntimo°, valerse de° aquel
to make use of
to trick conocimiento para engañar° a sus opresores y salvar la vida.

—Si me matáis —les dijo— puedo hacer que el sol se oscurezca en su altura.

25 Los indígenas lo miraron fijamente y Bartolomé sorprendió la incredulidad en sus ojos. Vio que se produjo un pequeño

counsel/disdain consejo°, y esperó confiado, no sin cierto desdén°.

Dos horas después el corazón de fray Bartolomé Arrazola

was gushing chorreaba° su sangre vehemente sobre la piedra de los

30 sacrificios (brillante bajo la opaca luz de un sol eclipsado), mientras uno de los indígenas recitaba sin ninguna inflexión de voz, sin prisa, una por una, las infinitas fechas en que se producirían eclipses solares y lunares, que los astrónomos de la comunidad maya habían previsto y anotado en sus códices

35 sin la valiosa ayuda de Aristóteles. ∎

La naturaleza

doscientos cuarenta y siete **247**

Después de leer

El eclipse
Augusto Monterroso

1 **Comprensión** Contesta las preguntas con oraciones completas.

1. ¿Dónde se encontraba fray Bartolomé?
2. ¿Conocía el protagonista la lengua de los indígenas?
3. ¿Qué querían hacer los indígenas con fray Bartolomé?
4. ¿Qué les advirtió fray Bartolomé a los indígenas?
5. ¿Qué quería fray Bartolomé que los indígenas creyeran?
6. ¿Qué recitaba un indígena mientras el corazón del fraile sangraba?

2 **Interpretación** Contesta las siguientes preguntas.

1. ¿Por qué crees que fray Bartolomé pensaba en el convento de Los Abrojos antes de morir?
2. ¿Cuál había sido la misión de fray Bartolomé en Guatemala?
3. ¿Quién le había encomendado esa misión?
4. ¿Por qué no le sirvieron a fray Bartolomé sus conocimientos sobre Aristóteles?

3 **Fenómenos naturales** En grupos de tres, investiguen acerca de un fenómeno o desastre natural, o un acontecimiento que haya despertado grandes temores o supersticiones.

A. Investiguen qué predicciones se hicieron de estos eventos y cuáles fueron sus consecuencias reales. Si lo desean, pueden elegir un evento que no esté en la lista. Presenten la investigación ante la clase.

- el cometa Halley
- la llegada del año 2000
- la amenaza nuclear durante la guerra fría
- la erupción del volcán Vesubio en Pompeya

B. Escriban un microcuento sobre uno de los fenómenos o acontecimientos presentados. Lean el microcuento al resto de la clase. Sus compañeros/as deben adivinar de qué fenómeno o acontecimiento se trata.

4 **Escribir** Investiga acerca de la flora y la fauna de la selva guatemalteca. Luego, imagina que eres fray Bartolomé y tienes que escribirle una carta al rey Carlos V contándole lo que observaste en la selva. Usa el vocabulario de la lección.

MODELO Estimado rey Carlos V: Como Su Majestad sabe, le escribo desde la selva de Guatemala, adonde llegué hace ya tres años. En esta carta, quiero contarle...

248 *doscientos cuarenta y ocho*

Lección 6

CULTURA

Antes de leer

Vocabulario

ambiental *environmental*
el bombardeo *bombing*
el ecosistema *ecosystem*
la especie *species*
el/la manifestante *protester*

el monte *mountain*
la pureza *purity*
el refugio *refuge*
el terreno *land*
el veneno *poison*

El Yunque Completa las oraciones con el vocabulario de la tabla.

1. Puerto Rico es una isla de _____ muy variado: hay montañas, playas y hasta un bosque tropical, el Bosque Nacional del Caribe, también llamado El Yunque.
2. El Yunque tiene una diversidad de vegetación impresionante, que incluye casi 250 _____ de árboles.
3. También es un _____ natural para los animales, ya que en el bosque están protegidos de la caza.
4. El _____ más alto de El Yunque es El Toro, con una altura de 1.077 metros (3.533 pies).
5. Hay grupos dedicados a la protección _____ de El Yunque. Buscan preservar la _____ de este paraíso tropical.

Conexión personal ¿Qué significado tiene la naturaleza para ti? ¿Es una fuente de trabajo o de alimento (*food*)? ¿O es un lugar de diversión y belleza? ¿Qué haces para proteger la naturaleza? ¿Cómo crees que será el mundo natural dentro de cien años? ¿Y dentro de quinientos?

Contexto cultural

Situada en el agua transparente del mar Caribe, la pequeña **isla de Vieques** es un refugio de lagunas, bahías y playas que forman un hábitat ideal para varias clases de tortugas marinas (*sea turtles*), el manatí y arrecifes de coral. La gente de Vieques comparte los pequeños montes y las aguas cristalinas (*crystal clear*) de la isla con una rica variedad de flora y fauna, entre ellas cinco especies de plantas y diez especies de animales en peligro de extinción. La isla de Vieques, de 33 kilómetros de largo por 7,2 de ancho (20,5 por 4,3 millas), es un municipio de Puerto Rico que tiene nueve mil habitantes. Puerto Rico es un Estado Libre Asociado de los Estados Unidos. Los habitantes de Puerto Rico, también llamados *boricuas*, son ciudadanos estadounidenses.

La conservación de Vieques

Vista aérea de la zona de maniobras militares de Vieques

"¡Vieques renace!"° anuncia el gobierno de este municipio *Vieques is reborn!*
puertorriqueño, que busca estimular la economía de una isla rica
en naturaleza, pero pobre en economía. Vieques dispone de° *boasts*
sitios arqueológicos importantes, playas espectaculares, un fuerte° *fort*
5 histórico y una bahía bioluminiscente, la Bahía Mosquito, que es
una maravilla de la naturaleza. Sus arrecifes de coral contienen
un ecosistema de enorme productividad y diversidad biológica.
Forman un pequeño paraíso que alberga y protege una inmensa
variedad de especies de plantas y animales acuáticos.

250 *doscientos cincuenta*

Lección 6

Sin embargo, en vez de tener una tradición de alto turismo, la isla ha padecido° graves problemas. Vieques fue utilizada para prácticas de bombardeo desde 1941. En esa época muchas personas fueron desalojadas° cuando la Armada° de los Estados Unidos ocupó dos áreas en los extremos de la isla. Las prácticas continuaron por varias décadas, pero en abril de 1999 un guardia de seguridad murió cuando una bomba cayó fuera de la zona de tiro°. La muerte de David Sanes dio origen a° una campaña de desobediencia civil. El presidente Clinton prometió cesar el entrenamiento° de bombardeo en Vieques, pero éste continuó con bombas inertes a pesar de que los viequenses habían exigido "¡Ni una bomba más!". Los manifestantes entraban en la zona de tiro y establecían campamentos; otros se manifestaban° en Puerto Rico y en los Estados Unidos, y pronto captaron° la atención internacional. Robert Kennedy, Jr., Jesse Jackson, Rigoberta Menchú y el Dalai Lama, entre otros, hicieron declaraciones a favor de Vieques y muchas personas fueron a la cárcel° después de ser arrestadas en la zona de tiro.

> "La protesta se centró en gran parte en los problemas que las bombas habían causado al medio ambiente, a la economía de Vieques y a la salud de los viequenses."

La protesta se centró en gran parte en los problemas que las bombas habían causado al medio ambiente, a la economía de Vieques y a la salud de los viequenses. Las décadas de prácticas de bombardeo dejaron un nivel muy alto de contaminación, que incluye la presencia de uranio reducido (un veneno muy peligroso). Algunos piensan que la incidencia de cáncer en Vieques —25% más alta que la de todo Puerto Rico— se debe a la exposición de los habitantes a elementos tóxicos. Estas acusaciones han provocado controversia, ya que la Armada negó los efectos sobre la salud de los viequenses. Finalmente, después de una dura campaña de protesta y lucha°, las prácticas de bombardeo terminaron para siempre en 2003. Los terrenos de la Armada pasaron al Departamento de Caza y Pesca, y la Agencia de Protección Ambiental (EPA) declaró en 2005 que la limpieza ambiental de Vieques sería una de las prioridades nacionales.

Los extremos este y oeste de la isla ahora constituyen una reserva ambiental, la más grande del Caribe. Los viequenses esperan que la isla pueda, en su renacimiento, volver a un estado de mayor pureza natural y, al mismo tiempo, desarrollar su economía. Vieques sigue siendo un símbolo de resistencia y es un lugar cada día más popular para el turismo local y extranjero. ■

¿Qué es la bioluminiscencia?

Es un efecto de fosforescencia verdeazul, causado por unos microorganismos que, al agitarse, dan un brillo extraordinario a las aguas durante la noche. El pez o bañista que se mueve bajo el agua emite una luz radiante. Para que se produzca este fenómeno extraordinario, se requiere una serie de condiciones muy especiales de temperatura, ambiente y poca contaminación.

Después de leer

La conservación de Vieques

1 **Comprensión** Elige la respuesta correcta para completar cada oración.

1. Vieques es un municipio de (la República Dominicana/Puerto Rico).

2. Entre los atractivos de la isla se encuentra
   (un pico altísimo/una bahía bioluminiscente).

3. Los arrecifes de coral son importantes para la biodiversidad porque
   (albergan una inmensa variedad de especies/protegen la capa de ozono).

4. La protesta en contra de la presencia de la Armada se produjo después
   (de la muerte de un guardia de seguridad/de que hablara el Dalai Lama).

5. Las prácticas de bombardeo dejaron (problemas de erosión/
   un nivel alto de contaminación).

6. Muchas personas fueron arrestadas (por robar uranio reducido/
   por ingresar en la zona de prácticas de bombardeo).

7. Los extremos de la isla ahora contienen (una zona de tiro/
   una reserva ambiental).

8. La bioluminiscencia es un efecto causado por (microorganismos/
   la contaminación).

2 **Interpretación** Responde a las preguntas.

1. ¿Qué potencial turístico tiene Vieques? Da ejemplos.

2. ¿Qué hacía la Armada en Vieques?

3. ¿Cuál era el deseo de los manifestantes de Vieques?

4. ¿Por qué creen que la Armada de los Estados Unidos estaba autorizada a hacer
   prácticas de bombardeo en Vieques?

5. ¿Qué ocurre cuando una persona o un pez nada en la bahía bioluminiscente?

3 **Ampliación** En parejas, contesten las preguntas.

1. ¿Por qué es importante conservar una isla como Vieques?

2. ¿Qué efectos puede tener la declaración de la EPA? ¿Cómo puede mejorar la vida
   de los viequenses si se limpia la contaminación?

4 **Reunión con el presidente** En grupos de cuatro, inventen una conversación sobre las prácticas de
la Armada de Estados Unidos. Por una parte, hablan dos manifestantes, y por otra, el presidente y un(a)
representante de la Armada. Utilicen los tiempos verbales que conocen, incluyendo el futuro. Después,
representen la conversación delante de la clase.

5 **El futuro de Vieques** Imagina que vives en Vieques. Escribe una carta a un(a) amigo/a contándole
cómo crees que cambiarán las cosas en tu isla. Explica cómo se resolverán los problemas de contaminación
y cómo se va a promover el turismo.

Atando cabos

¡A conversar!

Mascotas exóticas

A. En parejas, preparen una conversación. Imaginen que uno/a de ustedes se va de vacaciones y le pide a un(a) amigo/a que le cuide la mascota (*pet*) exótica. Utilicen las formas del futuro y las preposiciones aprendidas en esta lección.

B. Hablen sobre las preguntas y luego compartan sus opiniones con el resto de la clase. Usen las frases y expresiones del recuadro para expresar sus opiniones.

- ¿Creen que está bien tener mascotas exóticas? ¿Por qué?
- ¿Creen que está bien exhibir animales en los zoológicos? ¿Por qué?

> No estoy (muy) de acuerdo.   Para mí, ...
> No es así.   En mi opinión, ...
> No comparto esa opinión.   (Yo) creo que...
> No coincido.   Estoy convencido/a de que...

¡A escribir!

Patrimonio de la humanidad Investiga sobre uno de estos lugares de Cuba declarados Patrimonio de la Humanidad por la UNESCO. Luego, escribe un artículo de viajes.

> Valle de Viñales
> Parque Nacional Alejandro de Humboldt
> Parque Nacional Desembarco del Granma

A. Usa estas preguntas como guía: ¿Dónde está el lugar que elegiste? ¿Por qué se caracteriza? ¿Por qué fue declarado Patrimonio de la humanidad? ¿Tiene sólo valor natural o es importante por su cultura e historia?

B. Empieza con una oración expresiva sobre el aspecto principal del lugar. Luego añade detalles en orden de importancia.

C. Cuando hayas terminado, intercambia tu artículo con el de tu compañero/a para corregirlo.

6 VOCABULARIO

La naturaleza

el árbol	tree
el arrecife	reef
el bosque (lluvioso)	(rain) forest
el campo	countryside; field
la cordillera	mountain range
la costa	coast
el desierto	desert
el mar	sea
la montaña	mountain
el paisaje	landscape
la tierra	land
húmedo/a	damp
seco/a	dry
a orillas de	on the shore of
al aire libre	outdoors

Los animales

el ave (f.)/ el pájaro	bird
el cerdo	pig
el conejo	rabbit
el león	lion
el mono	monkey
la oveja	sheep
el pez	fish
la rana	frog
la serpiente	snake
el tigre	tiger
la vaca	cow
atrapar	to trap; to catch
cazar	to hunt
dar de comer	to feed
extinguirse	to become extinct
morder (o:ue)	to bite
en peligro de extinción	endangered
salvaje	wild
venenoso/a	poisonous

Los fenómenos naturales

el huracán	hurricane
el incendio	fire
la inundación	flood
el relámpago	lightning
la sequía	drought
el terremoto	earthquake
la tormenta (tropical)	(tropical) storm
el trueno	thunder

El medio ambiente

el calentamiento global	global warming
la capa de ozono	ozone layer
el combustible	fuel
la contaminación	pollution
la deforestación	deforestation
el desarrollo	development
la erosión	erosion
la fuente de energía	energy source
el medio ambiente	environment
los recursos naturales	natural resources
agotar	to use up
conservar	to preserve
contaminar	to pollute
contribuir (a)	to contribute
desaparecer	to disappear
destruir	to destroy
malgastar	to waste
proteger	to protect
reciclar	to recycle
resolver (o:ue)	to solve
dañino/a	harmful
desechable	disposable
renovable	renewable
tóxico/a	toxic

Más vocabulario

Expresiones útiles	Ver p. 221
Estructura	Ver pp. 228–229, 232–233 y 236–237

En pantalla

el/la aliado/a	ally
el asombro	astonishment
el buceo	diving
el buzo	diver
la hembra	female (animal)
el manglar	mangrove swamp
la veda	closed season, ban (for fishing)
dar a luz	to give birth
darse la vuelta	to turn back
preñada	pregnant
enfrente (de)	facing

Literatura

la esperanza	hope
la prisa	hurry
disponerse a	to be about to
florecer	to blossom
oscurecer	to darken
prever	to foresee
sacrificar	to sacrifice
salvar	to save
aislado/a	isolated
digno/a	worthy
valioso/a	valuable

Cultura

el bombardeo	bombing
el ecosistema	ecosystem
la especie	species
el/la manifestante	protester
el monte	mountain
la pureza	purity
el refugio	refuge
el terreno	land
el veneno	poison
ambiental	environmental

Consulta

Manual de gramática	pages A2–A37
Glossary of grammatical terms	pages A38–A41
Verb conjugation tables	pages A42–A51
Vocabulary	
Español–Inglés	pages A52–A63
English–Spanish	pages A64–A75
Credits	pages A76-A77
Index	pages A78-A79

Manual de gramática

Supplementary Grammar Coverage

The **Manual de gramática** is an invaluable tool for both students and teachers. For each lesson of **Senderos 4**, the **Manual** provides additional practice of the three core grammar concepts, as well as supplementary grammar instruction and practice.

The **Más práctica** pages of the **Manual** contain additional practice activities for every grammar point in **Senderos 4**. The **Gramática adicional** pages present supplementary grammar concepts and practice. Both sections of the **Manual** are correlated to the core grammar points in **Estructura** by means of **Taller de consulta** sidebars, which provide the exact page numbers for additional practice and supplementary coverage.

This special supplement allows for great flexibility in planning and tailoring this program to suit the needs of all students. It also serves as a useful and convenient reference tool for students who wish to review previously learned material.

Contenido

Más práctica

1.1 The present tense **A4**
1.2 Ser and **estar** **A5**
1.3 Progressive forms **A6**

2.1 Object pronouns **A11**
2.2 Gustar and similar verbs **A12**
2.3 Reflexive verbs **A13**

3.1 The preterite **A18**
3.2 The imperfect **A19**
3.3 The preterite vs. the imperfect. **A20**

4.1 The subjunctive in noun clauses **A23**
4.2 Commands **A24**
4.3 Por and **para** **A25**

5.1 Comparatives and superlatives **A28**
5.2 Negative, affirmative, and indefinite expressions **A29**
5.3 The subjunctive in adjective clauses **A30**

6.1 The future **A33**
6.2 The subjunctive in adverbial clauses **A34**
6.3 Prepositions: **a, hacia**, and **con** **A35**

Gramática adicional

1.4 Nouns and articles **A7**
1.5 Adjectives **A9**

2.4 Demonstrative adjectives and pronouns **A14**
2.5 Possessive adjectives and pronouns **A16**

3.4 Telling time **A21**

4.4 The subjunctive with impersonal expressions **A26**

5.4 Pero and **sino** **A31**

6.4 Adverbs **A36**

A3

Más práctica

TALLER DE CONSULTA

MÁS PRÁCTICA
To see the explanation corresponding to this additional practice, see p. 26.

1.1 The present tense

1 **Mi nuevo compañero de clase** Completa el párrafo con la forma apropiada de los verbos entre paréntesis.

¿Cómo es mi nuevo compañero de clase? (1) _____ (Ser) muy simpático. Siempre me (2) _____ (presentar) a sus amigos, por lo que yo ya (3) _____ (conocer) a mucha gente en la escuela. Él siempre (4) _____ (parecer) pasarlo bien, hasta cuando nosotros (5) _____ (estar) en la clase de matemáticas. Por la tarde, después de clase, él (6) _____ (proponer) actividades —por ejemplo, a veces (7) _____ (ir) al parque a jugar al fútbol— así que nunca nos aburrimos. Yo ya (8) _____ (saber) que nos vamos a llevar bien durante todo el año. (9) _____ (Pensar) invitarlo a mi casa para las fiestas, así mis padres lo (10) _____ (poder) conocer también.

2 **Tus actividades** Escribe cuatro actividades que realizas normalmente en cada uno de estos momentos del día: la mañana, la tarde y la noche.

Mañana:

Tarde:

Noche:

3 **Diez preguntas** Trabaja con un(a) compañero/a a quien no conozcas muy bien. Primero, cada persona debe escribir diez preguntas para conocer a su compañero/a. Luego, háganse las preguntas. Por último, intercambien sus listas y háganse las preguntas de la otra persona. Compartan sus respuestas con la clase.

A4

Más práctica

1.2 Ser and estar

1 **Correo** Completa el mensaje de correo electrónico con la forma adecuada de **ser** o **estar**.

> **De:** Susana <susana_cruz@estudiantil.es>
> **Para:** Carlos <carlos_cano@estudiantil.es>
> **Asunto:** Novedades
>
> ¡Hola, Carlos!
>
> Yo (1) _____ muy preocupada porque mañana tenemos un examen en la clase de español y el profesor (2) _____ muy exigente. Ahora mismo mi amiga Ana (3) _____ estudiando en la biblioteca y voy a encontrarme con ella para que me ayude. Ella (4) _____ una estudiante muy buena y sus notas siempre (5) _____ excelentes.
>
> Este fin de semana hay un concierto en la escuela. Mis amigos y yo (6) _____ muy contentos porque el grupo que toca (7) _____ muy famoso. Elena también quería ir al concierto, pero no puede porque (8) _____ enferma y debe quedarse en cama.
>
> Bueno, antes de ir a la biblioteca voy a almorzar en la cafetería porque (9) _____ muerta de hambre.
> ¡Hasta pronto!
> Susana

TALLER DE CONSULTA

MÁS PRÁCTICA
To see the explanation corresponding to this additional practice, see p. 30.

2 **En el parque** Mira la ilustración y contesta las preguntas usando **ser** y **estar**. Puedes inventar las respuestas para algunas de las preguntas.

1. ¿Quién es cada una de estas personas?
2. ¿Qué están haciendo?
3. ¿Cómo están?
4. ¿Cómo son?

3 **Una cita** Mañana vas a tener una cita con una persona maravillosa. Quieres contárselo a tu mejor amigo/a y pedirle consejos. Tu amigo/a es muy curioso/a y te va a hacer muchas preguntas. En parejas, representen la conversación. Éstos son algunos de los aspectos que pueden incluir.

Tu amigo/a quiere saber:
- cómo te sientes antes de la cita
- qué crees que va a pasar
- cómo es el lugar adonde van a ir
- cómo es la persona con quien vas a tener la cita

Tú quieres consejos sobre:
- qué ropa ponerte
- los temas de los que hablar
- adónde ir
- quién debe pagar la cuenta

Más práctica

TALLER DE CONSULTA

MÁS PRÁCTICA
To see the explanation corresponding to this additional practice, see p. 34.

1.3 Progressive forms

1 **¿Qué están haciendo?** Escribe cinco oraciones explicando qué está haciendo cada persona. Usa elementos de las tres columnas.

MODELO Miguel Cabrera está jugando al béisbol.

tú		divertirse
el profesor de español		preparar una clase
tus padres	(no) estar	comer en un restaurante
tu mejor amigo/a		asistir a un estreno (*premiere*)
Selena Gomez		bailar en una discoteca
nosotros		hablar por teléfono
yo		estudiar física

2 **Seguimos escribiendo** Vuelve a escribir las oraciones usando los verbos **andar, continuar, ir, llevar, seguir** o **venir**. La oración resultante debe expresar la misma idea.

1. José siempre dice que es tímido, pero no deja de coquetear con las chicas de la escuela.
   _____

2. Los abuelos de Catalina llevan cuarenta años de casados, pero su amor es tan intenso como siempre.
   _____

3. Hace cinco meses que Carlos se pelea con su novia todos los días y todavía habla de ella como si fuera la única mujer del planeta.
   _____

4. Daniel siempre se queja de que los estudios lo agobian y hace meses que su mamá le dice que tiene que relajarse.
   _____

5. Mis padres repiten todos los días que pronto van a mudarse a una casa más pequeña que han visto en otro pueblo.
   _____

6. Conversamos todo el tiempo mientras ellos se marchaban.
   _____

3 **Adivina** En grupos de cuatro, jueguen a las adivinanzas con mímica (*charades*). Túrnense para hacer gestos que representen una acción sencilla. Adivinen cada acción usando el presente progresivo. Sigan el modelo.

MODELO ESTUDIANTE 1 (Sin decir nada, hace gestos para mostrar que está manejando un carro.)
ESTUDIANTE 2 ¿Estás peleando con alguien?
ESTUDIANTE 3 ¿Estás manejando un carro?
ESTUDIANTE 1 ¡Sí! Estoy manejando un carro.

1.4 Nouns and articles

Nouns

- In Spanish, nouns (**sustantivos**) ending in **-o, -or, -l,** and **-s** are usually masculine, and nouns ending in **-a, -ora, -ión, -d,** and **-z** are usually feminine. Some nouns ending in **-ma** are masculine.

Masculine nouns	Feminine nouns
el amigo, el cuaderno	la amiga, la palabra
el escritor, el color	la escritora, la computadora
el control, el papel	la relación, la ilusión
el autobús, el paraguas	la amistad, la fidelidad
el problema, el tema	la luz, la paz

- Most nouns form the plural by adding **-s** to nouns ending in a vowel, and **-es** to nouns ending in a consonant. Nouns that end in **-z** change to **-c** before adding **-es**.

  el hombre → los hombres
  la novia → las novias
  la mujer → las mujeres
  el lápiz → los lápices

- If a singular noun ends in a stressed vowel, the plural form ends in **-es.** If the last syllable of a singular noun ending in **-s** is unstressed, the plural form does not change.

  el tabú → los tabúes
  el israelí → los israelíes
  el lunes → los lunes
  la crisis → las crisis

Articles

- Spanish definite and indefinite articles (**artículos definidos** e **indefinidos**) agree in gender and number with the nouns they modify.

	Definite articles		Indefinite articles	
	singular	**plural**	**singular**	**plural**
MASCULINE	el compañero	los compañeros	un compañero	unos compañeros
FEMININE	la compañera	las compañeras	una compañera	unas compañeras

- In Spanish, when an abstract noun is the subject of a sentence, a definite article is always used.

  El amor es eterno.
  Love is eternal.   but   Para ser modelo, necesitas belleza y altura.
  In order to be a model, you need beauty and height.

- An indefinite article is not used before nouns that indicate profession or place of origin, unless they are followed by an adjective.

  Juan García es profesor.
  Juan García is a professor.   Juan García es **un** profesor excelente.
  Juan García is an excellent professor.

  Ana María es neoyorquina.
  Ana María is a New Yorker.   Ana María es **una** neoyorquina orgullosa.
  Ana María is a proud New Yorker.

MÁS GRAMÁTICA

This is an additional grammar point for **Lección 1 Estructura.** You may use it for review or as required by your teacher.

¡ATENCIÓN!

Some nouns may be either masculine or feminine, depending on whether they refer to a male or a female.

el/la artista *artist*
el/la estudiante *student*

Occasionally, the masculine and feminine forms have different meanings.

el capital *capital (money)*
la capital *capital (city)*

¡ATENCIÓN!

Accent marks are sometimes dropped or added to maintain the stress in the singular and plural forms.

canción → canciones
margen → márgenes

¡ATENCIÓN!

The preposition **de** and **a** contract with the article **el**.

de + el = del

a + el = al

¡ATENCIÓN!

Singular feminine nouns that begin with a stressed **a** take **el**.

el alma → las almas
el área → las áreas

A7

Práctica

TALLER DE CONSULTA

These activities correspond to the additional grammar point on the preceding page.

(1.4) Nouns and articles

1

Cambiar Escribe en plural las palabras que están en singular y viceversa.

1. la compañera _____
2. unos amigos _____
3. el novio _____
4. una crisis _____
5. unas parejas _____
6. un corazón _____
7. las amistades _____
8. el tabú _____

2

Un chiste Completa el chiste con los artículos apropiados. Recuerda que en algunos casos no debes poner ningún artículo.

(1) ____ pareja se va a casar. Él tiene 90 años. Ella tiene 85. Entran en (2) ____ farmacia y (3) ____ novio le pregunta al farmacéutico (*pharmacist*):
—¿Tiene (4) ____ remedios para (5) ____ corazón?
—Sí —contesta (6) ____ farmacéutico.
—¿Tiene (7) ____ remedios para (8) ____ presión y (9) ____ colesterol?
—Sí —contesta nuevamente (10) ____ farmacéutico.
—¿Y (11) ____ remedios para (12) ____ artritis? y (13) ____ reumatismo?
—Sí. Ésta es (14) ____ farmacia completa. Tenemos de todo.
Entonces (15) ____ novio mira a (16) ____ novia y le dice:
—Querida, ¿qué te parece si hacemos aquí (17) ____ lista de regalos para (18) ____ boda?

3

La cita Completa el párrafo con la forma correcta de los artículos definidos e indefinidos.

Ayer tuve (1) _____ cita con Leonardo. Fuimos a (2) _____ restaurante muy romántico que está junto a (3) _____ bonito lago. Desde nuestra mesa, podíamos ver (4) _____ lago y (5) _____ barcos que navegaban por allí. Comimos (6) _____ platos muy originales. (7) _____ pescado que yo pedí estaba delicioso. Nos divertimos mucho, pero al salir tuvimos (8) _____ problema. Una de (9) _____ ruedas (*tires*) del carro estaba pinchada (*punctured*). ¿Puedes creer que tuve que cambiar (10) _____ rueda yo porque Leonardo no sabía hacerlo?

4

Escribir Escribe oraciones completas con las siguientes palabras; utiliza los artículos definidos e indefinidos que correspondan y haz los cambios necesarios.

MODELO   Elisa - ser - buena periodista
Elisa es una buena periodista.

1. revistas del corazón - afirmar - amor -ser - eterno
2. ayer - astrólogo - predecir - desgracia
3. lunes pasado - comprar - flores - tía juanita
4. capital - venezuela - ser - caracas
5. personas optimistas - soñar - mundo mejor
6. Rodrigo - ser - alma - fiesta

A8

1.5 Adjectives

- Spanish adjectives (**adjetivos**) agree in gender and number with the nouns they modify. Most adjectives ending in **-e** or a consonant have the same masculine and feminine forms.

Adjectives						
	singular	plural	singular	plural	singular	plural
MASCULINE	rojo	rojos	inteligente	inteligentes	difícil	difíciles
FEMININE	roja	rojas	inteligente	inteligentes	difícil	difíciles

- Descriptive adjectives generally follow the noun they modify. If a single adjective modifies more than one noun, the plural form is used. If at least one of the nouns is masculine, then the adjective is masculine.

un libro **apasionante**	las parejas **contentas**
a great book	*the happy couples*
un carro y una casa **nuevos**	la literatura y la cultura **ecuatorianas**
a new car and house	*Ecuadorean literature and culture*

- A few adjectives have shortened forms when they precede a masculine singular noun.

bueno → buen	alguno → algún	primero → primer
malo → mal	ninguno → ningún	tercero → tercer

- Some adjectives change their meaning depending on their position. When the adjective follows the noun, the meaning is more literal. When it precedes the noun, the meaning is more figurative.

	after the noun	before the noun
antiguo/a	el edificio **antiguo** *the ancient building*	mi **antiguo** novio *my old/former boyfriend*
cierto/a	una respuesta **cierta** *a right answer*	una **cierta** actitud *a certain attitude*
grande	una ciudad **grande** *a big city*	un **gran** país *a great country*
mismo/a	el artículo **mismo** *the article itself*	el **mismo** problema *the same problem*
nuevo/a	un carro **nuevo** *a (brand) new car*	un **nuevo** profesor *a new/different teacher*
pobre	los estudiantes **pobres** *the students who are poor*	los **pobres** estudiantes *the unfortunate students*
viejo/a	un libro **viejo** *an old book*	una **vieja** amiga *a long-time friend*

MÁS GRAMÁTICA

This is an additional grammar point for **Lección 1 Estructura.** You may use it for review or as required by your teacher.

¡ATENCIÓN!

Adjectives ending in **-án, -ín, -ón,** and **-or,** like most others, vary in both gender and number.

dormilón → dormilona

dormilones → dormilonas

Adjectives ending in **-ior** and the comparatives **mayor, menor, mejor,** and **peor** do not vary in gender.

el **niño** mayor
la **niña** mayor

Adjectives indicating nationality vary in both gender and number (except those ending in **-a, -í,** and **-e,** which vary only in number).

español → española

españoles → españolas

marroquí → marroquí

marroquíes — marroquíes

¡ATENCIÓN!

Before any singular noun (masculine or feminine), **grande** changes to **gran.**

un **gran** esfuerzo
a great effort

una **gran** autora
a great author

A9

Práctica

TALLER DE CONSULTA

These activities correspond to the additional grammar point on the preceding page.

(1.5) Adjectives

1 **Descripciones** Completa cada oración con la forma correcta de los adjetivos.

1. Mi mejor amiga es _____ (guapo) y muy _____ (gracioso).
2. Los novios de mis hermanas son _____ (alto) y _____ (moreno).
3. Javier es _____ (bueno) compañero, pero es bastante _____ (antipático).
4. Mi prima Susana es _____ (sincero), pero mi primo Luis es _____ (falso).
5. Sandra es una _____ (grande) amiga, pero ayer tuvimos una pelea muy _____ (fuerte).
6. No sé por qué Marcos y María son tan _____ (inseguro) y _____ (tímido).

2 **La vida de Marina** Completa cada oración con los cuatro adjetivos.

1. Marina busca una amiga _____. (tranquilo, divertido, sincero, puntual)
2. Se lleva bien con las personas _____. (sincero, serio, alegre, trabajador)
3. Los padres de Marina son _____. (maduro, simpático, inteligente, conservador)
4. Marina quiere ver programas de televisión más _____. (emocionante, divertido, dramático, didáctico)
5. Marina tiene un novio _____. (talentoso, simpático, creativo, sensible)

Marina

3 **Correo sentimental** La revista *Ellas y ellos* tiene una sección de anuncios personales. Completa este anuncio con la forma corta o larga de los adjetivos de la lista. Puedes usar los adjetivos más de una vez.

buen	gran	mal	ningún	tercer
bueno/a	grande	malo/a	ninguno/a	tercero/a

Mi perrito y yo buscamos amor

Tengo 43 años y estoy viudo desde hace tres años. Soy un (1) _____ hombre: tranquilo y trabajador. Me gustan las plantas y no tengo (2) _____ problema con mis vecinos. Cocino y plancho. Me gusta ir al cine y no me gusta el fútbol. Tengo (3) _____ humor por las mañanas y mejor humor por las noches. Vivo en un apartamento (4) _____ en el (5) _____ piso de un edificio de Montevideo. Sólo tengo un pequeño problema: mi perro. Algunos dicen que tiene (6) _____ carácter. Otros dicen que es un (7) _____ animal. Yo creo que es (8) _____, pero se siente solo, como su dueño, y nos hacemos compañía. Busco una señora viuda o soltera que también se sienta sola. ¡Si tiene un perrito, mejor!

A10

Más práctica

2.1 Object pronouns

> **TALLER DE CONSULTA**
>
> **MÁS PRÁCTICA**
> To see the explanation corresponding to this additional practice, see p. 66.

1 **La televisión** Completa la conversación con el pronombre adecuado.

JUANITO Mamá, ¿puedo ver televisión?

MAMÁ ¿Y la tarea? ¿Ya (1) _____ hiciste?

JUANITO Ya casi (2) _____ termino. ¿Puedo ver el programa de dibujos animados (*cartoons*)?

MAMÁ (3) _____ puedes ver hasta las siete.

JUANITO De acuerdo.

MAMÁ Pero antes de que te pongas a ver televisión, tengo algunas preguntas. ¿(4) _____ vas a entregar mi carta a tu profesora?

JUANITO Sí mamá, (5) _____ (6) _____ voy a entregar mañana.

MAMÁ ¿Quién va a trabajar contigo en el proyecto de historia?

JUANITO No sé; nadie (7) _____ quiere hacer conmigo.

MAMÁ Bueno, y antes de ver la tele, ¿me puedes ayudar a poner la mesa?

JUANITO ¡Cómo no, mamá! (8) _____ ayudo ahora mismo.

2 **Confundido** Tu mejor amigo/a va a dar una fiesta este fin de semana, pero no recuerda bien algunos detalles. Contesta sus preguntas con la información que está entre paréntesis. Utiliza pronombres en tus respuestas.

> **MODELO** ¿Quién va a traer las sillas? (Carlos y Pedro)
> Carlos y Pedro las van a traer.

1. ¿Cuándo vamos a comprar la comida? (mañana)

   _____

2. ¿Quién nos prepara el pastel (*cake*)? (la pastelería de la Plaza Mayor)

   _____

3. ¿Ya enviamos todas las invitaciones? (sí)

   _____

4. ¿Quién trae los discos compactos de música latina? (Lourdes y Sara)

   _____

5. ¿Vamos a decorar el salón? (sí)

   _____

3 **Tres deseos** En parejas, imaginen que encuentran a un genio (*genie*) en una botella. Él les va a hacer realidad tres deseos a cada uno. Haz una lista de los deseos que le vas a pedir. Después, díselos a tu compañero/a. Háganse preguntas sobre por qué quieren estos deseos. Utilicen por lo menos seis pronombres de complemento directo e indirecto.

> **MODELO** —Yo quiero un jeep cuatro por cuatro.
> —¿Para qué lo quieres?
> —Lo quiero para manejar en cualquier tipo de terreno.

A11

Más práctica

TALLER DE CONSULTA

MÁS PRÁCTICA
To see the explanation corresponding to this additional practice, see p. 70.

2.2 *Gustar* and similar verbs

1 **En otras palabras** Vuelve a escribir las frases subrayadas usando los verbos de la lista.

> **MODELO**
> **Mis padres adoran las novelas de García Márquez, especialmente *Cien años de soledad.***
>
> A mis padres les encantan las novelas de García Márquez, especialmente *Cien años de soledad.*

aburrir	(no) gustar
caer bien/mal	(no) interesar
(no) doler	molestar
encantar	quedar
faltar	

1. Estoy muy interesado en el cine y por eso veo el programa de espectáculos todas las noches.
2. Necesito ir al médico porque tengo dolor de cabeza desde hace dos días.
3. Pablo y Roberto son muy antipáticos. No soporto hablar con ellos.
4. Nos aburrimos cuando vemos películas románticas.
5. Detesto el boliche.
6. Has gastado casi todo tu dinero. Sólo tienes diez dólares.
7. Carlos está a punto de completar su colección de monedas españolas anteriores al euro. Necesita conseguir tres más.
8. No soporto escuchar música cuando estudio. No puedo concentrarme.

2 **El fin de semana** Escribe ocho oraciones sobre qué te gusta y qué te molesta hacer el fin de semana. Utiliza **gustar** y otros verbos parecidos, como **interesar**, **importar** y **molestar**.

estar en casa	hacer ejercicio	ir al circo
festejar	hacer un picnic	jugar al billar
hacer cola	ir al cine	salir a comer

3 **Gustos** Utiliza la información suministrada y los verbos parecidos a **gustar** para investigar los gustos de tus compañeros/as de clase. Toma nota de las respuestas de cada compañero/a que entrevistes y comparte la información con la clase.

> **MODELO**
> molestar / tener clase a las ocho de la mañana
> —A Juan y a Marcela no les molesta tener clase a las ocho de la mañana. En cambio, a Carlos le molesta porque...

1. encantar / fiestas de cumpleaños
2. fascinar / el mundo de Hollywood
3. disgustar / leer las noticias
4. molestar / conocer a personas nuevas
5. interesar / saber lo que mis amigos piensan de mí
6. aburrir / escuchar música todo el día

A12

Más práctica

2.3 Reflexive verbs

TALLER DE CONSULTA

MÁS PRÁCTICA
To see the explanation corresponding to this additional practice, see p. 74.

1 **¿Qué hacen estas personas?** Escribe cinco oraciones combinando elementos de las tres columnas.

> **MODELO** Yo me acuesto a las once de la noche.

mis padres	aburrirse	a las 6 de la mañana
yo	acostarse	a las 9 de la mañana
mis amigos y yo	afeitarse	a las 3 de la tarde
tú	divertirse	por la tarde
mi compañero/a de clase	dormirse	el viernes por la noche
ustedes	levantarse	a las once de la noche
mi hermano/a	maquillarse	todos los días

2 **Reflexivos** Algunos verbos cambian de significado cuando se usan en forma reflexiva. Completa las oraciones con la forma adecuada del verbo indicado.

> **MODELO** Yo me acuesto a las once de la noche.

1. Yo siempre _____ (dormir/dormirse) bien cuando estoy en mi casa de verano.

2. Carlos, ¿_____ (acordar/acordarse) de cuando fuimos de vacaciones a Cancún hace dos años?

3. Si estamos tan cansados de la ciudad, ¿por qué no _____ (mudar/mudarse) a una casa junto al lago?

4. No me gusta esta fiesta. Quiero _____ (ir/irse) cuanto antes.

5. Cristina y Miguel _____ (llevar/llevarse) tortillas a la fiesta.

6. Mi abuela va a _____ (poner/ponerse) una foto de todos sus nietos en el salón.

3 **Los sábados** Sigue los pasos para determinar si tú y tus compañeros/as participan en actividades parecidas (*similar*) los sábados. Comparte tus conclusiones con el resto de la clase. Usa verbos reflexivos en las preguntas y respuestas.

> - **Paso 1** Haz una lista detallada de las cosas que normalmente haces los sábados.
> - **Paso 2** Entrevista a un(a) compañero/a para ver si comparten alguna actividad.
> - **Paso 3** Compara la información con el resto de la clase. ¿Siguen los estudiantes la misma rutina durante los fines de semana?

A13

MÁS GRAMÁTICA

This is an additional grammar point for **Lección 2 Estructura.** You may use it for review or as required by your teacher.

2.4 Demonstrative adjectives and pronouns

- Demonstrative adjectives (**adjetivos demostrativos**) specify to which noun a speaker is referring. They precede the nouns they modify and agree in gender and number.

este torneo	**esa** entrenadora	**aquellos** deportistas
this tournament	*that coach*	*those athletes (over there)*

Demonstrative adjectives				
singular		**plural**		
masculine	feminine	masculine	feminine	
este	esta	estos	estas	*this; these*
ese	esa	esos	esas	*that; those*
aquel	aquella	aquellos	aquellas	*that; those (over there)*

- Spanish has three sets of demonstrative adjectives. Forms of **este** are used to point out nouns that are close to the speaker and the listener. Forms of **ese** modify nouns that are not close to the speaker, though they may be close to the listener. Forms of **aquel** refer to nouns that are far away from both the speaker and the listener.

No me gustan **estos** zapatos.

Prefiero **esos** zapatos.

Aquel carro es de Ana.

- Demonstrative pronouns (**pronombres demostrativos**) are identical to demonstrative adjectives, except that they traditionally carry an accent mark on the stressed vowel. They agree in gender and number with the nouns they replace.

¿Quieres comprar esta **radio**? No, no quiero **ésta**. Quiero **ésa**.
Do you want to buy this radio? *No, I don't want this one. I want that one.*

¿Leíste estos **libros**? No leí **éstos**, pero sí leí **aquéllos**.
Did you read these books? *I didn't read these, but I did read those (over there).*

- There are three neuter demonstrative pronouns: **esto, eso,** and **aquello**. These forms refer to unidentified or unspecified things, situations, or ideas. They do not vary in gender or number and they never carry an accent mark.

¿Qué es **esto**? **Eso** es interesante. **Aquello** es bonito.
What is this? *That's interesting.* *That's pretty.*

Práctica

(2.4) Demonstrative adjectives and pronouns

> **TALLER DE CONSULTA**
>
> These activities correspond to the additional grammar point on the preceding page.

1 **En el centro comercial** Completa las oraciones con la forma correcta de los adjetivos entre paréntesis.

1. Quiero comprar _____ (*that*) videojuego.
2. Nosotros queremos comprar _____ (*that over there*) computadora.
3. _____ (*These*) pantalones son muy baratos.
4. Yo voy a escoger _____ (*this*) falda que está a mitad de precio.
5. También quiero comprar alguna de _____ (*those*) películas en DVD.
6. Antes de irnos, vamos a comer algo en _____ (*that over there*) restaurante.

2 **Pronombres** Completa cada oración con la forma correcta de los pronombres demostrativos de acuerdo con la traducción que aparece entre paréntesis.

1. Esta campeona es muy humilde, pero _____ (*that one*) es muy arrogante.
2. Este deportista juega bien, no como _____ (*those*) del otro equipo.
3. Esos dardos no tienen punta; usa _____ (*the ones over there*).
4. No conozco a esta entrenadora, pero sí conozco a _____ (*that one over there*).
5. Aquellos asientos son muy buenos, pero de todas formas, yo prefiero sentarme en _____ (*this one*).
6. Esta cancha de fútbol está muy mojada. ¿Podemos jugar en _____ (*that one*)?

3 **¿Adjetivos o pronombres?**

A. Elige los adjetivos o los pronombres apropiados.

A mi hermano Esteban no le gustan las películas de acción y a mí, sí. (1) _____ (Ese / Ése) es el problema que siempre tenemos cuando queremos ir al cine. (2) _____ (Este / Éste) fin de semana, por ejemplo, estrenan la película *Persecución sin fin* en (3) _____ (ese / ése) cine nuevo que abrió enfrente de (4) _____ (ese / ése) restaurante que tanto me gusta. Cuando le mandé un mensaje de texto a mi hermano, enseguida respondió: "(5) _____ (Esa / Ésa) no la veo ni loco. (6) _____ (Esas / Ésas) películas de acción son siempre iguales. El bueno y el malo pelean y el bueno siempre gana. Por (7) _____ (ese / ése / eso), yo prefiero las películas históricas o los dramas. Por lo menos en (8) _____ (esas / ésas) suele haber diálogos inteligentes y no persecuciones tontas y peleas exageradas". ¡Cómo cambiaron los gustos de mi hermano desde (9) _____ (aquella / aquélla) época en la que íbamos a ver todas las películas de superhéroes!

B. En parejas, imaginen que los dos hermanos hablan por teléfono. El hermano de Esteban todavía tiene esperanzas de convencerlo para ir a ver *Persecución sin fin*. Improvisen la conversación entre los dos hermanos. Usen por lo menos cinco adjetivos o pronombres demostrativos.

A15

MÁS GRAMÁTICA

This is an additional grammar point for **Lección 2 Estructura.** You may use it for review or as required by your teacher.

2.5 Possessive adjectives and pronouns

- Possessive adjectives (**adjetivos posesivos**) are used to express ownership or possession. Spanish has two types: the short, or unstressed, forms and the long, or stressed, forms. Both forms agree in gender, when applicable, and number with the object owned, and not with the owner.

Possessive adjectives			
short forms (unstressed)		**long forms (stressed)**	
mi(s)	*my*	**mío/a(s)**	*my; (of) mine*
tu(s)	*your*	**tuyo/a(s)**	*your; (of) yours*
su(s)	*your; his; her; its*	**suyo/a(s)**	*your; (of) yours; his; (of) his; hers; (of) hers; its; (of) its*
nuestro/a(s)	*our*	**nuestro/a(s)**	*our; (of) ours*
vuestro/a(s)	*your*	**vuestro/a(s)**	*your; (of) yours*
su(s)	*your; their*	**suyo/a(s)**	*your; (of) yours; their; (of) theirs*

- Short possessive adjectives precede the nouns they modify.

En **mi** opinión, esa película es pésima.
In my opinion, that movie is awful.

Nuestras revistas favoritas son *Vanidades* y *Latina.*
Our favorite magazines are Vanidades and Latina.

¡ATENCIÓN!

After the verb **ser**, stressed possessives are used without articles.

¿Es tuya la calculadora?
Is the calculator yours?

No, no es mía.
No, it is not mine.

- Stressed possessive adjectives follow the nouns they modify. They are used for emphasis or to express the phrases of mine, of yours, etc. The nouns are usually preceded by a definite or indefinite article.

mi amigo → **el** amigo **mío**
my friend   friend of mine

tus amigas → **las** amigas **tuyas**
your friends   friends of yours

- Because **su(s)** and **suyo/a(s)** have multiple meanings (your, his, her, its, their), the construction [article] + [noun] + **de** + [subject pronoun] is commonly used to clarify meaning.

su casa
la casa suya

la casa de él/ella — *his/her house*
la casa de usted/ustedes — *your house*
la casa de ellos/ellas — *their house*

¡ATENCIÓN!

The neuter form **lo** + [*singular stressed possessive*] is used to refer to abstract ideas or concepts such as *what is mine* and *what belongs to you.*

Quiero lo mío.
I want what is mine.

- Possessive pronouns (**pronombres posesivos**) have the same forms as stressed possessive adjectives and are preceded by a definite article. Possessive pronouns agree in gender and number with the nouns they replace.

No encuentro mi **libro**. ¿Me prestas **el tuyo**?
I can't find my book. Can I borrow yours?

Si la **fotógrafa** suya no llega, **la nuestra** está disponible.
If your photographer doesn't arrive, ours is available.

A16

Práctica

(2.5) Possessive adjectives and pronouns

TALLER DE CONSULTA

These activities correspond to the additiona grammar point on the preceding page.

1 **¿De quién hablan?** En un programa de entrevistas, varias personas famosas hacen comentarios. Completa sus oraciones con los adjetivos posesivos que faltan.

1. La actriz Fernanda Lora habla sobre su esposo: "_____ esposo siempre me acompaña a los estrenos, aunque _____ trabajo le exija estar en otro sitio".

2. Los integrantes del famoso dúo Maite y Antonio hablan sobre su hijo: "_____ hijo empezó a cantar a los dos años".

3. El actor Saúl Mar habla de su ex esposa, la modelo Serafina: "_____ ex ya no es tan guapa como antes, aunque _____ *fans* piensen lo contrario".

2 **¿Es tuyo...?** Escribe preguntas con **ser** y contéstalas usando el pronombre posesivo que corresponde a la(s) persona(s) indicada(s). Sigue el modelo.

> **MODELO** **tú / libro / yo**
> —¿Es tuyo este libro?
> —Sí, es mío.

1. ustedes / cartas / nosotros

   _____

   _____

2. ella / bicicleta / ella

   _____

   _____

3. yo / café / tú

   _____

   _____

4. nosotros / periódicos / yo

   _____

   _____

5. tú / disco compacto / ellos

   _____

   _____

6. él / ideas / nosotros

   _____

   _____

3 **Durante el almuerzo** Durante la hora del almuerzo, tres compañeros de trabajo tratan de conocerse mejor. Completa la conversación con los posesivos adecuados. Cuando sea necesario, añade también el artículo definido correspondiente.

MANUEL (1) _____ películas favoritas son las de acción. ¿Y (2) _____?

JUAN A mí no me gusta el cine.

AGUSTÍN A mí tampoco, pero a (3) _____ esposa le gustan las películas clásicas. Lo mío es el deporte.

JUAN Yo detesto el deporte. (4) _____ pasatiempo favorito es la música.

MANUEL ¡Ahh! ¿Es (5) _____ la guitarra que vi en la oficina?

JUAN Sí, es (6) _____. Después del trabajo, nos reunimos en la casa de un amigo (7) _____ y tocamos un poco. A (8) _____ amigos y a mí nos gusta el rock. (9) _____ músicos preferidos son...

AGUSTÍN ¡No te molestes en nombrarlos! No sé nada de música.

MANUEL Parece que (10) _____ gustos son muy distintos.

A17

Más práctica

TALLER DE CONSULTA

MÁS PRÁCTICA
To see the explanation corresponding to this additional practice, see p. 106.

3.1 The preterite

1 **Conversación telefónica** La mamá de Andrés lo llama para saber cómo fue su semana. Completa la conversación con el pretérito de los verbos de la lista. Algunos verbos se repiten.

andar	dar	ir	ser
barrer	hacer	quitar	tener

MAMÁ Hola, Andrés, ¿cómo te va?

ANDRÉS Bien, mamá. ¿Y a ti?

MAMÁ También estoy bien. ¿Qué tal las clases?

ANDRÉS En la clase de historia (1) _____ un examen el lunes. En la clase de química, el profesor nos (2) _____ una demostración en el laboratorio.

MAMÁ ¿Y el resto de las clases?

ANDRÉS (3) _____ muy fáciles, pero los profesores nos (4) _____ mucha tarea.

MAMÁ ¿Cómo está tu apartamento? ¿Está muy sucio (*dirty*)?

ANDRÉS ¡Está perfecto! Ayer (5) _____ la limpieza: (6) _____ el piso y (7) _____ el polvo de los muebles.

MAMÁ ¿Qué hiciste con tus amigos el sábado por la noche?

ANDRÉS Nosotros (8) _____ por el centro de la ciudad y (9) _____ a un restaurante. (10) _____ una noche muy divertida.

2 **Vienen los abuelitos** Tus abuelos vienen a tu casa para pasar el fin de semana. Tu mamá quiere saber si ya hiciste todo lo que te pidió, pero tú ya sabes lo que te va a preguntar. Completa sus preguntas y después contéstalas.

MODELO ¿Ya... (conseguir las entradas para el concierto)?
—¿Ya conseguiste las entradas para el concierto?
—Sí, mamá, ya conseguí las entradas para el concierto.

1. ¿Ya... (lavar los platos)? _____
2. ¿Ya... (ir al supermercado)? _____
3. ¿Ya... (pasar la aspiradora)? _____
4. ¿Ya... (quitar tus cosas de la mesa)? _____
5. ¿Ya... (hacer las reservaciones en el restaurante)? _____
6. ¿Ya... (limpiar el baño)? _____

3 **Un problema** Quieres devolver unos zapatos que te compraste hace dos semanas y pedir un reembolso, pero la zapatería no acepta cambios después de una semana. En parejas, improvisen una conversación en la que el/la cliente trata de convencer al/a la gerente (*manager*) de que le devuelva el dinero.

A18

Más práctica

3.2 The imperfect

1 **Antes** Forma oraciones con estos elementos para explicar qué hacían antes estas personas.

> **MODELO** mi tía / siempre / cocinar / una sopa deliciosa
> Antes, mi tía siempre cocinaba una sopa deliciosa.

1. yo / barrer / la escalera de mi casa / a menudo
   _____

2. mi hermano pequeño / casi nunca / apagar / la luz de su habitación
   _____

3. la ropa / ser / más barata
   _____

4. mis amigas / apenas / ir / al centro comercial.
   _____

5. tú / quitar / el polvo de los muebles / a veces
   _____

TALLER DE CONSULTA

MÁS PRÁCTICA
To see the explanation corresponding to this additional practice, see p. 110.

2 **Oraciones incompletas** Termina las oraciones con el imperfecto.

1. Cuando yo era niño/a, _____.
2. Todos los veranos mi familia y yo _____.
3. En la escuela primaria mis maestros nunca _____.
4. Mis hermanos y yo siempre _____.
5. Mi abuela siempre _____.

3 **Un robo** El sábado unos jóvenes le robaron el bolso a una anciana en el parque. Tú eres uno de los testigos. Contesta las preguntas de la policía usando el imperfecto.

1. ¿Dónde estabas alrededor de las dos de la tarde?
   _____

2. ¿Qué llevabas puesto (*were you wearing*)?
   _____

3. ¿Qué hacías en el parque?
   _____

4. ¿Quiénes estaban contigo?
   _____

5. ¿Qué otras personas había en el parque? ¿Qué hacían estas personas?
   _____

4 **¿Cómo ha cambiado tu vida?** En parejas, comparen la escuela primaria con la escuela secundaria. Escriban una lista de las responsabilidades que tienen ahora y las que tenían antes.

> **MODELO** Cuando estaba en la escuela primaria no tenía mucha tarea, pero ahora tengo muchísima.

A19

Más práctica

TALLER DE CONSULTA

MÁS PRÁCTICA
To see the explanation corresponding to this additional practice, see p. 114.

3.3 The preterite vs. the imperfect

1 **¿Pretérito o imperfecto?** Indica si normalmente debes usar el pretérito (P) o el imperfecto (I) con estas expresiones de tiempo. Después, escribe cinco oraciones completas que contengan estas expresiones.

___ el año pasado   ___ ayer por la noche

___ todos los días   ___ el domingo pasado

___ siempre   ___ todas las tardes

___ mientras   ___ una vez

2 **Distintos significados** Completa las oraciones con el pretérito o el imperfecto de los verbos entre paréntesis. Recuerda que cuando se usan estos verbos en el pretérito tienen un significado distinto al del imperfecto.

1. Cuando yo era niño, nunca _____ (querer) limpiar mi habitación, pero mis padres me obligaban a hacerlo.
2. Mi amigo ya _____ (poder) hablar chino y japonés cuando tenía siete años.
3. Finalmente, después de preguntar por todos lados, Ana _____ (saber) cómo solicitar una tarjeta de crédito.
4. Mis padres _____ (querer) comprarse una aspiradora. Estaban cansados de barrer.
5. Se rompió el timbre. Por suerte, mi amigo Juan Carlos _____ (poder) venir enseguida a arreglarlo.
6. Mi hermano _____ (conocer) a su novia en el centro comercial.
7. Mi abuela _____ (saber) cocinar muy bien.
8. Miguel y Roberto completaron el formulario, pero no _____ (querer) contestar la última pregunta.

3 **Mi mejor año** ¿Cuál fue tu mejor año en la escuela? Escribe una historia breve sobre ese año especial. Recuerda que para narrar series de acciones completas debes usar el pretérito y para describir el contexto o acciones habituales en el pasado debes usar el imperfecto. Comparte tu historia con la clase.

> **MODELO**   Creo que mi mejor año fue el segundo grado. Yo vivía con mi familia en Toronto, pero ese año nos mudamos a Vancouver.

4 **Cuentos populares** En grupos de tres, escojan un cuento popular que conozcan. Escríbanlo cambiando completamente el papel (*role*) de los personajes y los hechos. Utilicen el pretérito y el imperfecto. Después, representen una escena de su cuento para la clase.

> **MODELO**   Había una vez tres cerditos muy malos que querían atacar a un lobito muy bueno…

A20

3.4 Telling time

- The verb **ser** is used to tell time in Spanish. The construction **es + la** is used with **una,** and **son + las** is used with all other hours.

¿Qué hora es?	Es la una.
What time is it?	It is one o'clock.
	Son las tres.
	It is three o'clock.

MÁS GRAMÁTICA

This is an additional grammar point for **Lección 3 Estructura.** You may use it for review or as required by your teacher.

- The phrase **y +** [*minutes*] is used to tell time from the hour to the half-hour. The phrase **menos +** [*minutes*] is used to tell time from the half-hour to the hour, and is expressed by subtracting minutes from the next hour.

Son las once **y veinte**.   Es la una **menos cuarto.**   Son las doce **menos diez**.

¡ATENCIÓN!

The phrases **y media** (*half past*) and **y/menos cuarto** (*quarter past/of*) are usually used instead of **treinta** and **quince**.

Son las doce y media.
It's 12:30/half past twelve.

Son las nueve menos cuarto.
It's 8:45/quarter to nine.

- To ask at what time an event takes place, the phrase **¿A qué hora (...)?** is used. To state at what time something takes place, use the construction **a la(s) +** [*time*].

  ¿A qué hora es la fiesta?   La fiesta es **a las ocho**.
  (At) what time is the party?   *The party is at eight.*

- The following expressions are used frequently for telling time.

  Son las siete **en punto**.   Son las nueve **de la mañana**.
  It's seven o'clock on the dot/sharp.   *It's 9 a.m./in the morning.*

  Son **las doce del mediodía.**/Es **(el) mediodía.**   Son las cuatro y cuarto **de la tarde**.
  It's 12 p.m./It's noon.   *It's 4:15 p.m./in the afternoon.*

  Son **las doce de la noche**. /Es **(la) medianoche.**   Son las once y media **de la noche**.
  It's 12 a.m./It's midnight.   *It's 11:30 p.m./at night.*

¡ATENCIÓN!

Note that **es** is used to state the time at which a single event takes place.

Son las dos.
It is two o'clock.

Mi clase es a las dos.
My class is at two o'clock.

- The imperfect is generally used to tell time in the past. However, the preterite may be used to describe an action that occurred at a particular time.

  ¿Qué hora **era** cuando llegaste?   **Eran** las cuatro de la mañana.
  What time was it when you arrived?   *It was four o'clock in the morning.*

  ¿A qué hora **fueron** al cine?   **Fuimos** a las nueve.
  At what time did you go to the movies? *We went at nine o'clock.*

A21

Práctica

TALLER DE CONSULTA

These activities correspond to the additional grammar point on the preceding page.

3.4 Telling time

1 **La hora** Escribe la hora que aparece en cada reloj usando oraciones completas.

1. _____ 2. _____ 3. _____

4. _____ 5. _____ 6. _____

2 **¿Qué hora es?** Da la hora usando oraciones completas.

1. 1:10 p.m. _____
2. 6:30 a.m. _____
3. 8:45 p.m. _____
4. 11:00 a.m. _____
5. 2:55 p.m. _____
6. 12:00 a.m. _____

3 **Retraso** Hoy tienes un mal día y estás atrasado/a en todo. Usa la información para explicar a qué hora hiciste cada cosa y por qué te retrasaste. Sigue el modelo.

MODELO
ir al centro comercial – 9 a.m. (15 minutos)
Tenía que ir al centro comercial a las nueve de la mañana, pero llegué a las nueve y cuarto porque el autobús se retrasó.

1. levantarme – 7 a.m. (30 minutos)
2. desayunar – 8 a.m. (2 horas y media)
3. reunirme con la profesora de química – 11 a.m. (1 hora)
4. escribir el ensayo para la clase de literatura – 3 p.m. (2 horas y cuarto)
5. llamar a mis padres – 5 p.m. (3 horas y media)
6. limpiar mi casa – 3 p.m. (¡Todavía no has empezado!)

Más práctica

4.1 The subjunctive in noun clauses

TALLER DE CONSULTA

MÁS PRÁCTICA
To see the explanation corresponding to this additional practice, see p. 146.

1 **El doctor** El doctor González escribe informes con el diagnóstico y las recomendaciones para cada paciente. Completa los informes con el indicativo o el subjuntivo de los verbos entre paréntesis.

Informe 1

Don José, creo que usted (1) _____ (sufrir) de mucho estrés. Usted (2) _____ (trabajar) demasiado y no (3) _____ (cuidarse) lo suficiente. Es necesario que usted (4) _____ (dormir) más horas. No creo que usted (5) _____ (necesitar) tomar medicinas, pero es importante que (6) _____ (controlar) su alimentación y (7) _____ (mantener) una dieta más equilibrada.

Informe 2

Carlitos, no hay duda de que tú (8) _____ (tener) varicela (*chicken pox*). Es una enfermedad muy contagiosa y por eso es necesario que (9) _____ (quedarse) en casa una semana. Como no podrás asistir a la escuela, te recomiendo que (10) _____ (hablar) con uno de tus compañeros y que (11) _____ (hacer) la tarea regularmente. Quiero que (12) _____ (aplicarse) (*to apply*) esta crema si te pica (*itches*) mucho la piel.

Informe 3

Susana y Pedro, es obvio que ustedes (13) _____ (tener) gripe. Para aliviar la tos, les recomiendo que (14) _____ (tomar) este jarabe por la mañana y estas pastillas por la noche. No creo que (15) _____ (necesitar) quedarse en cama. Les recomiendo que (16) _____ (beber) mucho líquido y que (17) _____ (comer) muchas frutas y verduras. Estoy seguro de que en unos días (18) _____ (ir) a sentirse mejor.

2 **¿Cómo terminan?** Escribe un final original para cada oración. Recuerda usar el subjuntivo cuando sea necesario.

1. Es imposible que hoy...
2. Dudo mucho que el profesor...
3. No es cierto que mis amigos y yo...
4. Es muy probable que yo...
5. Es evidente que en el hospital...
6. Los médicos recomiendan que...

3 **Reacciones** En grupos de cinco, digan cómo reaccionarían ante estas situaciones. Deben usar el subjuntivo en sus respuestas para mostrar emoción, incredulidad, alegría, rechazo, insatisfacción, etc.

MODELO Acabas de ganar un millón de dólares.
¡Es imposible que sea verdad! No puedo creer que...

1. Un día recibes una llamada de un abogado que dice que una tía a la que no conocías acaba de morir y te dejó una gran herencia.
2. Oyes que el agua que tomas del grifo (*tap*) está contaminada y que todos los habitantes de la ciudad se van a enfermar.
3. Llegas a la escuela el primer día y te dicen que las clases fueron canceladas. Que debes regresar la próxima semana.
4. Tus padres te acaban de decir que como regalo de cumpleaños te darán un viaje a Europa.
5. Uno de tus compañeros de clase te dice que tiene la gripe aviar (*bird flu*). Es muy contagiosa.
6. Acabas de ver a un(a) amigo/a hablando mal de ti enfrente de millones de televidentes.

A23

Más práctica

TALLER DE CONSULTA

MÁS PRÁCTICA
To see the explanation corresponding to this additional practice, see p. 152.

4.2 Commands

1 **Las indicaciones del médico** Lee los problemas de estos pacientes. Luego, completa las órdenes y recomendaciones que su médico les da.

Don Mariano y doña Teresa no duermen bien y sufren de mucha presión en el trabajo.	1. _____ (tomar) té de manzanilla y _____ (acostarse) siempre a la misma hora. 2. No _____ (trabajar) los domingos.
Juan come muchos dulces y tiene caries (*cavities*).	3. (Tú) _____ (cepillarse) los dientes dos veces por día. 4. No _____ (comer) más dulces.
La señora Ortenzo se lastimó jugando al tenis. Le duele el pie derecho.	5. (Usted) _____ (quedarse) en cama dos días. 6. No _____ (mover) el pie y no _____ (caminar) sin muletas (*crutches*).
Carlos y Antonio trasnochan con frecuencia y no llevan una dieta sana.	7. _____ (dormir) por lo menos ocho horas cada noche. 8. No _____ (ir) a clase sin antes comer un desayuno saludable.

2 **Antes y ahora** ¿Te daban órdenes tus padres cuando eras niño/a? ¿Te siguen dando órdenes? Escribe cinco mandatos que te daban cuando eras niño/a y cinco que te dan ahora. Utiliza mandatos informales afirmativos y negativos.

Los mandatos de antes

_____
_____
_____
_____
_____

Los mandatos de ahora

_____
_____
_____
_____
_____

3 **El viernes por la noche** Tú y tus amigos están pensando en qué hacer este viernes. Tú sugieres actividades (usa mandatos con **nosotros/as**), pero tus compañeros/as rechazan (*reject*) tus ideas y sugieren otras. En grupos de tres, representen la conversación.

MODELO
ESTUDIANTE 1 Vayamos al cine esta noche.
ESTUDIANTE 2 No quiero porque no tengo dinero. Quedémonos en casa y veamos la tele.
ESTUDIANTE 3 Pues, alquilemos una película entonces...

Más práctica

4.3 *Por* and *para*

TALLER DE CONSULTA

MÁS PRÁCTICA
To see the explanation corresponding to this additional practice, see p. 156.

1 **El viaje de Carla** Carla está planeando pasar dos semanas del verano en Colombia para participar en un programa de intercambio con una escuela de Bogotá. Une las frases para completar sus comentarios sobre el viaje.

---- 1. Este verano viajaré a Bogotá

---- 2. Es un programa de intercambio organizado

---- 3. Estudiantes de varias escuelas nos reuniremos en Miami y de allí saldremos

---- 4. Extrañaré a mi familia, pero prometen llamarme

---- 5. Quisiera pasar un año allá, pero sólo puedo ir

---- 6. Antes de volver a mi país, espero viajar

---- 7. Quiero perfeccionar el español

---- 8. En el futuro, espero trabajar

a. para Bogotá.

b. para estudiar español.

c. para la embajada (*embassy*).

d. para tomar cursos avanzados cuando entre a la universidad

e. por una organización sin ánimo de lucro (*non-profit*)

f. por teléfono una vez por semana.

g. por todo el país.

h. por tres meses.

2 **Instrucciones para cuidar al perro** Este fin de semana te toca cuidar al perro de tus vecinos y ellos están muy preocupados. Completa su lista de instrucciones con **por** o **para**.

1. Si el perro está muy deprimido, llama al veterinario _____ teléfono.

2. Si está un poco triste, haz todo lo que puedas _____ darle ánimo.

3. Últimamente tiene problemas de digestión y debe tomar una medicina _____ el estómago.

4. _____ ver si el perro tiene fiebre, usa este termómetro.

5. No es _____ tanto si no te saluda cuando entras en la casa; cuando te conozca mejor y te tenga más confianza comenzará a saludarte.

6. Sácalo a pasear todos los días de la semana: el ejercicio es bueno _____ los perros.

7. Nuestra rutina es caminar media hora _____ el parque.

8. Dale su medicina tres veces _____ día.

3 **Un acontecimiento increíble** ¿Alguna vez te ha ocurrido algo inusual o difícil de creer? Cuéntale a tu compañero/a un acontecimiento increíble que te haya ocurrido, o inventa uno. Incluye al menos cuatro expresiones de la lista.

para colmo	no estar para bromas	por casualidad	por más/mucho que
para que sepas	no ser para tanto	por fin	por supuesto

A25

MÁS GRAMÁTICA

This is an additional grammar point for **Lección 4 Estructura.** You may use it for review or as required by your teacher.

(4.4) The subjunctive with impersonal expressions

- The subjunctive is frequently used in subordinate clauses following impersonal expressions.

IMPERSONAL EXPRESSION	CONNECTOR	SUBORDINATE CLAUSE
Es urgente	**que**	**vayas al hospital.**

- Impersonal expressions that indicate will, desire, or emotion are usually followed by the subjunctive.

es bueno *it's good*	**es necesario** *it's necessary*
es extraño *it's strange*	**es ridículo** *it's ridiculous*
es importante *it's important*	**es terrible** *it's terrible*
es imposible *it's impossible*	**es una lástima** *it's a shame*
es malo *it's bad*	**es una pena** *it's a pity*
es mejor *it's better*	**es urgente** *it's urgent*

Es una lástima que **estés** con gripe.
It's a shame you have the flu.

Es mejor que te **acompañen.**
It's better that they go with you.

- Impersonal expressions that indicate certainty trigger the indicative in the subordinate clause. When they express doubt about the action or condition in the subordinate clause, the subjunctive is used.

indicative	subjunctive
es cierto *it's true*	**no es cierto** *it's untrue*
es obvio *it's obvious*	**no es obvio** *it's not obvious*
es seguro *it's certain*	**no es seguro** *it's not certain*
es verdad *it's true*	**no es verdad** *it's not true*

Es verdad que Juan está triste, pero **no es cierto** que **esté** deprimido.
It's true that Juan is sad, but it's not true that he is depressed.

Es obvio que usted tiene una infección, pero **es improbable** que **sea** contagiosa.
It's obvious that you have an infection, but it's unlikely that it's contagious.

- When an impersonal expression is used to make a general statement or suggestion, the infinitive is used in the subordinate clause. When a new subject is introduced, the subjunctive is used instead.

Es importante hacer ejercicio.
It's important to exercise.

Es importante que los niños **hagan** ejercicio.
It's important for children to exercise.

No es seguro caminar solo por la noche.
It's not safe to walk around alone at night.

No es seguro que **camines** solo por la noche.
It's not safe for you to walk around alone at night.

Práctica

4.4 The subjunctive with impersonal expressions

1 Pórtate bien Los padres de Álvaro se van de viaje y le dejan una nota a su hijo con algunas cosas que tiene que hacer. Completa la nota con el presente del subjuntivo de los verbos entre paréntesis.

> ¡No te olvides!
> Sabemos que es imposible que (1) _____ (acostarse) temprano, pero es importante que (2) _____ (levantarse) antes de las 8:00 y que (3) _____ (llevar) el carro al mecánico. El martes es necesario que (4) _____ (ir) a casa de tu tía Julia y le (5) _____ (llevar) nuestro regalo. Como la pastelería queda cerca del mecánico, es mejor que (6) _____ (pasar) a recoger el pastel de cumpleaños cuando vayas a recoger el carro el lunes por la tarde. Y, bueno, hijo, es una lástima que no (7) _____ (poder) venir con nosotros.
> ¡Cuídate mucho!
> Mamá y papá

TALLER DE CONSULTA

These activities correspond to the additional grammar point on the preceding page.

2 Obligaciones Piensa en las obligaciones de los padres para con los hijos y viceversa. Completa el cuadro con frases impersonales que requieran el subjuntivo.

Las obligaciones de los padres y de los hijos

padres	hijos
Es importante que los padres escuchen a sus hijos.	

3 Pareja ideal En grupos de cuatro, piensen en su pareja ideal y comenten cómo debe ser. Cada uno/a de ustedes debe escribir por lo menos cinco oraciones con frases impersonales.

es bueno	es mejor
es importante	es necesario
es malo	es ridículo

Más práctica

TALLER DE CONSULTA

MÁS PRÁCTICA
To see the explanation corresponding to this additional practice, see p. 188.

5.1 Comparatives and superlatives

1 **Los medios de transporte** Escribe seis oraciones completas para comparar los medios de transporte de la lista. Utiliza por lo menos tres comparativos y tres superlativos. Debes hacer comparaciones con respecto a estos aspectos:

- la rapidez
- la diversión
- la comodidad
- el precio

> **medios de transporte**
> autobús, avión, bicicleta, carro, metro, taxi, tren

> **MODELO** Para viajar por la ciudad, el taxi es más caro que el autobús. / El avión es el medio más rápido de todos.

2 **El absoluto** Utiliza el superlativo absoluto (**-ísimo/a**) para escribir oraciones completas. Sigue el modelo.

> **MODELO** elefantes / animales / grande
> Los elefantes son unos animales grandísimos.

1. diamantes / joyas / caro
2. avión / medio de transporte / rápido
3. Bill Gates / persona / rico
4. el puente de Brooklyn / largo
5. la clase de inglés / fácil
6. Elle Fanning / actriz / joven
7. El F.C. Barcelona / equipo de fútbol español / famoso
8. el Río de la Plata / ancho

3 **Un pariente especial** ¿Hay alguien en tu familia que consideras especial? ¿Te pareces a esa persona? ¿Es mayor o menor que tú? ¿Qué similitudes y diferencias tienen? Trabaja con un(a) compañero/a: dile quién es tu pariente favorito y cuéntale en qué se parecen y en qué se diferencian. Usa comparativos en tu descripción. Incluye algunos de estos aspectos:

> | | |
> |---|---|
> | altura | gustos |
> | apariencia física | personalidad |
> | edad | vida académica |

> **MODELO** Mi primo Juan es mi primo favorito. Es mayor que yo, pero yo soy mucho más alto que él...

A28

Más práctica

5.2 Negative, affirmative, and indefinite expressions

TALLER DE CONSULTA

MÁS PRÁCTICA
To see the explanation corresponding to this additional practice, see p. 192.

1 **De compras** Has desembarcado de un crucero en una isla remota. Quieres comprar algo típico para tus amigos, pero el empleado te hace mil preguntas sobre lo que quieres. Elige las opciones correctas para completar la conversación.

EMPLEADO ¡Hola! ¿Quieres (1) _____ (algo / nada) extraordinario para tus amigos?

TÚ No, no quiero (2) _____ (algo / nada) extraordinario, quiero (3) _____ (algo / nada) típico de la isla.

EMPLEADO Tenemos unos recuerdos muy especiales por aquí. (4) _____ (Siempre / Nunca) es mejor regalar (5) _____ (algo / nada) que llegar con las manos vacías (empty)…

TÚ Sí, pero (6) _____ (también / tampoco) es bueno comprar cosas que no quepan en la maleta. Necesito un recuerdo que no sea muy grande, pero (7) _____ (también / tampoco) muy pequeño, por favor.

EMPLEADO Es que no tenemos (8) _____ (algo / nada) así. Todo lo que tenemos (9) _____ (o / ni) es muy chiquito (10) _____ (o / ni) es muy grande. No tenemos (11) _____ (algo / nada) de tamaño mediano.

TÚ Bueno, señor, el barco ya se va… Si usted no tiene (12) _____ (algo / nada) que yo pueda comprar ahora mismo, me tendré que ir.

EMPLEADO Lo siento. (13) _____ (Alguien / Nadie) compra recuerdos aquí (14) _____ (siempre / jamás). No entiendo por qué será.

2 **En el avión** Marcos, un viajero, es un poco caprichoso; nada le viene bien. Escribe **o… o, ni… ni,** o **ni siquiera** para completar sus quejas.

1. Le pedí una bebida al asistente de vuelo, pero no me trajo _____ café _____ agua.

2. ¡Qué día fatal! No pude _____ empacar la última maleta _____ despedirme de mis amigos.

3. Por favor, _____ sean puntuales _____ avisen si van a llegar tarde.

4. Hoy me siento enfermo. No puedo _____ dormir _____ hablar. _____ puedo moverme.

5. Me duele la cabeza. No quiero _____ escuchar música _____ ver la tele.

3 **Afirmaciones** En grupos de cuatro, hablen sobre estas afirmaciones y digan si están de acuerdo. Por turnos, expliquen sus razones. Usen expresiones negativas, afirmativas e indefinidas.

1. Es más costoso viajar en primera clase, pero vale la pena.

2. Conocer otros países y culturas es más importante que aprender de un libro.

3. Hacer un intercambio te abre más a otras maneras de pensar.

4. Es mejor ir de vacaciones durante el verano que durante el invierno.

5. Ir de viaje es la mejor manera de gastar los ahorros.

6. Es más peligroso viajar hoy en día. Antes era muchísimo más seguro.

A29

Más práctica

TALLER DE CONSULTA

MÁS PRÁCTICA

To see the explanation corresponding to this additional practice, see p. 196.

5.3 The subjunctive in adjective clauses

1 **Unir los elementos** Escribe cinco oraciones lógicas combinando elementos de las tres columnas.

   MODELO   Juan busca un libro que esté escrito en español.

Juan (estudiante de español)	buscar un tutor	pagar bien
Pedro (tiene un carro viejo)	buscar un libro	ser divertida
Ana (tiene muy poco dinero)	necesitar un carro	ayudarme
mis amigos (están aburridos)	tener que ir a una fiesta	ser nuevo y rápido
yo (tengo problemas con la clase de cálculo)	querer un trabajo	poder ayudarnos
nosotros (no sabemos qué clases tomar el próximo semestre)	necesitar hablar con un consejero	estar escrito en español

2 **En el aeropuerto** Mientras esperas en el aeropuerto, escuchas todo lo que dicen los empleados de la aerolínea y los agentes de seguridad. Usa el subjuntivo para completar las oraciones de manera lógica.

1. Deben pasar por aquí las personas que _____.
2. ¿Tiene usted algo en su bolsa que _____?
3. Debe sacar del bolsillo todo lo que _____.
4. No cuente chistes que _____.
5. Pueden pasar los viajeros que _____.
6. No se pueden llevar maletas que _____.

3 **Anuncio personal** En grupos de tres, escriban un anuncio personal para una persona que busca novio/a. El anuncio debe ser detallado y creativo, y debe usar el subjuntivo y el indicativo. Después, compartan el anuncio con la clase para ver si encuentran a alguien que se parezca a la persona de su anuncio.

5.4 Pero and sino

El viaje no es de excursión, sino de trabajo.

Sí, ¡pero en el Amazonas, Fabiola!

MÁS GRAMÁTICA

This is an additional grammar point for **Lección 5 Estructura**. You may use it for review or as required by your teacher.

- In Spanish, both **pero** and **sino** are used to introduce a contrast or a clarification, but the two words are not interchangeable.

- **Pero** means *but* (in the sense of *however*). It may be used after either affirmative or negative clauses.

    Iré contigo a ver las ruinas, **pero** mañana quiero pasar el día entero en la playa.
    I'll go with you to see the ruins, but tomorrow I want to spend the whole day on the beach.

    La habitación del hotel es pequeña, **pero** cómoda.
    The hotel room is small, but comfortable.

- **Sino** also means *but* (in the sense of *but rather* or *on the contrary*). It is used only after negative clauses. **Sino** introduces an idea that clarifies, corrects, or excludes the previous information.

    No me gustan estos zapatos, **sino** los de la otra tienda.
    I don't like these shoes, but rather the ones from the other store.

    La casa **no** está en el centro de la ciudad, **sino** en las afueras.
    The house is not in the center of the city, but rather in the outskirts.

- When **sino** is used before a conjugated verb, the conjunction **que** is added.

    No quiero que vayas a la fiesta, **sino que** hagas tu tarea.
    I want you to do your homework rather than go to the party.

    No iba a casa, **sino que** se quedaba en la capital.
    She was not going home, but instead staying in the capital.

- *Not only… but also* is expressed with the phrase **no sólo… sino (que) también/además**.

    Quiero **no sólo** pastel, **sino también** helado.
    I want not only cake but also icecream.

    No sólo disfruté del viaje, **sino que además** hice nuevos amigos.
    Not only did I enjoy the trip; I also made new friends.

- The phrase **pero tampoco** means *but neither* or *but not either*.

    A Celia no le interesaba la excursión, **pero tampoco** quería quedarse en el crucero.
    Celia wasn't interested in the excursion, but she didn't want to stay on the cruise ship either.

¡ATENCIÓN!

To express surprise or admiration, use **pero qué** at the beginning of a sentence.

¡**Pero qué** turista tan amable!
What a nice tourist!

¡ATENCIÓN!

Pero también (*But also*) is used after affirmative clauses.

Pedro es inteligente, **pero también** es cabezón.
Pedro is smart, but he is also stubborn.

A31

Práctica

TALLER DE CONSULTA

These activities correspond to the additional grammar point on the preceding page.

(5.4) *Pero* and *sino*

1 **Columnas** Completa cada oración con la opción correcta.

1. Sofía no quiere viajar mañana y Marta, _____.
2. Mi nuevo compañero de clase no es de Madrid, _____ de Barcelona.
3. Mis padres quieren que yo cambie de escuela _____ yo prefiero quedarme en ésta.
4. No fui al partido de fútbol, _____ fui al concierto de rock. Tuve que estudiar para un examen.
5. No queremos que usted nos cancele la reservación, _____ nos cambie la fecha de salida.

   a. pero
   b. pero tampoco
   c. sino
   d. sino que
   e. tampoco

2 **Completar** Completa cada oración con **no sólo, pero, sino (que)** o **tampoco**.

1. Las cartas no llegaron el miércoles, _____ el jueves.
2. Mis amigos no quieren alojarse en el albergue y yo _____.
3. No me gusta manejar por la noche, _____ iré a la fiesta si tú manejas.
4. Carlos no me llamaba por teléfono, _____ me enviaba mensajes de texto.
5. Yo _____ esperaba aprobar el examen, _____ también sacar una A.
6. Quiero aclarar que Juan no llegó temprano, _____ muy tarde.

3 **Oraciones incompletas** Cuando tú y tu familia llegan al lugar donde pasarán sus vacaciones, se dan cuenta de que han dejado en casa a Juan José, tu hermano menor. Utiliza frases con **pero** y **sino** para completar las oraciones.

1. Yo no hablé con Juan José esta mañana _____.
2. No vamos a poder regresar para buscarlo _____.
3. No es aconsejable que regresemos _____.
4. Me gusta la idea de llamar a un vecino _____.
5. Creo que no debemos _____.
6. Juan José no tiene cinco años _____.
7. Si tiene algún problema no va a poder avisarnos _____.
8. Está claro que Juan José _____.

4 **Opiniones contrarias** En parejas, imaginen que son dos personas totalmente diferentes. Nunca están de acuerdo en nada. Túrnense para hacer afirmaciones. Uno/a de ustedes debe usar **pero, sino, sino que y no sólo... sino** para contradecir lo que dice el/la otro/a. Sigan el modelo.

> **MODELO**
> — Creo que hoy hace un día estupendo.
> — ¡Estás equivocado! No hace un día estupendo, sino que hace mucho frío. Y no sólo hace frío, sino que también...

A32

Más práctica

6.1 The future

TALLER DE CONSULTA

MÁS PRÁCTICA
To see the explanation corresponding to this additional practice, see p. 228.

1

¿Qué pasará? Usa el futuro para explicar qué puede estar ocurriendo en cada una de las situaciones. Puedes utilizar las ideas de la lista o inventar otras.

> **MODELO** **Hoy tu carro no arranca (*doesn't start*). Hay algo que no funciona.**
> El carro no tendrá gasolina. / La batería estará descargada.

> | | |
> |---|---|
> | (su gato/su conejo) estar perdido | tener otros planes |
> | (él/ella/su perro) estar enfermo/a | no tener ganas |
> | haber un huracán | doler la pierna |

1. María siempre llega a la clase de español puntualmente, pero la clase ya empezó y ella no está.
2. Carlos es el presidente del club ecologista, pero hoy no vino a la reunión.
3. Sara y María son dos personas muy alegres y optimistas, pero hoy están tristes y no quieren hablar con nadie.
4. He invitado a Juan a ir al cine con nosotros, pero no quiere ir.
5. Mañana vas a viajar a una zona tropical. Te acaban de avisar que se canceló tu vuelo.
6. Cristina tiene un partido de fútbol hoy, pero todavía no está aquí.

2

Campaña informativa En parejas, imaginen que trabajan para una organización que se dedica a proteger el medio ambiente. Les han pedido que preparen una campaña informativa para concienciar a la gente sobre (*make people aware of*) los problemas ecológicos. Contesten las preguntas y después compartan la información con la clase.

1. ¿Cómo se llamará la campaña?
2. ¿Qué problemas del medio ambiente tratará?
3. ¿Qué actividades harán?
4. ¿Qué consejos darán?
5. ¿Qué harán para distribuir la información?
6. ¿Creen que su campaña tendrá éxito? ¿Por qué?

3

Horóscopo En parejas, escriban el horóscopo de su compañero/a para el mes que viene. Utilicen verbos en futuro y algunas frases de la lista. Luego, compártanlo con sus compañeros/as.

> | | | |
> |---|---|---|
> | decir secretos | haber sorpresa | recibir una visita |
> | empezar una relación | hacer daño | tener suerte |
> | festejar | hacer un viaje | venir amigos |
> | ganar/perder dinero | poder solucionar problemas | viajar al extranjero |

A33

Más práctica

6.2 The subjunctive in adverbial clauses

1 **En el parque** Javier quiere leer los carteles (*signs*) del parque nacional, pero Sol no cree que sean importantes. Completa la conversación con el subjuntivo del verbo indicado.

JAVIER Espera, Sol, quiero leer los carteles.

SOL Es que son muy obvios. No dicen nada que yo no (1) _____ (saber). "Tan pronto como usted (2) _____ (escuchar) un trueno, aléjese de las zonas altas." ¡Qué tontería! ¡Eso es obvio!

JAVIER Sí, pero son importantes para que los visitantes (3) _____ (ser) conscientes de la seguridad.

SOL ¿Y qué tiene que ver este otro cartel con la seguridad? "Para que no (4) _____ (haber) erosión, camine sólo por el sendero."

JAVIER Bueno, es que algunos carteles son para que la gente (5) _____ (ayudar) a cuidar el parque. Por ejemplo, este otro...

SOL Basta, Javier, estoy harta de estos carteles tan obvios. Si realmente quieren cuidar el parque, ¿por qué no ponen cestos (*bins*) para la basura?

JAVIER Bueno, justamente el cartel dice: "No tenemos cestos para la basura para que los visitantes nos (6) _____ (ayudar) llevándose su propia basura del parque."

SOL Bueno, yo no he dicho que todos los carteles (7) _____ (ser) inútiles.

2 **En casa** Tu hermana insiste en que tu familia colabore para proteger el medio ambiente. Tiene una lista de órdenes que quiere que ustedes cumplan. Escribe cada orden de otra forma, usando el subjuntivo y las palabras que están entre paréntesis. Haz los cambios necesarios.

> **MODELO** Usen el aire acondicionado lo mínimo posible. (siempre que)
> Siempre que sea posible, no usen el aire acondicionado.

1. Cierren bien el grifo (*faucet*) y no dejen escapar ni una gota de agua. (para que)
2. Apaguen las luces al salir de un cuarto. (tan pronto como)
3. No boten las botellas. Hay que averiguar primero si se pueden reciclar. (antes de que)
4. Vayan a la escuela en bicicleta. Usen el carro sólo si hace mal tiempo. (a menos que)
5. En lugar de encender la calefacción (*heating*), pónganse otro suéter. (siempre que)

3 **Conversaciones** En parejas, representen estas dos conversaciones. Usen conjunciones de la lista y recuerden que algunas de estas construcciones exigen un verbo en subjuntivo.

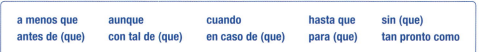

| a menos que | aunque | cuando | hasta que | sin (que) |
| antes de (que) | con tal de (que) | en caso de (que) | para (que) | tan pronto como |

1. Una pareja de recién casados está planeando su luna de miel (*honeymoon*): Ella quiere ir a una isla remota. Él quiere ir a París.
2. Una madre y su hijo: Él tiene su licencia de conducir y quiere una motocicleta.

Más práctica

6.3 Prepositions: *a, hacia,* and *con*

TALLER DE CONSULTA

MÁS PRÁCTICA
To see the explanation corresponding to this additional practice, see p. 236.

1 **Un día horrible** Completa el texto con las preposiciones **a**, **hacia** o **con**.

Hola, Miguel:

Ayer tuve un día horrible. Casi prefiero no acordarme. Puse el despertador para que sonara (1) _____ las seis de la mañana, pero me dormí y me levanté (2) _____ las siete. Mi clase de ecología empezaba a las ocho, así que iba a llegar tarde. El profesor es bastante estricto y siempre se enoja (3) _____ los estudiantes que no llegan a tiempo.

Mi día había comenzado mal e iba a seguir peor. Salí de casa y comencé (4) _____ correr (5) _____ la escuela. Cuando estaba (6) _____ mitad de camino, algo terrible ocurrió. Una señora que estaba (7) _____ mi izquierda no vio la farola (*streetlight*) y chocó (8) _____ ella. Fue un golpe tremendo. Fui (9) _____ ayudarla, pues se había caído. Tuve que levantarla (10) _____ mucho cuidado porque estaba mareada. Cuando llegó la policía, yo comencé (11) _____ correr otra vez. Entré a clase muy tarde, (12) _____ las ocho y media. ¡Qué locura!

Un abrazo,
Lupe

2 **Carta** Imagina que estás de vacaciones en otro país y le escribes una carta a tu familia contándoles los detalles de tu viaje. Puedes incluir información sobre el horario de las actividades, los lugares que has visitado, las cosas que has hecho y los planes para el resto del viaje. Utiliza por lo menos seis expresiones de la lista.

MODELO Al llegar a San Juan, fui al hotel con Marta.

al llegar	estaba(n) conmigo	con un guía turístico
a veinte (millas)	con cuidado/anticipación	hacia/a las (nueve y media)
ayudar a	con mi cámara	hacia la playa/el bosque

3 **El guardaparques** Trabajen en grupos de cuatro. Una persona es el/la guardaparques (*park ranger*) y las otras tres son turistas. Algunos turistas no respetaron las reglas del parque y el/la guardaparques quiere saber quiénes fueron. Representen la situación usando la información de la lista y las preposiciones **a**, **hacia** y **con**.

estar / las dos de la tarde	hablar / otras personas
ir / tanta prisa	contaminar / combustible
dar de comer / los animales salvajes	ir / sacar plantas
envenenar / una sustancia tóxica	ir / otra gente
dirigir / la salida	ver / alguien sospechoso

A35

MÁS GRAMÁTICA

This is an additional grammar point for **Lección 6 Estructura.** You may use it for review or as required by your teacher.

6.4 Adverbs

- Adverbs (**adverbios**) describe *how*, *when*, and *where* actions take place. They usually follow the verbs they modify and precede adjectives or other adverbs.

Habla **bien.**

Ana es **muy** interesante.

¡Escribe **tan** bien!

Te lo digo **fácilmente**.

Eso es **absolutamente** cierto.

Lo hizo **completamente** mal.

- Many Spanish adverbs are formed by adding the suffix **-mente** to the feminine singular form of an adjective. The **-mente** ending is equivalent to the English *-ly*.

ADJECTIVE	FEMININE FORM	SUFFIX	ADVERB
básico	básica	-mente	básicamente *basically*
cuidadoso	cuidadosa	-mente	cuidadosamente *carefully*
enorme	enorme	-mente	enormemente *enormously*
hábil	hábil	-mente	hábilmente *cleverly; skillfully*

¡ATENCIÓN!

If an adjective has a written accent, it is kept when the suffix **-mente** is added.

If an adjective does not have a written accent, no accent is added to the adverb ending in **-mente**.

- If two or more adverbs modify the same verb, only the final adverb uses the suffix **-mente**.

Se marchó **lenta** y **silenciosamente**.
He left slowly and silently.

- The construction **con** + [*noun*] is often used instead of long adverbs that end in **-mente**.

cuidadosamente → con cuidado   frecuentemente → con frecuencia

- Here are some common adverbs and adverbial phrases:

a menudo *frequently; often*	**así** *like this; so*	**mañana** *tomorrow*
a tiempo *on time*	**ayer** *yesterday*	**más** *more*
a veces *sometimes*	**casi** *almost*	**menos** *less*
adentro *inside*	**de costumbre** *usually*	**muy** *very*
afuera *outside*	**de repente** *suddenly*	**por fin** *finally*
apenas *hardly; scarcely*	**de vez en cuando** *now and then*	**pronto** *soon*
aquí *here*		**tan** *so*

A veces salimos a tomar un café.
Sometimes we go out for coffee.

Casi terminé el libro.
I almost finished the book.

- The adverbs **poco** and **bien** frequently modify adjectives. In these cases, **poco** is often the equivalent of the English prefix *un-*, while **bien** means *well*, *very*, *rather*, or *quite*.

La situación está **poco** clara.
The situation is unclear.

La cena estuvo **bien** rica.
Dinner was very tasty.

¡ATENCIÓN!

Some adverbs and adjectives have the same forms.

ADJ: **bastante dinero**
enough money
ADV: **bastante difícil**
rather difficult

ADJ: **poco tiempo**
little time
ADV: **habla poco**
speaks very little

Práctica

6.4 Adverbs

1 **Adverbios** Escribe el adverbio que deriva de cada adjetivo.

1. básico _____
2. feliz _____
3. fácil _____
4. inteligente _____
5. alegre _____
6. común _____
7. injusto _____
8. asombroso _____
9. insistente _____
10. silencioso _____

2 **Instrucciones para ser feliz** Elige el adjetivo apropiado para cada ocasión y después completa la oración, convirtiendo ese adjetivo en el adverbio correspondiente. Hay tres adjetivos que no se usan.

| claro | frecuente | malo | triste |
| cuidadoso | inmediato | tranquilo | último |

1. Expresa tus opiniones _____.
2. Tienes que salir por la noche _____.
3. Debes gastar el dinero _____.
4. Si eres injusto/a con alguien, debes pedir perdón _____.
5. Después de almorzar, disfruta _____ de la siesta.

3 **Recomendaciones** Los padres de Mario y Paola salieron de viaje por dos semanas. Completa las instrucciones que les dejaron pegadas en el refrigerador.

| a menudo | adentro | así | mañana |
| a tiempo | afuera | de vez en cuando | tan |

lunes, 19 de octubre

1. Pasar la aspiradora _____. (¡Todos los días!)
2. Llegar a la escuela _____.
3. _____, llevar a Botitas al veterinario para su cita.
4. Dejar que el gato juegue _____ todos los días si no llueve.
5. Si llueve, meter los muebles del jardín _____.
6. Sólo ir _____ al centro comercial.

TALLER DE CONSULTA

These activities correspond to the additional grammar point on the preceding page.

Glossary of Grammatical Terms

ADJECTIVE A word that modifies, or describes, a noun or pronoun.

muchos libros / *many* books

un hombre **rico** / a *rich* man

Demonstrative adjective An adjective that specifies which noun a speaker is referring to.

esta fiesta / *this* party

ese chico / *that* boy

aquellas flores / *those* flowers

Possessive adjective An adjective that indicates ownership or possession.

su mejor vestido / *her* best dress

Éste es **mi** hermano. / This is *my* brother.

Stressed possessive adjective A possessive adjective that emphasizes the owner or possessor.

un libro **mío** / a *book of mine*

una amiga **tuya** / a friend *of yours*

ADVERB A word that modifies, or describes, a verb, adjective, or other adverb.

Pancho escribe **rápidamente**. / Pancho writes *quickly*.

Este cuadro es **muy** bonito. / This picture is *very* pretty.

ANTECEDENT The noun to which a pronoun or dependent clause refers.

El **libro** que compré es interesante. / The book that I bought is interesting.

Le presté cinco dólares a **Diego**. / I loaned Diego five dollars.

ARTICLE A word that points out a noun in either a specific or a non-specific way.

Definite article An article that points out a noun in a specific way.

el libro / *the* book

la maleta / *the* suitcase

los diccionarios / *the* dictionaries

las palabras / *the* words

Indefinite article An article that points out a noun in a general, non-specific way.

un lápiz / *a* pencil

una computadora / *a* computer

unos pájaros / *some* birds

unas escuelas / *some* schools

CLAUSE A group of words that contains both a conjugated verb and a subject, either expressed or implied.

Main (or Independent) clause A clause that can stand alone as a complete sentence.

Pienso ir a cenar pronto. / *I plan to go to dinner soon.*

Subordinate (or Dependent) clause A clause that does not express a complete thought and therefore cannot stand alone as a sentence.

Trabajo en la cafetería **porque necesito dinero para la escuela.** / I work in the cafeteria *because I need money for school.*

Adjective clause A dependent clause that functions to modify or describe the noun or direct object in the main clause. When the antecedent is uncertain or indefinite, the verb in the adjective clause is in the subjunctive.

Queremos contratar al candidato **que mandó su currículum ayer.** / We want to hire the candidate *who sent his résumé yesterday.*

¿Conoce un buen restaurante **que esté cerca del teatro?** / Do you know of a good restaurant *that's near the theater?*

Adverbial clause A dependent clause that functions to modify or describe a verb, an adjective, or another adverb. When the adverbial clause describes an action that has not yet happened or is uncertain, the verb in the adverbial clause is usually in the subjunctive.

Llamé a mi mamá **cuando me dieron la noticia.** / I called my mom *when they gave me the news.*

El ejército está preparado **en caso de que haya un ataque.** / The army is prepared *in case there is an attack.*

Noun clause A dependent clause that functions as a noun, often as the object of the main clause. When the main clause expresses will, emotion, doubt, or uncertainty, the verb in the noun clause is in the subjunctive (unless there is no change of subject).

José sabe **que mañana habrá un examen.** / José knows *that tomorrow there will be an exam.*

Luisa dudaba **que la acompañáramos.** / Luisa doubted *that we would go with her.*

A38

Glossary of Grammatical Terms

COMPARATIVE A grammatical construction used with nouns, adjectives, verbs, or adverbs to compare people, objects, actions, or characteristics.

Tus clases son **menos interesantes** que las mías.
*Your classes are **less interesting** than mine.*

Como **más frutas** que verduras.
*I eat **more fruits** than vegetables.*

CONJUGATION A set of the forms of a verb for a specific tense or mood or the process by which these verb forms are presented.

PRETERITE CONJUGATION OF **CANTAR:**

cant**é**	cant**amos**
cant**aste**	cant**asteis**
cant**ó**	cant**aron**

CONJUNCTION A word used to connect words, clauses, or phrases.

Susana es de Cuba **y** Pedro es de España.
*Susana is from Cuba **and** Pedro is from Spain.*

No quiero estudiar, **pero** tengo que hacerlo.
*I don't want to study, **but** I have to.*

CONTRACTION The joining of two words into one. The only contractions in Spanish are **al** and **del**.

Mi hermano fue **al** concierto ayer.
*My brother went **to the** concert yesterday.*

Saqué dinero **del** banco.
*I took money **from the** bank.*

DIRECT OBJECT A noun or pronoun that directly receives the action of the verb.

Tomás lee **el libro**.   **La** pagó ayer.
*Tomás reads **the book**.   She paid **it** yesterday.*

GENDER The grammatical categorizing of certain kinds of words, such as nouns and pronouns, as masculine, feminine, or neuter.

MASCULINE
articles **el**, **un**
pronouns **él**, **lo**, **mío**, **éste**, **ése**, **aquél**
adjective **simpático**

FEMININE
articles **la**, **una**
pronouns **ella**, **la**, **mía**, **ésta**, **ésa**, **aquélla**
adjective **simpática**

IMPERSONAL EXPRESSION A third-person expression with no expressed or specific subject.

Es muy importante.   **Llueve** mucho.
***It's very important**.   **It's raining** hard.*

Aquí **se habla** español.
*Spanish **is spoken** here.*

INDIRECT OBJECT A noun or pronoun that receives the action of the verb indirectly; the object, often a living being, to or for whom an action is performed.

Eduardo **le** dio un libro **a Linda**.
*Eduardo gave a book **to Linda**.*

La profesora **me** puso una C en el examen.
*The professor gave **me** a C on the test.*

INFINITIVE The basic form of a verb. Infinitives in Spanish end in **-ar**, **-er**, or **-ir**.

hablar	**correr**	**abrir**
to speak	*to run*	*to open*

INTERROGATIVE An adjective or pronoun used to ask a question.

¿**Quién** habla?   ¿**Cuántos** compraste?
***Who** is speaking?   **How many** did you buy?*

¿**Qué** piensas hacer hoy?
***What** do you plan to do today?*

MOOD A grammatical distinction of verbs that indicates whether the verb is intended to make a statement or command, or to express doubt, emotion, or condition contrary to fact.

Imperative mood Verb forms used to make commands.

Di la verdad.   **Caminen** ustedes conmigo.
***Tell** the truth.   **Walk** with me.*

¡**Comamos** ahora!   ¡No lo **hagas**!
***Let's eat** now!   **Don't do** it!*

Indicative mood Verb forms used to state facts, actions, and states considered to be real.

Sé que **tienes** el dinero.
***I know** that **you have** the money.*

Subjunctive mood Verb forms used principally in subordinate (dependent) clauses to express wishes, desires, emotions, doubts, and certain conditions, such as contrary-to-fact situations.

Prefieren que **hables** en español.
*They prefer that **you speak** in Spanish.*

NOUN A word that identifies people, animals, places, things, and ideas.

hombre	**gato**
man	*cat*
México	**casa**
Mexico	*house*
libertad	**libro**
freedom	*book*

A39

Glossary of Grammatical Terms

NUMBER A grammatical term that refers to singular or plural. Nouns in Spanish and English have number. Other parts of a sentence, such as adjectives, articles, and verbs, can also have number.

SINGULAR	PLURAL
una cosa	**unas** cosas
a thing	*some things*
el profesor	**los** profesores
the professor	*the professors*

PASSIVE VOICE A sentence construction in which the recipient of the action becomes the subject of the sentence. Passive statements emphasize the thing that was done or the person that was acted upon. They follow the pattern [*recipient*] + **ser** + [*past participle*] + **por** + [*agent*].

ACTIVE VOICE:
Juan **entregó** la tarea.
*Juan **turned in** the assignment.*

PASSIVE VOICE:
La tarea **fue entregada por** Juan.
*The assignment **was turned in by** Juan.*

PAST PARTICIPLE A past form of the verb used in compound tenses. The past participle may also be used as an adjective, but it must then agree in number and gender with the word it modifies.

Han **buscado** por todas partes.
*They have **searched** everywhere.*

Yo no había **estudiado** para el examen.
*I hadn't **studied** for the exam.*

Hay una ventana **abierta** en la sala.
*There is an **open** window in the living room.*

PERSON The form of the verb or pronoun that indicates the speaker, the one spoken to, or the one spoken about. In Spanish, as in English, there are three persons: first, second, and third.

PERSON	SINGULAR	PLURAL
1st	**yo** *I*	**nosotros/as** *we*
2nd	**tú, Ud.** *you*	**vosotros/as, Uds.** *you*
3rd	**él, ella** *he, she*	**ellos, ellas** *they*

PREPOSITION A word or words that describe(s) the relationship, most often in time or space, between two other words.

Anita es **de** California.
*Anita is **from** California.*

La chaqueta está **en** el carro.
*The jacket is **in** the car.*

PRESENT PARTICIPLE In English, a verb form that ends in *-ing*. In Spanish, the present participle ends in **-ndo**, and is often used with **estar** to form a progressive tense.

Está **hablando** por teléfono ahora mismo.
*He is **talking** on the phone right now.*

PRONOUN A word that takes the place of a noun or nouns.

Demonstrative pronoun A pronoun that takes the place of a specific noun.

Quiero **ésta**.
*I want **this one**.*

¿Vas a comprar **ése**?
*Are you going to buy **that one**?*

Juan prefirió **aquéllos**.
*Juan preferred **those** (over there).*

Object pronoun A pronoun that functions as a direct or indirect object of the verb.

Te digo la verdad.
*I'm telling **you** the truth.*

Me lo trajo Juan.
*Juan brought **it** to **me**.*

Possessive pronoun A pronoun that functions to show ownership or possession. Possessive pronouns are preceded by a definite article and agree in gender and number with the nouns they replace.

Perdí mi libro. ¿Me prestas el **tuyo**?
*I lost my book. Will you loan me **yours**?*

Las clases suyas son aburridas, pero **las nuestras** son buenísimas.
*Their classes are boring, but **ours** are great.*

Prepositional pronoun A pronoun that functions as the object of a preposition. Except for **mí, ti,** and **sí**, these pronouns are the same as subject pronouns. The adjective **mismo/a** may be added to express *myself, himself,* etc. After the preposition **con**, the forms **conmigo, contigo,** and **consigo** are used.

¿Es **para mí**?	Juan habló **de ella**.
*Is this **for me**?*	*Juan spoke **about her**.*
Iré **contigo**.	Se lo regaló **a sí mismo**.
*I will go **with you**.*	*He gave it **to himself**.*

Reflexive pronoun A pronoun that indicates that the action of a verb is performed by the subject on itself. These pronouns are often expressed in English with *-self: myself, yourself,* etc.

Yo **me bañé**.	Elena **se acostó**.
*I **took a bath**.*	*Elena **went to bed**.*

A40

Glossary of Grammatical Terms

Relative pronoun A pronoun that connects a subordinate clause to a main clause.

El edificio **en el cual** vivimos es antiguo.
*The building **that** we live in is ancient.*

La mujer **de quien** te hablé acaba de renunciar.
*The woman **(whom)** I told you about just quit.*

Subject pronoun A pronoun that replaces the name or title of a person or thing, and acts as the subject of a verb.

Tú debes estudiar más.
***You** should study more.*

Él llegó primero.
***He** arrived first.*

SUBJECT A noun or pronoun that performs the action of a verb and is often implied by the verb.

María va al supermercado.
***María** goes to the supermarket.*

(Ellos) Trabajan mucho.
***They** work hard.*

Esos libros son muy caros.
***Those books** are very expensive.*

SUPERLATIVE A grammatical construction used to describe the most or the least of a quality when comparing a group of people, places, or objects.

Tina es **la menos simpática** de las chicas.
*Tina is **the least pleasant** of the girls.*

Tu coche es **el más rápido** de todos.
*Your car is **the fastest** one of all.*

Los restaurantes en Calle Ocho son **los mejores** de todo Miami.
*The restaurants on Calle Ocho are **the best** in all of Miami.*

Absolute superlatives Adjectives or adverbs combined with forms of the suffix **ísimo/a** in order to express the idea of extremely or very.

¡Lo hice **facilísimo**!
*I did it **so easily**!*

Ella es **jovencísima.**
*She is **very, very young.***

TENSE A set of verb forms that indicates the time of an action or state: past, present, or future.

Compound tense A two-word tense made up of an auxiliary verb and a present or past participle. In Spanish, there are two auxiliary verbs: **estar** and **haber**.

En este momento, **estoy estudiando**.
*At this time, **I am studying**.*

El paquete no **ha llegado** todavía.
*The package **has** not **arrived** yet.*

Simple tense A tense expressed by a single verb form.

María **estaba** mal anoche.
*María **was** ill last night.*

Juana **hablará** con su mamá mañana.
*Juana **will speak** with her mom tomorrow.*

VERB A word that expresses actions or states of being.

Auxiliary verb A verb used with a present or past participle to form a compound tense. **Haber** is the most commonly used auxiliary verb in Spanish.

Los chicos **han** visto los elefantes.
*The children **have** seen the elephants.*

Espero que **hayas** comido.
*I hope you **have** eaten.*

Reflexive verb A verb that describes an action performed by the subject on itself and is always used with a reflexive pronoun.

Me compré un carro nuevo.
***I bought myself** a new car.*

Pedro y Adela **se levantan** muy temprano.
*Pedro and Adela **get (themselves) up** very early.*

Spelling-change verb A verb that undergoes a predictable change in spelling, in order to reflect its actual pronunciation in the various conjugations.

practicar	c→qu	practico	practiqué
dirigir	g→j	dirigí	dirijo
almorzar	z→c	almorzó	almorcé

Stem-changing verb A verb whose stem vowel undergoes one or more predictable changes in the various conjugations.

entender	(e:ie)	entiendo
pedir	(e:i)	piden
dormir	(o:ue, u)	duermo, durmieron

A41

Verb conjugation tables

Guide to the Verb List and Tables

Below you will find the infinitive of the verbs introduced as active vocabulary in **Senderos 4**, as well as other common verbs. Each verb is followed by a model verb conjugated on the same pattern. The number in parentheses indicates where in the verb tables, pages A44–A51, you can find the conjugated forms of the model verb.

abrazar (z:c) like cruzar (37)
aburrir like vivir (3)
acabar like hablar (1)
acariciar like hablar (1)
acentuar (acentúo) like graduar (40)
acercar (c:qu) like tocar (43)
aclarar like hablar (1)
acompañar like hablar (1)
aconsejar like hablar (1)
acordar (o:ue) like contar (24)
acostar (o:ue) like contar (24)
acostumbrar like hablar (1)
actualizar (z:c) like cruzar (37)
adelgazar (z:c) like cruzar (37)
adjuntar like hablar (1)
adorar like hablar (1)
afeitar like hablar (1)
agotar like hablar (1)
ahorrar like hablar (1)
aislar (aíslo) like enviar (39)
alargar (g:gu) like llegar (41)
alojar like hablar (1)
amar like hablar (1)
amenazar (z:c) like cruzar (37)
anotar like hablar (1)
apagar (g:gu) like llegar (41)
aparecer (c:zc) like conocer (35)
aplaudir like vivir (3)
apoyar like hablar (1)
apreciar like hablar (1)
apuntar like hablar (1)
arreglar like hablar (1)
arrepentir (e:ie) like sentir (33)
ascender (e:ie) like entender (27)
asustar like hablar (1)
aterrizar (z:c) like cruzar (37)
atraer like traer (21)
atrapar like hablar (1)
atrever like comer (2)
averiguar like hablar (1)
bailar like hablar (1)
bañar like hablar (1)

barrer like comer (2)
beber like comer (2)
bendecir (e:i) like decir (8)
besar like hablar (1)
borrar like hablar (1)
botar like hablar (1)
brindar like hablar (1)
burlar like hablar (1)
caber (4)
caer (y) (5)
calentar (e:ie) like pensar (30)
cancelar like hablar (1)
cazar (z:c) like cruzar (37)
celebrar like hablar (1)
cepillar like hablar (1)
clonar like hablar (1)
cobrar like hablar (1)
cocinar like hablar (1)
coger (g:j) like proteger (42)
colocar (c:qu) like tocar (43)
colonizar (z:c) like cruzar (37)
comer (2)
comerciar like hablar (1)
componer like poner (15)
comprobar (o:ue) like contar (24)
conducir (c:zc) (6)
conocer (c:zc) (35)
conquistar like hablar (1)
conseguir (e:i) like seguir (32)
conservar like hablar (1)
contagiar like hablar (1)
contaminar like hablar (1)
contar (o:ue) (24)
contentar like hablar (1)
contraer like traer (21)
contratar like hablar (1)
contribuir (y) like destruir (38)
convertir (e:ie) like sentir (33)
coquetear like hablar (1)
correr like comer (2)
crear like hablar (1)
crecer (c:zc) like conocer (35)

creer (y) (36)
criar (crío) like enviar (39)
criticar (c:qu) like tocar (43)
cruzar (z:c) (37)
cuidar like hablar (1)
cumplir like vivir (3)
curar like hablar (1)
dar (7)
deber like comer (2)
decir (e:i) (8)
delatar like hablar (1)
denunciar like hablar (1)
depositar like hablar (1)
derribar like hablar (1)
derrocar (c:qu) like tocar (43)
derrotar like hablar (1)
desafiar (desafío) like enviar (39)
desaparecer (c:zc) like conocer (35)
desarrollar like hablar (1)
descansar like hablar (1)
descargar (g:gu) like llegar (41)
descubrir like vivir (3) *except* past participle is descubierto
descuidar like hablar (1)
desear like hablar (1)
deshacer like hacer (11)
deshojar like hablar (1)
despedir (e:i) like pedir (29)
despegar (g:gu) like llegar (41)
despertar (e:ie) like pensar (30)
destruir (y) (38)
devolver (o:ue) like volver (34)
dibujar like hablar (1)
dirigir (g:j) like proteger (42) for endings only
disculpar like hablar (1)
discutir like vivir (3)
diseñar like hablar (1)
disfrutar like hablar (1)
disgustar like hablar (1)
disparar like hablar (1)

disponer like poner (15)
disputar like hablar (1)
distinguir (gu:g) like seguir (32) for endings only
distraer like traer (21)
divertir (e:ie) like sentir (33)
doler (o:ue) like volver (34) *except* past participle is regular
dormir (o:ue) (25)
duchar like hablar (1)
echar like hablar (1)
editar like hablar (1)
educar (c:qu) like tocar (43)
elegir (e:i) (g:j) like proteger (42) for endings only
embalar like hablar (1)
emigrar like hablar (1)
empatar like hablar (1)
empeorar like hablar (1)
empezar (e:ie) (z:c) (26)
enamorar like hablar (1)
encabezar (z:c) like cruzar (37)
encantar like hablar (1)
encargar (g:gu) like llegar (41)
encender (e:ie) like entender (27)
enfermar like hablar (1)
engañar like hablar (1)
engordar like hablar (1)
ensayar like hablar (1)
entender (e:ie) (27)
enterar like hablar (1)
enterrar (e:ie) like pensar (30)
entretener (e:ie) like tener (20)
enviar (envío) (39)
equivocar like tocar (43)
esclavizar (z:c) like cruzar (37)
escoger (g:j) like proteger (42)
esculpir like vivir (3)
establecer (c:zc) like conocer (35)
estar (9)

A42

Verb conjugation tables

exigir (g:j) like proteger (42) for endings only
explotar like hablar (1)
exportar like hablar (1)
expulsar like hablar (1)
extinguir like destruir (38)
fabricar (c:qu) like tocar (43)
faltar like hablar (1)
fascinar like hablar (1)
festejar like hablar (1)
fijar like hablar (1)
financiar like hablar (1)
florecer (c:zc) like conocer (35)
flotar like hablar (1)
formular like hablar (1)
freír (e:i) (frío) like reír (31)
funcionar like hablar (1)
fusilar like hablar (1)
gastar like hablar (1)
gobernar (e:ie) like pensar (30)
grabar like hablar (1)
graduar (gradúo) (40)
guardar like hablar (1)
gustar like hablar (1)
haber (10)
habitar like hablar (1)
hablar (1)
hacer (11)
herir (e: ie) like sentir (33)
hervir (e:ie) like sentir (33)
hojear like hablar (1)
huir (y) like destruir (38)
humillar like hablar (1)
importar like hablar (1)
impresionar like hablar (1)
imprimir like vivir (3)
inscribir like vivir (3)
insistir like vivir (3)
instalar like hablar (1)
integrar like hablar (1)
interesar like hablar (1)
invadir like vivir (3)
inventar like hablar (1)
invertir (e:ie) like sentir (33)
investigar (g:gu) like llegar (41)
ir (12)
jubilar like hablar (1)
jugar (u:ue) (g:gu) (28)
jurar like hablar (1)
lastimar like hablar (1)

latir like vivir (3)
lavar like hablar (1)
levantar like hablar (1)
liberar like hablar (1)
lidiar like hablar (1)
limpiar like hablar (1)
llegar (g:gu) (41)
llevar like hablar (1)
llorar like hablar (1)
lograr like hablar (1)
luchar like hablar (1)
madrugar (g:gu) like llegar (41)
malgastar like hablar (1)
manipular like hablar (1)
maquillar like hablar (1)
meditar like hablar (1)
mejorar like hablar (1)
merecer (c:zc) like conocer (35)
meter like comer (2)
molar like hablar (1)
molestar like hablar (1)
morder (o:ue) like volver (34)
morir (o:ue) like dormir (25) *except* past participle is muerto
mudar like hablar (1)
narrar like hablar (1)
navegar (g:gu) like llegar (41)
necesitar like hablar (1)
obedecer (c:zc) like conocer (35)
ocultar like hablar (1)
odiar like hablar (1)
oír (y) (13)
olvidar like hablar (1)
opinar like hablar (1)
oponer like poner (15)
oprimir like vivir (3)
oscurecer (c:zc) like conocer (35)
parar like hablar (1)
parecer (c:zc) like conocer (35)
parpadear like hablar (1)
pedir (e:i) (29)
peinar like hablar (1)
pensar (e:ie) (30)
permanecer (c:zc) like conocer (35)
pertenecer (c:zc) like conocer (35)
pillar like hablar (1)
pintar like hablar (1)
poblar (o:ue) like contar (24)

poder (o:ue) (14)
poner (15)
preferir (e:ie) like sentir (33)
pregonar like hablar (1)
preocupar like hablar (1)
prestar like hablar (1)
prevenir (e:ie) like venir (22)
prever like ver (23)
probar (o:ue) like contar (24)
producir (c:sz) like conducir (6)
prohibir (prohíbo) like enviar (39) for endings only
proponer like poner (15)
proteger (g:j) (42)
protestar like hablar (1)
publicar (c:qu) like tocar (43)
quedar like hablar (1)
quejar like hablar (1)
querer (e:ie) (16)
quitar like hablar (1)
rascar like hablar (1)
recetar like hablar (1)
rechazar (z:c) like cruzar (37)
reciclar like hablar (1)
reclamar like hablar (1)
recomendar (e:ie) like pensar (30)
reconocer (c:zc) like conocer (35)
recorrer like comer (2)
recuperar like hablar (1)
reducir (c:zc) like conducir (6)
reflejar like hablar (1)
regresar like hablar (1)
rehacer like hacer (11)
reír (e:i) (31)
relajar like hablar (1)
rendir (e:i) like pedir (29)
renunciar like hablar (1)
reservar like hablar (1)
resolver (o:ue) like volver (34)
respirar like hablar (1)
retratar like hablar (1)
reunir like vivir (3)
rezar (z:c) like cruzar (37)
rociar like hablar (1)
rodar (o:ue) like contar (24)
rogar (o:ue) like contar (24) for stem changes; (g:gu) like llegar (41) for endings
romper like comer (2) except past participle is roto

saber (17)
sacrificar (c:qu) like tocar (43)
salir (18)
salvar like hablar (1)
sanar like hablar (1)
secar (c:qu) like tocar (43)
seguir (e:i) (gu:g) (32)
seleccionar like hablar (1)
sentir (e:ie) (33)
señalar like hablar (1)
sepultar like hablar (1)
ser (19)
soler (o:ue) like volver (34)
solicitar like hablar (1)
sonar (o:ue) like contar (24)
soñar (o:ue) like contar (24)
sorprender like comer (2)
suceder like comer (2)
sufrir like vivir (3)
sugerir (e:ie) like sentir (33)
superar like hablar (1)
suponer like poner (15)
suprimir like vivir (3)
suscribir like vivir (3)
tener (e:ie) (20)
tirar like hablar (1)
titular like hablar (1)
tocar (c:qu) (43)
tomar like hablar (1)
torear like hablar (1)
toser like comer (2)
traducir (c:zc) like conducir (6)
traer (21)
transcurrir like vivir (3)
transmitir like vivir (3)
trasnochar like hablar (1)
tratar like hablar (1)
unir like vivir (3)
vacunar like hablar (1)
valer like salir (18) only for endings; imperative is vale
vencer (c:z) (44)
venir (e:ie) (22)
ver (23)
vestir (e:i) like pedir (29)
vivir (3)
volar (o:ue) like contar (24)
volver (o:ue) (34)
votar like hablar (1)

A43

Verb Conjugation Tables

Regular verbs: simple tenses

| Infinitive | INDICATIVE | | | | | SUBJUNCTIVE | | IMPERATIVE |
	Present	Imperfect	Preterite	Future	Conditional	Present	Past	
1 hablar	hablo	hablaba	hablé	hablaré	hablaría	hable	hablara	
	hablas	hablabas	hablaste	hablarás	hablarías	hables	hablaras	habla tú (no hables)
Participles:	habla	hablaba	habló	hablará	hablaría	hable	hablara	hable Ud.
hablando	hablamos	hablábamos	hablamos	hablaremos	hablaríamos	hablemos	habláramos	hablemos
hablado	habláis	hablabais	hablasteis	hablaréis	hablaríais	habléis	hablarais	hablad (no habléis)
	hablan	hablaban	hablaron	hablarán	hablarían	hablen	hablaran	hablen Uds.
2 comer	como	comía	comí	comeré	comería	coma	comiera	
	comes	comías	comiste	comerás	comerías	comas	comieras	come tú (no comas)
Participles:	come	comía	comió	comerá	comerían	coma	comiera	coma Ud.
comiendo	comemos	comíamos	comimos	comeremos	comeríamos	comamos	comiéramos	comamos
comido	coméis	comíais	comisteis	comeréis	comeríais	comáis	comierais	comed (no comáis)
	comen	comían	comieron	comerán	comerían	coman	comieran	coman Uds.
3 vivir	vivo	vivía	viví	viviré	viviría	viva	viviera	
	vives	vivías	viviste	vivirás	vivirías	vivas	vivieran	vive tú (no vivas)
Participles:	vive	vivía	vivió	vivirá	viviría	viva	viviera	viva Ud.
viviendo	vivimos	vivíamos	vivimos	viviremos	viviríamos	vivamos	viviéramos	vivamos
vivido	vivís	vivíais	vivisteis	viviréis	viviríais	viváis	vivierais	vivid (no viváis)
	viven	vivían	vivieron	vivirán	vivirían	vivan	vivieran	vivan Uds.

All verbs: compound tenses

PERFECT TENSES							
INDICATIVE				SUBJUNCTIVE			
Present Perfect	Past Perfect	Future Perfect	Conditional Perfect	Present Perfect		Past Perfect	
he	había	habré	habría	haya		hubiera	
has	habías	habrás	habrías	hayas		hubieras	
ha hablado	había hablado	habrá hablado	habría hablado	haya hablado		hubiera hablado	
hemos comido	habíamos comido	habremos comido	habríamos comido	hayamos comido		hubiéramos comido	
habéis vivido	habíais vivido	habréis vivido	habríais vivido	hayáis vivido		hubierais vivido	
han	habían	habrán	habrían	hayan		hubieran	

A44

Verb Conjugation Tables

PROGRESSIVE TENSES					
INDICATIVE				SUBJUNCTIVE	
Present Progressive	Past Progressive	Future Progressive	Conditional Progressive	Present Progressive	Past Progressive
estoy	estaba	estaré	estaría	esté	estuviera
estás	estabas	estarás	estarías	estés	estuvieras
está — hablando	estaba — hablando	estará — hablando	estaría — hablando	esté — hablando	estuviera — hablando
estamos — comiendo	estábamos — comiendo	estaremos — comiendo	estaríamos — comiendo	estemos — comiendo	estuviéramos — comiendo
estáis — viviendo	estabais — viviendo	estaréis — viviendo	estaríais — viviendo	estéis — viviendo	estuvierais — viviendo
están	estaban	estarán	estarían	estén	estuvieran

Irregular verbs

Infinitive	INDICATIVE					SUBJUNCTIVE		IMPERATIVE
	Present	Imperfect	Preterite	Future	Conditional	Present	Past	
4 caber	**quepo**	cabía	**cupe**	**cabré**	**cabría**	**quepa**	**cupiera**	
	cabes	cabías	**cupiste**	**cabrás**	**cabrías**	**quepas**	**cupieras**	cabe tú (no **quepas**)
Participles:	cabe	cabía	**cupo**	**cabrá**	**cabría**	**quepa**	**cupiera**	**quepa** Ud.
cabiendo	cabemos	cabíamos	**cupimos**	**cabremos**	**cabríamos**	**quepamos**	**cupiéramos**	**quepamos**
cabido	cabéis	cabíais	**cupisteis**	**cabréis**	**cabríais**	**quepáis**	**cupierais**	cabed (no **quepáis**)
	caben	cabían	**cupieron**	**cabrán**	**cabrían**	**quepan**	**cupieran**	**quepan** Uds.
5 caer(se)	**caigo**	caía	caí	caeré	caería	**caiga**	**cayera**	
	caes	caías	**caíste**	caerás	caerías	**caigas**	**cayeras**	cae tú (no **caigas**)
Participles:	cae	caía	**cayó**	caerá	caería	**caiga**	**cayera**	**caiga** Ud.
cayendo	caemos	caíamos	**caímos**	caeremos	caeríamos	**caigamos**	**cayéramos**	**caigamos**
caído	caéis	caíais	**caísteis**	caeréis	caeríais	**caigáis**	**cayerais**	caed (no **caigáis**)
	caen	caían	**cayeron**	caerán	caerían	**caigan**	**cayeran**	**caigan** Uds.
6 conducir (c:zc)	**conduzco**	conducía	**conduje**	conduciré	conduciría	**conduzca**	**condujera**	
	conduces	conducías	**condujiste**	conducirás	conducirías	**conduzcas**	**condujeras**	conduce tú (no **conduzcas**)
	conduce	conducía	**condujo**	conducirá	conduciría	**conduzca**	**condujera**	**conduzca** Ud.
Participles:	conducimos	conducíamos	**condujimos**	conduciremos	conduciríamos	**conduzcamos**	**condujéramos**	**conduzcamos**
conduciendo	conducís	conducíais	**condujisteis**	conduciréis	conduciríais	**conduzcáis**	**condujerais**	conducid (no **conduzcáis**)
conducido	conducen	conducían	**condujeron**	conducirán	conducirían	**conduzcan**	**condujeran**	**conduzcan** Uds.

A45

Verb Conjugation Tables

		INDICATIVE					SUBJUNCTIVE		IMPERATIVE
Infinitive	**Present**	**Imperfect**	**Preterite**	**Future**	**Conditional**		**Present**	**Past**	
7 dar	**doy**	daba	**di**	daré	daría		**dé**	diera	
	das	dabas	**diste**	darás	darías		des	dieras	da tú (no des)
Participles:	da	daba	**dio**	dará	daría		**dé**	diera	**dé** Ud.
dando	damos	dábamos	**dimos**	daremos	daríamos		demos	**diéramos**	demos
dado	**dais**	dabais	**disteis**	daréis	daríais		**deis**	dierais	dad (no **deis**)
	dan	daban	**dieron**	darán	darían		den	dieran	den Uds.
8 decir (e:i)	**digo**	decía	**dije**	diré	diría		diga	dijera	
	dices	decías	**dijiste**	dirás	dirías		digas	dijeras	**di** tú (no **digas**)
Participles:	**dice**	decía	**dijo**	dirá	diría		diga	dijera	**diga** Ud.
diciendo	decimos	decíamos	**dijimos**	diremos	diríamos		**digamos**	**dijéramos**	**digamos**
dicho	decís	decíais	**dijisteis**	diréis	diríais		**digáis**	dijerais	decid (no **digáis**)
	dicen	decían	**dijeron**	dirán	dirían		**digan**	dijeran	**digan** Uds.
9 estar	**estoy**	estaba	**estuve**	estaré	estaría		**esté**	**estuviera**	
	estás	estabas	**estuviste**	estarás	estarías		**estés**	**estuvieras**	**está** tú (no **estés**)
Participles:	**está**	estaba	**estuvo**	estará	estaría		**esté**	**estuviera**	**esté** Ud.
estando	estamos	estábamos	**estuvimos**	estaremos	estaríamos		estemos	**estuviéramos**	estemos
estado	estáis	estabais	**estuvisteis**	estaréis	estaríais		estéis	**estuvierais**	estad (no estéis)
	están	estaban	**estuvieron**	estarán	estarían		**estén**	**estuvieran**	**estén** Uds.
10 haber	**he**	había	**hube**	**habré**	**habría**		**haya**	**hubiera**	
	has	habías	**hubiste**	**habrás**	**habrías**		**hayas**	**hubieras**	
Participles:	**ha**	había	**hubo**	**habrá**	**habría**		**haya**	**hubiera**	
habiendo	**hemos**	habíamos	**hubimos**	**habremos**	**habríamos**		**hayamos**	**hubiéramos**	
habido	**habéis**	habíais	**hubisteis**	**habréis**	**habríais**		**hayáis**	**hubierais**	
	han	habían	**hubieron**	**habrán**	**habrían**		**hayan**	**hubieran**	
11 hacer	**hago**	hacía	**hice**	**haré**	**haría**		**haga**	**hiciera**	
	haces	hacías	**hiciste**	**harás**	**harías**		**hagas**	**hicieras**	**haz** tú (no **hagas**)
Participles:	**hace**	hacía	**hizo**	**hará**	**haría**		**haga**	**hiciera**	**haga** Ud.
haciendo	hacemos	hacíamos	**hicimos**	**haremos**	**haríamos**		**hagamos**	**hiciéramos**	**hagamos**
hecho	hacéis	hacíais	**hicisteis**	**haréis**	**haríais**		**hagáis**	**hicierais**	haced (no **hagáis**)
	hacen	hacían	**hicieron**	**harán**	**harían**		**hagan**	**hicieran**	**hagan** Uds.
12 ir	**voy**	**iba**	**fui**	iré	iría		**vaya**	**fuera**	
	vas	**ibas**	**fuiste**	irás	irías		**vayas**	**fueras**	**ve** tú (no **vayas**)
Participles:	**va**	**iba**	**fue**	irá	iría		**vaya**	**fuera**	**vaya** Ud.
yendo	**vamos**	**íbamos**	**fuimos**	iremos	iríamos		**vayamos**	**fuéramos**	**vamos** (no **vayamos**)
ido	**vais**	**ibais**	**fuisteis**	iréis	iríais		**vayáis**	fuerais	id (no **vayáis**)
	van	**iban**	**fueron**	irán	irían		**vayan**	fueran	**vayan** Uds.
13 oír (y)	**oigo**	oía	**oí**	oiré	oiría		**oiga**	oyera	
	oyes	oías	**oíste**	oirás	oirías		**oigas**	oyeras	**oye** tú (no **oigas**)
Participles:	**oye**	oía	**oyó**	oirá	oiría		**oiga**	oyera	**oiga** Ud.
oyendo	**oímos**	oíamos	**oímos**	oiremos	oiríamos		**oigamos**	**oyéramos**	**oigamos**
oído	oís	oíais	**oísteis**	oiréis	oiríais		**oigáis**	oyerais	**oíd** (no **oigáis**)
	oyen	oían	**oyeron**	oirán	oirían		**oigan**	oyeran	**oigan** Uds.

A46

Verb Conjugation Tables

		INDICATIVE					SUBJUNCTIVE		IMPERATIVE
Infinitive	**Present**	**Imperfect**	**Preterite**	**Future**	**Conditional**	**Present**	**Past**	
14 poder (o:ue)	puedo	podía	pude	podré	podría	pueda	pudiera	
	puedes	podías	pudiste	podrás	podrías	puedas	pudieras	puede tú (no puedas)
Participles:	puede	podía	pudo	podrá	podría	pueda	pudiera	pueda Ud.
pudiendo	podemos	podíamos	pudimos	podremos	podríamos	podamos	pudiéramos	podamos
podido	podéis	podíais	pudisteis	podréis	podríais	podáis	pudierais	poded (no podáis)
	pueden	podían	pudieron	podrán	podrían	puedan	pudieran	puedan Uds.
15 poner	pongo	ponía	puse	pondré	pondría	ponga	pusiera	
	pones	ponías	pusiste	pondrás	pondrías	pongas	pusieras	pon tú (no pongas)
Participles:	pone	ponía	puso	pondrá	pondría	ponga	pusiera	ponga Ud.
poniendo	ponemos	poníamos	pusimos	pondremos	pondríamos	pongamos	pusiéramos	pongamos
puesto	ponéis	poníais	pusisteis	pondréis	pondríais	pongáis	pusierais	poned (no pongáis)
	ponen	ponían	pusieron	pondrán	pondrían	pongan	pusieran	pongan Uds.
16 querer (e:ie)	quiero	quería	quise	querré	querría	quiera	quisiera	
	quieres	querías	quisiste	querrás	querrías	quieras	quisieras	quiere tú (no quieras)
Participles:	quiere	quería	quiso	querrá	querría	quiera	quisiera	quiera Ud.
queriendo	queremos	queríamos	quisimos	querremos	querríamos	queramos	quisiéramos	queramos
querido	queréis	queríais	quisisteis	querréis	querríais	queráis	quisierais	quered (no queráis)
	quieren	querían	quisieron	querrán	querrían	quieran	quisieran	quieran Uds.
17 saber	sé	sabía	supe	sabré	sabría	sepa	supiera	
	sabes	sabías	supiste	sabrás	sabrías	sepas	supieras	sabe tú (no sepas)
Participles:	sabe	sabía	supo	sabrá	sabría	sepa	supiera	sepa Ud.
sabiendo	sabemos	sabíamos	supimos	sabremos	sabríamos	sepamos	supiéramos	sepamos
sabido	sabéis	sabíais	supisteis	sabréis	sabríais	sepáis	supierais	sabed (no sepáis)
	saben	sabían	supieron	sabrán	sabrían	sepan	supieran	sepan Uds.
18 salir	salgo	salía	salí	saldré	saldría	salga	saliera	
	sales	salías	saliste	saldrás	saldrías	salgas	salieras	sal tú (no salgas)
Participles:	sale	salía	salió	saldrá	saldría	salga	saliera	salga Ud.
saliendo	salimos	salíamos	salimos	saldremos	saldríamos	salgamos	saliéramos	salgamos
salido	salís	salíais	salisteis	saldréis	saldríais	salgáis	salierais	salid (no salgáis)
	salen	salían	salieron	saldrán	saldrían	salgan	salieran	salgan Uds.
19 ser	soy	era	fui	seré	sería	sea	fuera	
	eres	eras	fuiste	serás	serías	seas	fueras	sé tú (no seas)
Participles:	es	era	fue	será	sería	sea	fuera	sea Ud.
siendo	somos	éramos	fuimos	seremos	seríamos	seamos	fuéramos	seamos
sido	sois	erais	fuisteis	seréis	seríais	seáis	fuerais	sed (no seáis)
	son	eran	fueron	serán	serían	sean	fueran	sean Uds.
20 tener	tengo	tenía	tuve	tendré	tendría	tenga	tuviera	
	tienes	tenías	tuviste	tendrás	tendrías	tengas	tuvieras	ten tú (no tengas)
Participles:	tiene	tenía	tuvo	tendrá	tendría	tenga	tuviera	tenga Ud.
teniendo	tenemos	teníamos	tuvimos	tendremos	tendríamos	tengamos	tuviéramos	tengamos
tenido	tenéis	teníais	tuvisteis	tendréis	tendríais	tengáis	tuvierais	tened (no tengáis)
	tienen	tenían	tuvieron	tendrán	tendrían	tengan	tuvieran	tengan Uds.

A47

Verb Conjugation Tables

		INDICATIVE					SUBJUNCTIVE		IMPERATIVE
Infinitive	Present	Imperfect	Preterite	Future	Conditional	Present	Past	
21 traer	**traigo**	traía	**traje**	traeré	traería	**traiga**	**trajera**	
	traes	traías	**trajiste**	traerás	traerías	**traigas**	**trajeras**	trae tú (no **traigas**)
Participles:	trae	traía	**trajo**	traerá	traería	**traiga**	**trajera**	**traiga** Ud.
trayendo	traemos	traíamos	**trajimos**	traeremos	traeríamos	**traigamos**	**trajéramos**	**traigamos**
traído	traéis	traíais	**trajisteis**	traeréis	traeríais	**traigáis**	**trajerais**	traed (no **traigáis**)
	traen	traían	**trajeron**	traerán	traerían	**traigan**	**trajeran**	**traigan** Uds.
22 venir	**vengo**	venía	**vine**	**vendré**	**vendría**	**venga**	**viniera**	
	vienes	venías	**viniste**	**vendrás**	**vendrías**	**vengas**	**vinieras**	**ven** tú (no **vengas**)
Participles:	**viene**	venía	**vino**	**vendrá**	**vendría**	**venga**	**viniera**	**venga** Ud.
viniendo	venimos	veníamos	**vinimos**	**vendremos**	**vendríamos**	**vengamos**	**viniéramos**	**vengamos**
venido	venís	veníais	**vinisteis**	**vendréis**	**vendríais**	**vengáis**	**vinierais**	venid (no **vengáis**)
	vienen	venían	**vinieron**	**vendrán**	**vendrían**	**vengan**	**vinieran**	**vengan** Uds.
23 ver	**veo**	**veía**	**vi**	veré	vería	**vea**	viera	
	ves	**veías**	viste	verás	verías	**veas**	vieras	ve tú (no **veas**)
Participles:	ve	**veía**	**vio**	verá	vería	**vea**	viera	**vea** Ud.
viendo	vemos	**veíamos**	vimos	veremos	veríamos	**veamos**	viéramos	**veamos**
visto	**veis**	**veíais**	visteis	veréis	veríais	**veáis**	vierais	ved (no **veáis**)
	ven	**veían**	vieron	verán	verían	**vean**	vieran	**vean** Uds.

Stem-changing verbs

		INDICATIVE					SUBJUNCTIVE		IMPERATIVE
Infinitive	Present	Imperfect	Preterite	Future	Conditional	Present	Past	
24 contar	**cuento**	contaba	conté	contaré	contaría	**cuente**	contara	
(o:ue)	**cuentas**	contabas	contaste	contarás	contarías	**cuentes**	contaras	**cuenta** tú (no **cuentes**)
	cuenta	contaba	contó	contará	contaría	**cuente**	contara	**cuente** Ud.
Participles:	contamos	contábamos	contamos	contaremos	contaríamos	contemos	contáramos	contemos
contando	contáis	contabais	contasteis	contaréis	contaríais	contéis	contarais	contad (no contéis)
contado	**cuentan**	contaban	contaron	contarán	contarían	**cuenten**	contaran	**cuenten** Uds.
25 dormir	**duermo**	dormía	dormí	dormiré	dormiría	**duerma**	**durmiera**	
(o:ue)	**duermes**	dormías	dormiste	dormirás	dormirías	**duermas**	**durmieras**	**duerme** tú (no **duermas**)
	duerme	dormía	**durmió**	dormirá	dormiría	**duerma**	**durmiera**	**duerma** Ud.
Participles:	dormimos	dormíamos	dormimos	dormiremos	dormiríamos	**durmamos**	**durmiéramos**	**durmamos**
durmiendo	dormís	dormíais	dormisteis	dormiréis	dormiríais	**durmáis**	**durmierais**	dormid (no **durmáis**)
dormido	**duermen**	dormían	**durmieron**	dormirán	dormirían	**duerman**	**durmieran**	**duerman** Uds.
26 empezar	**empiezo**	empezaba	**empecé**	empezaré	empezaría	**empiece**	empezara	
(e:ie) (z:c)	**empiezas**	empezabas	empezaste	empezarás	empezarías	**empieces**	empezaras	**empieza** tú (no **empieces**)
	empieza	empezaba	empezó	empezará	empezaría	**empiece**	empezara	**empiece** Ud.
Participles:	empezamos	empezábamos	empezamos	empezaremos	empezaríamos	**empecemos**	empezáramos	**empecemos**
empezando	empezáis	empezabais	empezasteis	empezaréis	empezaríais	**empecéis**	empezarais	empezad (no **empecéis**)
empezado	**empiezan**	empezaban	empezarán	empezarán	empezarían	**empiecen**	empezaran	**empiecen** Uds.

Verb Conjugation Tables

Infinitive	INDICATIVE					SUBJUNCTIVE		IMPERATIVE
	Present	Imperfect	Preterite	Future	Conditional	Present	Past	
27 entender (e:ie)	entiendo	entendía	entendí	entenderé	entendería	entienda	entendiera	
	entiendes	entendías	entendiste	entenderás	entenderías	entiendas	entendieras	entiende tú (no entiendas)
	entiende	entendía	entendió	entenderá	entendería	entienda	entendiera	entienda Ud.
Participles:	entendemos	entendíamos	entendimos	entenderemos	entenderíamos	entendamos	entendiéramos	entendamos
entendiendo	entendéis	entendíais	entendisteis	entenderéis	entenderíais	entendáis	entendierais	entended (no entendáis)
entendido	entienden	entendían	entendieron	entenderán	entenderían	entiendan	entendieran	entiendan Uds.
28 jugar (u:ue) (g:gu)	juego	jugaba	jugué	jugaré	jugaría	juegue	jugara	
	juegas	jugabas	jugaste	jugarás	jugarías	juegues	jugaras	juega tú (no juegues)
	juega	jugaba	jugó	jugará	jugaría	juegue	jugara	juegue Ud
Participles:	jugamos	jugábamos	jugamos	jugaremos	jugaríamos	juguemos	jugáramos	juguemos
jugando	jugáis	jugabais	jugasteis	jugaréis	jugaríais	juguéis	jugarais	jugad (no juguéis)
jugado	juegan	jugaban	jugaron	jugarán	jugarían	jueguen	jugaran	jueguen Uds.
29 pedir (e:i)	pido	pedía	pedí	pediré	pediría	pida	pidiera	
	pides	pedías	pediste	pedirás	pedirías	pidas	pidieras	pide tú (no pidas)
Participles:	pide	pedía	pidió	pedirá	pediría	pida	pidiera	pida Ud.
pidiendo	pedimos	pedíamos	pedimos	pediremos	pediríamos	pidamos	pidiéramos	pidamos
pedido	pedís	pedíais	pedisteis	pediréis	pediríais	pidáis	pidierais	pedid (no pidáis)
	piden	pedían	pidieron	pedirán	pedirían	pidan	pidieran	pidan Uds.
30 pensar (e:ie)	pienso	pensaba	pensé	pensaré	pensaría	piense	pensara	
	piensas	pensabas	pensaste	pensarás	pensarías	pienses	pensaras	piensa tú (no pienses)
	piensa	pensaba	pensó	pensará	pensaría	piense	pensara	piense Ud.
Participles:	pensamos	pensábamos	pensamos	pensaremos	pensaríamos	pensemos	pensáramos	pensemos
pensando	pensáis	pensabais	pensasteis	pensaréis	pensaríais	penséis	pensarais	pensad (no penséis)
pensado	piensan	pensaban	pensaron	pensarán	pensarían	piensen	pensaran	piensen Uds.
31 reír (e:i)	río	reía	reí	reiré	reiría	ría	riera	
	ríes	reías	reíste	reirás	reirías	rías	rieras	ríe tú (no rías)
Participles:	ríe	reía	rió	reirá	reiría	ría	riera	ría Ud.
riendo	reímos	reíamos	reímos	reiremos	reiríamos	riamos	riéramos	riamos
reído	reís	reíais	reísteis	reiréis	reiríais	riáis	rierais	reíd (no riáis)
	ríen	reían	rieron	reirán	reirían	rían	rieran	rían Uds.
32 seguir (e:i) (gu:g)	sigo	seguía	seguí	seguiré	seguiría	siga	siguiera	
	sigues	seguías	seguiste	seguirás	seguirías	sigas	siguieras	sigue tú (no sigas)
	sigue	seguía	siguió	seguirá	seguiría	siga	siguiera	siga Ud.
Participles:	seguimos	seguíamos	seguimos	seguiremos	seguiríamos	sigamos	siguiéramos	sigamos
siguiendo	seguís	seguíais	seguisteis	seguiréis	seguiríais	sigáis	siguierais	seguid (no sigáis)
seguido	siguen	seguían	siguieron	seguirán	seguirían	sigan	siguieran	sigan Uds.
33 sentir (e:ie)	siento	sentía	sentí	sentiré	sentiría	sienta	sintiera	
	sientes	sentías	sentiste	sentirás	sentirías	sientas	sintieras	siente tú (no sientas)
	siente	sentía	sintió	sentirá	sentiría	sienta	sintiera	sienta Ud.
Participles:	sentimos	sentíamos	sentimos	sentiremos	sentiríamos	sintamos	sintiéramos	sintamos
sintiendo	sentís	sentíais	sentisteis	sentiréis	sentiríais	sintáis	sintierais	sentid (no sintáis)
sentido	sienten	sentían	sintieron	sentirán	sentirían	sientan	sintieran	sientan Uds.

A49

Verb Conjugation Tables

Infinitive	INDICATIVE					SUBJUNCTIVE		IMPERATIVE
	Present	Imperfect	Preterite	Future	Conditional	Present	Past	
34 volver (o:ue)	vuelvo	volvía	volví	volveré	volvería	vuelva	volviera	
	vuelves	volvías	volviste	volverás	volverías	vuelvas	volvieras	vuelve tú (no vuelvas)
	vuelve	volvía	volvió	volverá	volvería	vuelva	volviera	vuelva Ud.
Participles:	volvemos	volvíamos	volvimos	volveremos	volveríamos	volvamos	volviéramos	volvamos
volviendo	volvéis	volvíais	volvisteis	volveréis	volveríais	volváis	volvierais	volved (no volváis)
vuelto	vuelven	volvían	volvieron	volverán	volverían	vuelvan	volvieran	vuelvan Uds.

Verbs with spelling changes only

Infinitive	INDICATIVE					SUBJUNCTIVE		IMPERATIVE
	Present	Imperfect	Preterite	Future	Conditional	Present	Past	
35 conocer (c:zc)	conozco	conocía	conocí	conoceré	conocería	conozca	conociera	
	conoces	conocías	conociste	conocerás	conocerías	conozcas	conocieras	conoce tú (no conozcas)
	conoce	conocía	conoció	conocerá	conocería	conozca	conociera	conozca Ud.
Participles:	conocemos	conocíamos	conocimos	conoceremos	conoceríamos	conozcamos	conociéramos	conozcamos
conociendo	conocéis	conocíais	conocisteis	conoceréis	conoceríais	conozcáis	conocierais	conoced (no conozcáis)
conocido	conocen	conocían	conocieron	conocerán	conocerían	conozcan	conocieran	conozcan Uds.
36 creer (y)	creo	creía	creí	creeré	creería	crea	creyera	
	crees	creías	creíste	creerás	creerías	creas	creyeras	cree tú (no creas)
Participles:	cree	creía	creyó	creerá	creería	crea	creyera	crea Ud.
creyendo	creemos	creíamos	creímos	creeremos	creeríamos	creamos	creyéramos	creamos
creído	creéis	creíais	creísteis	creeréis	creeríais	creáis	creyerais	creed (no creáis)
	creen	creían	creyeron	creerán	creerían	crean	creyeran	crean Uds.
37 cruzar (z:c)	cruzo	cruzaba	crucé	cruzaré	cruzaría	cruce	cruzara	
	cruzas	cruzabas	cruzaste	cruzarás	cruzarías	cruces	cruzaras	cruza tú (no cruces)
Participles:	cruza	cruzaba	cruzó	cruzará	cruzaría	cruce	cruzara	cruce Ud.
cruzando	cruzamos	cruzábamos	cruzamos	cruzaremos	cruzaríamos	crucemos	cruzáramos	crucemos
cruzado	cruzáis	cruzabais	cruzasteis	cruzaréis	cruzaríais	crucéis	cruzarais	cruzad (no crucéis)
	cruzan	cruzaban	cruzaron	cruzarán	cruzarían	crucen	cruzaran	crucen Uds.
38 destruir (y)	destruyo	destruía	destruí	destruiré	destruiría	destruya	destruyera	
	destruyes	destruías	destruiste	destruirás	destruirías	destruyas	destruyeras	destruye tú (no destruyas)
Participles:	destruye	destruía	destruyó	destruirá	destruiría	destruya	destruyera	destruya Ud.
destruyendo	destruimos	destruíamos	destruimos	destruiremos	destruiríamos	destruyamos	destruyéramos	destruyamos
destruido	destruís	destruíais	destruisteis	destruiréis	destruiríais	destruyáis	destruyerais	destruid (no destruyáis)
	destruyen	destruían	destruyeron	destruirán	destruirían	destruyan	destruyeran	destruyan Uds.
39 enviar (envío)	envío	enviaba	envié	enviaré	enviaría	envíe	enviara	
	envías	enviabas	enviaste	enviarás	enviarías	envíes	enviaras	envía tú (no envíes)
	envía	enviaba	envió	enviará	enviaría	envíe	enviara	envíe Ud.
Participles:	enviamos	enviábamos	enviamos	enviaremos	enviaríamos	enviemos	enviáramos	enviemos
enviando	enviáis	enviabais	enviasteis	enviaréis	enviaríais	enviéis	enviarais	enviad (no enviéis)
enviado	envían	enviaban	enviaron	enviarán	enviarían	envíen	enviaran	envíen Uds.

Verb Conjugation Tables

	Infinitive	INDICATIVE					SUBJUNCTIVE		IMPERATIVE
		Present	Imperfect	Preterite	Future	Conditional	Present	Past	
40	graduarse (gradúo)	**gradúo**	graduaba	gradué	graduaré	graduaría	**gradúe**	graduara	
		gradúas	graduabas	graduaste	graduarás	graduarías	**gradúes**	graduaras	**gradúa** tú (no **gradúes**)
		gradúa	graduaba	graduó	graduará	graduaría	**gradúe**	graduara	**gradúe** Ud.
	Participles:	graduamos	graduábamos	graduamos	graduaremos	graduaríamos	graduemos	graduáramos	graduemos
	graduando	graduáis	graduabais	graduasteis	graduaréis	graduaríais	graduéis	graduarais	graduad (no graduéis)
	graduado	**gradúan**	graduaban	graduaron	graduarán	graduarían	**gradúen**	graduaran	**gradúen** Uds.
41	llegar (g:gu)	llego	llegaba	**llegué**	llegaré	llegaría	**llegue**	llegara	
		llegas	llegabas	llegaste	llegarás	llegarías	**llegues**	llegaras	llega tú (no **llegues**)
	Participles:	llega	llegaba	llegó	llegará	llegaría	**llegue**	llegara	**llegue** Ud.
	llegando	llegamos	llegábamos	llegamos	llegaremos	llegaríamos	**lleguemos**	llegáramos	**lleguemos**
	llegado	llegáis	llegabais	llegasteis	llegaréis	llegaríais	**lleguéis**	llegarais	llegad (no **lleguéis**)
		llegan	llegaban	llegaron	llegarán	llegarían	**lleguen**	llegaran	**lleguen** Uds.
42	proteger (g:j)	**protejo**	protegía	protegí	protegeré	protegería	**proteja**	protegiera	
		proteges	protegías	protegiste	protegerás	protegerías	**protejas**	protegieras	protege tú (no **protejas**)
		protege	protegía	protegió	protegerá	protegería	**proteja**	protegiera	**proteja** Ud.
	Participles:	protegemos	protegíamos	protegimos	protegeremos	protegeríamos	**protejamos**	protegiéramos	**protejamos**
	protegiendo	protegéis	protegíais	protegisteis	protegeréis	protegeríais	**protejáis**	protegierais	proteged (no **protejáis**)
	protegido	protegen	protegían	protegieron	protegerán	protegerían	**protejan**	protegieran	**protejan** Uds.
43	tocar (c:qu)	toco	tocaba	**toqué**	tocaré	tocaría	**toque**	tocara	
		tocas	tocabas	tocaste	tocarás	tocarías	**toques**	tocaras	toca tú (no **toques**)
	Participles:	toca	tocaba	tocó	tocará	tocaría	**toque**	tocara	**toque** Ud.
	tocando	tocamos	tocábamos	tocamos	tocaremos	tocaríamos	**toquemos**	tocáramos	**toquemos**
	tocado	tocáis	tocabais	tocasteis	tocaréis	tocaríais	**toquéis**	tocarais	tocad (no **toquéis**)
		tocan	tocaban	tocaron	tocarán	tocarían	**toquen**	tocaran	**toquen** Uds.
44	vencer (c:z)	**venzo**	vencía	vencí	venceré	vencería	**venza**	venciera	
		vences	vencías	venciste	vencerás	vencerías	**venzas**	vencieras	vence tú (no **venzas**)
	Participles:	vence	vencía	venció	vencerá	vencería	**venza**	venciera	**venza** Ud.
	venciendo	vencemos	vencíamos	vencimos	venceremos	venceríamos	**venzamos**	venciéramos	**venzamos**
	vencido	vencéis	vencíais	vencisteis	venceréis	venceríais	**venzáis**	vencierais	venced (no **venzáis**)
		vencen	vencían	vencieron	vencerán	vencerían	**venzan**	vencieran	**venzan** Uds.

Vocabulary

Guide to Vocabulary

This glossary contains the words and expressions listed on the **Vocabulario** page found at the end of each lesson in **Senderos 4** and **Senderos 5** as well as other useful vocabulary. A numeral following an entry indicates the volume and lesson where the word or expression was introduced. Check the **Estructura** sections of each lesson for words and expressions related to those grammar topics.

Abbreviations used in this glossary

adj.	adjective	*f.*	feminine	*interj.*	interjection	*p.p.*	past participle	*sing.*	singular
adv.	adverb	*fam.*	familiar	*m.*	masculine	*prep.*	preposition	*v.*	verb
conj.	conjunction	*form.*	formal	*pl.*	plural	*pron.*	pronoun		

Note on alphabetization

For purposes of alphabetization, **ch** and **ll** are not treated as separate letters, but **ñ** follows **n.**

Español–Inglés

A

a punto de *adv.* about (to do something) **4.4**
abogado/a *m., f.* lawyer
abrazar *v.* to hug; to hold **4.1**
abrir(se) *v.* to open; **abrirse paso** to make one's way
abrocharse *v.* to fasten; **abrocharse el cinturón de seguridad** to fasten one's seatbelt
abstracto/a *adj.* abstract **5.4**
aburrir *v.* to bore **4.2**
aburrirse *v.* to get bored **4.2**
acantilado *m.* cliff
acariciar *v.* to caress **5.4**
acaso *adv.* perhaps
accidente *m.* accident; **accidente automovilístico** *m.* car accident **4.5**
acentuar *v.* to accentuate **5.4**
acercarse (a) *v.* to approach **4.2**
aclarar *v.* to clarify **5.3**
acoger *v.* to welcome; to take in; to receive
acogido/a *adj.* received; **bien acogido/a** well received **5.2**
aconsejar *v.* to advise; to suggest **4.4**
acontecimiento *m.* event **5.3**
acordar (o:ue) *v.* to agree **4.2**
acordarse (o:ue) **(de)** *v.* to remember **4.2**
acostarse (o:ue) *v.* to go to bed **4.2**
acostumbrado/a *adj.* accustomed to; **estar acostumbrado/a a** *v.* to be used to
acostumbrarse (a) *v.* to get used to; to grow accustomed (to) **4.3**
activista *m., f.* activist **5.5**
acto: en el acto immediately; on the spot **4.3**
actor *m.* actor **5.3**
actriz *f.* actress **5.3**
actual *adj.* current **5.3**
actualidad *f.* current events **5.3**
actualizado/a *adj.* up-to-date **5.3**
actualizar *v.* to update **5.1**
actualmente *adv.* currently
acuarela *f.* watercolor **5.4**
adelantado/a *adj.* advanced **5.6**
adelanto *m.* improvement **4.4**
adelgazar *v.* to lose weight **4.4**
adinerado/a *adj.* wealthy
adivinar *v.* to guess

adjuntar *v.* to attach **5.1; adjuntar un archivo** to attach a file **5.1**
administrar *v.* to manage; to run **5.2**
ADN (ácido desoxirribonucleico) *m.* DNA **5.1**
adorar *v.* to adore **4.1**
aduana *f.* customs; **agente de aduanas** customs agent **4.5**
advertencia *f.* warning **5.2**
afeitarse *v.* to shave **4.2**
aficionado/a (a) *adj.* fond of; a fan (of) **4.2; ser aficionado/a de** to be a fan of
afligirse *v.* to get upset **4.3**
afortunado/a *adj.* lucky
agenda *f.* datebook **4.3**
agente *m., f.* agent; officer; **agente de aduanas** *m., f.* customs agent **4.5**
agnóstico/a *adj.* agnostic **5.5**
agobiado/a *adj.* overwhelmed **4.1**
agotado/a *adj.* exhausted **4.4**
agotar *v.* to use up **4.6**
agradecimiento *m.* gratitude
¡Aguas! *interj.* Watch out! *(Méx.)*
aguja *f.* needle **4.4**
agujero *m.* hole; **agujero en la capa de ozono** *m.* hole in the ozone layer; **agujero negro** *m.* black hole **5.1; agujerito** *m.* small hole **5.1**
ahogado/a *adj.* drowned **4.5**
ahogarse *v.* to smother; to drown
ahorrar *v.* to save **5.2**
ahorrarse *v.* to save oneself **5.1**
ahorro *m.* savings **5.2**
aislado/a *adj.* isolated **4.6**
aislar *v.* to isolate **5.3**
ajedrez *m.* chess **4.2, 5.6**
ala *m.* wing
alargar *v.* to drag out **4.1**
alba *f.* dawn; daybreak
albergue *m.* hostel **4.5**
álbum *m.* album **4.2**
alcalde/alcaldesa *m., f.* mayor **5.5**
alcance *m.* reach **5.1; al alcance** within reach **5.4; al alcance de la mano** within reach
alcanzar *v.* to reach; to achieve; to succeed in
aldea *f.* village **4.4, 5.6**
alegría *f.* joy **5.5**
alimentación *f.* diet (nutrition) **4.4**
allá *adv.* there
alma (el) *f.* soul **4.1**

alojamiento *m.* lodging **4.5**
alojarse *v.* to stay **4.5**
alquilar *v.* to rent; **alquilar una película** to rent a movie **4.2**
alta definición: de alta definición *adj.* high definition **5.1**
alterar *v.* to modify; to alter
alternativas *f. pl.* options **4.3**
altiplano *m.* high plateau **5.5**
altoparlante *m.* loudspeaker
alucinar *v.* to hallucinate **5.4**
alumbrado *m.* streetlight **5.1**
alumno/a *m., f.* pupil, student **5.5**
alusión *f.* allusion **5.4**
amable *adj.* nice; kind
amado/a *m., f.* loved one; sweetheart **4.1**
amanecer *m.* sunrise; morning
amar *v.* to love **4.1**
ambiental *adj.* environmental **4.6**
ambos/as *pron., adj.* both
amenazar *v.* to threaten **4.3**
amor *m.* love; **amor (no) correspondido** (un)requited love
amueblado/a *adj.* furnished
analgésico *m.* painkiller **4.2**
anciano/a *adj.* elderly
anciano/a *m., f.* elderly gentleman/lady
andar *v.* to walk; **andar** + *pres. participle* to be (doing something)
anfitrión/anfitriona *m.* host(ess)
anillo *m.* ring
animado/a *adj.* lively **4.2**
animar *v.* to cheer up; to encourage; **¡Anímate!** Cheer up! *(sing.)* **4.2; ¡Anímense!** Cheer up! *(pl.)* **4.2**
ánimo *m.* spirit **4.1**
anotar (un gol/un punto) *v.* to score (a goal/a point) **4.2**
ansia *f.* anxiety **4.1**
ansioso/a *adj.* anxious **4.1**
antemano: de antemano *adv.* beforehand
antena *f.* antenna; **antena parabólica** satellite dish
anterior *adj.* previous **5.2**
antes que nada first and foremost
antigüedad *f.* antiquity
antiguo/a *adj.* ancient **5.6**
antipático/a *adj.* mean; unpleasant
anuncio *m.* advertisement; commercial **5.3**

A52

Español—Inglés

añadir *v.* to add
apagado/a *adj.* turned off **5.1**
apagar *v.* to turn off **4.3; apagar las velas** to blow out the candles **5.2**
aparecer *v.* to appear **4.1**
aparcamiento *m.* parking lot **5.1**
apenas *adv.* hardly; scarcely **4.3**
aplaudir *v.* to applaud **4.2**
apogeo *m.* height; highest level **4.5**
aportación *f.* contribution **5.5**
apostar (o:ue) *v.* to bet
apoyar *v.* to support **5.2**
apoyarse (en) *v.* to lean (on)
apuntar *v.* to aim **5.5**
apreciado/a *adj.* appreciated
apreciar *v.* to appreciate **4.1**
aprendizaje *m.* learning **5.6**
aprobación *f.* approval **5.3**
aprobar (o:ue) *v.* to approve; to pass (*a class*); **aprobar una ley** to pass a law **5.5**
aprovechar *v.* to make good use of; to take advantage of
apuesta *f.* bet
apuro: tener apuro *v.* to be in a hurry; to be in a rush
araña *f.* spider **4.6**
árbitro/a *m., f.* referee **4.2**
árbol *m.* tree **4.6**
archivo *m.* file; **bajar un archivo** to download a file
arduo *adj.* hard
arepa *f.* cornmeal cake
argumento *m.* plot **5.4**
árido/a *adj.* arid **5.5**
aristocrático/a *adj.* aristocratic **5.6**
armada *f.* navy **5.5**
armado/a *adj.* armed
arqueología *f.* archaeology
arqueólogo/a *m., f.* archaeologist
arrancar *v.* to start (*a car*)
arrastrar *v.* to drag
arrecife *m.* reef **4.6**
arreglarse *v.* to get ready **4.3**
arrepentirse (de) (e:ie) *v.* to repent **4.2**
arriesgado/a *adj.* risky **4.5**
arriesgar *v.* to risk
arriesgarse *v.* to risk; to take a risk
arroba *f.* @ symbol **5.1**
arroyo *m.* stream **5.4**
arruga *f.* wrinkle
artefacto *m.* artifact **4.5**
artesano/a *m., f.* artisan **5.4**
asaltar *v.* to rob **5.4**
ascender (e:ie) *v.* to rise; to be promoted **5.2**
asco *m.* revulsion; **dar asco** to be disgusting
asegurar *v.* to assure; to guarantee
asegurarse *v.* to make sure
aseo *m.* cleanliness; hygiene; **aseo personal** *m.* personal care
asesor(a) *m., f.* consultant; advisor **5.2**
así *adv.* like this; so **4.3**
asiento *m.* seat **4.2**
asombrar *v.* to amaze
asombrarse *v.* to be astonished
asombro *m.* amazement; astonishment
asombroso/a *adj.* astonishing
aspecto *m.* appearance; look; **tener buen/mal aspecto** to look healthy/sick **4.4**
aspirina *f.* aspirin **4.4**
astronauta *m., f.* astronaut **5.1**

astrónomo/a *m., f.* astronomer **5.1**
asunto *m.* matter; topic
asustado/a *adj.* frightened; scared
atar *v.* to tie (up)
ataúd *m.* casket
ateísmo *m.* atheism
ateo/a *adj.* atheist **5.5**
aterrizar *v.* to land (an airplane) **4.5**
atletismo *m.* track-and-field events
atónito/a *adj.* astonished **5.3**
atracción *f.* attraction
atraer *v.* to attract **4.1**
atrapar *v.* to trap; to catch **4.6**
atrasado/a *adj.* late **4.3**
atrasar *v.* to delay
atreverse (a) *v.* to dare (to) **4.2**
atropellar *v.* to run over
audiencia *f.* audience
aumento *m.* increase; raise; **aumento de sueldo** *m.* raise in salary **5.2**
auricular *m.* telephone receiver **5.1**
ausente *adj.* absent
auténtico/a *adj.* real; genuine **4.3**
autobiografía *f.* autobiography **5.4**
autoestima *f.* self-esteem **4.4**
autoritario/a *adj.* strict; authoritarian **4.1**
autorretrato *m.* self-portrait **5.4**
auxiliar de vuelo *m., f.* flight attendant
auxilio *m.* help; aid; **primeros auxilios** *m. pl.* first aid **4.4**
avance *m.* advance; breakthrough **5.1**
avanzado/a *adj.* advanced **5.1**
avaro/a *m., f.* miser
ave *f.* bird **4.6**
aventura *f.* adventure **4.5**
aventurero/a *m., f.* adventurer **4.5**
avergonzado/a *adj.* ashamed; embarrassed
averiguar *v.* to find out **4.1**
avisar *v.* to inform; to warn
aviso *m.* notice; warning **4.5**
ayer (el) *m.* past **4.3**
ayuntamiento *m.* city hall **5.1**
azar *m.* chance **5.6**

B

bahía *f.* bay **4.5**
bailar *v.* to dance **4.1**
bailarín/bailarina *m., f.* dancer
bajar *v.* to lower
bajos recursos *m., pl.* low-income **5.2**
balcón *m.* balcony **4.3**
balón *m.* ball
bancario/a *adj.* banking
bancarrota *f.* bankruptcy **5.2**
banda sonora *f.* soundtrack **5.3**
bandera *f.* flag
bañarse *v.* to take a bath **4.2**
barato/a *adj.* cheap; inexpensive **4.3**
barrer *v.* to sweep **4.3**
barrio *m.* neighborhood
bastante *adv.* quite; enough **4.3**
batalla *f.* battle **4.4, 5.6**
bautismo *m.* baptism **5.3**
beber *v.* to drink **4.1**
bellas artes *f., pl* fine arts **5.4**
belleza *f.* beauty **5.2**
bendecir (e:i) *v.* to bless **5.5**
bendito/a *adj.* blessed **4.2**
beneficios *m. pl.* benefits

besar *v.* to kiss **4.1**
biblioteca *f.* library **5.6**
bien acogido/a *adj.* well-received **5.2**
bienestar *m.* well-being **4.4**
bienvenida *f.* welcome **4.5**
bilingüe *adj.* bilingual **5.3**
billar *m.* billiards **4.2**
biografía *f.* biography **5.4**
biólogo/a *m., f.* biologist **5.1**
bioquímico/a *adj.* biochemical **5.1**
bitácora *f.* travel log; weblog **5.1**
blog *m.* blog **5.1**
blogonovela *f.* blognovel **5.1**
blogosfera *f.* blogosphere **5.1**
bobo/a *m., f.* silly, stupid person **5.1**
boca arriba *adj.* face up **5.4**
bocado *m.* bite, mouthful **5.6**
boleto *m.* ticket
boliche *m.* bowling **4.2**
bolsa *f.* bag; sack; stock market; **bolsa de valores** *f.* stock market **5.2**
bombardeo *m.* bombing **4.6**
bondad *f.* goodness; **¿Tendría usted la bondad de** + *inf.…* ? Could you please …? (*form.*)
boquiabierto/a *adj.* openmouthed **5.5**
bordo: a bordo *adv.* on board **4.5**
borrar *v.* to erase **5.1**
bosque *m.* forest; **bosque lluvioso** *m.* rain forest **4.6**
bostezar *v.* to yawn
botar *v.* to throw… out
botarse *v.* to outdo oneself (*P. Rico; Cuba*)
bote *m.* boat **4.5**
brindar *v.* to make a toast **4.2**
brindis *m.* toast **4.3**
broma *f.* joke
bromear *v.* to joke
brújula *f.* compass **4.5**
buceo *m.* scuba diving **4.5**
budista *adj.* Buddhist **5.5**
bueno/a *adj.* good; **estar bueno/a** *v.* to (still) be good (i.e., *fresh*); **ser bueno/a** *v.* to be good (*by nature*); **¡Buen fin de semana!** Have a nice weekend!; **Buen provecho.** Enjoy your meal.
búfalo *m.* buffalo
burla *f.* mockery
burlar *v.* to outsmart **5.3**
burlarse (de) *v.* to make fun (of)
burocracia *f.* bureaucracy
buscador *m.* search engine **5.1**
búsqueda *f.* search
buzón *m.* mailbox

C

caber *v.* to fit **4.1; no caber duda** to be no doubt
cabo *m.* cape; end (*rope, string*); **al fin y al cabo** sooner or later, after all; **llevar a cabo** to carry out (*an activity*)
cabra *f.* goat
cacique *m.* tribal chief **5.6**
cadena *f.* network **5.3; cadena de televisión** *f.* television network
caducar *v.* to expire
caer(se) *v.* to fall **4.1; caer bien/mal** to get along well/badly with **4.2**
caja *f.* coffin **5.6**; box; **caja de herramientas** toolbox

A53

Vocabulary

cajero/a *m., f.* cashier; **cajero automático** *m.* ATM
calentamiento global *m.* global warming **4.6**
calentar (e:ie) *v.* to warm up **4.3**
calidad *f.* quality; **calidad de vida** *f.* quality of life **5.1**
callado/a *adj.* quiet/silent
callarse *v.* to be quiet, silent
calmante *m.* tranquilizer **4.4**
calmarse *v.* to calm down; to relax
calzoncillos *m. pl.* underwear (men's)
camarada *m., f.* pal, colleague **4.4**
camarero/a *m., f.* waiter; waitress
cambiar *v* to change
cambio *m.* change; **a cambio de** in exchange for
camerino *m.* star's dressing room **5.3**
campamento *m.* campground **4.5**
campaña *f.* campaign **5.5**
campeón/campeona *m., f.* champion **4.2**
campeonato *m.* championship
campo *m.* ball field **4.5**
campo *m.* countryside; field **4.6**; **campo laboral** *m.* labor market **5.2**
canal *m.* channel **5.3**; **canal de televisión** *m.* television channel
cancelar *v.* to cancel **4.5**
cáncer *m.* cancer
cancha *f.* field
candidato/a *m., f.* candidate **5.5**
canon literario *m.* literary canon **5.4**
cansancio *m.* exhaustion **4.3**
cansarse *v.* to become tired
cantante *m., f.* singer **4.2**
capa *f.* layer; **capa de ozono** *f.* ozone layer **4.6**
capaz *adj.* competent; capable **5.2**
capilla *f.* chapel
capitán *m.* captain
capítulo *m.* chapter
caracterización *f.* characterization **5.4**
cargo *m.* position; **estar a cargo de** to be in charge of **4.1**
cariño *m.* affection **4.1**
cariñoso/a *adj.* affectionate **4.1**
carne *f.* meat; flesh
carné de conducir *m.* driver's license **4.5**
caro/a *adj.* expensive **4.3**
cartas *f. pl.* (playing) cards **4.2**
casado/a *adj.* married **4.1**
cascada *f.* cascade; waterfall **4.5**
cascarrabias *m., f.* grouch, curmudgeon **4.4**
casi *adv.* almost **4.3**
casi nunca *adv.* rarely **4.3**
castigo *m.* punishment
casualidad *f.* chance; coincidence; **por casualidad** by chance **4.3**
catástrofe *f.* catastrophe; disaster; **catástrofe natural** *f.* natural disaster
categoría *f.* category **4.5**; **de buena categoría** *adj.* high quality **4.5**
católico/a *adj.* Catholic **5.5**
cazar *v.* to hunt **4.6**
ceder *v.* give up **5.5**
ceguera *f.* blindness **4.4**
celda *f.* cell
celebrar *v.* to celebrate **4.2**
celebridad *f.* celebrity **5.3**

celos *m. pl.* jealousy; **tener celos de** to be jealous of **4.1**
celoso/a *adj.* jealous **4.1**
célula *f.* cell **5.1**
cementerio *m.* cemetery **5.6**
censura *f.* censorship **5.3**
centavo *m.* cent
centro comercial *m.* mall **4.3**
cepillarse *v.* to brush **4.2**
cerdo *m.* pig **4.6**
cerro *m.* hill
certeza *f.* certainty
certidumbre *f.* certainty **5.6**
chaval(a) *m., f.* kid, youngster **5.5**
chiripazo *m.* coincidence (*Col.*) **4.4**
chisme *m.* gossip **5.3**
chiste *m.* joke **4.1**
choque *m.* crash **4.3**
choza *f.* hut **5.6**
cicatriz *f.* scar
ciclo vital *m.* life cycle **4.4**
ciencia ficción *f.* science fiction **5.4**
científico/a *adj.* scientific
científico/a *m., f.* scientist **5.1**
cierto/a *adj.* certain, sure; **¡Cierto!** Sure!; **No es cierto.** That's not so.
cima *f.* height **4.1**
cine *m.* movie theater; cinema **4.2**
cinta *f.* tape **4.1**
cinturón *m.* belt; **cinturón de seguridad** *m.* seatbelt **4.5**; **abrocharse el cinturón de seguridad** *v.* to fasten one's seatbelt; **ponerse (el cinturón)** *v.* to fasten (the seatbelt) **4.5**; **quitarse (el cinturón)** *v.* to unfasten (the seatbelt) **4.5**
circo *m.* circus **4.2**
cirugía *f.* surgery **4.4**
cirujano/a *m., f.* surgeon **4.4**
cita *f.* date; quotation; **cita a ciegas** *f.* blind date **4.1**
ciudadano/a *m., f.* citizen **5.5**
civilización *f.* civilization **5.6**
civilizado/a *adj.* civilized
claro *interj.* of course **4.3**
clásico/a *adj.* classic **5.4**
claustro *m.* cloister
clave *f.* key **5.2**
clima *m.* climate
clonar *v.* to clone **5.1**
club *m.* club; **club deportivo** *m.* sports club **4.2**
coartada *f.* alibi **5.4**
cobrar *v.* to charge; to cash **5.2**
cocinar *v.* to cook **4.3**
cocinero/a *m., f.* chef; cook
codo *m.* elbow
coger la caña *v.* to accept (*Col.*) **4.2**
cohete *m.* rocket **5.1**
cola *f.* line; tail; **hacer cola** to wait in line **4.2**
coleccionar *v.* to collect
coleccionista *m., f.* collector
colgar (o:ue) *v.* to hang (up)
colina *f.* hill
colmena *f.* beehive **5.2**
colocar *v.* to place (*an object*) **4.2**
colonia *f.* colony **5.6**
colonizar *v.* to colonize **5.6**
columnista *m., f.* columnist
combatiente *m., f.* combatant
combustible *m.* fuel **4.6**

comediante *m., f.* comedian **4.1**
comer *v.* to eat **4.1, 4.2**
comerciar *v.* to trade **5.3**
comerciante *m., f.* storekeeper; trader
comercio *m.* commerce; trade **5.2**
comerse *v.* to eat up **4.2**
comestible *adj.* edible; **planta comestible** *f.* edible plant
cometa *m.* comet **5.1**
comida *f.* food **4.6**; **comida enlatada** *f.* canned food **4.6**; **comida rápida** *f.* fast food **4.4**
cómo *adv.* how; **¿Cómo así?** How come? **4.2**; **¡Cómo no!** Of course!; **¿Cómo que son...?** What do you mean they are...?
compañía *f.* company **5.2**
completo/a *adj.* complete; filled up; **El hotel está completo.** The hotel is filled.
componer *v.* to compose **4.1**
compositor(a) *m., f.* composer
comprobar (o:ue) *v.* to prove **5.1**
compromiso *m.* commitment; responsibility **4.1**
computación *f.* computer science
computadora portátil *f.* laptop **5.1**
comunidad *f.* community **4.4**
conciencia *f.* conscience
concierto *m.* concert **4.2**
conducir *v.* to drive **4.1**
conductor(a) *m., f.* announcer
conejo *m.* rabbit **4.6**
conexión de satélite *f.* satellite connection **5.1**
conferencia *f.* conference **5.2**
confesar (e:ie) *v.* to confess
confianza *f.* trust; confidence **4.1**
confiar *v.* to trust **5.5**
confundido/a *adj.* confused
confundir (con) *v.* to confuse (with)
confuso/a *adj.* blurred **4.1**
congelado/a *adj.* frozen
congeniar *v.* to get along
congestionado/a *adj.* congested
congestionamiento *m.* traffic jam **4.5**
conjunto *m.* collection; **conjunto (musical)** *m.* (musical) group, band
conmovedor(a) *adj.* moving
conocer *v.* to know **4.1**
conocimiento *m.* knowledge **5.6**
conquista *f.* conquest **5.6**
conquistador(a) *m., f.* conquistador; conqueror **5.6**
conquistar *v.* to conquer **5.6**
conseguir (e:) *v.* to obtain **5.2**; **conseguir boletos/entradas** *v.* to get tickets **4.2**
conservador(a) *adj.* conservative **5.5**
conservador(a) *m., f.* curator
conservar *v.* to conserve; to preserve **4.6**
considerar *v.* to consider; **Considero que...** In my opinion, ...
consiguiente *adj.* resulting; consequent; **por consiguiente** consequently; as a result
consulado *m.* consulate
consulta *f.* doctor's appointment **4.4**
consultorio *m.* doctor's office **4.4**
consumo *m.* consumption; **consumo de energía** *m.* energy consumption
contador(a) *m., f.* accountant **5.2**
contagiarse *v.* to become infected **4.4**
contaminación *f.* pollution; contamination **4.6**

A54

Español—Inglés

contaminar *v.* to pollute; to contaminate **4.6**
contar (o:ue) *v.* to tell; to count **4.2**; **contar con** to count on
contemporáneo/a *adj.* contemporary **5.4**
contentarse con *v.* to be contented/satisfied with **4.1**
continuación *f.* sequel
contra *prep.* against; **en contra** *prep.* against
contraer *v.* to contract **4.1**
contraseña *f.* password **5.1**
contratar *v.* to hire **5.2**
contrato *m.* contract **5.2**
contribuir (a) *v.* to contribute **4.6**
control remoto *m.* remote control; **control remoto universal** *m.* universal remote control **5.1**
controvertido/a *adj.* controversial **5.3**
convertirse (en) (e:ie) *v.* to become **4.2**
copa *f.* (drinking) glass **4.3**; **Copa del mundo** World Cup
coquetear *v.* to flirt **4.1**
coraje *m.* courage
corazón *m.* heart **4.1**
cordillera *f.* mountain range **4.6**
cordura *f.* sanity **4.4**
coro *m.* choir; chorus
corrector ortográfico *m.* spell-checker **5.1**
corresponsal *m., f.* correspondent **5.3**
corrida *f.* bullfight **4.2**
corrido (de) *adv.* non-stop **5.3**
corriente *f.* movement **5.4**
corrupción *f.* corruption
corte *m.* cut; **de corte ejecutivo** of an executive nature
corto *m.* short film
cortometraje *m.* short film
cosecha *f.* harvest
costa *f.* coast **4.6**
costoso/a *adj.* costly; expensive
costumbre *f.* custom; habit **4.3**
cotidiano/a *adj.* everyday **4.3**; **vida cotidiana** *f.* everyday life
crear *v.* to create **5.1**
creatividad *f.* creativity
crecer *v.* to grow **4.1**
crecimiento *m.* growth
creencia *f.* belief **5.5**
creer (en) *v.* to believe (in) **5.5**; **No creas.** Don't you believe it.
creyente *m., f.* believer **5.5**
criar *v.* to raise; **haber criado** to have raised **4.1**
criarse *v.* to grow up **4.1**
crisis *f.* crisis; **crisis económica** economic crisis **5.2**
cristiano/a *adj.* Christian **5.5**
criticar *v.* to critique **5.4**
crítico/a *m., f.* critic; *adj.* critical **crítico/a de cine** movie critic **5.3**
crucero *m.* cruise (ship) **4.5**
cruzar *v.* to cross
cuadro *m.* painting **4.3, 5.4**
cuarentón/cuarentona *adj.* forty-year-old; in her/his forties **5.5**
cubismo *m.* cubism **5.4**
cucaracha *f.* cockroach **4.6**
cuenta *f.* calculation, sum; bill; account; **a final de cuentas** after all; **cuenta corriente** *f.* checking account **5.2**; **cuenta de ahorros** *f.* savings account **5.2**; **tener en cuenta** to keep in mind

cuento *m.* short story
cuerpo *m.* body; **cuerpo y alma** heart and soul
cueva *f.* cave
cuidado *m.* care **4.1**; **bien cuidado/a** well-kept
cuidadoso/a *adj.* careful **4.1**
cuidar *v.* to take care of **4.1**
cuidarse *v.* to take care of oneself
culpa *f.* guilt
culpable *adj.* guilty
cultivar *v.* to grow
culto *m.* worship
culto/a *adj.* cultured; educated; refined **5.6**
cultura *f.* culture; **cultura popular** *f.* pop culture
cumbre *f.* summit; peak
curarse *v.* to be cured **4.4**
curativo/a *adj.* healing **4.4**
currículum vitae *m.* résumé **5.2**

D

dañino/a *adj.* harmful **4.6**
dar *v.* to give; **dar a** to look out upon; **dar asco** to be disgusting; **dar de comer** to feed **4.6**; **dar el primer paso** to take the first step; **dar la gana** to feel like **5.3**; **dar la vuelta (al mundo)** to go around (the world); **dar paso a** to give way to; **dar un paseo** to take a stroll/walk **4.2**; **dar una vuelta** to take a walk/stroll; **darse cuenta** to realize **4.2, 5.3**; **darse por aludido/a** to realize/assume that one is being referred to **5.3**; **darse por vencido** to give up
dardos *m. pl.* darts **4.2**
dato *m.* piece of data
de repente *adv.* suddenly **4.3**
de terror *adj.* horror (*story/novel*) **5.4**
deber *m.* duty **5.2**
deber + inf. *v.* ought + *inf.*
década *f.* decade **5.6**
decir (e:i) *v.* to say **4.1**
dedicatoria *f.* dedication
deforestación *f.* deforestation **4.6**
dejar *v.* to leave; to allow; **dejar a alguien** to leave someone **4.1**
delatar *v.* to denounce **4.3**
demás: los/las demás *pron.* others; other people
demasiado/a *adj., adv.* too; too much
democracia *f.* democracy **5.5**
demora *f.* delay **5.6**
demorar *v.* to delay
denunciar *v.* to report **4.5**
deportista *m., f.* athlete **4.2**
depositar *v.* to deposit **5.2**
depresión *f.* depression **4.4**
deprimido/a *adj.* depressed **4.1**
derecho *m.* law; right; **derechos civiles** *m.* civil rights **5.5**; **derechos humanos** *m.* human rights **5.5**
derramar *v.* to spill
derribar *v.* to bring down; to overthrow **5.6**
derrocar *v.* to overthrow **5.6**
derrota *f.* defeat
derrotado/a *adj.* defeated **5.6**
derrotar *v.* to defeat **5.6**
desafiante *adj.* challenging **4.4**
desafiar *v.* to challenge **4.2**

desafío *m.* challenge **5.1**
desanimado/a *adj.* discouraged
desanimarse *v.* to get discouraged
desánimo *m.* the state of being discouraged **4.1**
desaparecer *v.* to disappear **4.1, 4.6**
desarrollado/a *adj.* developed **5.6**
desarrollarse *v.* to take place **5.4**
desarrollo *m.* development **4.6**; **país en vías de desarrollo** *m.* developing country
desatar *v.* to untie
descansar *v.* to rest **4.4**
descanso *m.* rest **5.2**
descarado/a *adj.* rude **5.3**
descargar *v.* to download **5.1**; to unload **4.5**
descendiente *m., f.* descendent **5.6**
desconocido/a *m., f.* stranger; *adj.* unknown
descubridor(a) *m., f.* discoverer
descubrimiento *m.* discovery **5.1**
descubrir *v.* discover
desear *v.* to desire; to wish **4.4**
desechable *adj.* disposable **4.6**
desempleado/a *adj.* unemployed **5.2**
desempleo *m.* unemployment **5.2**
desenlace *m.* ending
deseo *m.* desire; wish; **pedir un deseo** to make a wish
deshacer *v.* to undo **4.1**
deshecho/a *adj.* devastated
deshojar *v.* to pull out petals **4.3**
desierto *m.* desert **4.6**
desigual *adj.* unequal **5.5**
desilusión *f.* disappointment
desmayarse *v.* to faint **4.4**
desorden *m.* disorder; mess **5.1**
despacho *m.* office
despedida *f.* farewell **4.5**
despedido/a *adj.* fired
despedir (e:i) *v.* to fire **5.2**
despedirse (e:i) *v.* to say goodbye **4.3**
despegar *v.* to take off **4.5**
despertarse (e:ie) *v.* to wake up **4.2**
desplegar *v.* to deploy **5.1**
despreocupado/a *adj.* carefree **5.5**
destacado/a *adj.* prominent **5.3**
destacar *v.* to emphasize; to point out
destino *m.* destination **4.5**
destrozar *v.* to destroy
destruir *v.* to destroy **4.6**
detestar *v.* to detest
deuda *f.* debt **5.2**
devolver (o:ue) *v.* to return (*items*) **4.3**
devoto/a *adj.* pious
día *m.* day; **estar al día con las noticias** to keep up with the news
diamante *m.* diamond
diario *m.* newspaper **5.3**
diario/a *adj.* daily **4.3**
dibujar *v.* to draw **5.4**
dictador(a) *m., f.* dictator **5.6**
dictadura *f.* dictatorship
didáctico/a *adj.* educational **5.4**
dieta *f.* diet; **estar a dieta** to be on a diet **4.4**
digestión *f.* digestion
digital *adj.* digital **5.1**
digno/a *adj.* worthy **4.6**
diluvio *m.* heavy rain
dinero *m.* money; **dinero en efectivo** cash **4.3**
Dios *m.* God **5.5**
dios(a) *m., f.* god/goddess **4.5**

A55

Vocabulary

diputado/a *m., f.* representative **5.5**
disparar *v.* to shoot **5.5**
disputar *v.* to play **5.6**
dirección de correo electrónico *f.* e-mail address **5.1**
directo/a *adj.* direct; **en directo** *adj.* live **5.3**
director(a) *m., f.* director
dirigir *v.* to direct; to manage **4.1**
discoteca *f.* discotheque; dance club **4.2**
discriminación *f.* discrimination
discriminado/a *adj.* discriminated
disculpar *v.* to excuse
discurso *m.* speech; **pronunciar un discurso** to give a speech **5.5**
discutir *v.* to argue **4.1**
diseñar *v.* to design **5.4**
disfraz *m.* costume
disfrazado/a *adj.* disguised; in costume
disfrutar (de) *v.* to enjoy **4.2**
disgustado/a *adj.* upset **4.1**
disgustar *v.* to upset **4.2**
disminuir *v.* to decrease
disponer (de) *v.* to have; to make use of **4.3**
disponerse a *v.* to be about to **4.6**
disponible *adj.* available
distinguido/a *adj.* honored
distinguir *v.* to distinguish **4.1**
distraer *v.* to distract **4.1**
distraído/a *adj.* distracted
disturbio *m.* riot **5.2**
diversidad *f.* diversity **4.4**
divertido/a *adj.* fun **4.2**
divertirse (e:ie) *v.* to have fun **4.2**
divorciado/a *adj.* divorced **4.1**
divorcio *m.* divorce **4.1**
doblado/a *adj.* dubbed **5.3**
doblaje *m.* dubbing (film)
doblar *v.* to dub (film); to fold; to turn (*a corner*)
doble *m., f.* double (*in movies*) **5.3**
documental *m.* documentary **5.3**
dolencia *f.* illness; condition
doler (o:ue) *v.* to hurt; to ache **4.2**
dominio *m.* rule **5.6**
dominó *m.* dominoes
dondequiera *adv.* wherever **4.4**
dormir (o:ue) *v.* to sleep **4.2**
dormirse (o:ue) *v.* to go to sleep, to fall asleep **4.2**
dramaturgo/a *m., f.* playwright **5.4**
ducharse *v.* to take a shower **4.2**
dueño/a *m., f.* owner **5.2**
duro/a *adj.* hard; difficult

E

echar *v.* to throw away; **echar una mano** *v.* to give/lend a hand **5.1**; **echar un vistazo** to take a look; **echar a correr** to take off running
ecosistema *m.* ecosystem **4.6**
ecoturismo *m.* ecotourism **4.5**
Edad Media *f.* Middle Ages
editar *v.* to publish **5.4**
educar *v.* to raise; to bring up **4.1**
efectivo *m.* cash
efectos especiales *m., pl.* special effects **5.3**
efectos secundarios *m. pl.* side effects **4.4**
eficiente *adj.* efficient

ejecutivo/a *m., f.* executive **5.2**; **de corte ejecutivo** of an executive nature **5.2**
ejército *m.* army **5.5, 5.6**
electoral *adj.* electoral
electrónico/a *adj.* electronic
elegido/a *adj.* chosen; elected
elegir (e:i) *v.* to elect; to choose **5.5**
embajada *f.* embassy
embajador(a) *m., f.* ambassador **5.5**
embalarse *v.* to go too fast **5.3**
embarcar *v.* to board
emigrar *v.* to emigrate **5.5**
emisión *f.* broadcast; **emisión en vivo/ directo** *f.* live broadcast
emisora *f.* (radio) station
emocionado/a *adj.* excited **4.1**
empatar *v.* to tie (*games*) **4.2**
empate *m.* tie (*game*) **4.2**
empeorar *v.* to deteriorate; to get worse **4.4**
emperador *m.* emperor **5.6**
emperatriz *f.* empress **5.6**
empezar (e:ie) *v.* to begin
empleado/a *adj.* employed **5.2**
empleado/a *m., f.* employee **5.2**
empleo *m.* employment; job **5.2**
empresa *f.* company; **empresa multinacional** *f.* multinational company **5.2**
empresario/a *m., f.* entrepreneur **5.2**
empujar *v.* to push
en línea *adj.* online **5.1**
enamorado/a (de) *adj.* in love (with) **4.1**
enamorarse (de) *v.* to fall in love (with) **4.1**
encabezar *v.* to lead **5.6**
encantar *v.* to like very much **4.2**
encargado/a *m., f.* person in charge; **estar encargado/a de** to be in charge of **4.1**
encargarse de *v.* to be in charge of **4.1**
encender (e:ie) *v.* to turn on **4.3**
encogerse *v.* shrink; **encogerse de hombros** to shrug
energía *f.* energy; **energía eólica** *f.* wind energy; wind power; **energía nuclear** *f.* nuclear energy
enérgico/a *adj.* energetic
enfermarse *v.* to get sick **4.4**
enfermedad *f.* disease; illness **4.4**
enfermero/a *m., f.* nurse **4.4**
enfrentar *v.* to confront
engañar *v.* to betray **5.3**
engordar *v.* to gain weight **4.4**
enlace *m.* link **5.1**
enojo *m.* anger
enrojecer *v.* to turn red; to blush
ensayar *v.* to rehearse **5.3**
ensayista *m., f.* essayist **5.4**
ensayo *m.* essay; rehearsal
enseguida *adv.* right away **4.3**
enseñanza *f.* teaching; lesson **5.6**
entender (e:ie) *v.* to understand
enterarse (de) *v.* to become informed (about) **5.3**
enterrado/a *adj.* buried
enterrar (e:ie) *v.* to bury **5.6**
entonces *adv.* then; **en aquel entonces** at that time **4.3**
entrada *f.* admission ticket
entrega *f.* delivery
entrenador(a) *m., f.* coach; trainer **4.2**
entretener(se) (e:ie) *v.* to entertain, to amuse (oneself); to be held up **4.1, 4.2**
entretenido/a *adj.* entertaining **4.2**

entrevista *f.* interview; **entrevista de trabajo** *f.* job interview **5.2**
envejecimiento *m.* aging **5.2**
enviar *v.* to send
eólico/a *adj.* related to the wind; **energía eólica** *f.* wind energy; wind power
epidemia *f.* epidemic **4.4**
episodio *m.* episode **5.3**; **episodio final** *m.* final episode **5.3**
época *f.* era; epoch; historical period **5.6**
equipaje *m.* luggage
equipo *m.* team **4.2**
equivocarse *v.* to be mistaken; to make a mistake **4.2**
erosión *f.* erosion **4.6**
erudito/a *adj.* learned **5.6**
esbozar *v.* to sketch
esbozo *m.* outline; sketch
escalada *f.* climb (*mountain*)
escalador(a) *m., f.* climber
escalera *f.* staircase **4.3**
escena *f.* scene
escenario *m.* scenery; stage **4.2**
esclavitud *f.* slavery **5.6**
esclavizar *v.* enslave **5.6**
esclavo/a *m., f.* slave **5.6**
escoba *f.* broom
escoger *v.* to choose **4.1**
escritura *f.* writing **5.3**
esculpir *v.* to sculpt **5.4**
escultor(a) *m., f.* sculptor **5.4**
escultura *f.* sculpture **5.4**
esfuerzo *m.* effort
espacial *adj.* related to space; **transbordador espacial** *m.* space shuttle **5.1**
espacio *m.* space **5.1**
espacioso/a *adj.* spacious
espalda *f.* back; **a mis espaldas** behind my back **5.3**; **estar de espaldas a** to have one's back to
espantar *v.* to scare
especialista *m., f.* specialist
especializado/a *adj.* specialized **5.1**
especie *f.* species **4.6**; **especie en peligro de extinción** *f.* endangered species
espectáculo *m.* show **4.2**
espectador(a) *m., f.* spectator **4.2**
espejo retrovisor *m.* rearview mirror
espera *f.* wait
esperanza *f.* hope **4.6**
espiritual *adj.* spiritual **5.5**
estabilidad *f.* stability **5.6**
establecer(se) *v.* to establish (oneself) **5.6**
estado de ánimo *m.* mood **4.4**
estallido *m.* explosion **5.5**
estancar *v.* to stall **5.2**
estar *v.* to be; **estar al día** to be up-to-date **5.3**; **estar bajo presión** to be under stress/pressure; **estar bueno/a** to be good (i.e., *fresh*); **estar a cargo de** to be in charge of; **estar harto/a (de)** to be fed up (with); to be sick (of) **4.1**; **estar lleno** to be full **4.5**; **estar al tanto** to be informed **5.3**; **estar a la venta** to be for sale **5.4**; **estar resfriado/a** to have a cold **4.4**
estatal *adj.* public; pertaining to the state
estereotipo *m.* stereotype **5.4**
estético/a *adj.* aesthetic **5.4**
estibador de puerto *m.* longshoreman **4.4**

A56

Español—Inglés

estilo *m.* style; **al estilo de…** in the style of … **5.4**

estrecho/a *adj.* narrow

estrella *f.* star; **estrella fugaz** *f.* shooting star; **estrella** *f.* (movie) star [m/f]; **estrella pop** *f.* pop star [m/f] **5.3**

estreno *m.* premiere; debut **4.2**

estribor *m.* starboard **4.4**

estrofa *f.* stanza **5.4**

estudio *m.* studio; **estudio de grabación** *m.* recording studio

etapa *f.* stage; phase

eterno/a *adj.* eternal

ético/a *adj.* ethical **5.1; poco ético/a** unethical

etiqueta *f.* label; tag

excitante *adj.* exciting

excursión *f.* excursion; tour **4.5**

exigir *v.* to demand **4.1, 4.4, 5.2**

exilio político *m.* political exile **5.5**

éxito *m.* success

exitoso/a *adj.* successful **5.2**

exótico/a *adj.* exotic

experiencia *f.* experience **5.2**

experimentar *v.* to experience; to feel

experimento *m.* experiment **5.1**

exploración *f.* exploration

explorar *v.* to explore

explotación *f.* exploitation

explotar *v.* to exploit **5.6**

exportaciones *f., pl.* exports

exportar *v.* to export **5.2**

exposición *f.* exhibition

expresionismo *m.* expressionism **5.4**

expulsar *v.* to expel **5.6**

extinguir *v.* to extinguish

extinguirse *v.* to become extinct **4.6**

extrañar *v.* to miss; **extrañar a (alguien)** to miss (someone); **extrañarse de algo** to be surprised about something

extraterrestre *m., f.* alien **5.1**

F

fábrica *f.* factory

fabricar *v.* to manufacture; to make **5.1**

facciones *f.* facial features **4.3**

factor *m.* factor; **factores de riesgo** *m. pl.* risk factors

falda *f.* skirt

fallecer *v.* to die **5.6**

falso/a *adj.* insincere **4.1**

faltar *v.* to lack; to need **4.2**

fama *f.* fame **5.3; tener buena/mala fama** to have a good/bad reputation **5.3**

famoso/a *adj.* famous **5.3; hacerse famoso** *v.* to become famous **5.3**

farándula *f.* entertainment **4.1**

faro *m.* lighthouse; beacon **4.5**

fascinar *v.* to fascinate; to like very much **4.2**

fatiga *f.* fatigue; weariness **5.2**

fatigado/a *adj.* exhausted **4.3**

favor *m.* favor; **hacer el favor** to do someone the favor

favoritismo *m.* favoritism **5.5**

fe *f.* faith **5.5**

felicidad *f.* happiness; **¡Felicidades a todos!** Congratulations to all!

feliz *adj.* happy

feria *f.* fair **4.2**

festejar *v.* to celebrate **4.2**

festival *m.* festival **4.2**

fiabilidad *f.* reliability

fiebre *f.* fever **4.4**

fijarse *v.* to notice **5.3; fijarse en** to take notice of **4.2**

fijo/a *adj.* permanent; fixed **5.2**

fin *m.* end; **al fin y al cabo** sooner or later; after all

final: al final de cuentas after all

financiar *v.* to finance **5.2**

financiero/a *adj.* financial **5.2**

finanza(s) *f.* finance(s)

firma *f.* signature

firmar *v.* to sign

físico/a *m., f.* physicist **5.1**

flexible *adj.* flexible

florecer *v.* to flower **4.6**

flotar *v.* to float **4.5**

fondo *m.* bottom; **a fondo** *adv.* thoroughly

forma *f.* form; shape; **mala forma física** *f.* bad physical shape; **de todas formas** in any case **5.6; ponerse en forma** *v.* to get in shape **4.4**

formular *v.* to formulate **5.1**

fortaleza *f.* strength

forzado/a *adj.* forced **5.6**

fraile *m.* friar

frasco *m.* flask

freír (e:i) *v.* to fry **4.3**

frontera *f.* border **4.5**

fuente *f.* fountain; source; **fuente de energía** energy source **4.6**

fuerza *f.* force; power; **fuerza de voluntad** will power **4.4; fuerza laboral** labor force **5.2; fuerzas armadas** *f., pl.* armed forces **5.6**

fulano/a *m., f.* so-and-so **5.3**

función *f.* show (*theater/movie*) **4.2**

funcionar *v.* to work **5.1**

fusil *m.* rifle **5.5**

fusilar *v.* shoot, execute by firing squad **5.6**

futurístico/a *adj.* futuristic

G

galería *f.* gallery **5.4**

gana *f.* desire; **sentir/tener ganas de** to want to; to feel like

ganar *v.* to win; **ganarse la vida** to make a living **5.2; ganar bien/mal** to be well/poorly paid **5.2; ganar las elecciones** to win an election **5.5; ganar un partido** to win a game **4.2**

ganga *f.* bargain **4.3**

gastar *v.* to spend **5.2**

gen *m.* gene **5.1**

generar *v.* to produce; to generate

generoso/a *adj.* generous

genética *f.* genetics

gerente *m, f.* manager **5.2**

gesto *m.* gesture

gimnasio *m.* gymnasium

globalización *f.* globalization

gobernador(a) *m., f.* governor **5.5**

gobernante *m., f.* ruler **5.6**

gobernar (e:ie) *v.* to govern **5.5**

golpiza *f.* beating **5.6**

grabar *v.* to record **5.3**

gracioso/a *adj.* funny; pleasant **4.1**

graduarse *v.* to graduate

gravedad *f.* gravity **5.1**

gripe *f.* flu **4.4**

gritar *v.* to shout

grupo *m.* group; **grupo musical** *m.* musical group, band

guaraní *m.* Guarani **5.3**

guardar *v.* to save **5.1**

guardarse (algo) *v.* to keep (something) to yourself **4.1**

guerra *f.* war; **guerra civil** civil war; **guerra mundial** world war **5.5**

guerrero/a *m., f.* warrior **5.6**

guía turístico/a *m., f.* tour guide **4.5**

guión *m.* screenplay; script **5.3**

guita *f.* cash; dough (*Arg.*)

gusanos *m. pl.* worms **4.4 gustar** *v.* to like **4.2, 4.4; ¡No me gusta nada…!** I don't like … at all!

gusto *m.* taste **5.4 con mucho gusto** gladly; **de buen/mal gusto** in good/bad taste **5.4**

H

habilidad *f.* skill

hábilmente *adv.* skillfully

habitación *f.* room **4.5; habitación individual/doble** *f.* single/double room **4.5**

habitante *m., f.* inhabitant **5.6**

habitar *v.* to inhabit **5.6**

hablante *m., f.* speaker **5.3**

hablar *v.* to speak **4.1; Hablando de esto, …** Speaking of that, …

hacer *v.* to do; to make **4.1, 4.4; hacer algo a propósito** to do something on purpose; **hacer clic** to click; **hacer cola** to wait in line **4.2; hacerle caso a alguien** to pay attention to someone **4.1; hacerle daño a alguien** to hurt someone; **hacer el favor** do someone the favor; **hacerle gracia a alguien** to be funny to someone; **hacerse daño** to hurt oneself; **hacer las maletas** to pack **4.5; hacer mandados** to run errands **4.3; hacer transbordo** *v.* to change (pains, trains) **4.5; hacer un viaje** to take a trip **4.5**

hallazgo *m.* finding; discovery **4.4**

hambriento/a *adj.* hungry

haragán/haragana *adj.* lazy; idle **5.2**

harto/a *adj.* tired; fed up (with); **estar harto/a (de)** to be fed up (with); to be sick (of) **4.1**

harto (tiempo) *adj.* for a long time **5.6**

hasta *adv.* until; **hasta la fecha** up until now

hecho *m.* fact **4.3; de hecho** in fact **4.4**

helar (e:ie) *v.* to freeze

heredar *v.* to inherit

herencia *f.* heritage; **herencia cultural** cultural heritage **5.6**

herida *f.* wound **4.4**

herido/a *adj.* injured

herir (e:ie) *v.* to hurt **4.1**

heroico/a *adj.* heroic **5.6**

herradura *f.* horseshoe **5.6**

herramienta *f.* tool; **caja de herramientas** *f.* toolbox

hervir (e:ie) *v.* to boil **4.3**

hierba *f.* grass

higiénico/a *adj.* hygienic

hindú *adj.* Hindu **5.5**

hipoteca *f.* mortgage **5.2**

historia *f.* history **5.6**

historiador(a) *m., f.* historian **5.6**

A57

Vocabulary

histórico/a *adj.* historic **5.6**
histórico/a *adj.* historical **5.4**
hogar *m.* home; fireplace **4.3**
hojear *v.* to skim **5.4**
hombre de negocios *m.* businessman **5.2**
hombro *m.* shoulder;
　encogerse de hombros to shrug
hondo/a *adj.* deep **4.2**
hora *f.* hour;
　horas de visita *f., pl.* visiting hours
horario *m.* schedule **4.3**
hormiga *f.* ant **4.6**
hospedarse *v.* to stay; to lodge
huelga *f.* strike (*labor*) **5.2**
huella *f.* trace; mark
huerto *m.* orchard
huerteado *m.* produce (*Col.*) **4.2**
huir *v.* to flee; to run away **4.3**
humanidad *f.* humankind **5.6**
húmedo/a *adj.* humid; damp **4.6**
humorístico/a *adj.* humorous **5.4**
hundir *v.* to sink
huracán *m.* hurricane **4.6**

I

ideología *f.* ideology **5.5**
idioma *m.* language **5.3**
iglesia *f.* church **5.5**
igual *adj.* equal **5.5**
igualdad *f.* equality
ilusión *f.* illusion; hope
imagen *f.* image; picture **4.2, 5.1**
imaginación *f.* imagination
imparcial *adj.* unbiased **5.3**
imperio *m.* empire **5.6**
importaciones *f., pl.* imports
importado/a *adj.* imported **5.2**
importante *adj.* important **4.4**
importar *v.* to be important (to); to
　matter **4.2, 4.4**; to import **5.2**
impostergable *adj.* impossible to put off **5.6**
impresionar *v.* to impress **4.1**
impresionismo *m.* impressionism **5.4**
imprevisto/a *adj.* unexpected **4.3**
imprimir *v.* to print **5.3**
improviso: de improviso *adv.* unexpectedly
impuesto *m.* tax; **impuesto de
　ventas** *m.* sales tax **5.2**
inalámbrico/a *adj.* wireless **5.1**
incapaz *adj.* incompetent; incapable **5.2**
incendio *m.* fire **4.6**
incertidumbre *f.* uncertainty **5.6**
incluido/a *adj.* included **4.5**
inconcluso/a *adj.* unfinished **5.6**
independencia *f.* independence **5.6**
índice *m.* index; **índice de
　audiencia** *m.* ratings
indígena *adj.* indigenous **5.3**; *m.,
　f.* indigenous person
industria *f.* industry
inesperado/a *adj.* unexpected **4.3**
inestabilidad *f.* instability **5.6**
infancia *f.* childhood
inflamado/a *adv.* inflamed **4.4**
inflamarse *v.* to become inflamed
inflexible *adj.* inflexible
influyente *adj.* influential **5.3**
informarse *v.* to get information
informática *f.* computer science **5.1**

informativo *m.* news bulletin
ingeniero/a *m., f.* engineer **5.1**
ingresar *v.* to enter; to enroll in; to become
　a member of; **ingresar datos** to enter data
injusto/a *adj.* unjust **5.5**
inmaduro/a *adj.* immature **4.1**
inmigración *f.* immigration **5.5**
inmoral *adj.* immoral **5.5**
innovador(a) *adj.* innovative **5.1**
inquietante *adj.* disturbing; unsettling **5.4**
inscribirse *v.* to register **5.5**
inseguro/a *adj.* insecure **4.1**
insensatez *f.* folly **4.4**
insistir en *v.* to insist on **4.4**
inspirado/a *adj.* inspired
instalar *v.* to install **5.1**
instituto *m.* high school **5.5**
instrucción *f.* education **5.2**
integrarse (a) *v.* to become part (of) **5.6**
inteligente *adj.* intelligent
interesar *v.* to be interesting to; to
　interest **4.2**
Internet *m., f.* Internet **5.1**
interrogante *m.* question; doubt
intrigante *adj.* intriguing **5.4**
inundación *f.* flood **4.6**
inundar *v.* to flood
inútil *adj.* useless **4.2**
invadir *v.* to invade **5.6**
inventar *v.* to invent **5.1**
invento *m.* invention **5.1**
inversión *f.* investment; **inversión
　extranjera** *f.* foreign investment **5.2**
inversor(a) *m., f.* investor
invertir (e:ie) *v.* to invest **5.2**
investigador(a) *m., f.* researcher
investigar *v.* to investigate; to research **5.1**
ir *v.* to go **4.1, 4.2**; **¡Qué va!** Of
　course not!; **ir de compras** to go
　shopping **4.3**; **irse (de)** to go away
　(from) **4.2**; **ir(se) de vacaciones** to take
　a vacation **4.5**
irresponsable *adj.* irresponsible
isla *f.* island **4.5**
itinerario *m.* itinerary **4.5**

J

jarabe *m.* syrup **4.4**
jaula *f.* cage
jornada *f.* (work) day
jubilación *f.* retirement
jubilarse *v.* to retire **5.2**
judío/a *adj.* Jewish **5.5**
juego *m.* game **4.2**; **juego de mesa** board
　game **4.2**; **juego de pelota** *m.* ball game **4.5**
juez(a) *m., f.* judge **5.5**
jugada *f.* move **5.6**
jugar (u:ue) *v.* to play
juicio *m.* trial; judgment
jurar *v.* to swear **4.5**
justicia *f.* justice **5.5**
justo/a *adj.* just **5.5**

L

laboratorio *m.* laboratory; **laboratorio
　espacial** *m.* space lab
ladrillo *m.* brick
ladrón/ladrona *m., f.* thief
lágrimas *f. pl.* tears

laico/a *adj.* secular, lay **5.5**
lanzar *v.* to throw; to launch
largo/a *adj.* long; **a lo largo de** along;
　beside; **a largo plazo** long-term
largometraje *m.* full length film
lastimar *v.* to injure
lastimarse *v.* to get hurt **4.4**
latir *v.* to beat **4.4**
lavar *v.* to wash **4.3**
lavarse *v.* to wash (oneself) **4.2**
lealtad *f.* loyalty **5.6**
lector(a) *m., f.* reader **5.3**
lejano/a *adj.* distant **4.5**
lengua *f.* language; tongue **5.3**
león *m.* lion **4.6**
lesión *f.* wound
levantar *v.* to pick up
levantarse *v.* to get up **4.2**
ley *f.* law; **aprobar una ley** to approve
　a law; to pass a law; **cumplir la ley**
　to abide by the law **5.5**; **proyecto
　de ley** *m.* bill **5.5**
leyenda *f.* legend **4.5**
liberal *adj.* liberal **5.5**
liberar *v.* to liberate **5.6**
libertad *f.* freedom **5.5**; **libertad de
　prensa** freedom of the press **5.3**
libre *adj.* free; **al aire libre** outdoors **4.6**
líder *m., f.* leader **5.5**
liderazgo *m.* leadership **5.5**
lidiar *v.* to fight bulls **4.2**
límite *m.* border **5.5**
limpiar *v.* to clean **4.3**
limpieza *f.* cleaning **4.3**
literatura *f.* literature **5.4**; **literatura
　infantil/juvenil** *f.* children's literature **5.4**
llamativo/a *adj.* striking **5.4**
llanto *m.* weeping; crying
llegada *f.* arrival **4.5**
llegar *v.* to arrive
llevar *v.* to carry **4.2**; **llevar a cabo** to
　carry out (*an activity*); **llevar… años de
　(casados)** to be (married) for... years **4.1**;
　llevarse to carry away **4.2**; **llevarse bien/
　mal** to get along well/poorly **4.1**
llorar *v.* to cry
loco/a: ¡Ni loco/a! *adj.* No way! **5.3**
locura *f.* madness; insanity
locutor(a) *m., f.* announcer
locutor(a) de radio *m., f.* radio
　announcer **5.3**
lograr *v.* to manage; to achieve **4.3**
loro *m.* parrot
lotería *f.* lottery
lucha *f.* struggle; fight
luchar *v.* to fight; to struggle **5.2,
　5.5**; **luchar por** to fight (for)
lucir *v.* to wear, to display
lugar *m.* place
lujo *m.* luxury; **de lujo** luxurious
lujoso/a *adj.* luxurious **4.5**
luminoso/a *adj.* bright **5.4**
luna *f.* moon; **luna llena** *f.* full moon
luz *f.* light **4.1**; power; electricity **5.1**

M

macho *m.* male
madera *f.* wood
madre soltera *f.* single mother
madriguera *f.* burrow; den **4.3**

A58

Español—Inglés

madrugar *v.* to wake up early **4.4**
maduro/a *adj.* mature **4.1**
magia *f.* magic
maldición *f.* curse
malestar *m.* discomfort **4.4**
maleta *f.* suitcase **4.5; hacer las maletas** to pack **4.5**
maletero *m.* trunk **5.3**
malgastar *v.* to waste **4.6**
malhumorado/a *adj.* ill tempered; in a bad mood
manantial *m.* spring
mancha *f.* stain
manchar *v.* to stain
mando *m.* remote control **5.1**
manejar *v.* to drive
manga *f.* sleeve
manifestación *f.* protest; demonstration **5.5**
manifestante *m., f.* protester **4.6**
manipular *v.* to manipulate
mano de obra *f.* labor
manta *f.* blanket
mantener *v.* to maintain; to keep; **mantenerse en contacto** *v.* to keep in touch **4.1; mantenerse en forma** to stay in shape **4.4**
manuscrito *m.* manuscript
mañana (el) *m.* future **4.3**
maquillaje *m.* make-up
maquillarse *v.* to put on makeup **4.2**
mar *m.* sea **4.6**
maratón *m.* marathon
marca *f.* brand
marcar *v.* to mark; **marcar (un gol/ punto)** to score (a goal/point) **4.2**
marcharse *v.* to leave
marco *m.* frame
mareado/a *adj.* dizzy **4.4**
marido *m.* husband
marinero *m.* sailor
mariposa *f.* butterfly
marítimo/a *adj.* maritime
más *adj., adv.* more; **más allá de** beyond; **más bien** rather
masticar *v.* to chew
matador/a *m., f.* bullfighter who kills the bull **4.2**
matemático/a *m., f.* mathematician **5.1**
matiz *m.* subtlety
matrimonio *m.* marriage
mayor *m.* elder **5.6**
mayor de edad *adj.* of age
mayoría *f.* majority **5.5**
mazorca *f.* ear of corn **4.2**
mecánico/a *adj.* mechanical
mecanismo *m.* mechanism
medicina alternativa *f.* alternative medicine
medida *f.* means; measure; **medidas de seguridad** *f. pl.* security measures **4.5**
medio *m.* half; middle; means; **medio ambiente** *m.* environment **4.6; medios de comunicación** *m. pl.* media **5.3**
medir (e:i) *v.* to measure
meditar *v.* to meditate **5.5**
mejilla *f.* cheek **5.4**
mejor *adj.* better, best; **a lo mejor** *adv.* maybe
mejorar *v.* to improve **4.4**
mejorarse *v.* to get better **4.2**
mendigo/a *m., f.* beggar

mensaje *m.* message; **mensaje de texto** *m.* text message **5.1**
mentira *f.* lie **4.1; de mentiras** pretend **4.5**
mentiroso/a *adj.* lying **4.1**
¡menuda paliza! (*Esp.*) what a hassle! (*fig.*) **4.5**
menudo: a menudo *adv.* frequently; often **4.3**
¿Me permite? May I? **4.5**
mercadeo *m.* marketing **4.1**
mercado *m.* market **5.2**
mercado al aire libre *m.* open-air market
mercancía *f.* merchandise
merced (su) *f., form.* you **4.2**
merecer *v.* to deserve **5.2**
mesero/a *m., f.* waiter; waitress
mestizo/a *m., f.* person of mixed ethnicity (part indigenous) **5.6**
meta *f.* finish line
meterse *v.* to break in (*to a conversation*) **4.1**
mezcla *f.* mixture
mezquita *f.* mosque **5.5**
miel *f.* honey **5.2**
milagro *m.* miracle
militar *m., f.* military **5.5**
milpa *f.* vegetable garden **5.6**
ministro/a *m., f.* minister; **ministro/a protestante** *m., f.* Protestant minister
minoría *f.* minority **5.5**
mirada *f.* gaze **4.1**
misa *f.* mass
mismo/a *adj.* same; **Lo mismo digo yo.** The same here.; **él/ella mismo/a** himself; herself
mitad *f.* half
mito *m.* myth **4.5**
moda *f.* fashion; trend; **de moda** *adj.* popular; in fashion **5.3; moda pasajera** *f.* fad **5.3**
modelo *m., f.* model (*fashion*)
moderno/a *adj.* modern
modificar *v.* to modify; to reform
modo *m.* means; manner
mojar *v.* to moisten
mojarse *v.* to get wet
molestar *v.* to bother; to annoy **4.2**
molestia *f.* annoyance **4.5**
momento *m.* moment; **de último momento** *adj.* up-to-the-minute **5.3; noticia de último momento** *f.* last-minute news
monarca *m., f.* monarch **5.6**
monja *f.* nun
mono *m.* monkey **4.6**
monolingüe *adj.* monolingual **5.3**
montaña *f.* mountain **4.6**
monte *m.* mountain **4.6**
moral *adj.* moral **5.5**
morder (o:ue) *v.* to bite **4.6**
morirse (o:ue) **de** *v.* to die of **4.2**
mosca *f.* fly **4.4, 4.6**
motosierra *f.* power saw **5.1**
móvil *m.* cell phone **5.1**
movimiento *m.* movement **5.4**
mudar *v.* to change **4.2**
mudarse *v.* to move (*change residence*) **4.2**
mueble *m.* furniture **4.3**
muelle *m.* pier **4.5**
muerte *f.* death
muestra *f.* sample; example
mujer *f.* woman; wife; **mujer de negocios** *f.* businesswoman **5.2**

mujeriego *m.* womanizer
multa *f.* fine
multinacional *f.* multinational company
multitud *f.* crowd
Mundial *m.* World Cup
muralista *m., f.* muralist **5.4**
museo *m.* museum
músico/a *m., f.* musician **4.2**
musulmán/musulmana *adj.* Muslim **5.5**

N

naipes *m. pl.* playing cards **4.2**
narrador(a) *m., f.* narrator **5.4**
narrar *v.* to narrate **5.4**
narrativa *f.* narrative work **5.4**
nativo/a *adj.* native
naturaleza muerta *f.* still life **5.4**
nave espacial *f.* spaceship
navegante *m., f.* navigator **5.1**
navegar *v.* to sail **4.5; navegar en Internet** to surf the web; **navegar en la red** to surf the web **5.1**
necesario *adj.* necessary **4.4**
necesidad *f.* need **4.5; de primerísima necesidad** of utmost necessity **4.5**
necesitar *v.* to need **4.4**
necio/a *adj.* stupid
negocio *m.* business
nervioso/a *adj.* nervous
ni... ni... *conj.* neither... nor... **ni se le ocurra** don't you dare **4.5**
nido *m.* nest
niebla *f.* fog
nítido/a *adj.* sharp
nivel *m.* level; **nivel del mar** *m.* sea level
nombrar *v.* to name
nombre artístico *m.* stage name **4.1**
nominación *f.* nomination
nominado/a *m., f.* nominee
noticia *f.* news; **noticias locales/nacionales/ internacionales** *f. pl.* local/domestic/ international news **5.3**
novedad (sin) no news **5.5**
novela rosa *f.* romance novel **5.4**
novelista *m., f.* novelist **5.1, 5.4**
nuca *f.* nape **5.3**
nutritivo/a *adj.* nutritious **4.4**

O

o... o... *conj.* either... or...
obedecer *v.* to obey **4.1**
obesidad *f.* obesity **4.4**
obra *f.* work; **obra de arte** *f.* work of art **5.4; obra de teatro** *f.* play (*theater*) **4.2, 5.4; obra literaria** *f.* literary play **5.4; obra maestra** *f.* masterpiece **4.3**
obsequio *m.* gift **5.5**
ocio *m.* leisure
ocultarse *v.* to hide **4.3**
ocurrírsele a alguien *v.* to occur to someone
odiar *v.* to hate **4.1**
oferta *f.* offer; proposal
oficio *m.* trade **5.3**
ofrecerse (a) *v.* to offer (to)
oír *v.* to hear **4.1**
ola *f.* wave **4.5**
óleo *m.* oil painting **5.4**
Olimpiadas *f. pl.* Olympics
olvidarse (de) *v.* to forget (about) **4.2**

A59

Vocabulary

olvido *m.* forgetfulness; oblivion **4.1**
ombligo *m.* navel **4.4**
onda *f.* wave
operación *f.* operation **4.4**
operar *v.* to operate
opinar *v.* to think; to be of the opinion; **Opino que es fea/o.** In my opinion, it's ugly.
oponerse a *v.* to oppose **4.4**
oportunidad *f.* chance **5.2**
oprimir *v.* to oppress **5.6**
organismo público *m.* government agency
orgulloso/a *adj.* proud **4.1; estar orgulloso/a de** to be proud of
orilla *f.* shore; **a orillas de** on the shore of **4.6**
ornamentado/a *adj.* ornate
oro *m.* gold **4.4**
oscurecer *v.* to darken **4.6**
oso *m.* bear
oveja *f.* sheep **4.6**
ovni *m.* UFO **5.1**
oyente *m., f.* listener **5.3**

P

pacífico/a *adj.* peaceful **5.6**
padre soltero *m.* single father
página *f.* page; **página web** *f.* web page **5.1**
país en vías de desarrollo *m.* developing country
paisaje *m.* landscape; scenery **4.6**
pájaro *m.* bird **4.6**
palmera *f.* palm tree
panfleto *m.* pamphlet
pantalla *f.* screen **4.2; pantalla de computadora** *f.* computer screen; **pantalla de televisión** *f.* television screen **4.2; pantalla líquida** *f.* LCD screen **5.1**
pañuelo *m.* headscarf **5.5**
papel *m.* role **5.3; desempeñar un papel** to play a role (*in a play*); to carry out
para *prep.* for **Para mí, ...** In my opinion, ...; **para nada** not at all
parada *f.* (bus) stop **5.1**
paradoja *f.* paradox
parar el carro *v.* to hold one's horses **5.3**
parcial *adj.* biased **5.3**
parcialidad *f.* bias **5.3**
parecer *v.* to seem **4.2; A mi parecer, ...** In my opinion, ...; **Al parecer, no le gustó.** It looks like he/she didn't like it. **4.6; Me parece hermosa/o.** I think it's pretty.; **Me pareció...** I thought.. **4.1; ¿Qué te pareció Mariela?** What did you think of Mariela? **4.1; Parece que está triste/contento/a.** It looks like he/she is sad/happy. **4.6**
parecerse *v.* to look like **4.2, 4.3**
pared *f.* wall **4.5**
pareja *f.* couple; partner **4.1**
parque *m.* park; **parque de atracciones** *m.* amusement park **4.2**
parroquia *f.* parish **5.6**
parte *f.* part; **de parte de** on behalf of; **Por mi parte, ...** As for me, ...
particular *adj.* private; personal; particular
partida *f.* game **5.6**
partido *m.* party (*politics*); game (*sports*); **partido político** *m.* political party **5.5; ganar/perder un partido** to win/lose a game **4.2**

pasado/a de moda *adj.* out-of-date; no longer popular **5.3**
pasaje (de ida y vuelta) *m.* (round-trip) ticket **4.5**
pasajero/a *adj.* fleeting; passing
pasaporte *m.* passport **4.5**
pasar *v.* to pass; to make pass (*across, through, etc.*); **pasar la aspiradora** to vacuum **4.3; pasarlo bien/mal** to have a good/bad/horrible time **4.1; Son cosas que pasan.** These things happen. **5.5**
pasarse *v.* to go too far
pasatiempo *m.* pastime **4.2**
paseo *m.* stroll
paso *m.* passage; pass; step; **abrirse paso** to make one's way
pastilla *f.* pill **4.4**
pasto *m.* grass
pata *f.* foot/leg of an animal
patada *f.* kick **4.3**
patente *f.* patent **5.1**
paz *f.* peace
pecado *m.* sin
pececillo de colores *m.* goldfish
pecho *m.* chest **5.4**
pedir (e:i) *v* to ask **4.1, 4.4; pedir prestado/a** to borrow **5.2; pedir un deseo** to make a wish **5.2**
pegar *v.* to stick
pegar *v.* to hit **5.5**
peinarse *v.* to comb (one's hair) **4.2**
pelear *v.* to fight
película *f.* film
peligro *m.* danger; **en peligro de extinción** endangered **4.6**
peligroso/a *adj.* dangerous **4.5**
pena *f.* sorrow **4.4; ¡Qué pena!** What a pity!
pensar (e:ie) *v.* to think **4.1**
pensión *f.* bed and breakfast inn
perder (e:ie) *v.* to miss; to lose; **perder el conocimiento** *v.* to pass out **5.4 perder un vuelo** to miss a flight **4.5; perder las elecciones** to lose an election **5.5; perder un partido** to lose a game **4.2**
pérdida *f.* loss **5.5**
perdonar *v.* to forgive; **Perdona.** (*fam.*)/ **Perdone.** (*form.*) Pardon me.; Excuse me.
perfeccionar *v.* to improve; to perfect
periódico *m.* newspaper **5.3**
periodista *m., f.* journalist
permanecer *v.* to remain; to last **4.4**
permisivo/a *adj.* permissive; easy-going **4.1**
permiso *m.* permission; **Con permiso** Pardon me.; Excuse me.; **permiso de circulación** *m.* car registration **4.5**
perseguir (e:i) *v.* to pursue; to persecute
personaje *m.* character **5.4; personaje principal/secundario** *m.* main/secondary character
pertenecer (a) *v.* to belong (to) **4.3, 5.6**
pesadilla *f.* nightmare **5.4**
pesca *f.* fishing **4.5**
pesimista *m., f.* pessimist
peso *m.* weight
petate *m.* straw mat **5.6**
pez *m.* fish (*live*) **4.6**
picadura *f.* insect bite **4.4**
picar *v.* to sting, to peck
picnic *m.* picnic
pico *m.* peak, summit
piedad *f.* mercy **5.2**

piedra *f.* stone **4.5**
pieza *f.* piece (*art*) **5.4**
pillar(se) *v.* to get (*catch*) **5.3**
piloto *m., f.* pilot
pincel *m.* paintbrush **5.4**
pincelada *f.* brush stroke **5.4**
pintar *v.* to paint **4.3**
pintor(a) *m., f.* painter **4.3, 5.4**
pintura *f.* paint; painting **5.4**
pirámide *f.* pyramid **4.5**
plancha *f.* iron
planear *v.* to plan
planeta *m.* planet **5.1**
planeta *m.* planet **5.1**
plata *f.* money (*L. Am.*) **4.2**
plaza de toros *f.* bullfighting stadium **4.2**
plazo: a corto/largo plazo short/long-term **5.2**
población *f.* population
poblador(a) *m., f.* settler; inhabitant
poblar (o:ue) *v.* to settle; to populate **5.6**
pobreza *f.* poverty **5.2**
poder (o:ue) *v.* to be able to **4.1**
poderoso/a *adj.* powerful **5.6**
poesía *f.* poetry **5.4**
poeta *m., f.* poet **5.4**
polémica *f.* controversy **5.5**
polen *m.* pollen **5.2**
policíaco/a *adj.* detective (*story/novel*) **5.4**
política *f.* politics
político/a *m., f.* politician **5.5**
polvo *m.* dust **4.3; quitar el polvo** to dust **4.3**
poner *v.* to put; to place **4.1, 4.2; poner a prueba** to test; to challenge; **poner cara (de hambriento/a)** to make a (hungry) face; **poner la mesa** to set the table **4.3; poner un disco compacto** to play a CD **4.2; poner una inyección** to give a shot **4.4**
ponerse *v.* to put on (*clothing*) **4.2; ponerse a dieta** to go on a diet **4.4; ponerse bien/mal** to get well/ill **4.4; ponerse bueno** *v.* to get better **4.4; ponerse de acuerdo** *v.* to agree **5.2; ponerse de pie** to stand up **5.6; ponerse el cinturón** to fasten the seatbelt **4.5; ponerse en forma** to get in shape **4.4; ponerse pesado/a** to become annoying
popa *f.* stern **4.5**
porquería *f.* garbage; poor quality **5.4**
portada *f.* front page; cover **5.3**
portarse bien *v.* to behave well
portátil *adj.* portable
posible *adj.* possible; **en todo lo posible** as much as possible
pozo *m.* well; **pozo petrolero** *m.* oil well
precioso/a *adj.* lovely **4.1**
precolombino/a *adj.* pre-Columbian
preferir (e:ie) *v.* to prefer **4.4**
pregonar *v.* to hawk **5.3**
preguntarse *v.* to wonder
prehistórico/a *adj.* prehistoric **5.6**
premiar *v.* to give a prize
premio *m.* prize **5.6**
prensa *f.* press **5.3; prensa sensacionalista** *f.* tabloid(s) **5.3; rueda de prensa** *f.* press conference **5.5**
preocupado/a (por) *adj.* worried (about) **4.1**
preocupar *v.* to worry **4.2**
preocuparse (por) *v.* to worry (about) **4.2**
presentador(a) de noticias *m., f.* news reporter

A60

Español—Inglés

presentir (e:ie) *v.* to foresee
presionar *v.* to pressure; to stress
prestar *v.* to lend **5.2**
prestado/a *adj.* borrowed **4.2**
presupuesto *m.* budget **5.2**
prevenido/a *adj.* cautious
prevenir *v.* to prevent **4.4**
prever *v.* to foresee **4.6**
previsto/a *adj., p.p.* planned **4.3**
primer(a) ministro/a *m., f.* prime minister **5.5**
primeros auxilios *m. pl.* first aid **4.4**
prisa *f.* hurry; rush **4.6**
privilegio *m.* privilege
proa *f.* bow **4.5**
probador *m.* dressing room **4.3**
probar (o:ue) **(a)** *v.* to try **4.3**
probarse (o:ue) *v.* to try on **4.3**
procesión *f.* procession **5.6**
producir *v.* to produce **4.1**
productivo/a *adj.* productive **5.2**
profundo/a *adj.* deep
programa (de computación) *m.* software **5.1**
programador(a) *m., f.* programmer
prohibido/a *adj.* prohibited **4.5**
prohibir *v.* to prohibit **4.4**
prominente *adj.* prominent **5.5**
promover (o:ue) *v.* to promote
pronunciar *v.* to pronounce; **pronunciar un discurso** to give a speech **5.5**
propaganda *f.* advertisement
propensión *f.* tendency
propietario/a *m., f.* (property) owner
propio/a *adj.* own **4.1**
proponer *v.* to propose **4.1, 4.4**; **proponer matrimonio** to propose (marriage) **4.1**
proporcionar *v.* to provide; to supply
propósito: a propósito *adv.* on purpose **4.3**
prosa *f.* prose **5.4**
protagonista *m., f.* protagonist; main character **5.4**
proteger *v.* to protect **4.1, 4.6**
protegido/a *adj.* protected **4.5**
protestar *v.* to protest **5.5**
provecho *m.* benefit; **Buen provecho.** Enjoy your meal. **4.6**
proveniente (de) *adj.* originating (in); coming from
provenir (de) *v.* to come from; to originate from
proyecto *m.* project; **proyecto de ley** *m.* bill **5.5**
prueba *f.* proof
publicar *v.* to publish **5.3**
publicidad *f.* advertising **5.3**
público *m.* public; audience **5.3**
pueblo *m.* people
puente *m.* bridge **5.6**
puerta de embarque *f.* (airline) gate **4.5**
puerto *m.* port **4.5**
puesto *m.* position; job **5.2**
punto *m.* period **4.2**
punto de vista *m.* point of view **5.4**
pureza *f.* purity **4.6**
puro/a *adj.* pure; clean

Q

quedar *v.* to agree on **4.2**; to be left over; to fit (clothing) **4.2**
quedarse *v.* to stay **4.5**; **quedarse callado/a** to remain silent **4.1**; **quedarse sordo/a** to go deaf **4.4**; **quedarse viudo/a** to become widowed
quehacer *m.* chore **4.3**
queja *f.* complaint
quejarse (de) *v.* to complain (about) **4.2**
querer (e:ie) *v.* to love; to want **4.1, 4.4**
químico/a *adj.* chemical **5.1**
químico/a *m., f.* chemist **5.1**
quirúrgico/a *adj.* surgical
quitar *v.* to take away; to remove **4.2**; **quitar el polvo** to dust **4.3**; **quitar la mesa** to clear the table **4.3**
quitarse *v.* to take off (*clothing*) **4.2**; **quitarse (el cinturón)** to unfasten (the seatbelt) **4.5**

R

rabino/a *m., f.* rabbi
radiación *f.* radiation
radio *f.* radio
radioemisora *f.* radio station **5.3**
raíz *f.* root
rana *f.* frog **4.6**
raro/a *adj.* weird **5.5**
rascarse *v.* to scratch (oneself) **4.4**
rasgo *m.* trait; characteristic
rata *f.* rat
rato *m.* a while **5.5**
ratos libres *m. pl.* free time **4.2**
raya *f.* war paint; stripe **4.5**
rayo *m.* ray; lightning; **¿Qué rayos...?** What on earth...? **4.5**
raza *f.* race **5.6**
reactor *m.* reactor
realismo *m.* realism **5.4**
realista *adj.* realistic; realist **5.4**
rebeldía *f.* rebelliousness
rebuscado/a *adj.* complicated
recado *m.* message **5.6**
recepción *f.* front desk **4.5**
receta *f.* prescription **4.4**
recetar *v.* prescribe
rechazar *v.* to turn down; to reject **4.1, 5.5**
rechazo *m.* refusal; rejection
reciclable *adj.* recyclable
reciclar *v.* to recycle **4.6**
recital *m.* recital
reclamar *v.* to claim; to demand **5.5**
recomendable *adj.* recommendable; advisable **4.5**; **poco recomendable** not advisable; inadvisable
recomendar (e:ie) *v.* to recommend **4.4**
reconocer *v.* to recognize **4.1, 4.5**
reconocimiento *m.* recognition
recordar (o:ue) *v.* to remember
recorrer *v.* to visit; to go around **4.5**
recuerdo *m.* memory
recuperarse *v.* to recover **4.4**
recurso natural *m.* natural resource **4.6**
red *f.* network **5.2**
redactor(a) *m., f.* editor **5.3**; **redactor(a) jefe** *m., f.* editor-in-chief
redondo/a *adj.* round **4.2**
reducir (la velocidad) *v.* to reduce (speed) **4.5**

reembolso *m.* refund **4.3**
reflejar *v.* to reflect; to depict **5.4**
reforma *f.* reform; **reforma económica** *f.* economic reform
refugiarse *v.* to take refuge
refugio *m.* refuge **4.6**
regar (las plantas) *v.;* **riego** *m.* to water the garden; watering **5.1**
regla *f.* rule **5.5**
regocijo *m.* joy **4.4**
regresar *v.* to return **4.5**
regreso *m.* return (trip)
rehacer *v.* to re-make; to re-do **4.1**
reina *f.* queen
reino *m.* reign; kingdom **5.6**
reírse (e:i) *v.* to laugh
relacionado/a *adj.* related; **estar relacionado/a** to have good connections
relajarse *v.* to relax **4.4**
relámpago *m.* lightning **4.6**
relato *m.* story; account **5.4**
religión *f.* religion
religioso/a *adj.* religious **5.5**
reloj *m.* clock **5.6**
remitente *m.* sender
remo *m.* oar **4.5**
remordimiento *m.* remorse
rendimiento *m.* performance
rendirse (e:i) *v.* to surrender **5.6**
renovable *adj.* renewable **4.6**
renunciar *v.* to quit **5.2**; **renunciar a un cargo** to resign a post
repaso *m.* revision; review **5.4**
repentino/a *adj.* sudden **4.3**
repertorio *m.* repertoire
reportaje *m.* news report **5.3**
reportero/a *m., f.* reporter **5.3**
reposo *m.* rest; **estar en reposo** to be at rest
repostería *f.* pastry
represa *f.* dam
reproducirse *v.* to reproduce
reproductor de CD/DVD/MP3 *m.* CD/DVD/MP3 player **5.1**
resbaladizo/a *adj.* slippery **5.5**
resbalar *v.* to slip
rescatar *v.* to rescue
reservación *f.* reservation
reservar *v.* to reserve **4.5**
resfriado *m.* cold **4.4**
residir *v.* to reside
resolver (o:ue) *v.* to solve **4.6**
respeto *m.* respect
respiración *f.* breathing **4.4**
respirar *v.* to breath **4.1**
responsable *adj.* responsible
resucitar *v.* to resuscitate, to revive **5.6**
resumidas cuentas (en) in a nutshell **4.3**
retrasado/a *adj.* delayed **4.5**
retrasar *v* to delay
retraso *m.* delay
retratar *v.* to portray **4.3**
retrato *m.* portrait **4.3**
reunión *f.* meeting **5.2**
reunirse (con) *v.* to get together (with) **4.2**
revista *f.* magazine **5.3**; **revista electrónica** *f.* online magazine **5.3**
revolucionario/a *adj.* revolutionary **5.1**
revolver (o:ue) *v.* to stir; to mix up
rey *m.* king **5.6**
rezar *v.* to pray **5.5**

A61

Vocabulary

riesgo *m.* risk
rima *f.* rhyme **5.4**
rincón *m.* corner; nook
río *m.* river
riqueza *f.* wealth **5.2**
rociar *v.* to spray **4.6**
rodar (o:ue) *v.* to film **5.3**
rodeado/a *adj.* surrounded **5.1**
rodear *v.* to surround
rogar (o:ue) *v.* to beg; to plead **4.2, 4.4**
romanticismo *m.* romanticism **5.4**
romper (con) *v.* to break up (with) **4.1**
rozar *v.* to brush against; to touch lightly
ruedo *m.* bull ring **4.2**
ruido *m.* noise
ruina *f.* ruin **4.5**
ruta maya *f.* Mayan Trail **4.5**
rutina *f.* routine **4.3**

S

saber *v.* to know; to taste like/of **4.1;** **¿Cómo sabe?** How does it taste? **4.4;** **¿Y sabe bien?** And does it taste good? **4.4;** **Sabe a ajo/menta/limón.** It tastes like garlic/mint/lemon. **4.4**
sabiduría *f.* wisdom **5.6**
sabio/a *adj.* wise
sabor *m.* taste; flavor; **¿Qué sabor tiene? ¿Chocolate?** What flavor is it? Chocolate? **4.4; Tiene un sabor dulce/ agrio/amargo/agradable.** It has a sweet/ sour/bitter/pleasant taste. **4.4**
sacerdote *m.* priest
saciar *v.* to satisfy; to quench
sacrificar *v.* to sacrifice **4.6**
sacrificio *m.* sacrifice
sacristán *m.* sexton **5.5**
sagrado/a *adj.* sacred; holy **5.5**
sala *f.* room; hall; **sala de conciertos** *f.* concert hall; **sala de emergencias** *f.* emergency room **4.4**
salir *v.* to leave; to go out **4.1;** **salir (a comer)** to go out (to eat) **4.2;** **salir con** to go out with **4.1**
salto *m.* jump
salud *f.* health **4.4; ¡A tu salud!** To your health!; **¡Salud!** Cheers! **5.2**
saludable *adj.* healthy; nutritious **4.4**
salvaje *adj.* wild **4.6**
salvar *v.* to save **4.6**
sanar *v.* to cure **4.4**
sangre *f.* blood **5.5**
sano/a *adj.* healthy **4.4**
¡sarta de chismosos! *n.* bunch of gossips! **5.6**
satélite *m.* satellite
sátira *f.* satire
satírico/a *adj.* satirical **5.4; tono satírico/a** *m.* satirical tone
secarse *v.* to dry off **4.2**
sección *f.* section **5.3; sección de sociedad** *f.* lifestyle section **5.3; sección deportiva** *f.* sports page/section **5.3**
seco/a *adj.* dry **4.6**
secuestro *m.* hijacking
seguir (i:e) *v.* to follow
seguridad *f.* safety; security **4.5; cinturón de seguridad** *m.* seatbelt **4.5; medidas de seguridad** *f. pl.* security measures **4.5**
seguro *m.* insurance **4.5**
seguro/a *adj.* sure; confident **4.1, 5.5**

seleccionar *v.* to select; to pick out **4.3**
sello *m.* seal; stamp
selva *f.* jungle **4.5**
semana *f.* week
semanal *adj.* weekly
semilla *f.* seed
senador(a) *m., f.* senator **5.5**
sensato/a *adj.* sensible **4.1**
sensible *adj.* sensitive **4.1**
sentido *m.* sense; **en sentido figurado** figuratively; **sentido común** *m.* common sense
sentimiento *m.* feeling; emotion **4.1**
sentirse (e:ie) *v.* to feel **4.1**
señal *f.* sign
señalar *v.* to point to; to signal **4.2**
separado/a *adj.* separated **4.1**
sepultar *v.* to bury **5.6**
sequía *f.* drought **4.6**
ser *v.* to be **4.1**
serpiente *f.* snake **4.6**
servicio de habitación *m.* room service **4.5**
servicios *m., pl.* facilities
servidumbre *f.* servants; servitude **4.3**
sesión *f.* showing
¡Siga! Come on in! **4.2**
siglo *m.* century **5.6**
silbar *v.* to whistle
sillón *m.* armchair
simpático/a *adj.* nice
sin *prep.* without; **sin ti** without you (*fam.*); **sin novedad** no news **4.5**
sinagoga *f.* synagogue **5.5**
sincero/a *adj.* sincere
sindicato *m.* labor union **5.2**
sinnúmero *m.* countless **5.2**
síntoma *m.* symptom
sintonía *f.* tuning; synchronization **5.3**
sintonizar *v.* to tune into (radio or television)
sitio web *m.* website **5.1**
situado/a *adj.* situated; located; **estar situado/a en** to be set in
soberanía *f.* sovereignty **5.6**
soberano/a *m., f.* sovereign; ruler **5.6**
sobre *m.* envelope
sobredosis *f.* overdose
sobrevivencia *f.* survival
sobrevivir *v.* to survive
sociable *adj.* sociable
sociedad *f.* society
socio/a *m., f.* business partner; member **5.2**
solar *adj.* solar
soldado *m.* soldier **5.6**
soledad *f.* solitude; loneliness **4.3**
soler (o:ue) *v.* to tend to do something; to be used to **4.3**
solicitar *v.* to apply for **5.2**
solo/a *adj.* alone; lonely **4.1**
soltero/a *adj.* single **4.1; madre soltera** *f.* single mother; **padre soltero** *m.* single father
sonar (o:ue) *v.* to ring **5.1**
soñar (o:ue) **(con)** *v.* to dream (about) **4.1**
soplar *v.* to blow
soportar *v.* to support; **soportar a alguien** to put up with someone **4.1**
sordo/a *adj.* deaf; **quedarse sordo/a** to go deaf *v.* **4.4**
sorprender *v.* to surprise **4.2**
sorprenderse (de) *v.* to be surprised (about) **4.2**

sortija *f.* ring
sospecha *f.* suspicion
sospechar *v.* to suspect
sótano *m.* basement **4.3**
suavidad *f.* smoothness
subasta *f.* auction **5.4**
subdesarrollo *m.* underdevelopment
subida *f.* ascent
subtítulos *m., pl.* subtitles **5.3**
suburbio *m.* suburb
suceder *v.* to happen **4.1**
sucursal *f.* branch
sueldo *m.* salary; **aumento de sueldo** raise in salary *m.* **5.2; sueldo mínimo** *m.* minimum wage **5.2**
suelo *m.* floor
suelto/a *adj.* loose
sueños *m. pl.* dreams **4.1**
sufrimiento *m.* pain; suffering
sufrir (de) *v.* to suffer (from) **4.4**
sugerir (e:ie) *v.* to suggest **4.4**
superar *v.* to exceed, to overcome **4.1; superar (algo)** to get over (something) **4.4**
superficie *f.* surface
supermercado *m.* supermarket **4.3**
supervivencia *f.* survival
suponer *v.* to suppose **4.1**
suprimir *v.* to abolish; to suppress **5.6**
supuesto/a *adj.* false; so-called; supposed; **Por supuesto.** Of course.
surrealismo *m.* surrealism **5.4**
suscribirse (a) *v.* to subscribe (to) **5.3**

T

tablero *m.* chessboard **5.6**
tacaño/a *adj.* cheap; stingy **4.1**
tacón *m.* heel **5.6; tacón alto** high heel
tal como *conj.* just as
talento *m.* talent **4.1**
talentoso/a *adj.* talented **4.1**
taller *m.* workshop
tapa *f.* lid, cover
tapón *m.* traffic jam
taquilla *f.* box office **4.2**
tarjeta *f.* card; **tarjeta de crédito/débito** *f.* credit/debit card **4.3; tarjeta de embarque** *f.* boarding card **4.5**
teatro *m.* theater
tebeo *m.* comic book **4.4**
teclado *m.* keyboard
tela *f.* canvas **5.4**
teléfono celular *m.* cell phone **5.1**
telenovela *f.* soap opera **5.3**
telescopio *m.* telescope **5.1**
televidente *m., f.* television viewer **5.3**
televisión *f.* television **4.2**
televisor *m.* television set **4.2**
templo *m.* temple **5.5**
temporada *f.* season **5.3 temporada alta/ baja** *f.* high/low season **4.5**
tendencia *f.* trend **5.3; tendencia izquierdista/derechista** *f.* left-wing/right-wing bias
tener (e:ie) *v.* to have **4.1; tener buen/mal aspecto** to look healthy/sick **4.4; tener buena/mala fama** to have a good/bad reputation **5.3; tener celos (de)** to be jealous (of) **4.1; tener fiebre** to have a fever **4.4; tener vergüenza (de)** to be ashamed (of) **4.1**

A62

Español—Inglés

tensión (alta/baja) *f.* (high/low) blood pressure **4.4**

teoría *f.* theory **5.1**

terapia intensiva *f.* intensive care **4.4**

térmico/a *adj.* thermal

terremoto *m.* earthquake **4.6**

terreno *m.* land **4.6**

territorio *m.* territory **5.5**

terrorismo *m.* terrorism **5.5**

testigo *m., f.* witness **5.4**

tiburón *m.* shark **4.5**

tiempo *m.* time; **a tiempo** on time **4.3**; **tiempo libre** *m.* free time **4.2**

tierra *f.* land; earth **4.6**

tigre *m.* tiger **4.6**

timbre *m.* doorbell; tone; tone of voice **4.3**; **tocar el timbre** to ring the doorbell **4.3**

timidez *f.* shyness

tímido/a *adj.* shy **4.1**

típico/a *adj.* typical; traditional

tiple *m.* type of guitar **4.2**

tipo *m.* guy **4.2**

tira cómica *f.* comic strip **5.3**

tirar *v.* to throw

titular *m.* headline **5.3**

titularse *v.* to graduate **4.3**

tocar + me/te/le, etc. *v.* to be my/ your/ his turn; **¿A quién le toca pagar la cuenta?** Whose turn is it to pay the tab? **4.2**; **¿Todavía no me toca?** Is it my turn yet? **4.2**; **A Johnny le toca hacer el café.** It's Johnny's turn to make coffee. **4.2**; **Siempre te toca lavar los platos.** It's always your turn to wash the dishes. **4.2**; **tocar el timbre** to ring the doorbell **4.3**; **tocar (un instrumento)** to play **5.2**

tomar *v.* to take; **tomar en cuenta** *v.* to take into consideration **4.1**; **tomar en serio** to take seriously

toparse con *v.* to run into (somebody) **5.6**

torear *v.* to fight bulls in the bullring **4.2**

toreo *m.* bullfighting **4.2**

torero/a *m., f.* bullfighter **4.2**

tormenta *f.* storm; **tormenta tropical** *f.* tropical storm **4.6**

torneo *m.* tournament **4.2**

tos *f.* cough **4.4**

toser *v.* to cough **4.4**

tóxico/a *adj.* toxic **4.6**

trabajador(a) *adj.* industrious; hard-working **5.2**

trabajar duro *v.* to work hard **5.2**

tradicional *adj.* traditional **4.1**

traducir *v.* to translate **4.1**

traer *v.* to bring **4.1**

tráfico de esclavos *m.* slave trade **4.4**

tragar *v.* to swallow

trágico/a *adj.* tragic **5.4**

traición *f.* betrayal **5.6**

traidor(a) *m., f.* traitor **5.6**

traje de luces *m.* bullfighter's outfit (*lit.* costume of lights) **4.2**

trama *f.* plot **5.4**

tranquilo/a *adj.* calm **4.1**; **Tranquilo/a.** Be calm.; Relax.

transbordador espacial *m.* space shuttle **5.1**

transcurrir *v.* to take place **5.4**

tránsito *m.* traffic

transmisión *f.* transmission

transmitir *v.* to broadcast **5.3**

transplantar *v.* to transplant

transporte público *m.* public transportation

trasnochar *v.* to stay up all night **4.4**

trastorno *m.* disorder

tratado *m.* treaty

tratamiento *m.* treatment **4.4**

tratar *v.* to treat **4.4**; **tratar (sobre/acerca de)** to be about; to deal with **4.4**

tratarse de *v.* to be about; to deal with **5.4**

trayectoria *f.* path; history **4.1**

trazar *v.* to trace

tribu *f.* tribe **5.6**

tribunal *m.* court

trinchera *f.* trench **4.4**

tropical *adj.* tropical; **tormenta tropical** *f.* tropical storm **4.6**

truco *m.* trick **4.2**

trueno *m.* thunder **4.6**

trueque *m.* barter; exchange

turbio/a *adj.* murky **4.1**

turismo *m.* tourism **4.5**

turista *m., f.* tourist **4.5**

turístico/a *adj.* tourist **4.5**

U

ubicar *v.* to put in a place; to locate

ubicarse *v.* to be located

único/a *adj.* unique

unirse *v.* to join **5.5**

uña *f.* fingernail

urbano/a *adj.* urban

urgente *adj.* urgent **4.4**

usuario/a *m., f.* user **5.1**

útil *adj.* useful

V

vaca *f.* cow **4.6**

vacuna *f.* vaccine **4.4**

vacunar(se) *v.* to vaccinate/to get vaccinated **4.4**

vago/a *m., f.* slacker

vagón *m.* carriage; coach **5.1**

valer *v.* to be worth **4.1**

valiente brave **4.5**

valioso/a *adj.* valuable **4.6**

valor *m.* bravery; value

vanguardia *f.* vanguard; **a la vanguardia** at the forefront **5.1**

vedado/a *adj.* forbidden **4.3**

vela *f.* candle

velar (a un muerto) *v.* to hold a vigil/ wake **5.6**

venado *m.* deer

vencer *v.* to conquer; to defeat **4.2, 5.3**

vencido/a *adj.* expired **4.5**

venda *f.* bandage **4.4**

vendedor(a) *m., f.* salesperson **5.2**

veneno *m.* poison **5.6**

venenoso/a *adj.* poisonous **4.6**

venir (e:ie) *v.* to come **4.1**

venta *f.* sale; **estar a la venta** to be for sale

ventaja *f.* advantage

ver *v.* to see **4.1**; **Yo lo/la veo muy triste.** He/She looks very sad to me. **4.6**

vergüenza *f.* shame; embarrassment; **tener vergüenza (de)** to be ashamed (of) **4.1**

verse *v.* to look; to appear; **Se ve tan feliz.** He/She looks so happy. **4.6**; **¡Qué guapo/a te ves!** How attractive you look! (*fam.*) **4.6**; **¡Qué elegante se ve usted!** How elegant you look! (*form.*) **4.6**

verso *m.* line (*of poetry*) **5.4**

vertiginosamente *adv.* dramatically; rapidly **5.2**

vestidor *m.* fitting room

vestirse (e:i) *v.* to get dressed **4.2**

vez *f.* time; **a veces** *adv.* sometimes **4.3**; **de vez en cuando** now and then; once in a while **4.3**; **por primera/última vez** for the first/last time **4.2**; **érase una vez** once upon a time

viaje *m.* trip **4.5**; **hacer un viaje** to take a trip **4.5**

viajero/a *m., f.* traveler **4.5**

viandante *m., f.* pedestrian **5.1**

victoria *f.* victory

victorioso/a *adj.* victorious **5.6**

vida *f.* life; **vida cotidiana** *f.* everyday life

video musical *m.* music video **5.3**

videojuego *m.* video game **4.2**

vigente *adj.* valid **4.5**

vigilar *v.* to watch

virus *m.* virus **4.4**

vistazo *m.* glance; **echar un vistazo** to take a look

viudo/a *adj.* widowed **4.1**

viudo/a *m., f.* widower/widow

vivir *v.* to live **4.1**

vivo: en vivo *adj.* live **5.3**

volar (o:ue) *v.* to fly **5.2**

volver (o:ue) *v.* to come back

votar *v.* to vote **5.5**

vuelo *m.* flight

vuelta *f.* return (trip)

W

web *f.* (the) web **5.1**

Y

yeso *m.* cast **4.4**

Z

zaguán *m.* entrance hall; vestibule **4.3**

zoológico *m.* zoo **4.2**

Vocabulary

English–Spanish

A

@ symbol arroba *f.* **5.1**
abolish suprimir *v.* **5.6**
about (to do something) a punto de *adv.* **4.4**
absent ausente *adj.*
abstract abstracto/a *adj.* **5.4**
accentuate acentuar *v.* **5.4**
accept coger la caña *v.* (*Col.*) **4.2**
accident accidente *m.*; **car accident** accidente automovilístico *m.* **4.5**
account cuenta *f.*; **(story)** relato *m.* **5.4**; **checking account** cuenta corriente *f.* **5.2**; **savings account** cuenta de ahorros *f.*
accountant contador(a) *m., f.* **5.2**
accustomed to acostumbrado/a *adj.*; **to grow accustomed (to)** acostumbrarse (a) *v.* **4.3**
ache doler (o:ue) *v.* **4.2**
achieve lograr *v.* **4.3**; alcanzar *v.*
activist activista *m., f.* **5.5**
actor actor *m.* **5.3**
actress actriz *f.* **5.3**
add añadir *v.*
admission ticket entrada *f.*
adore adorar *v.* **4.1**
advance avance *m.* **5.1**
advanced adelantado/a; avanzado/a *adj.* **5.1, 5.6**
advantage ventaja *f.*; **to take advantage of** aprovechar *v.*
adventure aventura *f.* **4.5**
adventurer aventurero/a *m., f.* **4.5**
advertising publicidad *f.* **5.3**
advertisement anuncio *m.*, propaganda *f.*
advisable recomendable *adj.* **4.5**; **not advisable, inadvisable** poco recomendable *adj.*
advise aconsejar *v.* **4.4**
advisor asesor(a) *m., f.* **5.2**
aesthetic estético/a *m., f.* **5.4**
affection cariño *m.* **4.1**
affectionate cariñoso/a *adj.* **4.1**
after all al final de cuentas; al fin y al cabo
against contra *prep.*; **against** en contra *prep.* **4.1**
age: of age mayor de edad
agent agente *m., f.*; **customs agent** agente de aduanas *m., f.* **4.5**
aging envejecimiento *m.* **5.2**
agnostic agnóstico/a *adj.* **5.5**
agree acordar (o:ue) *v.* **4.2**; ponerse de acuerdo **5.2**; **to agree on** quedar *v.* **4.2**
aid auxilio *m.*; **first aid** primeros auxilios *m. pl.* **4.4**
aim apuntar *v.* **5.5**
album álbum *m.* **4.2**
alibi coartada *f.* **5.4**
alien extraterrestre *m., f.* **5.1**
allusion alusión *f.* **5.4**
almost casi *adv.* **4.3**
alone solo/a *adj.* **4.1**
alternative medicine medicina alternativa *f.*
amaze asombrar *v.*
amazement asombro *m.*
ambassador embajador(a) *m., f.* **5.5**
amuse (oneself) entretener(se) (e:ie) *v.* **4.2**

ancient antiguo/a *adj.* **5.6**
anger enojo *m.*
announcer conductor(a) *m., f.*; locutor(a) *m., f.*
annoy molestar *v.* **4.2**
annoyance molestia *f.* **4.5**
ant hormiga *f.* **4.6**
antenna antena *f.*
antiquity antigüedad *f.*
anxiety ansia *f.* **4.1**
anxious ansioso/a *adj.* **4.1**
appear aparecer *v.* **4.1**
appearance aspecto *m.*
applaud aplaudir *v.* **4.2**
apply for solicitar *v.* **5.2**
appreciate apreciar *v.* **4.1**
appreciated apreciado/a *adj.*
approach acercarse (a) *v.* **4.2**
approval aprobación *f.* **5.3**
approve aprobar (o:ue) *v.* **5.5**
archaeologist arqueólogo/a *m., f.*
archaeology arqueología *f.*
argue discutir *v.* **4.1**
arid árido/a *adj.* **5.5**
aristocratic aristocrático/a *adj.* **5.6**
armchair sillón *m.*
armed armado/a *adj.*
army ejército *m.* **5.5, 5.6**
arrival llegada *f.* **4.5**
arrive llegar *v.*
artifact artefacto *m.* **4.5**
artisan artesano/a *m., f.* **5.4**
ascent subida *f.*
ashamed avergonzado/a *adj.*; **to be ashamed (of)** tener vergüenza (de) *v.* **4.1**
ask pedir (e:i) *v.* **4.1, 4.4**
aspirin aspirina *f.* **4.4**
assure asegurar *v.*
astonished: be astonished asombrarse *v.*; atónito/a *adj.* **5.3**
astonishing asombroso/a *adj.*
astonishment asombro *m.*
astronaut astronauta *m., f.* **5.1**
astronomer astrónomo/a *m., f.* **5.1**
atheism ateísmo *m.*
atheist ateo/a *adj.* **5.5**
athlete deportista *m., f.* **4.2**
ATM cajero automático *m.*
attach adjuntar *v.* **5.1**; **to attach a file** adjuntar un archivo *v.* **5.1**
attract atraer *v.* **4.1**
attraction atracción *f.*
auction subasta *f.* **5.4**
audience audiencia *f.*
audience público *m.* **5.3**
authoritarian autoritario/a *adj.* **4.1**
autobiography autobiografía *f.* **5.4**
available disponible *adj.*

B

back espalda *f.*; **behind my back** a mis espaldas **5.3**; **to have one's back to** estar de espaldas a
bag bolsa *f.*
balcony balcón *m.* **4.3**
ball balón *m.*
ball field campo *m.* **4.5**
ball game juego de pelota *m.* **4.5**
band conjunto (musical) *m.*

bandage venda *f.* **4.4**
banking bancario/a *adj.*
bankruptcy bancarrota *f.* **5.2**
baptism bautismo *m.* **5.3**
bargain ganga *f.* **4.3**
barter trueque *m.*
basement sótano *m.* **4.3**
battle batalla *f.* **4.4, 5.6**
bay bahía *f.* **4.5**
be able to poder (o:ue) *v.* **4.1**
be about (deal with) tratarse de *v.* **5.4** tratar (sobre/acerca de) *v.* **4.4**
be about to disponerse a *v.* **4.6**
be held up entretenerse *v.* **4.1**
be promoted ascender (e:ie) *v.* **5.2**
bear oso *m.*
beat latir *v.* **4.4**
beating golpiza *f.* **5.6**
beauty belleza *f.* **5.2**
become convertirse (en) (e:ie) *v.* **4.1**; **to become annoying** ponerse pesado/a *v.*; **to become extinct** extinguirse *v.* **4.6**; **to become infected** contagiarse *v.* **4.4**; **to become inflamed** inflamarse *v.*; **to become informed (about)** enterarse (de) *v.* **5.3**; **to become part (of)** integrarse (a) *v.* **5.6**; **to become tired** cansarse *v.*
bed and breakfast inn pensión *f.*
beehive colmena *f.* **5.2**
beforehand de antemano *adv.*
beg rogar *v.* **4.2, 4.4**
beggar mendigo/a *m., f.*
begin empezar (e:ie) *v.*
behalf: on behalf of de parte de
behave well portarse bien *v.*
belief creencia *f.* **5.5**
believe (in) creer (en) *v.* **5.5**; **Don't you believe it.** No creas.
believer creyente *m., f.* **5.5**
belong (to) pertenecer (a) *v.* **4.3, 5.6**
belt cinturón *m.*; **seatbelt** cinturón de seguridad *m.* **4.5**
benefits beneficios *m. pl.*
bet apuesta *f.*
bet apostar (o:ue) *v.*
betray engañar *v.* **5.3**
betrayal traición *f.* **5.6**
better mejor *adj.*; **maybe** a lo mejor *adv.* **4.1**
beyond más allá de
bias parcialidad *f.* **5.3**; **left-wing/right-wing bias** tendencia izquierdista/derechista *f.*
biased parcial *adj.* **5.3**
bilingual bilingüe *adj.* **5.3**
bill proyecto de ley *m.* **5.5**
billiards billar *m.* **4.2**
biochemical bioquímico/a *adj.* **5.1**
biography biografía *f.* **5.4**
biologist biólogo/a *m., f.* **5.1**
bird ave *f.* **4.6**; pájaro *m.* **4.6**
bite morder (o:ue) *v.* **4.6**; bocado *m.* **5.6**
blanket manta *f.*
bless bendecir *v.* **5.5**
blessed bendito/a *adj.* **4.2**
blindness ceguera *f.* **4.4**
blog blog *m.* **5.1**
blognovel blogonovela *f.* **5.1**
blogosphere blogosfera *f.* **5.1**
blood sangre *f.* **4.4, 5.5**; **(high/low) blood pressure** tensión (alta/baja) *f.* **4.4**

English—Spanish

blow soplar *v.;* **to blow out the candles** apagar las velas *v.* **5.2**
blurred confuso/a *adj.* **4.1**
blush enrojecer *v.*
board embarcar *v.;* **on board** a bordo *adj.* **4.5**
board game juego de mesa *m.* **4.2**
boat bote *m.* **4.5**
body cuerpo *m.*
boil hervir (e:ie) *v.* **4.3**
bombing bombardeo *m.* **4.6**
border frontera *f.* **4.5**
border límite *m.* **5.5**
bore aburrir *v.* **4.2**
borrow pedir prestado/a *v.* **5.2**
borrowed prestado/a *adj.* **4.2**
both ambos/as *pron., adj.*
bother molestar *v.* **4.2**
bottom fondo *m.*
bow proa *f.* **4.5**
bowling boliche *m.* **4.2**
box caja *f.;* **toolbox** caja de herramientas *f.*
box office taquilla *f.* **4.2**
branch sucursal *f.*
brand marca *f.*
brave valiente *adj.* **4.5**
bravery valor *m.*
break in (to a conversation) meterse *v.* **4.1**
break up (with) romper (con) *v.* **4.1**
breakthrough avance *m.* **5.1**
breath respirar *v.* **4.1**
breathing respiración *f.* **4.4**
brick ladrillo *m.*
bridge puente *m.* **5.6**
bright luminoso/a *adj.* **5.4**
bring traer *v.* **4.1;**
  to bring down derribar *v.;*
  to bring up (raise) educar *v.* **4.1**
broadcast emisión *f.;* **live broadcast** emisión en vivo/directo *f.*
broadcast transmitir *v.* **5.3**
broom escoba *f.*
brush cepillarse *v.* **4.2; to brush against** rozar *v.*
brush stroke pincelada *f.* **5.4**
Buddhist budista *adj.* **5.5**
budget presupuesto *m.* **5.2**
buffalo búfalo *m.*
bull ring ruedo *m.* **4.2**
bullfight corrida *f.* **4.2**
bullfighter torero/a *m., f.* **4.2; bullfighter who kills the bull** matador/a *m., f.* **4.2; bullfighter's outfit** traje de luces *m.* **4.2**
bullfighting toreo *m.* **4.2; bullfighting stadium** plaza de toros *f.* **4.2**
bunch (of people) sarta *f. (despective)* **5.6**
bureaucracy burocracia *f.*
buried enterrado/a *adj.*
burrow madriguera *f.* **4.3**
bury enterrar (e:ie), sepultar *v.* **5.6**
business negocio *m.*
businessman hombre de negocios *m.* **5.2**
businesswoman mujer de negocios *f.* **5.2**
butterfly mariposa *f.*

C

cage jaula *f.*
calculation, sum cuenta *f.*
calm tranquilo/a *adj.* **4.1**
calm down calmarse *v.;* **Calm down.** Tranquilo/a.

campaign campaña *f.* **5.5**
campground campamento *m.* **4.5**
cancel cancelar *v.* **4.5**
cancer cáncer *m.*
candidate candidato/a *m., f.* **5.5**
candle vela *f.*
canon canon *m.* **5.4**
canvas tela *f.* **5.4**
capable capaz *adj.* **5.2**
cape cabo *m.*
captain capitán *m.*
car registration permiso de circulación *m.* **4.5**
card tarjeta *f.;* **boarding card** tarjeta de embarque *f.* **4.5; credit/debit card** tarjeta de crédito/débito *f.* **4.3; (playing) cards** cartas, *f. pl.* **4.2,** naipes *m. pl.* **4.2**
care cuidado *m.* **4.1; personal care** aseo personal *m.*
carefree despreocupado/a *adj.* **5.5**
careful cuidadoso/a *adj.* **4.1**
caress acariciar *v.* **5.4**
carriage vagón *m.* **5.1**
carry llevar *v.* **4.2; to carry away** llevarse *v.* **4.2; to carry out (an activity)** llevar a cabo *v.*
cascade cascada *f.* **4.5**
case: in any case de todas formas **5.6**
cash dinero en efectivo *m.;* *(Arg.)* guita *f.*
cash cobrar *v.* **5.2**
cashier cajero/a *m., f.*
casket ataúd *m.*
cast yeso *m.* **4.4**
catastrophe catástrofe *f.*
catch atrapar *v.* **4.6**
catch pillar *v.* **5.3**
category categoría *f.* **4.5**
Catholic católico/a *adj.* **5.5**
cautious prevenido/a *adj.*
cave cueva *f.*
celebrate celebrar, festejar *v.* **4.2**
celebrity celebridad *f.* **5.3**
cell célula *f.* **5.1;** celda *f.*
cell phone móvil *m.* **5.1,** teléfono celular *m.* **5.1**
cemetery cementerio *m.* **5.6**
censorship censura *f.* **5.3**
cent centavo *m.*
century siglo *m.* **5.6**
certain cierto/a *adj.*
certainty certeza *f.* certidumbre *f.* **5.6**
challenge desafío *m.* **5.1;** desafiar *v.* **4.2;** poner a prueba *v.*
challenging desafiante *adj.* **4.4**
champion campeón/campeona *m., f.* **4.2**
championship campeonato *m.*
chance azar, *m.* **5.6** casualidad *f.;* oportunidad *f.* **5.2; by chance** por casualidad **4.3**
change cambio *m.;* cambiar; mudar *v.* **4.2; to change (plains, trains)** hacer transbordo *v.* **4.5**
channel canal *m.* **5.3; television channel** canal de televisión *m.*
chapel capilla *f.*
chapter capítulo *m.*
character personaje *m.* **5.4; main/secondary character** personaje principal/secundario *m.*
characteristic (trait) rasgo *m.*
characterization caracterización *f.* **5.4**
charge cobrar *v.* **5.2**

charge: be in charge of encargarse de *v.* **4.1;** estar a cargo de; estar encargado/a de; **person in charge** encargado/a *m., f.*
cheap (stingy) tacaño/a *adj.* **4.1; (inexpensive)** barato/a *adj.* **4.3**
cheek mejilla *f.* **5.4**
cheer up animar *v.;* **Cheer up!** ¡Anímate!*(sing.)*; ¡Anímense! *(pl.)* **4.2**
Cheers! ¡Salud! *interj.* **5.2**
chef cocinero/a *m., f.*
chemical químico/a *adj.* **5.1**
chemist químico/a *m., f.* **5.1**
chess ajedrez *m.* **4.2, 5.6**
chessboard tablero *m.* **5.6**
chest pecho *m.* **5.4**
chew masticar *v.*
childhood infancia *f.*
choir coro *m.*
choose elegir (e:i) *v.;* escoger *v.* **4.1**
chore quehacer *m.* **4.3**
chorus coro *m.*
chosen elegido/a *adj.*
Christian cristiano/a *adj.* **5.5**
church iglesia *f.* **5.5**
cinema cine *m.* **4.2**
circus circo *m.* **4.2**
cistern cisterna *f.* **4.6**
citizen ciudadano/a *m., f.* **5.5**
city hall ayuntamiento *m.* **5.1**
civilization civilización *f.* **5.6**
civilized civilizado/a *adj.*
claim reclamar *v.* **5.5**
clarify aclarar *v.* **5.3**
classic clásico/a *adj.* **5.4**
clean limpiar *v.* **4.3**
clean (pure) puro/a *adj.*
cleanliness aseo *m.*
clear (the table) quitar (la mesa) *v.* **4.3**
clearing limpieza *f.* **4.3**
click hacer clic *v.*
cliff acantilado *m.*
climate clima *m.*
climb (mountain) escalada *f.*
climber escalador(a) *m., f.*
clock reloj *m.* **5.6**
cloister claustro *m.*
clone clonar *v.* **5.1**
club club *m.;* **sports club** club deportivo *m.* **4.2**
coach (train) vagón *m.* **5.1; coach (trainer)** entrenador(a) *m., f.* **4.2**
coast costa *f.* **4.6**
cockroach cucaracha *f.* **4.6**
coffin caja *f.* **5.6**
coincidence casualidad *f.;* **chiripazo** *m.* *(Col.)* **4.4**
cold resfriado *m.* **4.4; to have a cold** estar resfriado/a *v.* **4.4**
collect coleccionar *v.*
colonize colonizar *v.* **5.6**
colony colonia *f.* **5.6**
columnist columnista *m., f.*
comb one's hair peinarse *v.* **4.2**
combatant combatiente *m., f.*
come venir *v.* **4.1; to come back** volver (o:ue) *v.;* **to come from** provenir (de) *v.;* **Come on in!** ¡Siga! **4.2**
comedian comediante *m., f.* **4.1**
comet cometa *m.* **5.1**
comic book tebeo *m.* **4.4**
comic strip tira cómica *f.* **5.3**

A65

Vocabulary

commerce comercio *m.* **5.2**
commercial anuncio *m.* **5.3**
commitment compromiso *m.* **4.1**
community comunidad *f.* **4.4**
company compañía *f.*, empresa *f.* **5.2**;
  multinational company empresa
  multinacional *f.*, multinacional *f.* **5.2**
compass brújula *f.* **4.5**
competent capaz *adj.* **5.2**
complain (about) quejarse (de) *v.* **4.2**
complaint queja *f.*
complicated rebuscado/a *adj.*
compose componer *v.* **4.1**
composer compositor(a) *m., f.*
computer science informática *f.* **5.1**;
  computación *f.*
concert concierto *m.* **4.2**
condition (illness) dolencia *f.*
conference conferencia *f.* **5.2**
confess confesar (e:ie) *v.*
confidence confianza *f.* **4.1**
confident seguro/a *adj.* **4.1**
confront enfrentar *v.*
confuse (with) confundir (con) *v.*
confused confundido/a *adj.*
congested congestionado/a *adj.*
Congratulations! ¡Felicidades!; *interj.*
  Congratulations to all! ¡Felicidades a todos!
connection conexión *f.;* **to have good
  connections** estar relacionado *v.*
conquer conquistar, *v.* vencer *v.* **4.2, 5.3, 5.6**
conqueror conquistador(a) *m., f.* **5.6**
conquest conquista *f.* **5.6**
conscience conciencia *f.*
consequently por consiguiente *adj.*
conservative conservador(a) *adj.* **5.5**
conserve conservar *v.* **4.6**
consider considerar *v.*
consulate consulado *m.*
consultant asesor(a) *m., f.* **5.2**
consumption consumo *m.;* **energy
  consumption** consumo de energía *m.*
contaminate contaminar *v.* **4.6**
contamination contaminación *f.* **4.6**
contemporary contemporáneo/a *adj.* **5.4**
contented: be contented with
  contentarse con *v.* **4.1**
contract contrato *m.* **5.2**; contraer *v.* **4.1**
contribute contribuir (a) *v.* **4.6**
contribution aportación *f.* **5.5**
controversial controvertido/a *adj.* **5.3**
controversy polémica *f.* **5.5**
cook cocinero/a *m., f.*
cook cocinar *v.* **4.3**
corner rincón *m.*
cornmeal cake arepa *f.*
correspondent corresponsal *m., f.* **5.3**
corruption corrupción *f.*
costly costoso/a *adj.*
costume disfraz *m.;* **in costume**
  disfrazado/a *adj.*
cough tos *f.* **4.4**
cough toser *v.* **4.4**
count contar (o:ue) *v.* **4.2; to count on**
  contar con *v.*
countless sinnúmero *m.* **5.2**
countryside campo *m.* **4.6**
couple pareja *f.* **4.1**
courage coraje *m.*

course: of course claro *interj.* **4.3**; por
  supuesto; ¡cómo no!
court tribunal *m.*
cover portada *f.* **5.3** tapa *f.*
cow vaca *f.* **4.6**
crash choque *m.* **4.3**
create crear *v.* **5.1**
creativity creatividad *f.*
crisis crisis *f.;* **economic crisis** crisis
  económica *f.* **5.2**
critic crítico/a *m., f.;* **movie critic**
  crítico/a de cine *m., f.* **5.3**
critical crítico/a *adj.*
critique criticar *v.* **5.4**
cross cruzar *v.*
crowd multitud *f.*
cruise (ship) crucero *m.* **4.5**
cry llorar *v.*
crying llanto *m.*
cubism cubismo *m.* **5.4**
culture cultura *f.;* **pop culture** cultura
  popular *f.*
cultured culto/a *adj.* **5.6**
currently actualmente *adv.*
curse maldición *f.*
custom costumbre *f.* **4.3**
customs aduana *f.;* **customs agent** agente
  de aduanas *m., f.* **4.5**
cut corte *m.*

D

daily diario/a *adj.* **4.3**
dam represa *f.*
damp húmedo/a *adj.* **4.6**
dance bailar *v.* **4.1**
dance club discoteca *f.* **4.2**
dancer bailarín/bailarina *m., f.*
danger peligro *m.*
dangerous peligroso/a *adj.* **4.5**
dare (to) atreverse (a) *v.* **4.2**
darken oscurecer *v.* **4.6**
darts dardos *m. pl.* **4.2**
data datos *m.;* **piece of data** dato *m.*
date cita *f.;* **blind date** cita a ciegas *f.* **4.1**
datebook agenda *f.* **4.3**
dawn alba *f.*
day día *m.*
daybreak alba *f.*
deaf sordo/a *adj.;* **to go deaf** quedarse
  sordo/a *v.* **4.4**
deal with (be about) tratarse de *v.* **5.4**
death muerte *f.*
debt deuda *f.* **5.2**
debut (premiere) estreno *m.* **4.2**
decade década *f.* **4.2**
decrease disminuir *v.*
dedication dedicatoria *f.* **5.5**
deep hondo/a *adj.* **4.2**; profundo/a *adj.*
deer venado *m.*
defeat vencer *v.* **4.2, 5.3**
defeat derrota *f.;* derrotar *v.* **5.6**
defeated derrotado/a *adj.* **5.6**
deforestation deforestación *f.* **4.6**
delay demora *f.* **5.6**; retraso *m.;*
  atrasar *v.;* demorar *v.;* retrasar *v.*
delayed retrasado/a *adj.* **4.5**
delivery entrega *f.*
demand reclamar *v.* **5.5**; exigir *v.* **4.1, 4.4, 5.2**
democracy democracia *f.* **5.5**

demonstration manifestación *f.* **5.5**
den madriguera *f.* **4.3**
denounce delatar *v.* **4.3**
depict reflejar *v.* **5.4**
deploy desplegar *v.* **5.1**
deposit depositar *v.* **5.2**
depressed deprimido/a *adj.* **4.1**
depression depresión *f.* **4.4**
descendent descendiente *m., f.* **5.6**
desert desierto *m.* **4.6**
deserve merecer *v.* **5.2**
design diseñar *v.* **5.4**
desire deseo *m.;* gana *f.*
desire desear *v.* **4.4**
destination destino *m.* **4.5**
destroy destruir *v.* **4.6**
detective (story/novel) policíaco/a *adj.* **5.4**
deteriorate empeorar *v.* **4.4**
detest detestar *v.*
devastated deshecho *adj.*
developed desarrollado/a *adj.* **5.6**
developing en vías de desarrollo *adj.;*
  developing country país en vías de
  desarrollo *m.*
development desarrollo *m.* **4.6**
diamond diamante *m.*
dictator dictador(a) *m., f.* **5.6**
dictatorship dictadura *f.*
die fallecer *v.* **5.6**; **to die of** morirse (o:ue)
  de *v.* **4.2**
diet (nutrition) alimentación *f.* **4.4**; dieta *f.;*
  to be on a diet estar a dieta *v.* **4.4**; **to go
  on a diet** ponerse a dieta *v.* **4.4**
difficult duro/a *adj.*
digestion digestión *f.*
digital digital *adj.* **5.1**
direct dirigir *v.* **4.1**
director director(a) *m., f.*
disappear desaparecer *v.* **4.1, 4.6**
disappointment desilusión *f.*
disaster catástrofe *f.;* **natural disaster**
  catástrofe natural *f.*
discomfort malestar *m.* **4.4**
discotheque discoteca *f.* **4.2**
discouraged desanimado/a *adj.* **to get
  discouraged** desanimarse *v.;* **the state of
  being discouraged** desánimo *m.* **4.1**
discover descubrir *v.*
discoverer descubridor(a) *m., f.*
discovery descubrimiento *m.* **5.1**;
  hallazgo *m.* **4.4**
discriminated discriminado/a *adj.*
discrimination discriminación *f.*
disease enfermedad *f.* **4.4**
disguised disfrazado/a *adj.*
disgusting: to be disgusting dar asco *v.*
disorder desorden *m.* **5.1**; **(condition)**
  trastorno *m.*
display lucir *v.*
disposable desechable *adj.* **4.6**
distant lejano/a *adj.* **4.5**
distinguish distinguir *v.* **4.1**
distract distraer *v.* **4.1**
distracted distraído/a *adj.*
disturbing inquietante *adj.* **5.4**
diversity diversidad *f.* **4.4**
divorce divorcio *m.* **4.1**
divorced divorciado/a *adj.* **4.1**
dizzy mareado/a *adj.* **4.4**
DNA ADN (ácido desoxirribonucleico) *m.* **5.1**

A66

English—Spanish

do hacer *v.* **4.1, 4.4**; **to be (doing something)** andar + *pres. participle v.*; **to do someone the favor** hacer el favor *v.*; **to do something on purpose** hacer algo a propósito *v.*
doctor's appointment consulta *f.* **4.4**
doctor's office consultorio *m.* **4.4**
documentary documental *m.* **5.3**
dominoes dominó *m.*
don't you dare ni se le ocurra **4.5**
doorbell timbre *m.*; **to ring the doorbell** tocar el timbre *v.*
double (*in movies*) doble *m., f.* **5.3**
doubt interrogante *m.*; **to be no doubt** no caber duda *v.*
download descargar *v.* **5.1**
drag arrastrar *v.*; **drag out** alargar *v.* **4.1**
dramatically; rapidly vertiginosamente *adv.* **5.2**
draw dibujar *v.* **5.4**
dream (about) soñar (o:ue) (con) *v.* **4.1**
dreams sueños *m.* **4.1**
dressing room probador *m.* **4.3**; (*star's*) camerino *m.* **5.3**
drink beber *v.* **4.1**
drinking glass copa *f.* **4.3**
drive conducir *v.* **4.1**; manejar *v.*
driver's license carné de conducir *m.* **4.5**
drought sequía *f.* **4.6**
drown ahogarse *v.*
drowned ahogado/a *adj.* **4.5**
dry seco/a *adj.* **4.6**; secar *v.*; **to dry off** secarse *v.* **4.2**
dub (*film*) doblar *v.*
dubbed doblado/a *adj.* **5.3**
dubbing doblaje *m.*
dust polvo *m.* **4.3**; **to dust** quitar el polvo *v.* **4.3**
duty deber *m.* **5.2**

E

ear of corn mazorca *f.* **4.2**
earn ganar *m.*;
earth tierra *f.* **4.6**; **What on earth...?** ¿Qué rayos...? **4.5**
earthquake terremoto *m.* **4.6**
easy-going (*permissive*) permisivo/a *adj.* **4.1**
eat comer *v.* **4.1, 4.2**; **to eat up** comerse *v.* **4.2**
ecosystem ecosistema *m.* **4.6**
ecotourism ecoturismo *m.* **4.5**
edible comestible *adj.*; **edible plant** planta comestible *f.*
editor redactor(a) *m., f.* **5.3**
editor-in-chief redactor(a) jefe *m., f.*
educate educar *v.*
educated (*cultured*) culto/a *adj.* **5.6**
education instrucción *f.* **5.2**
educational didáctico/a *adj.* **5.4**
efficient eficiente *adj.*
effort esfuerzo *m.*
either... or... o… o… *conj.*
elbow codo *m.*
elder mayor *m.* **5.6**
elderly anciano/a *adj.*; **elderly gentleman/lady** anciano/a *m., f.*
elect elegir (e:i) *v.* **5.5**
elected elegido/a *adj.*
electoral electoral *adj.*

electricity luz *f.* **5.1**
electronic electrónico/a *adj.*
e-mail address dirección de correo electrónico *f.* **5.1**
embarrassed avergonzado/a *adj.*
embarrassment vergüenza *f.*
embassy embajada *f.*
emigrate emigrar *v.* **5.5**
emotion sentimiento *m.* **4.1**
emperor emperador *m* **5.6**
emphasize destacar *v.*
empire imperio *m.* **5.6**
employed empleado/a *adj.* **5.2**
employee empleado/a *m., f.* **5.2**
employment empleo *m.* **5.2**
empress emperatriz *f.* **5.6**
encourage animar *v.*
end fin *m.*; (*rope, string*) cabo *m.*
endangered en peligro de extinción *adj.*; **endangered species** especie en peligro de extinción *f.*
ending desenlace *m.*
energetic enérgico/a *adj.*
energy energía *f.*; **nuclear energy** energía nuclear *f.*; **wind energy** energía eólica *f.*
engineer ingeniero/a *m., f.* **5.1**
enjoy disfrutar (de) *v.* **4.2**; **Enjoy your meal.** Buen provecho.
enough bastante *adv.* **4.3**
enslave esclavizar *v.* **5.6**
enter ingresar *v.*; **to enter data** ingresar datos *v.*
entertain (oneself) entretener(se) (e:ie) *v.* **4.2**
entertaining entretenido/a *adj.* **4.2**
entertainment farándula *f.* **4.1**
entrance hall zaguán *m.* **4.3**
entrepreneur empresario/a *m., f.* **5.2**
envelope sobre *m.*
environment medio ambiente *m.* **4.6**
environmental ambiental *adj.* **4.6**
epidemic epidemia *f.* **4.4**
episode episodio *m.* **5.3**; **final episode** episodio final *m.* **5.3**
equal igual *adj.* **5.5**
equality igualdad *f.*
era época *f.* **5.6**
erase borrar *v.* **5.1**
erosion erosión *f.* **4.6**
errands mandados *m. pl.* **4.3**; **to run errands** hacer mandados *v.* **4.3**
essay ensayo *m.*
essayist ensayista *m., f.* **5.4**
establish (oneself) establecer(se) *v.* **5.6**
eternal eterno/a *adj.*
ethical ético/a *adj.* **5.1**; **unethical** poco ético/a *m., f.*
even siquiera *conj.*
event acontecimiento *m.* **5.3**
everyday cotidiano/a *adj.* **4.3**; **everyday life** vida cotidiana *f.*
example (*sample*) muestra *f.*
exchange: in exchange for a cambio de
excited emocionado/a *adj.* **4.1**
exciting excitante *adj.*
excursion excursión *f.* **4.5**
excuse disculpar *v.*; **Excuse me; Pardon me** Perdona (*fam.*)/Perdone (*form.*); Con permiso.
executive ejecutivo/a *m., f.* **5.2**; **of an executive nature** de corte ejecutivo **5.2**

exhausted agotado/a *adj.* **4.4**; fatigado/a *adj.* **4.4**
exhaustion cansancio *m.* **4.3**
exhibition exposición *f.*
exile exilio *m.*; **political exile** exilio político *m.* **5.5**
exotic exótico/a *adj.*
expel expulsar *v.* **5.6**
expensive caro/a *adj.* **4.3**; costoso/a *adj.*
experience experiencia *f.* **5.2**; experimentar *v.*
experiment experimento *m.* **5.1**
expire caducar *v.*
expired vencido/a *adj.* **4.5**
exploit explotar *v.* **5.6**
exploitation explotación *f.*
exploration exploración *f.*
explore explorar *v.*
explosion estallido *m.* **5.5**
export exportar *v.* **5.2**
exports exportaciones *f., pl.*
expressionism expresionismo *m.* **5.4**
extinct: become extinct extinguirse *v.* **4.6**
extinguish extinguir *v.*

F

face up boca arriba *adj.* **5.4**
facial features facciones *f., pl.* **4.3**
facilities servicios *m., pl.*
fact hecho *m.* **4.3**; **in fact** de hecho **4.4**
factor factor *m.*; **risk factors** factores de riesgo *m. pl.*
factory fábrica *f.*
fad moda pasajera *f.* **5.3**
faint desmayarse *v.* **4.4**
fair feria *f.* **4.2**
faith fe *f.* **5.5**
fall caer *v.* **4.1**; **to fall in love (with)** enamorarse (de) *v.* **4.1**
fame fama *f.* **5.3**
famous famoso/a *adj.* **5.3**; **to become famous** hacerse famoso *v.* **5.3**
fan (of) aficionado/a (a) *adj.* **4.2**; **to be a fan of** ser aficionado/a de *v.*
farewell despedida *f.* **4.5**
fascinate fascinar *v.* **4.2**
fashion moda *f.*; **in fashion, popular** de moda *adj.* **5.3**
fasten abrocharse *v.*; **to fasten one's seatbelt** abrocharse el cinturón de seguridad *v.*; **to fasten (the seatbelt)** ponerse (el cinturón de seguridad) *v.* **4.5**
fatigue fatiga *f.* **5.2**
favor favor *m.*; **to do someone the favor** hacer el favor *v.*
favoritism favoritismo *m.* **5.5**
fed up (with) harto/a *adj.*; **to be fed up (with); to be sick (of)** estar harto/a (de) *v.* **4.1**
feed dar de comer *v.* **4.6**
feel sentirse (e:ie) *v.* **4.1**; (**experience**) experimentar *v.*; **to feel like** dar la gana *v.* **5.3**; sentir/tener ganas de *v.*
feeling sentimiento *m.* **4.1**
festival festival *m.* **4.2**
fever fiebre *f.* **4.4**; **to have a fever** tener fiebre *v.* **4.4**
field campo *m.* **4.6**; cancha *f.*

A67

Vocabulary

fight lucha *f.*; pelear, luchar *v.* **5.2**; **to fight (for)** luchar por *v.*; **to fight bulls** lidiar *v.* **4.2**; **to fight bulls in the bullring** torear *v.* **4.2**
figuratively en sentido figurado *m.*
file archivo *m.*; **to download a file** bajar un archivo *v.*
filled up completo/a *adj.*; **The hotel is filled.** El hotel está completo.
film película *f.*; rodar (o:ue) *v.* **5.3**
finance(s) finanzas *f. pl.*; financiar *v.* **5.2**
financial financiero/a *adj.* **5.2**
find out averiguar *v.* **4.1**
finding hallazgo *m.* **4.4**
fine multa *f.*
fine arts bellas artes *f., pl.* **5.4**
fingernail uña *f.*
finish line meta *f.*
fire incendio *m.* **4.6**; despedir (e:i) *v.* **5.2**
fired despedido/a *adj.*
fireplace hogar *m.* **4.3**
first aid primeros auxilios *m., pl.* **4.4**
first and foremost antes que nada
fish pez *m.* **4.6**
fishing pesca *f.* **4.5**
fit caber *v.* **4.1**; **(clothing)** quedar *v.* **4.2**
fitting room vestidor *m.*
flag bandera *f.*
flask frasco *m.*
flavor sabor *m.*; **What flavor is it? Chocolate?** ¿Qué sabor tiene? ¿Chocolate? **4.4**
flee huir *v.* **4.3**
fleeting pasajero/a *adj.*
flexible flexible *adj.*
flight vuelo *m.*
flight attendant auxiliar de vuelo *m., f.*
flirt coquetear *v.* **4.1**
float flotar *v.* **4.5**
flood inundación *f.* **4.6**; inundar *v.*
floor suelo *m.*
flower florecer *v.* **4.6**
flu gripe *f.* **4.4**
fly mosca *f.* **4.4, 4.6**; volar (o:ue) *v.* **5.2**
fog niebla *f.*
fold doblar *v.*
follow seguir (e:i) *v.*
folly insensatez *f.* **4.4**
fond of aficionado/a (a) *adj.* **4.2**
food comida *f.* **4.6**; alimento *m.* **canned food** comida enlatada *f.* **4.6**; **fast food** comida rápida *f.* **4.4**
foot (of an animal) pata *f.*
for a long time harto (tiempo) *adj.* **5.6**
forbidden vedado/a *adj.* **4.3**
force fuerza *f.*; **armed forces** fuerzas armadas *f., pl.* **5.6**; **labor force** fuerza laboral *f.*
forced forzado/a *adj.* **5.6**
forefront: at the forefront a la vanguardia
foresee presentir (e:ie); prever *v.*
forest bosque *m.*
forget (about) olvidarse (de) *v.* **4.2**
forgetfulness; olvido *m.* **4.1**
forgive perdonar *v.*
form forma *f.*
formulate formular *v.* **5.1**
forty-year-old; in her/his forties cuarentón/cuarentona *adj.* **5.5**
fountain fuente *f.*
frame marco *m.*
free time tiempo libre *m.* **4.2**; ratos libres *m. pl.* **4.2**

freedom libertad *f.* **5.5**; **freedom of the press** libertad de prensa *f.* **5.3**
freeze helar (e:ie) *v.*
frequently a menudo *adv.* **4.3**
friar fraile *m.*
frightened asustado/a *adj.*
frog rana *f.* **4.6**
front desk recepción *f.* **4.5**
front page portada *f.* **5.3**
frozen congelado/a *adj.*
fry freír (e:i) *v.* **4.3**
fuel combustible *m.* **4.6**
full lleno/a *adj.*; **full-length film** largometraje *m.*
fun divertido/a *adj.* **4.2**
funny gracioso/a *adj.* **4.1**; **to be funny (to someone)** hacerle gracia (a alguien)
furnished amueblado/a *adj.*
furniture mueble *m.* **4.3**
future mañana (el) *m.* **4.3**
futuristic futurístico/a *adj.*

G

gain weight engordar *v.* **4.4**
gallery galería *f.* **5.4**
game juego *m.* **4.2**; **ball game** juego de pelota *m.* **4.5**; **board game** juego de mesa *m.* **4.2**; partida *f.* **5.6**; **(sports)** partido *m.*; **to win/lose a game** ganar/perder un partido *v.* **4.2**
garbage (poor quality) porquería *f.* **5.4**
gate: airline gate puerta de embarque *f.* **4.5**
gaze mirada *f.* **4.1**
gene gen *m.* **5.1**
generate generar *v.*
generous generoso/a *adj.*
genetics genética *f.*
genuine auténtico/a *adj.* **4.3**
gesture gesto *m.*
get obtener *v.*; **to get a movie** alquilar una película *v.* **4.2**; **to get a shot** poner(se) una inyección *v.* **4.4**; **to get along** congeniar *v.*; **to get along well/poorly** llevarse bien/mal *v.* **4.1**; **to get better** mejorarse, ponerse bueno *v.* **4.2, 4.4**; **to get bored** aburrirse *v.* **4.2**; **to get discouraged** desanimarse *v.*; **to get dressed** vestirse (e:i) *v.* **4.2**; **to get hurt** lastimarse *v.* **4.4**; **to get in shape** ponerse en forma *v.* **4.4**; **to get information** informarse *v.*; **to get over (something)** superar (algo) *v.* **4.4**; **to get ready** arreglarse *v.* **4.3**; **to get sick** enfermarse *v.* **4.4**; **to get tickets** conseguir (e:i) boletos/entradas *v.* **4.2**; **to get together (with)** reunirse (con) *v.* **4.2**; **to get up** levantarse *v.* **4.2**; **to get upset** afligirse *v.* **4.3**; **to get used to** acostumbrarse (a) *v.* **4.3**; **to get vaccinated** vacunarse *v.* **4.4**; **to get well/ill** *v.* ponerse bien/mal **4.4**; **to get wet** mojarse *v.*; **to get worse** empeorar *v.* **4.4**
gift obsequio *m.* **5.5**
give dar *v.*; **to give/lend a hand** echar una mano *v.* **5.1**; **to give a prize** premiar *v.*; **to give a shot** poner una inyección *v.* **4.4**; **to give up** darse por vencido *v.* **4.6**; ceder **5.5**; **to give way to** dar paso a *v.*

gladly con mucho gusto **5.4**
glance vistazo *m.*
global warming calentamiento global *m.* **4.6**
globalization globalización *f.*
go ir *v.* **4.1, 4.2**; **to go across** recorrer *v.* **4.5**; **to go around (the world)** dar la vuelta (al mundo) *v.*; **to go away (from)** irse (de) *v.* **4.2**; **to go out** salir *v.* **4.1**; **to go out (to eat)** salir (a comer) *v.* **4.2**; **to go out with** salir con *v.* **4.1**; **to go shopping** ir de compras *v.* **4.3**; **go to bed** acostarse (o:ue) *v.* **4.2**; **go to sleep** dormirse (o:ue) *v.* **4.2**; **go too far** pasarse *v.*; **go too fast** embalarse *v.* **5.3**
goat cabra *f.*
God Dios *m.* **5.5**
god/goddess dios(a) *m., f.* **4.5**
gold oro *m.* **4.4**
goldfish pececillo de colores *m.*
good bueno/a *adj.* **to be good (i.e. fresh)** estar bueno *v.*; **to be good (by nature)** ser bueno *v.*
goodness bondad *f.*
gossip chisme *m.* **5.3**
govern gobernar (e:ie) *v.* **5.5**
government gobierno *m.*; **government agency** organismo público *m.*
governor gobernador(a) *m., f.* **5.5**
graduate titularse *v.* **4.3**
grass hierba *f.*; **pasto** *m.*
gratitude agradecimiento *m.*
gravity gravedad *f.* **5.1**
grouch, curmudgeon cascarrabias *m. f.* **4.4**
group grupo *m.*; **musical group** grupo musical *m.*
grow crecer *v.* **4.1**; cultivar *v.* **to grow accustomed to;** acostumbrarse (a) *v.* **4.3**; **grow up** criarse *v.* **4.1**
growth crecimiento *m.*
Guarani guaraní *m.* **5.3**
guarantee asegurar *v.*
guess adivinar *v.*
guilt culpa *f.*
guilty culpable *adj.*
guitar (type of) tiple *m.* **4.2**
guy tipo *m.* **4.2**
gymnasium gimnasio *m.*

H

habit costumbre *f.* **4.3**
habit: be in the habit of soler (o:ue) *v.* **4.3**
half mitad *f.*
hall sala *f.* **concert hall** sala de conciertos *f.*
hallucinate alucinar *v.* **5.4**
hang (up) colgar (o:ue) *v.*
happen suceder *v.* **4.1**; **These things happen.** Son cosas que pasan. **5.5**
happiness felicidad *f.*
happy feliz *adj.*
hard arduo *adj.*; duro/a *adj.*
hardly apenas *adv.* **4.3**
hard-working trabajador(a) *adj.* **5.2**
harmful dañino/a *adj.* **4.6**
harvest cosecha *f.*
hate odiar *v.* **4.1**
have tener, disponer (de) *v.* **4.1, 4.3**; **to have fun** divertirse (e:ie) *v.* **4.2**
hawk pregonar *v.* **5.3**
headline titular *m.* **5.3**
headscarf pañuelo *m.* **5.5**

A68

English—Spanish

heal curarse; sanar *v.* **4.4**
healing curativo/a *adj.* **4.4**
health salud *f.* **4.4;**
   To your health! ¡A tu salud!
healthy saludable, sano/a *adj.* **4.4**
hear oír *v.* **4.1**
heart corazón *m.* **4.1; heart and soul**
   cuerpo y alma
heavy rain diluvio *m.*
heel tacón *m.* **5.6; high heel** tacón alto *m.*
height cima *f.* **4.1;** *(highest level)*
   apogeo *m.* **4.5**
help (aid) auxilio *m.*
heritage herencia *f.;*
   cultural heritage herencia cultural *f.* **5.6**
heroic heroico/a *adj.* **5.6**
hide ocultarse *v.* **4.3**
high definition de alta definición *adj.* **5.1**
highest level apogeo *m.* **4.5**
high school instituto *m.* **5.5**
hill cerro *m.;* colina *f.*
Hindu hindú *adj.* **5.5**
hire contratar *v.* **5.2**
historian historiador(a) *m., f.* **5.6**
historic histórico/a *adj.* **5.6**
historical histórico/a *adj.* **5.4;**
   historical period era *f.* **5.6**
history historia *f.* **5.6**
hit pegar *v.* **5.5**
hold (*hug***)** abrazar *v.* **4.1; hold a vigil/**
   wake velar *v.* **5.6; hold your horses**
   parar el carro *v.* **5.3**
hole agujero *m.;* **black hole** agujero
   negro *m.* **5.1; hole in the ozone**
   layer agujero en la capa de ozono *m.;*
   small hole agujerito *m.* **5.1**
holy sagrado/a *adj.* **5.5**
home hogar *m.* **4.3**
honey miel *f.* **5.2**
honored distinguido/a *adj.*
hope esperanza *f.* **4.6;** ilusión *f.*
horror (*story/novel***)** de terror *adj.* **5.4**
horseshoe herradura *f.* **5.6**
host(ess) anfitrión/anfitriona *m., f.*
hostel albergue *m.* **4.5**
hour hora *f.*
how cómo *adv.;*
   How come? ¿Cómo así? **4.2**
hug abrazar *v.* **4.1**
humankind humanidad *f.* **5.6**
humid húmedo/a *adj.* **4.6**
humorous humorístico/a *adj.* **5.4**
hungry hambriento/a *adj.*
hunt cazar *v.* **4.6**
hurricane huracán *m.* **4.6**
hurry prisa *f.* **4.6;**
   to be in a hurry tener apuro *v.*
hurt herir (e: ie) *v.* **4.1;** doler (o:ue) *v.* **4.2;**
   to get hurt lastimarse *v.* **4.4; to hurt**
   oneself hacerse daño; **to hurt someone**
   hacerle daño a alguien
husband marido *m.*
hut choza *f.* **5.6**
hygiene aseo *m.*
hygienic higiénico/a *adj.*

I

ideology ideología *f.* **5.5**
illness dolencia *f.;* enfermedad *f.*
ill-tempered malhumorado/a *adj.*

illusion ilusión *f.*
image imagen *f.* **4.2, 5.1**
imagination imaginación *f.*
immature inmaduro/a *adj.* **4.1**
immediately en el acto **4.3**
immigration inmigración *f.* **5.5**
immoral inmoral *adj.* **5.5**
import importar *v.* **5.2**
important importante *adj.* **4.4; be important**
   (to); to matter importar *v.* **4.2, 4.4**
imported importado/a **5.2**
imports importaciones *f., pl.*
impossible (to put off) impostergable *adj.* **5.6**
impress impresionar *v.* **4.1**
impressionism impresionismo *m.* **5.4**
improve mejorar *v.* **4.4;** perfeccionar *v.*
improvement adelanto *m.* **4.4**
in love (with) enamorado/a (de) *adj.* **4.1**
inadvisable poco recomendable *adj.* **4.5**
incapable incapaz *adj.* **5.2**
included incluido/a *adj.* **4.5**
incompetent incapaz *adj.* **5.2**
increase aumento *m.*
independence independencia *f.* **5.6**
index índice *m.*
indigenous indígena *adj.* **5.3**
indigenous person indígena *m., f.*
industrious trabajador(a) *adj.* **5.2**
industry industria *f.*
inexpensive barato/a *adj.* **4.3**
infected: become infected contagiarse *v.* **4.4**
inflamed inflamado/a *adv.* **4.4; become**
   inflamed inflamarse *v.*
inflexible inflexible *adj.*
influential influyente *adj.* **5.3**
inform avisar *v.;* **to be informed** estar
   al tanto *v.* **5.3; to become informed**
   (about) enterarse (de) *v.* **5.3**
inhabit habitar *v.* **5.6**
inhabitant habitante *m., f.* **5.6;**
   poblador(a) *m., f.*
inherit heredar *v.*
injure lastimar *v.*
injured herido/a *adj.*
innovative innovador(a) *adj.* **5.1**
insanity locura *f.*
insect bite picadura *f.* **4.4**
insecure inseguro/a *adj.* **4.1**
insincere falso/a *adj.* **4.1**
insist on insistir en *v.* **4.4**
inspired inspirado/a *adj.*
instability inestabilidad *f.* **5.6**
install instalar *v.* **5.1**
insurance seguro *m.* **4.5**
intelligent inteligente *adj.*
intensive care terapia intensiva *f.* **4.4**
interest interesar *v.* **4.2**
interesting interesante *adj.;* **to be**
   interesting interesar *v.* **4.2**
Internet Internet *m., f.* **5.1**
interview entrevista *f.;* entrevistar *v.;* **job**
   interview entrevista de trabajo *f.* **5.2**
intriguing intrigante *adj.* **5.4**
invade invadir *v.* **5.6**
invent inventar *v.* **5.1**
invention invento *m.* **5.1**
invest invertir (e:ie) *v.* **5.2**
investigate investigar *v.* **5.1**
investment inversión *f.;* **foreign**
   investment inversión extranjera *f.* **5.2**

investor inversor(a) *m., f.*
iron plancha *f.*
irresponsible irresponsable *adj.*
island isla *f.* **4.5**
isolate aislar *v.* **5.3**
isolated aislado/a *adj.* **4.6**
itinerary itinerario *m.* **4.5**

J

jealous celoso/a *adj.;* **to be jealous of**
   tener celos de *v.* **4.1**
jealousy celos *m. pl.*
Jewish judío/a *adj.* **5.5**
job empleo *m.* **5.2;** *(position)*
   puesto *m.* **5.2; job interview** entrevista de
   trabajo *f.* **5.2**
join unirse *v.* **5.5**
joke broma *f.* **4.1;** chiste *m.* **4.1**
joke bromear *v.*
journalist periodista *m., f.*
joy regocijo *m.* **4.4;** alegría *f.* **5.5**
judge juez(a) *m., f.* **5.5**
judgment juicio *m.*
jump salto *m.*
jungle selva *f.* **4.5**
just justo/a *adj.* **5.5**
just as tal como *conj.*
justice justicia *f.* **5.5**

K

keep mantener *v.;* guardar *v.;* **to keep**
   in mind tener en cuenta *v.;* **to keep in**
   touch mantenerse en contacto *v.* **4.1;**
   to keep (something) to yourself
   guardarse (algo) *v.* **4.1; to keep up with**
   the news estar al día con las noticias *v.*
key clave *f.* **5.2**
keyboard teclado *m.*
kick patada *f.* **4.3**
kid, youngster chaval(a) *m., f.* **5.5**
kind amable *adj.*
king rey *m.* **5.6**
kingdom reino *m.* **5.6**
kiss besar *v.* **4.1**
know conocer *v.;* saber *v.* **4.1**
knowledge conocimiento *m.* **5.6**

L

label etiqueta *f.*
labor mano de obra *f.*
labor market campo laboral *m.* **5.2**
labor union sindicato *m.* **5.2**
laboratory laboratorio *m.;* **space lab**
   laboratorio espacial *m.*
lack faltar *v.* **4.2**
land tierra *f.* **4.6;** terreno *m.* **4.6**
land (*an airplane***)** aterrizar *v.* **4.5**
landscape paisaje *m.* **4.6**
language idioma *m.* **5.3;** lengua *f.* **5.3**
laptop computadora portátil *f.* **5.1**
late atrasado/a *adj.* **4.3**
laugh reír(se) (e:i) *v.*
launch lanzar *v.*
law derecho *m.;* ley *f.;* **to abide by the**
   law cumplir la ley *v.* **5.5 ; to approve a**
   law; to pass a law aprobar (o:ue) una ley *v.*
lawyer abogado/a *m., f.*

A69

Vocabulary

layer capa *f.;* **ozone layer** capa de ozono *f.* **4.6**
lazy haragán/haragana *adj.* **5.2**
lead encabezar *v.* **5.6**
leader líder *m., f.* **5.5**
leadership liderazgo *m.* **5.5**
lean (on) apoyarse (en) *v.*
learned erudito/a *adj.* **5.6**
learning aprendizaje *m.* **5.6**
leave marcharse *v.;* dejar *v.;* **to leave someone** dejar a alguien *v.*
left over: to be left over quedar *v.* **4.2**
leg (*of an animal*) pata *f.*
legend leyenda *f.* **4.5**
leisure ocio *m.*
lend prestar *v.* **5.2**
lesson (*teaching*) enseñanza *f.* **5.6**
level nivel *m.;* **sea level** nivel del mar *m.*
liberal liberal *adj.* **5.5**
liberate liberar *v.* **5.6**
library biblioteca *f.* **5.6**
lid tapa *f.*
lie mentira *f.* **4.1**
life vida *f.;* **everyday life** vida cotidiana *f.;* **life cycle** ciclo vital *m.* **4.4**
light luz *f.* **4.1**
lighthouse faro *m.* **4.5**
lightning relámpago *m.* **4.6**
lightning rayo *m.*
like gustar *v.* **4.2, 4.4;** **I don't like ...at all!** ¡No me gusta nada… !; **to like very much** encantar, fascinar *v.* **4.2**
like this; so así *adv.* **4.3**
line cola *f.;* **to wait in line** hacer cola *v.* **4.2**
line (*of poetry*) verso *m.* **5.4**
link enlace *m.* **5.1**
lion león *m.* **4.6**
listener oyente *m., f.* **5.3**
literature literatura *f.* **5.4;** **children's literature** literatura infantil/juvenil *f.* **5.4**
live en vivo, en directo *adj.* **5.3;** **live broadcast** emisión en vivo/directo *f.*
live vivir *v.* **4.1**
lively animado/a *adj.* **4.2**
locate ubicar *v.*
located situado/a *adj.;* **to be located** ubicarse *v.*
lodge hospedarse *v.*
lodging alojamiento *m.* **4.5**
loneliness soledad *f.* **4.3**
lonely solo/a *adj.* **4.1**
long largo/a *adj.;* **long-term** a largo plazo
longshoreman estibador de puerto *m.* **4.4**
look aspecto *m.;* **to take a look** echar un vistazo *v.*
look verse *v.;* **to look healthy/sick** tener buen/mal aspecto *v.* **4.4;** **to look like** parecerse *v.* **4.2, 4.3;** **to look out upon** dar a *v.;* **He/She looks so happy.** Se ve tan feliz. **4.6;** **How attractive you look!** (*fam.*) ¡Qué guapo/a te ves! **4.6;** **How elegant you look!** (*form.*) ¡Qué elegante se ve usted! **4.6;** **It looks like he/she didn't like it.** Al parecer, no le gustó. **4.6;** **It looks like he/she is sad/happy.** Parece que está triste/contento/a. **4.6;** **He/She looks very sad to me.** Yo lo/la veo muy triste. **4.6**
loose suelto/a *adj.*
lose perder (e:ie) *v.;* **to lose an election** perder las elecciones *v.* **5.5;** **to lose a game** perder un partido *v.* **4.2;** **to lose weight** adelgazar *v.* **4.4**

loss pérdida *f.* **5.5**
lottery lotería *f.*
loudspeaker altoparlante *m.*
love amor *m.;* amar; querer (e:ie) *v.* **4.1;** **(un)requited love** amor (no) correspondido *m.*
lovely precioso/a *adj.* **4.1**
lower bajar *v.*
low-income bajos recursos *m., pl.* **5.2**
loyalty lealtad *f.* **5.6**
lucky afortunado/a *adj.*
luggage equipaje *m.*
luxurious lujoso/a **4.5;** de lujo
luxury lujo *m.*
lying mentiroso/a *adj.* **4.1**

M

madness locura *f.*
magazine revista *f.* **5.3;** **online magazine** revista electrónica *f.* **5.3**
magic magia *f.*
mailbox buzón *m.*
majority mayoría *f.* **5.5**
make hacer *v.* **4.1, 4.4;** **to make a (hungry) face** poner cara (de hambriento/a) *v.;* **to make a toast** brindar *v.* **4.2;** **to make a living** ganarse la vida *v.* **5.2;** **to make a wish** pedir un deseo *v.* **5.2;** **to make fun of** burlarse (de) *v.;* **to make good use of** aprovechar *v.;* **to make one's way** abrirse paso *v.;* **to make sure** asegurarse *v.;* **to make use of** disponer (de) *v.* **4.3**
make-up maquillaje *f.*
male macho *m.*
mall centro comercial *m.* **4.3**
manage administrar *v.* **5.2;** dirigir *v.* **4.1;** lograr; *v.* **4.3**
manager gerente *m, f.* **5.2**
manipulate manipular *v.*
manufacture fabricar *v.* **5.1**
manuscript manuscrito *m.*
marathon maratón *m.*
maritime marítimo/a *adj.*
market mercado *m.* **5.2**
marketing mercadeo *m.* **4.1**
marriage matrimonio *m.*
married casado/a *adj.* **4.1**
mass misa *f.*
masterpiece obra maestra *f.* **4.3**
mathematician matemático/a *m., f.* **5.1**
matter asunto *m.;* importar *v.* **4.2, 4.4**
mature maduro/a *adj.* **4.1**
May I? ¿Me permite? **4.5**
Mayan Trail ruta maya *f.* **4.5**
mayor alcalde/alcaldesa *m., f.* **5.5**
mean antipático/a *adj.;* tener la intención *v.*
means medio *m.;* **media** medios de comunicación *m. pl.* **5.3**
measure medida *f.;* medir (e:i) *v.;* **security measures** medidas de seguridad *f. pl.* **4.5**
mechanical mecánico/a *adj.*
mechanism mecanismo *m.*
meditate meditar *v.* **5.5**
meeting reunión *f.* **5.2**
member socio/a *m., f.* **5.2**
memory recuerdo *m.*
merchandise mercancía *f.*
mercy piedad *f.* **5.2**
mess desorden *m.* **5.1**

message mensaje, recado *m.* **5.6;** **text message** mensaje de texto *m.* **5.1**
middle medio *m.*
Middle Ages Edad Media *f.*
military militar *m., f.* **5.5**
minister ministro/a *m., f.;* **Protestant minister** ministro/a protestante *m., f.*
minority minoría *f.* **5.5**
minute minuto *m.;* **last-minute news** noticia de último momento *f.;* **up-to-the-minute** de último momento *adj.* **5.3**
miracle milagro *m.*
miser avaro/a *m., f.*
miss extrañar *v.;* perder (e:ie) *v.;* **to miss (someone)** extrañar a (alguien) *v.;* **to miss a flight** perder un vuelo *v.* **4.5**
mistake: to be mistaken; to make a mistake equivocarse *v.* **4.2**
mixed: person of mixed ethnicity (*part indigenous*) mestizo/a *m., f.* **5.6**
mixture mezcla *f.*
mockery burla *f.*
model (*fashion*) modelo *m., f.*
modern moderno/a *adj.*
modify modificar, alterar *v.*
moisten mojar *v.*
moment momento *m.*
monarch monarca *m., f.* **5.6**
money dinero *m.;* (*L. Am.*) plata *f.* **4.2;** **cash** dinero en efectivo *m.* **4.3**
monkey mono *m.* **4.6**
monolingual monolingüe *adj.* **5.3**
mood estado de ánimo *m.* **4.4;** **in a bad mood** malhumorado/a *adj.*
moon luna *f.;* **full moon** luna llena *f.*
moral moral *adj.* **5.5**
mortgage hipoteca *f.* **5.2**
mosque mezquita *f.* **5.5**
mountain montaña *f.* **4.6;** monte *m.;* **mountain range** cordillera *f.* **4.6**
move jugada *f.* **5.6;** **(*change residence*)** mudarse *v.* **4.2**
movement corriente *f.;* movimiento *m.* **5.4**
movie theater cine *m.* **4.2**
moving conmovedor(a) *adj.*
muralist muralista *m., f.* **5.4**
murky turbio/a *adj.* **4.1**
museum museo *m.*
music video video musical *m.* **5.3**
musician músico/a *m., f.* **4.2**
Muslim musulmán/musulmana *adj.* **5.5**
myth mito *m.* **4.5**

N

name nombrar *v.*
nape nuca *f.* **5.3**
narrate narrar *v.* **5.4**
narrative work narrativa *f.* **5.4**
narrator narrador(a) *m., f.* **5.4**
narrow estrecho/a *adj.*
native nativo/a *adj.*
natural resource recurso natural *m.* **4.6**
navel ombligo *m.* **4.4**
navigator navegante *m., f.* **5.1**
navy armada *f.* **5.5**
necessary necesario *adj.* **4.4**
necessity necesidad *f.* **4.5;** **of utmost necessity** de primerísima necesidad **4.5**
need necesidad *f.* **4.5;** necesitar *v.* **4.4**
needle aguja *f.* **4.4**

A70

English—Spanish

neighborhood barrio *m.*
neither... nor... ni... ni... *conj.*
nervous nervioso/a *adj.*
nest nido *m.*
network red *f.* **5.2**; cadena *f.* **5.3**; **cadena de televisión** television network *f.*
news noticia *f.;* **local/domestic/international news** noticias locales/nacionales/internacionales *f. pl.* **5.3**; **news bulletin** informativo *m.;* **news report** reportaje *m.* **5.3**; **news reporter** presentador(a) de noticias *m., f.;* **no news** novedad (sin) **5.5**
newspaper periódico *m.;* **diario** *m.* **5.3**
nice simpático/a, amable *adj.*
nightmare pesadilla *f.* **5.4**
no news sin novedad **4.5**
No way! ¡Ni loco/a! **5.3**
noise ruido *m.*
nomination nominación *f.*
nominee nominado/a *m., f.*
non-stop corrido (de) *adv.* **5.3**
nook rincón *m.*
notice aviso *m.* **4.5**; fijarse *v.* **5.3 to take notice of** fijarse en *v.* **4.2**
novelist novelista *m., f.* **5.1, 5.4**
now and then de vez en cuando **4.3**
nun monja *f.*
nurse enfermero/a *m., f.* **4.4**
nutritious nutritivo/a *adj.* **4.4**; **(healthy)** saludable *adj.* **4.4**
nutshell (in a) resumidas cuentas (en) *adv.* **4.3**

O

oar remo *m.* **4.5**
obesity obesidad *f.* **4.4**
obey obedecer *v.* **4.1**
oblivion olvido *m.* **4.1**
occur (to someone) ocurrírsele (a alguien) *v.*
offer oferta *f.;* ofrecerse (a) *v.*
office despacho *m.*
officer agente *m., f.*
often a menudo *adv.* **4.3**
oil painting óleo *m.* **5.4**
Olympics Olimpiadas *f. pl.*
on purpose a propósito *adv.* **4.3**
once in a while de vez en cuando *adv.* **4.3**
online en línea *adj.* **5.1**
open abrir(se) *v.*
open-air market mercado al aire libre *m.*
openmouthed boquiabierto/a *adj.* **5.5**
operate operar *v.*
operation operación *f.* **4.4**
opinion opinión *f.;* **In my opinion, ...** A mi parecer, ...; Considero que..., Opino que...; **to be of the opinion** opinar *v.*
oppose oponerse a *v.* **4.4**
oppress oprimir *v.* **5.6**
options alternativas *f. pl.* **4.3**
orchard huerto *m.*
originating (in) proveniente (de) *adj.*
ornate ornamentado/a *adj.*
others; other people los/las demás *pron.*
ought to deber + *inf. v.*
outdo oneself (*P. Rico; Cuba*) botarse *v.*
outline esbozo *m.*
out-of-date pasado/a de moda *adj.* **5.3**
outsmart burlar *v.* **5.3**
overcome superar *v.*

overdose sobredosis *f.*
overthrow derribar *v.;* **derrocar** *v.* **5.6**
overwhelmed agobiado/a *adj.* **4.1**
own propio/a *adj.* **4.1**
owner dueño/a *m., f.* **5.2**; propietario/a *m., f.*

P

pack hacer las maletas *v.* **4.5**
page página *f.;* **web page** página web **5.1**
paid pagado *adj.*
pain (*suffering*) sufrimiento *m.*
painkiller analgésico *m.* **4.4**
paint pintura *f.* **5.4**; pintar *v.* **4.3**
paintbrush pincel *m.* **5.4**
painter pintor(a) *m., f.* **4.3, 5.4**
painting cuadro *m.* **4.3, 5.4**; pintura *f.* **5.4**
pal, colleague camarada *m., f.* **4.4**
palm tree palmera *f.*
pamphlet panfleto *m.*
paradox paradoja *f.*
parish parroquia *f.* **5.6**
park parque *m.;* estacionar *v.;* **amusement park** parque de atracciones *m.* **4.2**
parking lot aparcamiento *m.* **5.1**
parrot loro *m.*
part parte *f.;* **to become part (of)** integrarse (a) *v.* **5.6**
partner (*couple*) pareja *f.* **4.1**; **business partner** socio/a *m., f.* **5.2**
party (*politics*) partido *m.;* **political party** partido político *m.* **5.5**
pass (*a class, a law*) aprobar (o:ue) *v.;* **to pass a law** aprobar una ley *v.* **5.5**
pass out perder el conocimiento *v.* **5.4**
passing pasajero/a *adj.*
passport pasaporte *m.* **4.5**
password contraseña *f.* **5.1**
past ayer (el) *m.* **4.3**
pastime pasatiempo *m.* **4.2**
pastry repostería *f.*
patent patente *f.* **5.1**
path (*history*) trayectoria *f.* **4.1**; prestarle atención a alguien *v.*
pay pagar *v.;* **to be well/poorly paid** ganar bien/mal *v.* **5.2**; **to pay attention to someone** hacerle caso a alguien *v.* **4.1**; prestarle atención a alguien *v.*
peace paz *f.*
peaceful pacífico/a *adj.* **5.6**
peak cumbre *f.;* pico *m.*
peck picar *v.*
pedestrian viandante *m., f.* **5.1**
people pueblo *m.*
performance rendimiento *m.*
perhaps acaso *adv.*
period punto *m.* **4.2**
permanent fijo/a *adj.* **5.2**
permission permiso *m.*
permissive permisivo/a *adj.* **4.1**
persecute perseguir (e:i) *v.*
personal (*private*) particular *adj.*
pessimist pesimista *m., f.*
phase etapa *f.*
physicist físico/a *m. f.* **5.1**
pick out seleccionar *v.* **4.3**
pick up levantar *v.*
picnic picnic *m.*
picture imagen *f.* **4.2, 5.1**
piece (*art*) pieza *f.* **5.4**

pier muelle *m.* **4.5**
pig cerdo *m.* **4.6**
pill pastilla *f.* **4.4**
pilot piloto *m., f.*
pious devoto/a *adj.*
pity pena *f.;* **What a pity!** ¡Qué pena!
place lugar *m.*
place poner *v.* **4.1, 4.2**
place (*an object*) colocar *v.* **4.2**
plan planear *v.*
planet planeta *m.* **5.1**
planned previsto/a *adj., p.p.* **4.3**
plateau: high plateau altiplano *m.* **5.5**
play jugar *v.;* **(*theater*)** obra de teatro *f.* **5.4**; **(*literary*)** obra literaria *f.* **5.4**; **(an instrument)** tocar (un instrumento) *v.* **5.2**; **to play a CD** poner un disco compacto *v.* **4.2**; disputar *v.* **5.6**
player (CD/DVD/MP3) reproductor (de CD/DVD/MP3) *m.* **5.1**
playing cards cartas *f. pl.* **4.2**; naipes *m. pl.* **4.2**
playwright dramaturgo/a *m., f.* **5.4**
plead rogar *v.* **4.2, 4.4**
pleasant (*funny*) gracioso/a *adj.* **4.1**
please: Could you please...? ¿Tendría usted la bondad de + inf.... ? (*form.*)
plot trama *f.* **5.4**; argumento *m.* **5.4**
plumbing (*piping*) tubería *f.* **4.6**
poet poeta *m., f.* **5.4**
poetry poesía *f.* **5.4**
point (to) señalar *v.* **4.2**; **to point out** destacar *v.*
point of view punto de vista *m.* **5.4**
poison veneno *m.* **4.6**
poisonous venenoso/a *adj.* **4.6**
politician político/a *m., f.* **5.5**
politics política *f.*
pollen polen *m.* **5.2**
pollute contaminar *v.* **4.6**
pollution contaminación *f.* **4.6**
poor quality (garbage) porquería *f.* **5.4**
populate poblar *v.* **5.6**
population población *f.*
port puerto *m.* **4.5**
portable portátil *adj.*
portrait retrato *m.* **4.3**
portray retratar *v.* **4.3**
position puesto *m.* **5.2**; cargo *m.* **4.1**
possible posible *adj.;* **as much as possible** en todo lo posible
poverty pobreza *f.* **5.2**
power fuerza *f.;* **will power** fuerza de voluntad **4.4**
power (electricity) luz *f.* **5.1**
power saw motosierra *f.* **5.1**
powerful poderoso/a *adj.* **5.6**
pray rezar *v.* **5.5**
pre-Columbian precolombino/a *adj.*
prefer preferir *v.* **4.4**
prehistoric prehistórico/a *adj.* **5.6**
premiere estreno *m.* **4.2**
prescribe recetar *v.*
prescription receta *f.* **4.4**
preserve conservar *v.* **4.6**
press prensa *f.* **5.3**; **press conference** rueda de prensa **5.5**
pressure (stress) presión *f.;* presionar *v.;* **to be under stress/pressure** estar bajo presión
prevent prevenir *v.* **4.4**

A71

Vocabulary

previous anterior *adj.* **5.2**
prime minister primer(a) ministro/a *m., f.* **5.5**
print imprimir *v.* **5.3**
private particular *adj.*
privilege privilegio *m.*
prize premio *m.* **5.6; to give a prize** premiar *v.*
procession procesión *f.* **5.6**
produce producir *v.* **4.1;** (*generate*) generar *v.*; huerteado *m.* (*Col.*) **4.2**
productive productivo/a *adj.* **5.2**
programmer programador(a) *m., f.*
prohibit prohibir *v.* **4.4**
prohibited prohibido/a *adj.* **4.5**
prominent destacado/a *adj.* **5.3;** prominente *adj.* **5.5**
promote promover (o:ue) *v.*
pronounce pronunciar *v.*
proof prueba *f.*
proposal oferta *f.*
propose proponer *v.* **4.1, 4.4; to propose marriage** proponer matrimonio *v.* **4.1**
prose prosa *f.* **5.4**
protagonist protagonista *m., f.* **4.1, 5.4**
protect proteger *v.* **4.1, 4.6**
protected protegido/a *adj.* **4.5**
protest manifestación *f.* **5.5;** protestar *v.* **5.5**
protester manifestante *m., f.* **4.6**
proud orgulloso/a *adj.* **4.1; to be proud of** estar orgulloso/a de
prove comprobar (o:ue) *v.* **5.1**
provide proporcionar *v.*
public público *m.* **5.3;** (*pertaining to the state*) estatal *adj.*
public transportation transporte público *m.*
publish editar *v.* **5.4;** publicar *v.* **5.3**
pull halar *v.*; **to pull out petals** deshojar *v.* **4.3**
punishment castigo *m.*
pupil alumno/a *m., f.* **5.5**
pure puro/a *adj.*
purity pureza *f.* **4.6**
pursue perseguir (e:i) *v.*
push empujar *v.*
put poner *v.* **4.1, 4.2; to put in a place** ubicar *v.*; **to put on** (*clothing*) ponerse *v.*; **to put on makeup** maquillarse *v.* **4.2**
pyramid pirámide *f.* **4.5**

Q

quality calidad *f.*; **high quality** de buena categoría *adj.* **4.5; quality of life** calidad de vida *f.* **5.1**
queen reina *f.*
quench saciar *v.*
question interrogante *m.*
quiet callado/a *adj.*; **be quiet** callarse *v.*
quit renunciar *v.* **5.2**
quite bastante *adv.* **4.3**
quotation cita *f.*

R

rabbi rabino/a *m., f.*
rabbit conejo *m.* **4.6**
race raza *f.* **5.6**
radiation radiación *f.*
radio radio *f.*
radio announcer locutor(a) de radio *m., f.* **5.3**

radio station (radio)emisora *f.* **5.3**
raise aumento *m.*; **raise in salary** aumento de sueldo *m.* **5.2;** criar *v.*; educar *v.* **4.1; to have raised** haber criado **4.1**
rarely casi nunca *adv.* **4.3**
rat rata *f.*
rather bastante *adv.*; más bien *adv.*
ratings índice de audiencia *m.*
ray rayo *m.*
reach alcance *m.* **5.1; within reach** al alcance **5.4;** al alcance de la mano; alcanzar *v.*
reactor reactor *m.*
reader lector(a) *m., f.* **5.3**
real auténtico/a *adj.* **4.3**
realism realismo *m.* **5.4**
realist realista *adj.* **5.4**
realistic realista *adj.* **5.4**
realize darse cuenta *v.* **4.2, 5.3; to realize/ assume that one is being referred to** darse por aludido/a *v.* **5.3**
rearview mirror espejo retrovisor *m.*
rebelliousness rebeldía *f.*
received acogido/a *adj.*; **well received** bien acogido/a *adj.* **5.2**
recital recital *m.*
recognition reconocimiento *m.*
recognize reconocer *v.* **4.1, 4.5**
recommend recomendar *v.* **4.4**
recommendable recomendable *adj.* **4.5**
record grabar *v.* **5.3**
recover recuperarse *v.* **4.4**
recyclable reciclable *adj.*
recycle reciclar *v.* **4.6**
redo rehacer *v.* **4.1**
reduce (speed) reducir (velocidad) *v.* **4.5**
reef arrecife *m.* **4.6**
referee árbitro/a *m., f.* **4.2**
refined (*cultured*) culto/a *adj.* **5.6**
reflect reflejar *v.* **5.4**
reform reforma *f.*; **economic reform** reforma económica *f.*
refuge refugio *m.* **4.6**
refund reembolso *m.* **4.3**
refusal rechazo *m.*
register inscribirse *v.* **5.5**
rehearsal ensayo *m.*
rehearse ensayar *v.* **5.3**
reign reino *m.* **5.6**
reject rechazar *v.* **5.5**
rejection rechazo *m.*
relax relajarse *v.* **4.4; Relax.** Tranquilo/a.
reliability fiabilidad *f.*
religion religión *f.*
religious religioso/a *adj.* **5.5**
remain permanecer *v.* **4.4**
remake rehacer *v.* **4.1**
remember recordar (o:ue); acordarse (o:ue) (de) *v.* **4.2**
remorse remordimiento *m.*
remote control control remoto, mando *m.*; **5.1 universal remote control** control remoto universal *m.* **5.1**
renewable renovable *adj.* **4.6**
rent alquilar *v.*; **to rent a movie** alquilar una película *v.* **4.2**
repent arrepentirse (de) (e:ie) *v.* **4.2**
repertoire repertorio *m.*
report denunciar *v.* **4.5**
reporter reportero/a *m., f.* **5.3**

representative diputado/a *m., f.* **5.5**
reproduce reproducirse *v.*
reputation reputación *f.*; **to have a good/bad reputation** tener buena/mala fama *v.* **5.3**
rescue rescatar *v.*
research investigar *v.* **5.1**
researcher investigador(a) *m., f.*
reservation reservación *f.*
reserve reservar *v.* **4.5**
reside residir *v.*
respect respeto *m.*
responsible responsable *adj.*
rest descanso *m.* **5.2;** reposo *m.*; **to be at rest** estar en reposo *v.*
rest descansar *v.* **4.4**
resulting consiguiente *adj.*
résumé currículum vitae *m.* **5.2**
resuscitate, revive resucitar *v.* **5.6**
retire jubilarse *v.* **5.2**
retirement jubilación *f.*
return regresar *v.* **4.5; to return (items)** devolver (o:ue) *v.* **4.3; return (trip)** vuelta *f.*; regreso *m.*
review (revision) repaso *m.* **5.4**
revision (review) repaso *m.* **5.4**
revolutionary revolucionario/a *adj.* **5.1**
revulsion asco *m.*
rhyme rima *f.* **5.4**
rifle fusil *m.* **5.5**
right derecho *m.*; **civil rights** derechos civiles *m. pl.* **5.5; human rights** derechos humanos *m. pl.* **5.5**
right away enseguida *adv.* **4.3**
ring anillo *m.*; sortija *f.*; sonar (o:ue) *v.* **5.1; to ring the doorbell** tocar el timbre *v.* **4.3**
riot disturbio *m.* **5.2**
rise ascender (e:ie) *v.* **5.2**
risk riesgo *m.*; arriesgar *v.*; arriesgarse; **to take a risk** arriesgarse *v.*
risky arriesgado/a *adj.* **4.5**
river río *m.*
rocket cohete *m.* **5.1**
rob asaltar *v.* **5.4**
role papel *m.* **5.3; to play a role** (*in a play*) desempeñar un papel *v.*
romance novel novela rosa *f.* **5.4**
romanticism romanticismo *m.* **5.4**
room habitación *f.* **4.5; emergency room** sala de emergencias *f.* **4.4; single/ double room** habitación individual/ doble *f.* **4.5; room service** servicio de habitación *m.* **4.5**
root raíz *f.*
round redondo/a *adj.* **4.2**
round-trip ticket pasaje de ida y vuelta *m.* **4.5**
routine rutina *f.* **4.3**
rude descarado/a *adj.* **5.3**
ruin ruina *f.* **4.5**
rule regla *f.* **5.5;** dominio *m.* **5.6**
ruler gobernante *m., f.* **5.6;** (*sovereign*) soberano/a *m., f.* **5.6**
run correr *v.*; **to run away** huir *v.* **4.3; to run into (somebody)** toparse con *v.* **5.6; to run over** atropellar *v.*
rush prisa *f.* **4.6; to be in a rush** tener apuro

A72

English—Spanish

S

sacred sagrado/a *adj.* **5.5**
sacrifice sacrificio *m.;* sacrificar *v.* **4.6**
safety seguridad *f.* **4.5**
sail navegar *v.* **4.5**
sailor marinero *m.*
salary sueldo *m.;* **raise in salary** aumento de sueldo *m.* **5.2; minimum wage** sueldo mínimo *m.* **5.2**
sale venta *f.;* **to be for sale** estar a la venta *v.* **5.4**
salesperson vendedor(a) *m., f.* **5.2**
same mismo/a *adj.;* **The same here.** Lo mismo digo yo.
sample muestra *f.*
sanity cordura *f.* **4.4**
satellite satélite *m.;* **satellite connection** conexión de satélite *f.* **5.1; satellite dish** antena parabólica *f.*
satire sátira *f.*
satirical satírico/a *adj.* **5.4; satirical tone** tono satírico/a *m.*
satisfied: be satisfied with contentarse con *v.* **4.1**
satisfy (*quench*) saciar *v.*
save ahorrar *v.* **5.2;** guardar *v.* **5.1;** salvar *v.* **4.6;** **save oneself** ahorrarse *v.* **5.1;**
savings ahorros *m.* **5.2**
say decir *v.* **4.1; say goodbye** despedirse (e:i) *v.* **4.3**
scar cicatriz *f.*
scarcely apenas *adv.* **4.3**
scared asustado/a *adj.*
scene escena *f.* **4.1**
scenery paisaje *m.* **4.6;** escenario *m.* **4.2**
schedule horario *m.* **4.3**
science fiction ciencia ficción *f.* **5.4**
scientific científico/a *adj.*
scientist científico/a *m., f.* **5.1**
score (a goal/a point) anotar (un gol/un punto) *v.* **4.2;** marcar (un gol/punto) *v.*
scratch rascar *v.;* **to scratch (oneself)** rascarse *v.* **4.4**
screen pantalla *f.* **4.2; computer screen** pantalla de computadora *f.;* **LCD screen** pantalla líquida *f.* **5.1; television screen** pantalla de televisión *f.* **4.2**
screenplay guión *m.* **5.3**
script guión *m.* **5.3**
scuba diving buceo *m.* **4.5**
sculpt esculpir *v.* **5.4**
sculptor escultor(a) *m., f.* **5.4**
sculpture escultura *f.* **5.4**
sea mar *m.* **4.6**
seal sello *m.*
search búsqueda *f.;* **search engine** buscador *m.* **5.1**
season temporada *f.* **5.3; high/low season** temporada alta/baja *f.* **4.5**
seat asiento *m.* **4.2**
seatbelt cinturón de seguridad *m.* **4.5; to fasten (the seatbelt)** abrocharse/ponerse (el cinturón de seguridad) *v.* **4.5; to unfasten (the seatbelt)** quitarse (el cinturón de seguridad) *v.* **4.5**
section sección *f.* **5.3; lifestyle section** sección de sociedad *f.* **5.3; sports page/section** sección deportiva *f.* **5.3**
secular, lay laico/a *adj.* **5.5**

security seguridad *f.* **4.5; security measures** medidas de seguridad *f. pl.* **4.5**
see ver *v.* **4.1**
seed semilla *f.*
seem parecer *v.* **4.2**
select seleccionar *v.* **4.3**
self-esteem autoestima *f.* **4.4**
self-portrait autorretrato *m.* **5.4**
senator senador(a) *m., f.* **5.5**
send enviar *v.;* mandar *v.*
sender remitente *m.*
sense sentido *m.;* **common sense** sentido común *m.*
sensible sensato/a *adj.* **4.1**
sensitive sensible *adj.* **4.1**
separated separado/a *adj.* **4.1**
sequel continuación *f.*
servants servidumbre *f.* **4.3**
servitude servidumbre *f.* **4.3**
set (the table) poner (la mesa) *v.* **4.3**
settle poblar *v.* **5.6**
settler poblador(a) *m., f.*
sexton sacristán *m.* **5.5**
shame vergüenza *f.*
shape forma *f.;* **bad physical shape** mala forma física *f.;* **to get in shape** *v.* ponerse en forma **4.4; to stay in shape** mantenerse en forma *v.* **4.4**
shark tiburón *m.* **4.5**
sharp nítido/a *adj.*
shave afeitarse *v.* **4.2**
sheep oveja *f.* **4.6**
shoot disparar *v.* **5.5;** fusilar *v.* **5.6**
shore orilla *f.;* **on the shore of** a orillas de **4.6**
short film corto, cortometraje *m.* **4.1**
short story cuento *m.*
short/long-term a corto/largo plazo **5.2**
shot (injection) inyección *f.;* **to give a shot** poner una inyección *v.* **4.4**
shoulder hombro *m.*
shout gritar *v.*
show espectáculo *m.;* (*theater; movie*) función *f.* **4.2**
showing sesión *f.*
shrink encogerse *v.*
shrug encogerse de hombros *v.*
shy tímido/a *adj.* **4.1**
shyness timidez *f.*
sick enfermo *adj.;* **to be sick (of); to be fed up (with)** estar harto/a (de) **4.1; to get sick** enfermarse *v.* **4.4**
sign señal *f.;* firmar *v.*
signal señalar *v.* **4.2**
signature firma *f.*
silent callado/a *adj.* **5.1; to be silent** callarse *v.;* **to remain silent** quedarse callado **4.1**
silly person bobo/a *m., f.* **5.1**
sin pecado *m.*
sincere sincero/a *adj.*
singer cantante *m., f.* **4.2**
single soltero/a *adj.* **4.1; single mother** madre soltera *f.;* **single father** padre soltero *m.*
sink hundir *v.*
situated situado/a *adj.*
sketch esbozo *m.;* esbozar *v.*
skill habilidad *f.*
skillfully hábilmente *adv.*

skim hojear *v.* **5.4**
skirt falda *f.*
slacker vago/a *m., f.*
slave esclavo/a *m., f.* **5.6; slave trade** tráfico de esclavos *m.* **4.4**
slavery esclavitud *f.* **5.6**
sleep dormir *v.* **4.2**
sleeve manga *f.*
slip resbalar *v.*
slippery resbaladizo/a *adj.* **5.5**
smoothness suavidad *f.*
snake serpiente *f.* **4.6;** culebra *f.*
so-and-so fulano/a *m., f.* **5.3**
soap opera telenovela *f.* **5.3**
sociable sociable *adj.*
society sociedad *f.*
software programa (de computación) *m.* **5.1**
solar solar *adj.*
soldier soldado *m.* **5.6**
solitude soledad *f.* **4.3**
solve resolver (o:ue) *v.* **4.6**
sometimes a veces *adv.* **4.3**
sorrow pena *f.* **4.4**
soul alma *f.* **4.1**
soundtrack banda sonora *f.* **5.3**
source fuente *f.;* **energy source** fuente de energía *f.* **4.6**
sovereign soberano/a *m., f.* **5.6**
sovereignty soberanía *f.* **5.6**
space espacial *adj.;* **space shuttle** transbordador espacial *m.* **5.1**
space espacio *m.* **5.1**
spaceship nave espacial *f.*
spacious espacioso/a *adj.*
speak hablar *v.* **4.1; Speaking of that, ...** Hablando de eso, …
speaker hablante *m., f.* **5.3**
special effects efectos especiales *m., pl.* **5.3**
specialist especialista *m., f.*
specialized especializado/a *adj.* **5.1**
species especie *f.* **4.6; endangered species** especie en peligro de extinción *f.*
spectator espectador(a) *m., f.* **4.2**
speech discurso *m.;* **to give a speech** pronunciar un discurso *v.* **5.5**
spell-checker corrector ortográfico *m.* **5.1**
spend gastar *v.* **5.2**
spider araña *f.* **4.6**
spill derramar *v.*
spirit ánimo *m.* **4.1**
spiritual espiritual *adj.* **5.5**
spot: on the spot en el acto **4.3**
spray rociar *v.* **4.6**
spring manatial *m.*
stability estabilidad *f.* **5.6**
stage (*theater*) escenario *m.* **4.2;** (*phase*) etapa *f.;* **stage name** nombre artístico *m.* **4.1**
stain mancha *f.;* manchar *v.*
staircase escalera *f.* **4.3**
stall estancar *v.* **5.2**
stamp sello *m.*
stand up ponerse de pie *v.* **5.6**
stanza estrofa *f.* **5.4**
star estrella *f.;* **shooting star** estrella fugaz *f.;* (*movie*) **star** [m/f] estrella *f.;* **pop star** [m/f] estrella pop *f.* **5.3**
starboard estribor *m.* **4.4**
start (a car) arrancar *v.*

A73

Vocabulary

stay alojarse *v.* **4.5;** hospedarse; quedarse *v.* **4.5; stay up all night** trasnochar *v.* **4.4**
step paso *m.;* **to take the first step** dar el primer paso *v.*
stereotype estereotipo *m.* **5.4**
stern popa *f.* **4.5**
stick pegar *v.*
still life naturaleza muerta *f.* **5.4**
sting picar *v.*
stingy tacaño/a *adj.* **4.1**
stir revolver (o:ue) *v.*
stock market bolsa de valores *f.* **5.2**
stone piedra *f.* **4.5**
(bus) stop parada *f.* **5.1**
storekeeper comerciante *m., f.*
storm tormenta *f.;* **tropical storm** tormenta tropical *f.* **4.6**
story (account) relato *m.* **5.4**
stranger desconocido/a *adj.*
straw mat petate *m.* **5.6**
stream arroyo *m.* **5.4**
streetlight alumbrado *m.* **5.1**
strength fortaleza *f.*
strict autoritario/a *adj.* **4.1**
strike (labor) huelga *f.* **5.2**
striking llamativo/a *adj.* **5.4**
stripe raya *f.* **4.5**
stroll paseo *m.*
struggle lucha *f.;* luchar *v.* **5.5**
studio estudio *m.;* **recording studio** estudio de grabación *f.*
stunned boquiabierto/a *adj.* **5.5**
stupid necio/a *adj.*
stupid person bobo/a *m., f.* **5.1**
style estilo *m.;* **in the style of ...** al estilo de... **5.4**
subscribe (to) suscribirse (a) *v.* **5.3**
subtitles subtítulos *m., pl.* **5.3**
subtlety matiz *m.*
suburb suburbio *m.*
succeed in (reach) alcanzar *v.*
success éxito *m.*
successful exitoso/a *adj.* **5.2**
sudden repentino/a *adj.* **4.3**
suddenly de repente *adv.* **4.3**
suffer (from) sufrir (de) *v.* **4.4**
suffering sufrimiento *m.*
suggest aconsejar; sugerir (e:ie) *v.* **4.4**
suitcase maleta *f.* **4.5**
summit cumbre *f.*
sunrise amanecer *m.*
supermarket supermercado *m.* **4.3**
supply proporcionar *v.*
support soportar; apoyar *v.* **5.2; to put up with someone** soportar a alguien *v.* **4.1**
suppose suponer *v.* **4.1**
suppress suprimir *v.* **5.6**
sure (confident) seguro/a *adj.* **4.1, 5.5;** **(certain)** cierto/a *adj.;* **Sure!** ¡Cierto!
surf the web navegar en la red *v.* **5.1;** navegar en Internet
surface superficie *f.*
surgeon cirujano/a *m., f.* **4.4**
surgery cirugía *f.* **4.4**
surgical quirúrgico/a *adj.*
surprise sorprender *v.* **4.2**
surprised sorprendido *adj.* **4.2; be surprised (about)** sorprenderse (de) *v.* **4.2**
surrealism surrealismo *m.* **5.4**
surrender rendirse (e:i) *v.* **5.6**
surround rodear *v.*

surrounded rodeado/a *adj.* **5.1**
survival supervivencia *f.;* sobrevivencia *f.*
survive sobrevivir *v.*
suspect sospechar *v.*
suspicion sospecha *f.*
swallow tragar *v.*
swear jurar *v.* **4.5**
sweep barrer *v.* **4.3**
sweetheart amado/a *m., f.* **4.1**
symptom síntoma *m.*
synagogue sinagoga *f.* **5.5**
syrup jarabe *m.* **4.4**

T

tabloid(s) prensa sensacionalista *f.* **5.3**
tag etiqueta *f.*
take tomar *v.;* **to take a bath** bañarse *v.* **4.2;** **to take a look** echar un vistazo *v.;* **to take a trip** hacer un viaje *v.* **4.5; to take a vacation** ir(se) de vacaciones *v.* **4.5; to take away (remove)** quitar *v.* **4.2; to take care of** cuidar *v.* **4.1; to take care of oneself** cuidarse *v.;* **to take into consideration** tomar en cuenta *v.* **4.1; to take off** despegar *v.* **4.5; to take off (clothing)** quitarse *v.* **4.2; to take off running** echar a correr *v.;* **to take place** desarrollarse, transcurrir *v.* **5.4; to take refuge** refugiarse *v.;* **to take seriously** tomar en serio *v.*
talent talento *m.* **4.1**
talented talentoso/a *adj.* **4.1**
tape cinta *f.* **4.1**
taste gusto *m.* **5.4; in good/bad taste** de buen/mal gusto **5.4;** sabor *m.;* **It has a sweet/sour/bitter/pleasant taste.** Tiene un sabor dulce/agrio/amargo/agradable. **4.4** taste like/of *saber* **v.** 4.1; **How does it taste?** ¿Cómo sabe? **4.4; And does it taste good?** ¿Y sabe bien? **4.4; It tastes like garlic/mint/lemon.** Sabe a ajo/menta/ limón. **4.4**
tax impuesto *m.;* **sales tax** impuesto de ventas *m.* **5.2**
teaching enseñanza *f.* **5.6**
team equipo *m.* **4.2**
tears lágrimas *f. pl.*
telephone receiver auricular *m.* **5.1**
telescope telescopio *m.* **5.1**
television televisión *f.* **4.2; television set** televisor *m.* **4.2; television viewer** televidente *m., f.* **4.2**
tell contar (o:ue) *v.* **4.2**
temple templo *m.* **5.5**
tend tender (e:ie) a *v.;* **to tend to do something** soler (o:ue) *v.* **4.3**
tendency propensión *f.*
territory territorio *m.* **5.5**
terrorism terrorismo *m.* **5.5**
test (challenge) poner a prueba *v.*
theater teatro *m.*
then entonces *adv.* **4.3**
theory teoría *f.* **5.1**
there allá *adv.*
thermal térmico/a *adj.*
thief ladrón/ladrona *m., f.*
think pensar (e:ie) *v.* **4.1; (to be of the opinion)** opinar; *v.* **I think it's pretty.** Me parece hermosa/o.; **I thought...** Me pareció... **4.1; What did you think of Mariela?** ¿Qué te pareció Mariela? **4.1**

thoroughly a fondo *adv.*
threaten amenazar *v.* **4.3**
throw tirar *v.;* **throw away** echar *v.;* **throw out** botar *v.*
thunder trueno *m.* **4.6**
ticket boleto *m.*
tie (game) empate *m.* **4.2; tie (up)** atar *v.;* **(games)** empatar *v.* **4.2**
tiger tigre *m.* **4.6**
time tiempo *m.;* vez *f.;* **at that time** en aquel entonces; **for the first/last time** por primera/última vez **4.2; on time** a tiempo **4.3; once upon a time** érase una vez; **to have a good/bad/horrible time** pasarlo bien/mal **4.1**
tired cansado/a *adj.;* **to become tired** cansarse *v.*
toast brindis *m.* **4.3**
tone of voice timbre *m.* **4.3**
tongue lengua *f.* **5.3**
too; too much demasiado/a *adj., adv.*
tool herramienta *f.;* **toolbox** caja de herramientas *f.* **4.2**
toolbox caja de herramientas *f.* **4.2**
topic asunto *m.*
touch lightly rozar *v.*
tour excursión *f.* **4.5; tour guide** guía turístico/a *m., f.* **4.5**
tourism turismo *m.* **4.5**
tourist turista *m., f.* **4.5;** turístico/a *adj.* **4.5**
tournament torneo *m.* **4.2**
toxic tóxico/a *adj.* **4.6**
trace huella *f.;* trazar *v.*
track-and-field events atletismo *m.*
trade comercio *m.* **5.2;** oficio *m.;* comerciar *v.* **5.3**
trader comerciante *m., f.*
traditional tradicional *adj.* **4.1; (typical)** típico/a *adj.*
traffic tránsito *m.;* **traffic jam** congestionamiento, tapón *m.*
tragic trágico/a *adj.* **5.4**
trainer entrenador(a) *m., f.* **4.2**
trait rasgo *m.*
traitor traidor(a) *m., f.* **5.6**
tranquilizer calmante *m.* **4.4**
translate traducir *v.* **4.1**
transmission transmisión *f.*
transplant transplantar *v.*
trap atrapar *v.* **4.6**
travel log bitácora *f.* **5.1**
traveler viajero/a *m., f.* **4.5**
treat tratar *v.* **4.4**
treatment tratamiento *m.* **4.4**
treaty tratado *m.*
tree árbol *m.* **4.6**
trench trinchera *f.* **4.4**
trend moda *f.;* tendencia *f.* **5.3**
trial juicio *m.*
tribal chief cacique *m.* **5.6**
tribe tribu *f.* **5.6**
trick truco *m.* **4.2**
trip viaje *v.* **4.5; to take a trip** hacer un viaje *v.* **4.5**
tropical tropical *adj.;* **tropical storm** tormenta tropical *f.* **4.6**
trunk maletero *m.* **5.3**
trust confianza *f.* **4.1;** confiar *v.* **5.5**
try probar (o:ue) (a) *v.* **4.3; try on** probarse (o:ue) *v.* **4.3**

A74

English—Spanish

tune into (*radio or television*) sintonizar *v.*
tuning sintonía *f.* **5.3**
turn: to be my/your/his turn me/te/le, *etc.* + tocar *v.;* **Whose turn is it to pay the tab?** ¿A quién le toca pagar la cuenta? **4.2; Is it my turn yet?** ¿Todavía no me toca? **4.2; It's Johnny's turn to make coffee.** A Johnny le toca hacer el café. **4.2; It's always your turn to wash the dishes.** Siempre te toca lavar los platos. **4.2**
turn (*a corner*) doblar *v.;* **to turn down** rechazar *v.* **4.1 to turn off** apagar *v.* **4.3; to turn on** encender (e:ie) *v.* **4.3; to turn red** enrojecer *v.*
turned off apagado/a *adj.* **5.1**

U

UFO ovni *m.* **5.1**
unbiased imparcial *adj.* **5.3**
uncertainty incertidumbre *f.* **5.6**
underdevelopment subdesarrollo *m.*
understand entender (e:ie) *v.*
underwear (*men's*) calzoncillos *m. pl.*
undo deshacer *v.* **4.1**
unemployed desempleado/a *adj.* **5.2**
unemployment desempleo *m.* **5.2**
unequal desigual *adj.* **5.5**
unexpected imprevisto/a *adj.;* inesperado/a *adj.* **4.3**
unexpectedly de improviso *adv.*
unfinished inconcluso/a *adj.* **5.6**
unique único/a *adj.*
unjust injusto/a *adj.* **5.5**
unload descargar *v.* **4.5**
unpleasant antipático/a *adj.*
unsettling inquietante *adj.* **5.4**
untie desatar *v.*
until hasta *adv.;* **up until now** hasta la fecha
update actualizar *v.* **5.1**
upset disgustado/a *adj.* **4.1;** disgustar *v.* **4.2; to get upset** afligirse *v.* **4.3**
up-to-date actualizado/a *adj.* **5.3; to be up-to-date** estar al día *v.* **5.3**
urban urbano/a *adj.*
urgent urgente *adj.* **4.4**
use up agotar *v.* **4.6**
used: to be used to estar acostumbrado/a a; **I used to... (*was in the habit of*)** solía; **to get used to** acostumbrarse (a) *v.* **4.3**
useful útil *adj.*
useless inútil *adj.* **4.2**
user usuario/a *m., f.* **5.1**

V

vacation vacaciones *f. pl.;* **to take a vacation** ir(se) de vacaciones *v.* **4.5**
vaccinate vacunar(se) *v.* **4.4**
vaccine vacuna *f.* **4.4**
vacuum pasar la aspiradora *v.* **4.3**
valid vigente *adj.* **4.5**
valuable valioso/a *adj.* **4.6**
value valor *m.*
vegetable garden milpa *f.* **5.6**
vestibule zaguán *m.* **4.3**
victorious victorioso/a *adj.* **5.6**
victory victoria *f.*
video game videojuego *m.* **4.2**
village aldea *f.* **4.4, 5.6**

virus virus *m.* **4.4**
visit recorrer *v.* **4.5**
visiting hours horas de visita *f., pl.*
vote votar *v.* **5.5**

W

wage: minimum wage sueldo mínimo *m.* **5.2**
wait espera *f.;* esperar *v.* **to wait in line** hacer cola *v.* **4.2**
waiter/waitress camarero/a *m., f.;* mesero/a *m., f.*
wake up despertarse (e:ie) *v.* **4.2; wake up early** madrugar *v.* **4.4**
walk andar *v.;* **to take a stroll/walk** dar un paseo *v.* **4.2; to take a stroll/walk** *v.* dar una vuelta
wall pared *f.* **4.5**
want querer (e:ie) *v.* **4.1, 4.4**
war guerra *f.;* **civil war** guerra civil *f.* **5.5; world war** guerra mundial *f.* **5.5**
warm up calentar (e:ie) *v.* **4.3**
warn avisar *v.*
warning advertencia *f.* **5.2;** aviso *m.* **4.5**
warrior guerrero/a *m., f.* **5.6**
wash lavar *v.* **4.3; wash oneself** lavarse *v.* **4.2**
waste malgastar *v.* **4.6**
watch vigilar *v.*
Watch out! ¡Aguas! (Mex.) *interj.*
water regar *v.* **5.1; water the garden** regar las plantas *v.* **5.6**
watercolor acuarela *f.* **5.4**
waterfall cascada *f.* **4.5**
watering riego *m.* **5.1**
wave ola *f.* **4.5;** onda *f.*
wealth riqueza *f.* **5.2**
wealthy adinerado/a *adj.*
wear llevar; lucir *v.*
weariness fatiga *f.* **5.2**
web (the) web *f.* **5.1;** red *f.*
weblog bitácora *f.* **5.1**
website sitio web *m.* **5.1**
week semana *f.*
weekend fin de semana; **Have a nice weekend!** ¡Buen fin de semana!
weekly semanal *adj.*
weeping llanto *m.*
weight peso *m.*
weird raro/a *adj.* **5.5**
welcome bienvenida *f.* **4.5**
welcome (*take in; receive*) acoger *v.*
well pozo *m.;* **oil well** pozo petrolero *m.*
well-being bienestar *m.* **4.4**
well-received bien acogido/a *adj.* **5.2**
What a hassle! ¡Menuda paliza! (*Esp.*) **4.5**
wherever dondequiera *adv.* **4.4**
while (*a moment*) rato *m.* **5.5**
whistle silbar *v.*
widowed viudo/a *adj.* **4.1; to become widowed** quedarse viudo/a *v.*
widower/widow viudo/a *m., f.*
wild salvaje *adj.* **4.6;** silvestre *adj.*
win ganar *v.;* **to win an election** ganar las elecciones *v.* **5.5; to win a game** ganar un partido *v.* **4.2**
wind power energía eólica *f.*
wine vino *m.*
wing ala *m.*
wireless inalámbrico/a *adj.* **5.1**

wisdom sabiduría *f.* **5.6**
wise sabio/a *adj.*
wish deseo *m.;* desear *v.* **4.4; to make a wish** pedir un deseo *v.* **5.2**
without sin *prep.;* **without you** sin ti (*fam.*)
witness testigo *m., f.* **5.4**
woman mujer *f.;* **businesswoman** mujer de negocios *f.* **5.2**
womanizer mujeriego *m.*
wonder preguntarse *v.*
wood madera *f.*
work obra *f.;* **work of art** obra de arte *f.* **5.4;** funcionar *v.* **5.1;** trabajar; **to work hard** trabajar duro *v.* **5.2**
work day jornada *f.*
workforce fuerza laboral *f.* **5.2**
workshop taller *m.*
World Cup Copa del Mundo *f.,* Mundial *m.*
worms gusanos *m. pl.* **4.4**
worried (about) preocupado/a (por) *adj.* **4.1**
worry preocupar *v.* **4.2; to worry (about)** preocuparse (por) *v.* **4.2**
worship culto *m.*
worth: be worth valer *v.* **4.1**
worthy digno/a *adj.* **4.6**
wound herida *f.* **4.4**
wrinkle arruga *f.*
writing escritura *f.* **5.3**

Y

you merced (su) *f., form.* **4.2**
yawn bostezar *v.*

Z

zoo zoológico *m.* **4.2**

A75

Credits

Every effort has been made to trace the copyright holders of the works published herein. If proper copyright acknowledgment has not been made, please contact the publisher and we will correct the information in future printings.

Text Credits

3 Courtesy of Extension Cooperativa de la Universidad de California.
44 Pablo Neruda "Poema 20", Veinte poemas de amor y una cancion desesperada © 1924, Fundación Pablo Neruda.
84 © Fundación Mario Benedetti.
124 Nicanor Parra "Último brindis", Canciones rusas © Nicanor Parra 1967.
166 © Ángeles Mastretta.
205 Gabriel García Márquez "La luz como el agua", Doce cuentos peregrinos © Gabriel García Márquez , 1992 y Herederos de Gabriel García Márquez.
246 Courtesy of International Editors' Co. S.L.

Film Credits

39 Courtesy of Premium Films.
79 Courtesy of ContentLine/FeelSales.
119 Courtesy of Instituto Mexicano de Cinematografia (IMCINE).
161 Courtesy of Tiempo de Rodar S.L./Fran Casanova.
201 © Xavi Sala
241 Courtesy of Mares Mexicanos/Deep Earth Media/Centro para la Biodiversidad Marina y la Conservación A.C.

Photography Credits

All images © Vista Higher Learning unless otherwise noted.

Cover: Eric James Azure/Offset.

Front Matter (SE): xiv: (l) Bettmann/Corbis Historical/Getty Images; (r) Florian Biamm/123RF; **xv:** (l) Lawrence Manning/Corbis; (r) Design Pics Inc/Alamy; **xvi:** Jose Blanco; **xvii:** (l) Digital Vision/Getty Images; (r) Andres/Big Stock Photo; **xviii:** Fotolia IV/Fotolia; **xix:** (l) Goodshoot/Corbis; (r) Tyler Olson/Shutterstock; **xx:** Shelly Wall/Shutterstock; **xxi:** (t) Colorblind/Corbis; (b) Moodboard/Fotolia; **xxii:** (t) Digital Vision/Getty Images; (b) Purestock/Getty Images.

Front Matter (TE): T4: Teodor Cucu/500px; **T14:** Asiseeit/iStockphoto; **T47:** Braun S/iStockphoto.

Preliminary Lesson: 1: Benny Marty/500px; **6:** Linda Lucía Santana; **7:** (t) Foto de Mauricio Velez; (m) *Dignatario Manteña* (2000), Nadín Ospina. Cerámica, 27 x 7 x 12 cm. (b) Vanessa Bertozzi; **12:** AntonioDiaz/Fotolia.

Lesson 1: 13: Liliana Bobadilla; **14:** (tl) Nora y Susana/Fotocolombia; (tr) Nancy Ney/Digital Vision/Getty Images; (bl, br) Martín Bernetti; **15:** (t) Martín Bernetti; (m) T. Ozonas/Masterfile; (b) Corbis; **21:** (t) Janie Airey/Getty Images; (m) Elisa Locci/Shutterstock; (b) Robert Fried/Alamy; **22:** Kapu/Shutterstock; **23:** (t) Adrees Latif/Reuters/Newscom; (m) VGstudio/Fotolia; (b) Junial Enterprises/Fotolia; **24:** Corbis; **32:** Janet Dracksdorf; **33:** (tl) Ali Burafi; (tm) Janet Dracksdorf; (tr) José Blanco; (bl) Paola Rios-Schaaf; (bm) Oscar Artavia Solano; (br) Robert Fried/Alamy; **42:** *Los enamorados* (1923), Pablo Picasso. ©2016 Estate of Pablo Picasso/Artists Rights Society (ARS), New York; **43:** Jean-Régis Roustan/Roger-Viollet/Image Works; **44:** (foreground) Josh Westrich/Corbis/Getty Images; (background) Image Source/Corbis; **47:** (t) Bernard Bisson/Sygma/Getty Images; (b) Win McNamee/Getty Images; **48:** (t) J. Scott Applewhite/AFP/Getty Images; (b) White House Press Office/ZUMA Press/Newscom; **49:** Jared Wickerham/Getty Images.

Lesson 2: 53: Trevor Adeline/Media Bakery; **54:** (tl) Rasmus Rasmussen/iStockphoto; (tr) Racheal Grazias/iStockphoto; (bl) José Blanco; (br) Robert Niedring/Media Bakery; **55:** (t, b) Corbis RF; (m) John Lund/Drew Kelly/AGE Fotostock; **61:** (t) Daniel Ernst/Fotolia; (m) Annie Pickert Fuller; (b) Archivo Agencia El Universal/AP Images; **62:** (l) Vera Anderson/WireImage/Getty Images; (r) S. Bukley/Shutterstock; **63:** (t) Allstar Picture Library/Alamy; (ml) Juan Medina/Reuters/Newscom; (mr) Senator Film/REX/Shutterstock; (b) Aviacsa/REX/Shutterstock; **64:** Roger Viollet/Getty Images; **71:** Racheal Grazias/Shutterstock; **72:** (t) Denisebernadette/iStockphoto; (ml, mr, bl, br) Martín Bernetti; (mm) Syda Productions/Fotolia; (bm) Reed Kaestner/Corbis; **74:** (both) Martín Bernetti; **82:** *Minué o Tertulia en Casa de Francisco Antonio de Escalada* (1831), Carlos Enrique Pellegrini. Watercolor. Oronoz/Album/SuperStock; **83:** Mariana Silvia Eliano/Cover/Getty Images; **84:** Jason Horowitz/Corbis/Getty Images; **87:** Dagli Orti/REX/Shutterstock; **88:** Motmot/Shutterstock.

A76

Credits

Lesson 3: **93:** Atsuko Tanaka/Media Bakery; **94:** (l) Nancy Camley; (r) Monkey Business Images/Shutterstock; **95:** (t) Simone Van Den Berg/123RF; (b) Dmitrijs Dmitrijevs/iStockphoto; **101:** (t) Planner/Shutterstock; (m) José Blanco; (b) David Frazier/Danita Delimont; **102:** (t) Patrick van Katwijk/Picture-Alliance/DPA/AP Images; (m) Dusko Despotovic/Sygma/Corbis/Getty Images; (b) Ballesteros/EEF/Newscom; **103:** (t) Ian Waldie/Getty Images; (ml) Darren Pullman/Shutterstock; (mr) TVE/Corbis/Getty Images; (b) VHL; **104:** Mark Shenley/Alamy; **109:** JGI/Jamie Grill/Media Bakery; **111:** James W. Porter/Corbis/Getty Images; **112:** David C. Tomlinson/Getty Images; **122:** *La Siesta* (2010), Oscar Sir Avendaño. Técnica: mixta, 1 metro x 1,50 cmtrs. ©2010 Oscar Sir Avendaño; **123:** Sophie Bassouls/Sygma/Corbis/Getty Images; **124:** Ktsdesign/Shutterstock; **127:** (t) *Guernica* (1937), Pablo Picasso. Oil on canvas, 349.3 x 776.6 cm. Museo Nacional Centro de Arte Reina Sofia, Madrid, Spain. Castrovilli/123RF/©2016 Estate of Pablo Picasso/Artists Rights Society (ARS), New York; (b) Bpk, Berlin/Bayerische Staatsgemaeldesammlungen, Munich/Bildarchiv Preussischer Kulturbesitz/Art Resource, NY; **128:** Erich Lessing/Art Resource, NY; **129:** (t) SCALA/Art Resource, NY; (b) Erich Lessing/Art Resource, NY; **131:** Mark Baynes/Basque Country/Alamy.

Lesson 4: **133:** Media Bakery; **134:** (l) Martín Bernetti; (r) Marco Lensi/Fotolia; **135:** (t, m) Martín Bernetti; (b) Radius Images/Alamy; **141:** (t) Paula Díez; (m) Radu Razvan/Shutterstock; (b) Esteban Felix/AP Images; **142:** Martín Bernetti; **143:** (t) Ivan Sabo/Shutterstock; (m) JPC-PROD/Shutterstock; (b) Paula Díez; **144:** Masterfile; **158:** Jesse Kraft/123RF; **159:** Aldo Murillo/iStockphoto; **161:** Courtesy of Tiempo de Rodar S.L./Fran Casanova; **164:** *Autorretrato con el Dr. Arrieta* (1820), Francisco Jose de Goya y Lucientes. Oil on canvas. Minneapolis Institute of Arts, MN, USA/The Ethel Morrison Van Derlip Fund/Bridgeman Images; **165:** Jose Caruci/AP Images; **166:** Marina Dyakonova/Media Bakery; **169:** Cambo Photography/Fotolia; **170:** Eliana Aponte/Reuters/Newscom.

Lesson 5: **175:** Alberto Pomares/iStockphoto; **176:** (tl, b) Martín Bernetti; (tr) José Blanco; **177:** (t) Bill Brooks/Masterfile; (b) 24BY36/Alamy; **179:** Mike Cohen/Shutterstock; **183:** (t) Masterfile; (m) Philip Coblentz/Getty Images; (b) Anton Ivanov/Shutterstock; **184:** Atlantide Phototravel/Corbis Documentary/Getty Images; **185:** (t) Debasish Banerjee/Dinodia Photo/MaXx Images; (m) YinYang/iStockphoto; (b) Martín Bernetti; **186:** Juan Carlos Ulate/Reuters; **191:** (l) William Berry/Shutterstock; (ml) María Eugenia Corbo; (mr) Mayskyphoto/Shutterstock; (r) Vladimir Melnik/Shutterstock; **195:** SW Productions/Getty Images; **197:** Masterfile; **204:** Piero Pomponi/Liaison/Getty Images; **205:** *Altamar* (2000), Graciela Rodo Boulanger. Courtesy of Sandra Boulanger; **206:** Detail from *Altamar* (2000), Graciela Rodo Boulanger. Courtesy of Sandra Boulanger; **207:** Detail from *Altamar* (2000), Graciela Rodo Boulanger. Courtesy of Sandra Boulanger; **209:** Macduff Everton/Corbis/Getty Images; **210:** Carolina Zapata; **211:** Sergio Pitamitz/SuperStock; **212:** (l) Kevin Fleming/Corbis/Getty Images; (m) Philip James Corwin/Corbis/Getty Images; (r) Barry King/WireImage/Getty Images.

Lesson 6: **215:** Vadim Petrakov/Shutterstock; **216:** (tl) Peter Adams Photography/Alamy; (tm) Oscar Artavia Solano; (tr) María Eugenia Corbo; (bl) Kathryn Alena Korf; (bml) Martín Bernetti; (br) Lauren Krolick; **217:** (t) Micro10x/Shutterstock; (b) Caroline Beecham/iStockphoto; **218:** Georgette Douwma/Getty Images; **223:** (t) Hemis/Alamy; (m) B & T Media Group Inc./Shutterstock; (b) Dr. Morley Read/Shutterstock; **224:** Jeff Hunter/Getty Images; **225:** (t) Stephen Frink/Corbis/Getty Images; (bl) David Tipling/Alamy; (br) Steve Simonson/Lonely Planet Images/Getty Images; **226:** Corel/Corbis; **231:** (background) María Eugenia Corbo; **233:** (l) PhotoEuphoria/iStockphoto; (r) Digital Media Pro/Shutterstock; **238:** Val Thoermer/Big Stock Photo; **241:** Courtesy of Mares Mexicanos/Deep Earth Media/Centro para la Biodiversidad Marina y la Conservación A.C.; **244:** *Autorretrato con mono* (1938), Frida Kahlo. Oil on Masonite, support: 16 x 12" (40.64 x 30.48 cm). Albright-Knox Art Gallery/Art Resource, NY/©2016 Banco de México Diego Rivera Frida Kahlo Museums Trust, Mexico, D.F./Artists Rights Society (ARS), New York; **245:** Toni Albir/AFP/Getty Images; **246:** Pere Sanz/123RF; **249:** Maps.com/Corbis/Getty Images; **250:** Steve Simonsen/Lonely Planet Images/Getty Images; **251:** Paul Zahl/National Geographic Creative.

Manual de Gramática: **A10:** Martín Bernetti; **A14:** (all) Martín Bernetti; **A27:** Martín Bernetti.

Index

A

adjectives A9
demonstrative adjectives and
    pronouns A14
adverbs A36
Análisis literario
    antipoesía 123
    formas verbales 83
    microcuento 245
    personificación 43
    realismo mágico 204
    símil o comparación 165
Arte
    de Goya, Francisco 164
    Kahlo, Frida 244
    Ospina, Nadín 7
    Pellegrini, Carlos Enrique, 82
    Picasso, Pablo 42, 127
    Rodo Boulanger, Graciela 205
    Sir Avendaño, Óscar 122
    Velázquez, Diego 128–129
articles
    nouns and articles A7

C

commands 152
    formal (*Ud.* and *Uds.*) commands 152
    familiar (*tú*) commands 152
    indirect (*él, ella, ellos, ellas*)
        commands 153
    nosotros/as commands 153
    using pronouns with commands 153
comparatives and superlatives 188
    comparatives, irregular 189
    comparisons of equality 188
    comparisons of inequality 188
conjunctions
    conjunctions that require the
        subjunctive 232
    conjunctions followed by the
        subjunctive or the indicative 233
    pero A31
    sino A31
Contextos
    accidentes 176
    alojamiento 176
    animales 216
    bienestar 134
    compras 94
    deportes 54
    diversiones 55
    en casa 94
    enfermedades 134
    estados emocionales 14
    excursiones 177
    fenómenos naturales 216
    hospital 134
    lugares de recreo 54
    medicinas 135
    médicos 134
    medio ambiente 217
    música 54
    naturaleza 216
    personalidad 14
    relaciones personales 15
    salud 134
    seguridad 176

sentimientos 14
síntomas 134
teatro 54
tratamientos 135
viajes 176
vida diaria 95
Cultura
    *Colombia gana la guerra a una vieja
        enfermedad* 170
    El arte de la vida diaria 128
    El toreo: ¿cultura o tortura? 88
    La conservación de Vieques 250
    La ruta maya 210
    Sonia Sotomayor: la niña que soñaba 48

E

El mundo hispano (países y regiones)
    Centroamérica 184
    Colombia 142
    El Caribe 224
    España 102
    Estados Unidos 6, 22
    México 62
En pantalla
    Adiós mamá 118
    La autoridad 200
    Ayúdame a recordar 160
    Di algo 38
    Playa del Carmen: Tiburón Toro 240
    El tiple 78
estar and **ser** 30
    estar and **ser** with adjectives 31

F

Fotonovela (episodios)
    ¿Alguien desea ayudar? 98
    ¡Bienvenida, Mariela! 18
    ¡Buen viaje! 180
    Cuidando a Bambi 220
    ¿Dulces? No, gracias 138
    ¡Tengo los boletos! 58
future 228

G

gustar 70–71

I

imperfect 110
    preterite vs. the imperfect 114
    uses of the imperfect 114
impersonal expressions A26

L

Lecciones
    La naturaleza (Lesson 6) 215
    Las relaciones personales (Lesson 1) 13
    La salud y el bienestar (Lesson 4) 133
    La vida diaria (Lesson 3) 93
    Las diversiones (Lesson 2) 53
    Los viajes (Lesson 5) 175
Literatura (autores)
    Benedetti, Mario 83
    García Márquez, Gabriel 204
    Mastretta, Ángeles 165

Monterroso, Augusto 245
Neruda, Pablo 43
Parra, Nicanor 123

M

Manual de gramática
    adjectives A9
    adverbs A36
    demonstrative adjectives and
        pronouns A14
    subjunctive with impersonal
        expressions A26
    nouns and articles A7
    pero and **sino** A31
    possessive adjectives and pronouns A16
    telling time A21

N

negative, affirmative, and indefinite
    expressions 192

O

object pronouns 66
    double object pronouns 67
    position 66
    prepositional pronouns 67

P

para and **por** 156
pero and **sino** A31
por and **para** 156
prepositional pronouns 67
prepositions
    a 236
    hacia 236
    con 237
    para 156
    por 156
present tense 26
    irregular verbs 27
    irregular **yo** forms 27
    regular **–ar, –er,** and **–ir** verbs 26
    stem-changing verbs 26
preterite 106
    preterite vs. the imperfect 114
    uses of the preterite 114
progressive forms 34
    present progressive 34
    other verbs with the present
        participle 35
pronouns
    demonstrative adjectives and
        pronouns A14
    possessive adjectives and
        pronouns A16
    object pronouns 66
    object pronouns, double 67
    object pronouns, position 66
    prepositional pronouns 67

Index

R

reflexive verbs 74
Flash Cultura (episodios)
    De compras por Barcelona 105
    El cine mexicano 65
    Las farmacias 145
    Las relaciones personales 25
    Un bosque tropical 227
    ¡Viajar y gozar! 187

S

ser and **estar** 30
    ser and **estar** with adjectives 31
    si clauses with compound tenses A56
stem-changing verbs, present tense 26
subjunctive
    conjunctions followed by the
      subjunctive or the indicative 233
    conjunctions that require the
      subjunctive 232
    forms of the present subjunctive 146
    in adjective clauses 196
    in adverbial clauses 232
    in noun clauses 146
    verbs of doubt or denial 148
    verbs of emotion 148
    verbs of will and influence 147
superlatives 189
    superlatives, irregular 189

T

telling time A21

A79